高等职业教育"十三五"创新型规划教材

U0791477

审计学原理与实务
（第二版）

Principle and Practice of Auditing

主　编　郭　磊　康　蒙
副主编　刘　严　井洁琳
参　编　彭志敏　李红红

主　审　何秀娥

中国财经出版传媒集团
经济科学出版社
Economic Science Press

图书在版编目（CIP）数据

审计学原理与实务/郭磊，康蒙主编．—2版．—北京：
经济科学出版社，2019.9
ISBN 978-7-5218-1016-5

Ⅰ.①审… Ⅱ.①郭…②康… Ⅲ.①审计学-高等
职业教育-教材 Ⅳ.①F239.0

中国版本图书馆CIP数据核字（2019）第221438号

责任编辑：宋 涛
责任校对：刘 昕
版式设计：齐 杰
责任印制：李 鹏

审计学原理与实务（第二版）
主 编 郭 磊 康 蒙
副主编 刘 严 井洁琳
参 编 彭志敏 李红红
经济科学出版社出版、发行 新华书店经销
社址：北京市海淀区阜成路甲28号 邮编：100142
总编部电话：010-88191217 发行部电话：010-88191522
网址：www.esp.com.cn
电子邮件：esp@esp.com.cn
天猫网店：经济科学出版社旗舰店
网址：http：//jjkxcbs.tmall.com
北京密兴印刷有限公司印装
787×1092 16开 25印张 630000字
2019年10月第2版 2019年10月第1次印刷
ISBN 978-7-5218-1016-5 定价：46.00元
印数：0001—3000册
（图书出现印装问题，本社负责调换。电话：010-88191510）

编写说明

现代的高职类院校教材，主要强调对学生专业技能的培养，《审计学原理与实务》（第二版）作为高职院校审计学科的理论基础课程教材，全面、系统地介绍了审计学科的基础知识、基本理论，以及基础的审计实务工作。教材突出体现三个基本特征：

第一，以我国《审计法》《审计法实施条例》及《审计准则》中的相关规定为指导思想，以现代风险导向审计理念为核心，全面系统地从国家审计、内部审计和社会审计三大主体的角度阐述审计学科的基础知识、基本理论和基本方法与技能。

第二，从理论性出发，注重学生综合性、实用性、技能性知识的培养。在注重审计理论深度与广度的同时，注重审计方法的操作和运用，在销售、采购、筹资、投资、生产等各个系统进行审计测试方法的应用。

第三，本教材每个章节，均由案例引入，提出问题，激发学生的学习兴趣，在学习中解决问题，并以案例结束。促使学生运用学到的知识独立分析问题、解决问题。同时，每一部分还配套有思考题，供学生自我学习。

本书由陕西财经职业技术学院负责编写，康蒙编写第一、第二、第三、第四章，郭磊编写第五、第六、第十一章，李红红编写第十三、第十五章，刘严编写第八、第九、第十、第十二章，井洁琳编写第七章，彭志敏编写第十四章。本书完成后，何秀娥老师主审，郭磊、康蒙负责定稿整理。本书在编写过程中得到陕西财经职业技术学院马西牛、王乃平老师的大力支持，在此表示感谢！

本书在编写过程中参考了大量文献，在此向作者表示感谢！

由于编写时间仓促，又限于作者水平，书中难免存在疏漏不足之处，恳请广大读者和同仁批评指正。

编　者

2019 年 6 月

目　录

第一部分　审计学原理理论

第二部分 财务审计理论

第一部分

审计学原理理论

审计的概念：

现代的审计学科体系是由理论审计学、应用审计学、审计技术学、历史审计学四部分组成。所谓理论审计学，主要是研究审计基本概念、原理，对不同类项、不同国家的审计进行比较研究等。审计学原理就属于理论审计学的范畴，主要研究审计的基本概念、原理、知识和规律，它对于整个审计学科都具有重要意义。

审计是一项重要的经济管理工作，是加强经济管理、提高经济效益的重要手段，而经济管理是离不开审计的，经济越发展审计工作就显得越为重要。目前，我国的审计学者普遍认为审计的定义是指：由国家授权或接受委托的专职机构和人员，依照国家法规、审计准则和会计理论，运用专门的方法，对被审计单位的财政、财务收支、经营管理活动及其相关资料的真实性、正确性、合规性、合法性、效益性进行审查和监督，评价经济责任，鉴证经济业务，用以维护财经法纪、改善经营管理、提高经济效益的一项独立性的经济监督活动。对于这一定义所包含的关键内容在于：审计是一项具有独立性的经济监督活动，独立性也是审计区别于其他经济监督的最根本的本质特征；审计的主体就是从事审计工作的专职机构或专职的人员，是独立的第三者；审计的职能是经济监督、经济鉴证和经济评价；审计的基本工作是审查（鉴证）和评价审计的对象，就是搜集、整理、分析证据，查明事实，做出好坏优劣的判断，得出审计结论的工作。审计的目标是审查评价会计资料及其反映的财政、财务收支的真实性和合法性，而且还要审查评价有关经济活动的效益性等。审计的依据是从事审计活动必须依据有关法律、法规，包括宪法、审计法、财政法规、经济法规、审计法规及其他有关的方针政策、规章制度。

审计的对象：

审计的对象也称为审计客体，它是对被审计单位和审计的范围所作的理论概括。审计的对象是被审计单位的财政、财务收支的会计资料及其所反映的各种经济活动，所以说审计对象不仅包括会计信息及其所反映的财政、财务收支活动，还包括其他经济信息及其所反映的其他经济活动。

审计对象包括两层含义：一是审计实体（被审计单位的财务收支及其有关的经营管理活动），即被审计单位；二是审计内容或审计内容在范围上的限定（被审计单位的各种作为提供财务收支及其有关经营管理活动信息载体的会计资料和其他有关资料）。所以就审计监督的内容和范围的概括，不同的审计主体会有相应具体的审计对象。因此，会计报表和其他有关资料是审计对象的表象，其所反映的被审计单位的财务收支及其有关的经营管理活动才是审计对象的本质。

审计的目标：

所谓审计目标是指在特定的社会历史环境中，期望通过审计实践活动所达到的最终结果，或者说是指审计活动的目的与要求。所有审计目标都必须满足其服务领域的需要，无论是国家审计、内部审计还是社会审计，都具有各自的审计目标。要确定审计目标，除了受审计对象的制约以外，还取决于审计的主体属性、基本职能和审计授权者或委托者对审计工作的要求等。一般而言，审计目标包括本质目标、具体目标和分类目标三个层次：

（1）审计本质目标，它是审查评价受托经济责任的履行情况，按照各种审计类别所揭示的审计目标都是这一本质目标的具体化。

（2）审计的具体目标又包括以下几项内容：

①真实性目标。审计的首要目标是评价被审计单位提供的反映其履行受托经济责任情况的会计资料和其他有关文件资料的真实性、公允性，查明这些资料是否如实地、恰当地反映被审计单位财务收支及其结果以及经济活动的真相，最大限度防止错弊的发生。

②合法性、合规性目标。审计的这一目标是评价被审计单位财务收支及其有关经营管理活动的合法性和合规性，借以评价其财务收支及其有关的经营活动是否符合法律、法规、会计准则、经济合同的规定，从而防止违法、违规、违纪行为的发生。

③合理性、效益性目标。审计的这一具体目标是评价被审计单位的财务收支及其有关经营管理活动的合理性、效益性，从而评价被审计单位受托经营管理是否符合经济性原则、节约性原则；计划、预算或经营目标的实现程度；从而防止损失、浪费的发生等。

（3）分类审计目标是审计具体目标的进一步展开。

现代经济社会形成了相互制约的受托责任体制，在受托责任的多元化并存的基础上，形成了多种审计类型并存、多种审计关系并存、多种审计机构并存的局面。从而使得审计目标也就呈现出多元化局面，分类审计目标本身就是一个庞大的体系。比如在我们后面学习的财务审计中，审计目标就根据不同的经济业务制定不同的具体审计目标。审计目标在审计中占据着非常重要的地位，因此，随着审计人员素质的提高，审计目标的制定就越具体，要求也就越高。

现代审计理论的显著特点是：审计本身是在总结审计实践经验的基础上产生的，并随着审计实践的发展而发展起来的。审计理论源于实践又指导实践，审计原理中审计本质、审计环境、审计假设与审计规范技术等重要的理论体系及内容，为审计实务的展开提供了基本条件和理论基础。

第一章

总　论

学习目标

通过本章的学习，使学生了解审计产生和发展的历程及其存在的原因；理解并掌握审计的理论概念、对象、职能、作用和目标等；理解独立性是审计的本质特征；结合目前经济社会的现状，对不同类型审计活动如何发展、各自的职能作用等有深入的认识。

能力目标

要求学生掌握审计学基础含义，从而分析现代经济环境下审计工作的实质。

技能目标

能运用审计定义、性质，对各种审计异同进行分析。

案例导入

南海公司与南海公司事件

南海公司是一家成立于1711年的特许贸易公司，它的初始股本由承担政府约1 000万英镑的短期国债组成。由于拥有与南美的贸易垄断权，且其特许权中包括从非洲向南美贩卖奴隶的内容，该公司的前景因此被描绘得十分辉煌。然而该公司自成立以来所期望的贸易潜力从未变成现实，向拉美渗透也因西班牙殖民地官员的不合作而未果，该公司管理层急切希望抓住一切商机，并多次进行商业策划，但收效甚微。1719年该公司又拟定了一项野心勃勃的计划：以增发股票来帮助政府实现债务转移，即兑换政府高达3 100万英镑的三大类长期债券，来获得政府的支持和高额利息，同时赚取巨额股价盈余。由于南海公司对其好处大作宣传，股价迅速上升。1720年1月3日南海公司股价为128英镑/股，5月2日升至335英镑/股，6月24日上升至1 050英镑/股，该公司因此获利得到巨额盈余。当人们发现南海公司并无真实资本，便纷纷抛售该公司的股票，南海公司面临破产境地。许多陶醉在发财梦境之中的投资者和债权人损失惨重。1720年8月25日至9月28日的一个月时间里，该公司股票从每股900英镑跌至每股190英镑，最后被迫宣告破产。在强大的舆论压力下，国会任命了一个由13人组成的特别委员会。秘密查证的结果是：南海公司的会计记录严重失实，明显存在蓄意篡改经营数据的舞弊行为。于是委员会便聘请了精通会计实务的查尔斯·斯内尔先生对南海公司的分公司“索布里奇商社”（Sawbridge Company）的会计账簿进行了检查。这就是民间审计的发端。经审计，斯内尔发现了该公司管理当局存在着会计欺诈行为（Ed-wards，1988）。

英国南海公司的舞弊案例，对世界民间审计史具有里程碑式的影响。尽管在1720年之前，就有人认为已有了民间审计这一行业，但世界上绝大多数的审计理论工作者都认为，查尔斯·斯内尔是世界上第一位民间审计人员，他所撰写的查账报告，是世界上第一份民间审计报告。而英国南海公司的舞弊案例，也被列为世界上第一起比较正式的民间审计案例。由此可见，该案例对注册会计师行业来说，具有举足轻重的影响。

（资料来源：李国运：《南海公司事件案例研究》，载《审计研究》2007年第2期。）

【基于案例的问题】

南海公司事件的发生有其深刻的经济原因和复杂的社会背景。它是在当时的时代背景下，由于一个重要的原因产生的，那就是，据当时特别委员会调查显示，该公司会计记录严重失实，存在舞弊行为。同时，该公司管理当局还涉嫌操纵股市，并通过多种手段调节股市，以期靠信息欺诈来维持股价。例如，当1720年8月股价开始波动时，该公司承诺在以后的12年间，公司每年将支付50%的红利，特别是在股价涨至1 020英镑左右时，公司管理当局又提出了一系列疯狂的发展计划。而同时由于不对称的会计信息和不对应的会计技术等多项因素作用，当时的会计及相关人员徇私舞弊，造成会计记录不真实，信息不对称，使得很多投资者不能及时获取有价值的信息，导致了事件的发生。那么，会计舞弊、会计信息的真实性都要通过审计来进行审查，审计到底是什么？审计的组织又有哪些？审计的职业技能有哪些？审计职业又审核哪些资料呢？让我们一一进行分析。

第一节　审计的产生与发展

一、审计产生动因及各种不同观点

审计是由国家授权或接受委托的专职机构和人员，依照国家法规、审计准则和会计理论，运用专门的方法，对被审计单位的财政、财务收支、经营管理活动及相关资料的真实性、正确性、合规性、效益性进行审查和监督，评价经济责任，鉴证经济业务，用以维护财经法纪、改善经营管理、提高经济效益的一项独立性的经济监督活动。

随着经济信息时代的发展，关于审计的出现，也带来了对审计的研究以及理论观点的归集，在现阶段，主要的现代审计动因理论有：代理理论、信息理论、受托责任论、保险理论和冲突理论等。其中，代理理论认为，企业的股东与债权人和管理层之间，存在着代理成本，而高管为了减少这种代理关系下产生的代理成本，就监督委托代理双方签订一系列契约条款来实施的外部独立的第三方，即审计。信息理论认为，审计的作用可以使得财务信息更加可靠，减少管理层与投资者之间潜在的信息不对称，使得市场更具有透明性。受托责任理论认为，审计因企业受托责任的产生而产生，伴随着受托责任的发展而发展。当受托责任关系确立以后，客观上就存在着授权委托人对受托人实行监督的需要。保险理论的观点则认为，审计可以降低风险，可以把财务报表使用者的信息风险降低到企业外部可接受的风险水平之下。

从上述几种主要的现代审计动因理论中可以看出，不论是代理理论、信息理论、受托责任理论还是保险理论，正是因为对利益的分析考虑角度不同才产生了对公正独立的第三方的需求。而随着利益冲突达到一定程度后，对冲突双方产生一种防范的需求；同时，企业与外部人员之间无法胜任独立于双方监督的工作，空间上的距离也使得经济业务与利益关系人之间产生分离，从而必须由专业人士进行审计活动。而这个专业人士就是后来的审计师。

二、审计产生的客观基础与条件

近年来，我国审计界对审计产生的直接动因通常认为是受托论。我国著名的会计审计学家杨时展教授认为："审计因受托责任的发生而发生，又因受托责任的发展而发展。"

(1) 所谓受托经济责任关系是不断演进的，也是审计产生和发展的客观基础。

(2) 资源财产的所有权和经营管理权分离以及管理者内部分权制，是受托经济责任关系早期形成的基本根据，也是审计赖以存在和发展的社会条件。

(3) 资源财产所有者对经营管理者无法直接监督，就是审计产生和发展的直接动因。

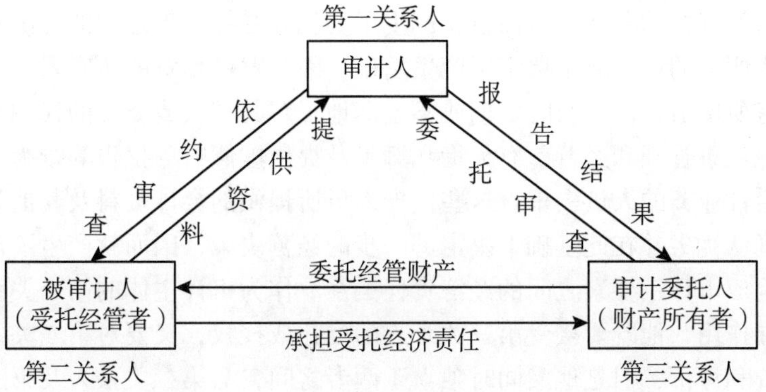

图1-1 审计关系人

按照审计关系人理论，审计行为的发生必须有审计人、被审计人和审计委托人或授权人。

这三方面关系人，他们顺次为第一关系人、第二关系人和第三关系人。其中，审计人是第一关系人；作为被审计人的第二关系人是财产的受托经管者；第三关系人即为财产的所有者。三者关系如图1-1所示。

任何审计都具备三个基本要素，即审计主体、审计客体和审计授权或委托人。审计主体，是指审计行为的执行者，即审计机构和审计人员，为审计第一关系人；审计客体，指审计行为的接受者，即指被审计的资产代管或经营者，为审计第二关系人；审计授权或委托人，指依法授权或委托审计主体行使审计职责的单位或人员，为审计第三关系人。在一般情况下，第三关系人是财产的所有者，而第二关系人是资产代管或经营者，他们之间有一种经济责任关系。第一关系人是审计组织或人员，在财产所有者和受托管理者或经营者之间，处于中间人的地位，要对两方关系人负责，既要接受授权或委托对被审计单位提出的会计资料认真进行审查，又要向授权或委托审计人（即财产所有者）提出审计报告，客观公正地评价受托代管或经营者的责任和业绩。因此，审计组织或审计人员进行审计活动，必须具有一定独立性，不能受其他方面的干扰或干涉，这是审计区别于其他管理的一个根本属性。

三、审计的产生与发展

审计，作为一种经济监督活动，自从有了社会经济管理活动，就必然在一定社会意义上存在了。不一样的是，在社会发展的各个时期，由于生产力发展水平不同，社会经济管理方式也就不同，审计的广度、深度和形式也自然各不相同。会计中需要审核稽查的因素，并不是导致审计产生的根本原因。审计是因经济监督活动的需要而产生，受托经济责任关系，才是审计产生的真正基础。

在生产力低下的原始社会不需要也没有产生审计；在经济不发达的时期，对于小规模的经济，生产资料的占有者可以亲自管理，生产资料的所有者，也是生产资料的经营管理者和监督者，当然也不需要第三者去审计。随着社会生产力的提高和社会经济的发展，社会财富渐渐增多，剩余的生产产品逐渐集中在少数人手中。当生产资料的所有者不能亲自直接管理和经营其所拥有的财富时，就要有必要授权或委托他人代为管理和经营，这就导致了生产资料所有权与经营管理权的分离，从而也就产生了委托和受托代理之间的经济责任关系，这就为以监督检查为职责的审计诞生奠定了产生基础。因为财产物资的所有者为了保护其财产的安全、完整并有所增值，需要及时定期或不定期地了解其授权或委托的代理人员是否忠于职守、尽职尽责地从事管理和经营，有无徇私舞弊及提供虚假财务报告等行为，这就有必要授权或委托熟悉会计业务的人员去审查这些代理人员所提供的会计资料及其他管理资料，以确定辨明真伪、确认优劣并在此基础上决定进一步的经营决策，因而就产生了审计关系。所谓审计关系就是构成审计三要素之间的经济责任关系。作为审计主体的第一关系人在审计活动中起决定性主导作用，他既要接受第三关系人的委托或授权，又要对第二关系人所履行的经济责任进行审查和评价，但是他又同时独立于两者之间，与第二关系人及第三关系人不存在任何经济利益上的联系。作为审计授权或委托人的第三关系人，在审计活动中也起重要的作用，委托人如果不委托第二关系人对其财产进行管理或经营，那么就不存在第三关系人和第二关系人之间的经济责任关系，自然也就不必要委托或授权第一关系人去进行审查和评价。因此，受托经济责任关系，才是审计产生的真正基础。

国家审计的产生：当社会生产力发展到一定的水平，到了奴隶社会，奴隶主国家疆土的扩大与财富的增多，导致了统治者分封王族、功臣和贵族到各地做诸侯，这些诸侯既受命于国王，管理国王的土地，也要向国王交纳一定的贡赋。这种土地国有制与经营权的分离，也即是国家授权管理的开始，它使国王与各路诸侯之间不仅仅存在政治依附关系，也就出现了经济责任关系，官厅审计工作正是基于这种经济关系而产生的。

民间审计的产生：社会审计最早产生于股份制公司的兴起。在中世纪时期，企业合伙人授权或委托经营者管理企业，就需要监督检查经营管理者履行合伙契约的情况。正因为企业的所有权与管理权在此有了一定程度上的分离，从而需要委托第三者审查，这样就导致了社会审计的诞生。当企业生产规模进一步发展以后，股份有限公司的企业兴起，企业授权管理的范围就更加的扩大，股东与债权人为了维护自身的经济利益，公司的经营者为了维护自己的信誉，都需要委托第三者对企业财务状况及有关经济活动进行审计，这就促进了社会审计的飞速发展。

内部审计的产生：由于科学技术的进步，不仅使企业、事业单位及行政管理机关的规模有了扩大，业务范围更加广泛，也导致了授权管理方法的普遍使用，以及授权层次的增加和授权范围的扩大。这样，各部门和单位的最高管理当局就有必要对其下属各层次管理者履行职责的情况进行监督检查，部门和单位的内部审计也就应运产生。

（一）国家审计的产生与发展

我国审计历史源远流长，从国家审计发展过程看，大体经历了古代审计、近代审计和现代审计三个阶段。

公元前 11 世纪到 1840 年为我国古代审计第一阶段。我国国家审计产生于西周时代，其中主要标志是“宰夫”官职的出现。在周朝官制的天官系统中，大宰、小宰和司会等官职都与审计职责有关。大宰为天官之长，其中有“以八法治官府”之审计职能，即就会计之中有失考断之；大宰每三年还要对各级官吏进行一次全面考核，并根据功过进行奖惩。小宰则为大宰属员，协助大宰工作。小宰的属员宰夫是周代官厅审计的主持者，是主管“治朝之法”的官员，他不掌管任何财物收支，只负责对各官府的财政收支进行全面审查，就地稽查财物收支情况，监视群吏执行朝法，从而以维护国王的利益，如果发现违法乱纪的事，可越级向天官乃至国王报告，加以惩处，对用财得当者，给予奖励。

秦汉时期是审计与会计由合一而再次分离，审计走向独立的阶段，秦代实行御史制度。国家设御史大夫直接辅佐皇帝，行使对国家政治和财政监督的全方面工作。在全国的三十六郡设监御史，负责郡、县的政治和财政监察工作，使全国上下形成了完整的网络。汉朝延续了秦朝的制度，仍由御史大夫兼“上计”之职，行使监察大权，并制定了有关“上计”具体实行办法的“上计律”，更加完善了自春秋战国时期所形成的“上计制度”，从而使我国审计与法相联系，成为我国审计立法的开端（上计制度，秦汉时地方郡守向朝廷申报的制度。这一制度随着集权制加强而形成，早在战国时，魏、秦两国就已实行。所谓上计，即由地方行政长官定期向上级呈上的文书，报告地方治理状况。如县令年终将该县户口、垦田、钱谷、刑狱状况等，编制为计簿，呈送郡守。根据属县的计簿，郡守国相再编制郡的计簿，上报朝廷。朝廷据此评定地方行政长官的政绩）。

审计的空前发展是在隋唐到五代十国。隋朝的审计监督权力是由御史台、刺史和比部分权掌握的。唐朝时，虽然引用了隋朝官职制度，但是最高的审计机构是御史台，执行审计的机构是比部，比部作为独立的审计机构存在。

宋时，除继续在刑部之下设有比部外，北宋初还在太府寺内设审计司，并在宋太宗淳化三年（公元 992 年），设诸军诸司专勾司，专门审查军政开支。后于南宋改“诸军诸司专勾司”为“审计院”，自此，“审计”一词，不仅成为我国审计机构的命名，而且成了我国财政财务监督的专用名词。元朝取消了比部，户部行使审核会计报告，独立的审计机构即告消亡。明、清时，比部职权虚有其名，另设六科，十三道监察御史，构成独立的监察系统，即所谓的科道制度。但其行使审计职能，却具有一揽子性质。事实上，元、明、清三代基本上未设专门的审计机构，审计处于中衰时期。

1840 ~ 1949 年为我国近代审计阶段。辛亥革命以后，民国初年，北洋军阀控制下的北京政府，在国务院下设“中央审计处”，各省设“审计分处”，并公布《审计处暂行规定》《暂行审计规则》《执行规则》《收支凭证的证明条例》等规定。民国三年改审计处为“审计院”，颁布《审计法》。民国十七年，国民政府公布《审计院组织法》，仍设“审计院”。

民国二十年改“审计院”为“审计部”，隶属监察院。在民国时期审计的一个最重要的特点是：审计法规比较完备。一方面，它突破了历代将审计内容附于其他刑事法规之内的做法，公布了大量的专门的审计法律法规；另一方面，所颁布的审计法规涉及审计的各个方面，形成了比较完善的审计法规体系。

在中华人民共和国成立以前，中国共产党领导下的革命组织和根据地工农政权中也实行了审计制度，既有一定的审计组织，同时也颁布了一些审计法规。在第一次国内革命战争时期，1925 年 7 月建立的省港罢工委员会中就设有审计局。而第二次国内革命战争时期，革命根据地于 1934 年公布了《苏维埃共和国中央苏维埃组织法》，规定设立中央审计委员会，并在省和直属市分设审计委员会，着重是审查开支是否节约，有无损失浪费问题。抗日战争和解放战争时期，在边区行署、专区、县也均有审计委员会。

新中国成立以后，我国的审计步入现代阶段。中华人民共和国成立初期，学习苏联的经验，以会计检查取代了审计，国家并未设立独立的审计机构。后来在实行经济体制改革过程中，开始认识到，建立社会主义的审计制度、完善社会主义的经济监督体系的重要性及必要性。是宏观调控服务，维护经济秩序，保障所有者权益，促进廉政建设，提高经济效益的需要。1982 年 12 月，第五届全国人民代表大会第五次会议通过了《中华人民共和国宪法》，规定了在我国建立审计机构，实行审计监督制度。1983 年 9 月 15 日在国务院设立了审计署，县以上的各级人民政府也相继成立了审计局，独立行使审计监督权。1984 年 12 月 17 日，中国审计学会成立。1985 年 8 月公布了《国务院关于审计工作的暂行规定》，同年 10 月又公布了《审计工作试行程序》。1988 年 12 月，国务院发布了《中华人民共和国审计条例》。1994 年八届全国人大常委会第九次会议通过了《中华人民共和国审计法》，对审计监督的基本原则、审计机关和审计人员、审计机关职责、审计机关权限、审计程序、法律责任等都做了全面规定。1997 年国务院又发布了《中华人民共和国审计法实施条例》。《全国人民代表大会常务委员会关于修改〈中华人民共和国审计法〉的决定》已由中华人民共和国第十届全国人民代表大会常务委员会第二十次会议于 2006 年 2 月 28 日通过，自 2006 年 6 月 1 日起施行。（见附件 1）

（二）民间审计的产生与发展

当进入 20 世纪，随着民族工业的发展，社会审计应运而生。当时，一批爱国的会计学者为打破外国注册会计师对注册会计师业务的垄断，致力于创建中国的注册会计师事业。1918 年 9 月，北洋军阀政府颁布了我国历史上第一部注册会计师法规——《会计师暂行章程》，规范了社会审计的业务范围和要求。同年，会计学家谢霖先生被批准为中国的第一位注册会计师，并在上海创办了中国第一家会计师事务所：正则会计师事务所。到国民党统治时期，全国各地纷纷涌现了一批注册会计师和会计师事务所，主要分布在上海、天津、广州等城市。

新中国成立后，由于受到苏联影响，实行了高度集中的计划经济模式，注册会计师生存的条件不复存在，注册会计师行业也就随之消失了，取而代之的是与计划经济模式相适应的财政监察制度。在党的十一届三中全会以后，我国进行经济体制改革，社会主义市场经济体制逐步确立起来，社会审计制度也从而应运而生，注册会计师和会计师事务所都得到了恢复和发展。1979 年开始陆续设立会计顾问处。1980 年，财政部颁布了《关于成立会计顾问处的暂行规定》，同年 5 月开始筹备上海公证会计师事务所，于 1981 年正式开业，接受国内外企事业单位的委托，承办会计和审计的相关业务。我国 1985 年公布的《中华人民共和国会计法》中第 20 条规定："经国务院财政部门或者省、自治区、直辖市人民政府的财政部门批准的注册会计师组成的会计师事务所，可以按照国家有关规定承办查账业务"，这是新中国成立以来首次通过法律形式对注册会计师的地位和任务所做出的规定，它强有力地推动了社会审计的发展。根据会计法的规定，1986 年国务院又发布了《中华人民共和国会计师条例》，1993 年 10 月 31 日全国人大常委会通过了《中华人民共和国注册会计师法》，1995 年财政部批准发布了《中国注册会计师独立审计基本准则》《独立审计具体准则》第 1 号至第 7 号、《独立审计实务公告》第 1 号。2006 年 2 月 15 日经财政部批准，中注协发布了 48 项执业准则（其中拟定 22 项，修订 26 项），自 2007 年 1 月 1 日起执行。2016 年 12 月，财政部印发中注协发布《中国注册会计师审计准则》12 条新准则，同时废止 11 条，并于 2017 年 1 月 1 日起执行本批准则。这些法规与准则的公布，有力地推动了我国注册会计师工作的开展及其规范化。

（三）我国内部审计的发展

我国早期的宗室审计、寺院审计均属于内部审计的范围。

中国的国家审计起源甚早。早在西周时期，皇家（政府）审计就有了一定的发展。根据《周礼》的记载，西周就出现了带有审计性质的财政经济监察工作。当时，在中央政权设置的官员中，就设有"宰夫"一职，负责审查"财用之出入，并拥有考其出入，而定刑赏"的职权。这个职位等级虽不高，但其所从事的工作却是具有审计的性质，是我国内部审计的萌芽。

现代的内部审计在民国时期就已诞生，分别在铁路、银行系统，新中国成立前就有了较为健全的内部稽核制度。解放初期，我国一些大型专业公司和厂矿企业也曾设有内部审计部门，一些中型企业也设有专职的审计人员。我国社会主义内部审计是从 1983 年后才逐步建立起来的。1985 年 12 月公布了《审计署关上内部审计工作的若干规定》，后来在《审计条例》中，又原则地规定了内部审计的机构设置、隶属关系及审计范围等；当内部审计工作开展后，各业务主管部门（部、厅、局），又针对本系统情况做出了系统内部审计的一些具体规定。这些制度和规定，促使了内部审计机构的迅速建立和内审工作广泛而又深入地开展。1995 年 7 月 14 日颁布了《审计署关于内部审计工作的规定》，进一步规范了我国内部审计工作，它对于建立健全我国社会主义内部审计制度产生了深远的影响。2018 年 1 月 12 日，审计署审计长胡泽君签发审计署令第 11 号，重新修订《审计署关于内部审计工作的规定》并于 2018 年 3 月 1 日起施行，加强对内部审计工作，建立健全我国内部审计制度。

四、国外审计的产生与发展

（一）西方国家审计的发展

西方国家的审计，具有悠久的历史。据考证，早在奴隶制度下的古埃及、古罗马和古希腊时代，就有了官厅审计机构及政府国家审计的事实。审计人员以"听证"（Alldt）的方式，对掌管国家财物和赋税的官吏进行考核，成为具有审计性质的经济监督工作。在西方的封建王朝中，设有审计机构和人员，对国家的财政收支进行监督。例如，法国在资产阶级大革命前就设有审计厅，在资产阶级大革命后，拿破仑一世创建了审计法院，至今仍是法国政府实施审计的最高法定机构。在资本主义时期，随着社会的发展和生产力的提高与资产阶级国家政权组织形式的完善，国家审计也有了进一步的发展。欧洲的许多国家在19世纪的宪法或特别法令中都规定了审计的法律地位，确立国家审计机关的职责、权限、地位和审计范围授权，专门的对财政、财务收支进行监督。在现代资本主义国家中，大多数实行立法、行政、司法三权分立的国家政权组织形式，议会是国家的最高立法机关，并对政府行使包括财政监督在内的监督权。为监督政府财政收支，执行财政预算法案，维护统治阶级的利益，西方人多数国家在议会下设有专门的审计机构，由议会或国会进行授权，对政府及企业单位财政财务收支进行审计监督。美国虽然只有200多年的建国历史，但由于它重视经济管理，在经济管理理论和方法的研究方面颇有成就，这就促进了美国经济的迅速发展。开始美国没有独立的财政监督机构，只在财政部设有审计官进行审查，直到1919年参、众两院建议组成预算特别委员会后，才把对政府账目的审计从财政部的业务中单独分离出来；并在1921年公布了《预算和会计法》，并根据该法建立了美国最高审计机关——审计总局，对政府账目审计，除中央情报局和总统办公室不能审查外，凡与公共开支有关的事项，均有权审查。

英国的审计具有非常悠久的历史，是近代审计的发源地。英国的王室财政审计制度早在13世纪就建立起来了，至今有700多年的历史。1861年，在众议院设立决算审查委员会，第一次建立了统一的、独立的专门审计机构。在1983年1月1日，通过了《国家审计法案》，取消英国国库审计部，正式更名为英国审计署。英国国家审计署独立于行政部门，代表议会对政府进行监督，向议会报告工作。

西方国家除了立法型的审计体制以外，还有司法型审计体制、行政型审计体制等。比如法国审计法院就是独立于立法机构、议会行政部门、内阁政府的一个司法机构，审计法院的院长由总统任命，是终身制的；审计法院的裁决也是最终判决，且有法律效力。而行政型审计模式下的国家审计机构隶属于政府行政部门，对政府负责，是国家加强行政管理的重要工具。国外的国家审计，都立足于保证国家审计机关拥有独立性和权威性，以便于不受干扰，客观而公正地行使审计监督权。

20世纪后期，西方国家不仅在审计体制上有了较大的改革和发展，更重要的是在审计理论和实务上也有了较大的改革，如把经济监督和经济管理相互结合，从传统的财务审计向现代的三E审计、绩效审计方面发展等。

（二）西方社会审计的发展

西方国家的社会审计，是随着资本主义经济的兴起而形成并迅速地发展的。16世纪末期，地中海沿岸商品贸易得到了迅速发展，出现了由许多合伙人筹资，委托给某些人去经营贸易的商业运行模式。这样，就导致了财产所有者与经营权的分离，对经营者进行监督就有必要，当时便有部分财产所有者聘请会计工作者来承担该项监督检查工作。在1720年，会计教师查尔斯·斯内尔受托对南海公司破产案进行审查，并编制了一份审计报告书，审计正式走向了民间。

英国工业革命以后，产业规模日益扩大，股份公司大量涌现。公司所有权与经营权相分离的现象十分普遍，对经营管理者进行监督也成了英国社会的普遍需要，因此，现代社会审计制度应运而生。1853年，在苏格兰的爱丁堡创立了世界上第一个职业会计团体——“爱丁堡会计师协会”。英国职业会计师的主要业务是审计，此外还兼做编制财务报表、税务业务、财务和管理咨询等业务。英国早期的社会审计，并没有系统的理论依据和方法体系，只是根据查错防弊的审计目的，对大量的账簿记录进行逐笔审查，采用的是详细审计方法，后来人们称之为英式审计。

美国独立战争以后，工业得到发展，为了加强股份公司的会计工作，以代理记账为专业的会计师应运而生。19 世纪后，随着英国资本的大量输入，英国的社会审计传入了美国。1886 年纽约公布了《公证会计师法》，1887 年成立了“美国公共会计师协会”，后改为“美国注册公共会计师协会”，成为当今美国最大的会计团体。到 20 世纪初，出于银行信贷业发展的需要，要对贷款企业的资产负债表进行分析性审计，借以判断企业的偿债能力，于是美国的会计师突破了详细审计的做法，创立了资产负债表审计，即美式审计。1929 年的经济大危机和 1932 年的库罗尔事件，震撼了美国经济，美国开始重视对投资者利益的保护，1933 年公布了《证券法》，次年公布了《证券交易法》，规定了上市公司必须向交易所提出经过公证会计师审查鉴证的财务报表。从此，美国社会审计的重点由资产负债表审计发展为以损益表为中心对整个财务报表进行审计，称之为财务报表审计。

（三）西方内部审计的发展

西方国家的内部审计同样可以追溯到古代和中世纪，由于受托经济责任关系的产生，经济组织中的内部经济监督也出现了，庄园审计、行会审计、银行审计、寺院审计也就因此而产生。

寺院内部审计：11 世纪以来，寺院在西欧兴办了各种类型的手工作坊，拥有大量的财富和财产。为了加强管理，寺院配备了各种专门的管理人员，为监督管理人员经济责任的履行情况，同时让具有一定会计等知识的人充当审计人员，负责对财务收支和会计账目进行检查。

行会内部审计制度：在英国，11 世纪就出现了行会，每个行业行会要召开总会，内容是选举产生理事和审计人员。理事是行会的执行机构，主要负责征收会费、记录反映行会经济业务的会计事项、分析行会的财产状况和解决经济纠纷。而审计人员也从行会成员中选举产生，是行会成员的代表，主要负责定期检查理事报送的会计账簿，并向全体成员报告审查的结果。

银行内部审计：在西方文艺复兴时期，资本主义商品经济得到了迅速发展。银行也迅猛发展起来。在西欧各地，到处有银行的代理店，为了对这些分店加强控制，银行家们采用自审的内部审计形式。

庄园内部审计：中世纪，庄园主很早就不再亲自参与庄园的管理，而将直接管理庄园的责任委托给数名庄园管理者，同时设了审计人员进行监察。

通过对几种内部审计形式的介绍可以看出，在封建时代就出现了独立的内部审计人员，但它的审计目的仍然是差错防弊，审查单位内部承担经济责任者的诚实性。

20 世纪以后，由于资本主义经济的发展，使生产和资本高度集中，托拉斯式的大型企业大量涌现，企业内部都采取了分级、分散管理体制。这就导致了大型企业内部必须要设立专门的机构和人员，由最高管理当局授权，对其所属分支机构的经营管理进行独立的内部监督，近代内部审计也就因此而产生。美国很多大中型企业从 20 世纪 30 年代就设立了内部审计，在 1941 年内部审计师协会建立，后来发展成了一个国际性组织。英国的内部审计由部门审计和企业审计组成，一般由部门或企业最高负责人领导，它的主要职责是对内部控制制度进行监督评价，并提出改进的建议。

中外审计的发展历史，表明了随着受托经济责任关系内涵的丰富和范围的扩大，不仅促进了国家审计、社会审计和内部审计的发展，而且加速了审计概念、目的、审计特征、审计体系、审计内容、审计方法和审计规范方面的多重变化，促进了现代审计的形成。

第二节　审计的概念及本质

一、审计的概念

我国“审计”一词最早见于宋代的《宋史》。从词义上解释，“审”为审查，“计”为会计账目，审计就是审查会计账目。审计发展至今，早已不仅仅只是查账的范畴，还涉及对各项工作的经济查核。1972 年美国会计学会的《基础审计概念的说明》中对审计的定义是：“审计是为了查明经济活动和经济现象的表现与所定标准之间的一致程序而客观地收集和评价有关证据，并将其结果传达给有利害关系使用者的有组织的过程”。而美国审计总局对审计下的定义是：“审计一语，包括审查会计记录、财务事项和财务报表”。日本著名审计学者三泽一教授在《审计基础理论》一书中为审计所下的定义是：“审计是具有公正不伪立场的第三者就一定的对象的必须查明的事项进行批评性的调查行为，还包含报告调查结果”。

我国的审计理论和实务诸多工作者普遍认为：“审计是由专职机构和人员，对被审计单位的财政、财务收支及其他经济活动的真实性、合法性和效益性进行审查和评价的独立性经济监督活动”。这个定义准确地说明了审计的本质，审计的主体、客体，审计的基本工作方式和主要目标。

审计是一项具有独立性的经济监督活动，独立性是审计区别于其他经济监督的根本本质特征；审计的基本职能是经济监督。审计的主体是从事审计工作的专职机构或专职的人员，是独立的第三者。审计的对象是被审计单位的财政、财务收支的会计资料及其所反映的各种经济活动，这就是说审计对象不仅包括会计信息及其所反映的财政、财务收支活动，还包括其他经济信息及其所反映的其他经济活动。审计的基本工作是审查（鉴证）和评价，也就是搜集证据，查明事实，做出好坏优劣的判断。审计的主要目标，不仅要审查评价会计资料及其反映的财政、财务收支的真实性和合法性，而且还要审查评价有关经济活动的效益性。

《中华人民共和国审计法实施条例》第 2 条对审计所下的定义是：“审计是审计机关依法独立检查被审计单位的会计凭证、会计账簿、会计报表以及其他与财政收支、财务收支有关的资料和资产，监督财政收支、财务收支真实、合法和效益的行为。”

1. 审计的主体

审计的主体是审计人，是指国家审计机关、内部审计机构和民间审计组织，统称为专职机构和人员。只有专职机构和人员所从事的审查活动才称为审计。

2. 审计的客体

审计的客体是被审计人，包括各级政府机关、金融机构和企事业单位等。

3. 审计的对象

审计的对象是被审计单位的财政、财务收支及有关的经济活动。

4. 审计的依据

从事审计活动必须依据有关法律、法规，包括宪法、审计法、财政法规、经济法规、审计法规及其他有关的方针政策、规章制度。

5. 审计的目标

审计的总目标是评价受托经济责任。审计的预期目标是审查、确认审计对象的真实性、合法性、效益性。

6. 审计的职能

审计的职能是对审计客体和审计对象的监督、评价和鉴证。

7. 审计的目的

审计的目的是维护财经法纪，改善经营管理，提高经济效益，加强宏观调控。

8. 审计的性质

审计的性质是一项具有独立性的经济监督活动。

二、审计的特征

审计与经济管理活动，以及其他专业性经济监督活动相比较，主要具有以下几方面的基本特征。

（一）独立性特征

独立性是审计的本质特征，也是保证审计工作顺利进行的必要条件。审计实践经验表明，审计在组织上、人员上、工作上、经费上均具有独立性。独立性是审计的最主要特性。所谓审计独立性是指审计机构和审计人员在履行审计职责时，形式上和实质上都独立于委托单位和其他机构，与被审计单位没有任何利害关系，自始至终不受其他行政机关、社会团体和个人的干涉。

所谓实质上的独立，是要求审计人员与委托单位之间必须毫无利害关系。本质上是指审计人员在审计过程中保持公正、客观的态度，在履行专业判断和发表审计意见时不依赖和屈从于外界的压力的状态。审计人员在执业过程中要严格保持超然独立性，不能主观偏袒任何一方当事人，尤其不应使自己的结论依附和屈从于与事实相悖意见利益集团或人士的影响和压力。

所谓形式上的独立性，是对客观的第三者而言的，即审计人员必须在第三者面前呈现一种独立于委托单位的身份。如果审计人员具备了实质上的独立，但是报表使用者却认为他们是相关利益的辩护人，那么审计的结果和作用就会大大降低。因此，报表使用者对这种实质上的独立性的信任也很重要。这样使得审计人员必须具备形式上的独立性。具体是指审计人员必须与委托人和被审计单位没有任何特殊的利益关系，比如不得在客户中有直接经济利益、不能是客户的贷款人、不得与客户存在近亲关系等。只有这样，才能实现审计目的，提出的审计意见才能保证客观公正。审计独立性具体包括三个方面：

（1）机构独立（组织独立）：即审计机构不能被其他部门和单位影响，尤其是不能成为国家财政部门和各机构财务部门的下属机构。同时，还要独立于被审计单位之外，与被审计单位没有任何组织上的行政隶属关系。

（2）经济独立：即审计机构一定要有自己的经济收入和经费来源，不受被审计单位及与其相关的其他单位的制约。

（3）人员（工作）独立：即审计人员与被审计单位的主要负责人在伦理上没有亲密关系。同时，审计人员还要保持精神上的独立，自觉抵制各种干扰，对被审计事项做出客观公正的结论。

实质上的独立和形式上的独立是两个不同的概念，而且又密不可分。实质上的独立性是无形的，有时难以考量；而形式上的独立性是有形的，可以观察分析评价的。审计人员在执行审计业务时，不仅要保持实质上的独立，而且要保持形式上的独立。因为实质上的独立只有当审计人员在整个审计过程中真正保持中立（即不偏不倚）时才成立，而形式上的独立则是社会公众对审计人员独立性评判的结果。

（二）权威性特征

审计的权威性，是保证有效行使审计权的必要条件。审计的权威性总是与独立性相关，它离不开审计组织的独立地位与审计人员的独立执业工作。各国法律对实行审计制度、建立审计机关以及审计机构的地位和权力都做了明确规定，这样使审计组织具有法律的权威性。

我国实行审计监督制度在《宪法》中做了明文规定，《审计法》中又在此规定："我国实行审计监督制度：国务院和县级以上地方人民政府设立审计机关，审计机关依照法律规定的职权和程序，进行审计监督。"审计人员依法执行职务，受法律保护。任何组织和个人不得拒绝、阻碍审计人员依法执行职务，不得打击报复审计人员。审计机关负责人在没有违法失职或者其他不符合任职条件的情况下，不得随意撤换。审计机关有要求报送资料权，检查权，调查取证权，采取临时强制措施权，建议主管部门纠正其有关规定权，通报、公布审计结果权，对被审计单位拒绝、阻碍审计工作的处理、处罚权，对被审计单位违反预算或者其他违反国家规定的财政收支行为的处理权，对被审计单位违反国家规定的财务收支行为的处理、处罚权，给予被审计单位有关责任人员行政处分的建议权等。我国审计人员依法行使独立审计权时受法律保护，如被审计单位拒绝、阻碍审计时，或有违反国家规定的财政财务收支行为时，审计机关有权做出处理、处罚的决定或建议，这着重体现了我国审计的权威性。审计人员应当具备与其从事的审计工作相适应的专业知识和业务能力。审计人员应当执行回避制度和对知悉的各种商业机密保密的义务，审计人员办理审计事项应当客观公正、实事求是、廉洁奉公、保守秘密。如果审计人员滥用职权、徇私舞弊、玩忽职守，构成犯罪的，依法追究刑事责任；不构成犯罪的，给予行政处分。这样不但保证审计执业的独立性、准确性和科学性，而且有利于提高审计报告与结论的权威性。

根据我国审计法规的要求，被审计单位应当坚决执行审计决定，如将非法所得及罚款按期缴入审计机关指定的专门账户。对被审计单位和协助执行单位未按规定期限和要求执行审计决定的，应当采取措施责令其执行；对拒不执行审计决定的，申请法院强制执行，并可依法追究其责任。由此可见，我国政府审计机关的审计决定是具有法律效力的，必要时可以强制执行，这也充分地显示了我国审计的权威性。

我国社会审计组织，也是经过有关部门批准、登记注册的法人组织，依照法律规定独立承办审计查账验证和咨询服务业务，其审计报告对外是具有法律效力的，这也充分体现它们同样具有较高法定地位和权威性。

我国内部审计机构同样也是根据法律规定设置的，在单位内部具有较高的地位和相对的独立性，因此也具有一定的权威性。我国为了保障审计工作的权威性，分别通过《公司法》《证券交易法》《破产法》等法规，从法律上赋予审计超脱的地位及监督、评价、鉴证职能。

（三）公正性特征

公正原则是指审计人员应当具备正直、诚实的品质，公平正直、不偏不倚地对待有关利益各方，不以牺牲一方利益为条件而使另一方受益。

审计的公正性与权威性是密切相关的。没有公正性，也就不存在权威性。审计的公正性，是审计工作的基本要求。审计人员应站在独立的第三者的立场上，进行实事求是的检查，做出不带任何偏见的、符合客观实际的判断，并做出公正的评价和公正的处理，正确地认定或解除被审计人的经济责任履行情况。审计人员只有同时保持独立性、公正性，才能取信于审计授权者和委托者以及社会公众，才能真正树立审计权威的形象。

第三节 审计的基本假设

审计假设也称审计假定、审计公设、审计假说、审计前提，它是对审计领域中存在的尚未确知或无法论证的事物按照客观事物的发展规律所做的合乎逻辑的推理或判断。审计假设是21世纪60年代由美国学者毛茨和夏拉夫在其成名作《审计哲理》中首次提出的。审计假设是在既有条件的假设而不是随意的判断，它与审计推理、审计惯例、审计准则、审计观念等相关的审计概念都有着本质上的区别。

关于审计假设的研究起步于美英的审计理论界。其代表性人物有毛茨和夏拉夫（美国）、托马斯·李和戴维·弗林特（美国）等人。他们的研究成果分别代表国外三种相互联系的审计假设体系。

一、毛茨和夏拉夫的基本假设

毛茨和夏拉夫在1961年出版的《审计哲理》中提出了8项审计假设，并且认为假设是不能直接加以验证的公理。在著名的《蒙哥马利审计学》中也把这些假设进行了论述，指出假设是推理的起点。8项基本假设如下：

（1）财务报表和财务数据是可以验证的。

（2）审计人员与被审单位管理者之间没有必然的利害冲突。

（3）送审的财务报表和其他资料不存在串通舞弊和其他不正当的舞弊行为。

（4）完善的内部控制制度可以减少错弊发生的可能性。

（5）公认会计原则的一致运用可使财务状况和经营成果得到公允表达。

（6）如无确凿的反证，被审单位过去被认为真实的情况将来仍为真实。

（7）审计人员有能力独立地审查财务资料并发表意见。

（8）独立审计人员的职业地位负有相应的职业责任。

二、托马斯·李假设

毛茨和夏拉夫所提出的8项审计假设开创了审计假设研究，对后来学者的研究产生了非常重要的影响。毛茨和夏拉夫在书中提出审计假设时所强调，必须对这些基本假设不断地加以重新审阅，看它们在新的环境下是否能继续成立。到了20世纪70年代，英国审计学家托马斯·李在他著作的《公司审计》一书中，认为审计假设可分为3大类13项内容，分别涉及合理假设、行为假设和功能假设。

（一）合理假设

（1）一般来说，股东们所使用的法定年度决算表可信性不够。

（2）强化可信性，是法定审计的主要要求。

（3）法定审计是强化可信性的最好手段。

（4）股东们无法亲自增强决策信息的可信性，以满足自己的需要。

（二）行为假设

（1）审计人员与管理部门之间的利害冲突并不妨碍审计实施。

（2）法律并不限制审计人员的行为。

（3）审计人员在精神上与地位上都是独立的。

（4）审计人员有承担任务的充分技能。

（5）审计人员对其工作和意见的质量负责。

（三）功能假设

（1）审计可以获取充分可靠的审计证据，并以适当的形式在合理的时间与成本范围内进行。

（2）存在一个令人满意的内部控制制度，它能消除可能发生的非法事件。

（3）内部控制制度的强弱与非法事件的发生成反比。

（4）公认会计概念与基础的适当和一致地运用，可导致财务报表的公允表达。

三、戴维·弗林特假设

1988 年，英国审计学家戴维·弗林特教授在他的论著《审计理论导论》中提出 7 项审计假设，主要围绕受托经济责任展开，主要关注审计的必要性方面。戴维·弗林特教授在《审计理论导论》中，围绕经济受托责任（见图 1－2）提出 7 项假设：

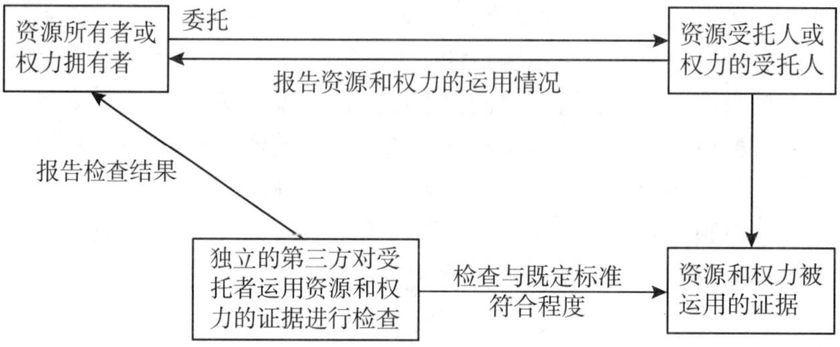

图 1－2　基本假设示意图

（1）审计是以经济责任关系或公共责任环境存在为首要前提的。

（2）经济责任的内涵太微妙、太重要，以致没有审计，该种责任的解除就无法说清楚。

（3）审计的本质特征在于其地位的独立和摆脱调查与报告方面的约束。

（4）审计对象的内容，如行为、业绩、成果业绩记录、财务状况或与此有关事项，都可以通过证据予以证实。

（5）可以分行为、业绩、成果和信息质量等确立责任标准，可以对上述因素的实际状况进行计量并与标准进行比较，计量与比较过程需要特殊的技能并做出判断。

（6）被审财务报表和其他报表以及资料的含义、重要性和目的是充分清晰的，通过审计可对其可信性做出清楚明确地表示与传达。

（7）审计可产生经济和社会效益。

由于受到美英各个学派的影响，我国现代对审计假设的研究一般分为三种情况：一种是根据毛茨和夏拉夫的审计假设理论进行研究；第二种是根据托马斯·李审计假设理论进行的研究；第三种在综合研究美英学派审计假设理论的基础上，结合中国审计人员的发现，把审计假设划为基本假设和特种假设两大类，进一步规定各类所包括的内容。

第四节 审计的对象、职能和作用

一、审计的对象

审计对象也称审计客体，它是对被审计单位和审计的范围所作的理论概括。审计对象包括两层含义：一是外延上的审计实体（被审计单位的财务收支及其有关的经营管理活动），即被审计单位；二是内涵的审计内容或审计内容在范围上的限定（被审计单位的各种作为提供财务收支及其有关经营管理活动信息载体的会计资料和其他有关资料）。所以就审计监督的内容和范围的概括，不同的审计主体会有具体的审计对象。因此，会计报表和其他有关资料是审计对象的现象，其所反映的被审计单位的财务收支及其有关的经营管理活动才是审计对象的本质。

二、审计的职能

审计的职能是审计自身所具有的内在功能。审计职能不是永远不变的，它是随着客观环境的变化而发展发生变化的。

在我国审计界对审计职能的观点，主要有两种：一种是“单一职能论”；另一种是“多职能论”。持“单一职能论”者认为，无论是国家审计、社会审计，还是内部审计，它们只有一项职能，就是经济监督。持“多职能论”者，一般认为审计除审计监督这一基本职能外，还具有其他，如评价、鉴证等职能。现代审计界学者大多认为审计具有多种职能。通常认为审计具有经济监督、经济评论和经济鉴证这三方面的职能。

（一）经济监督职能

经济监督是审计的基本职能。无论是传统审计，还是现代审计，其基本职能都是经济监督。国家审计具有监督职能，社会审计和内部审计也都具有监督职能。而监督不是唯一的职能，监督是审计的基本职能，是各项审计都具备的监督职能，但却不意味着其他各项职能实质上都只是监督职能。

审计的经济监督职能，主要是指通过审计，监察和督促被审计单位的经济活动在规定的范围内、在正常的轨道上进行；监督有关经济责任者忠实地履行经济责任，同时借以揭露违法违纪、稽查损失，查明错误弊端，判断管理缺陷和追究经济责任等。审计工作的核心是通过进行审核检查，查明被审计事项的真实情况，然后对照相关的审计标准，做出被审计单位的经济活动是否真实、合法、有效的结论。而从检查，到评价，到做出处理决定以及督促决定的执行，均体现了审计的监督职能。

（二）经济鉴证职能

审计的经济鉴证职能，是指审计机构和审计人员对被审计单位会计报表及其他经济资料进行检查和验证，确定其财务状况和经营成果是否真实、公允、合法、合规，并出具书面证明，以便为审计的授权人或委托人提供确切的信息，并取信于社会公众的一种职能。

审计的经济鉴证职能，包括鉴定和证明两个方面。比如，会计师事务所接受合资企业的委托，对其投入资本进行验资，或对企业年度财务报表进行审查，还有对企业合并、解散事项进行审核，然后出具相关的验资报告、查账报告和清算报告等，都是在执行审计经济鉴证职能。

（三）经济评价职能

审计的经济评价职能，是指审计机构和审计人员对被审计单位的经济资料及经济活动进行审查，并依据一定的标准对所查明的事实进行分析和判断，肯定成绩，指出问题，总结经验，寻求改善管理、提高效率、效益的途径。审计的经济评价职能，主要有评定和建议两个方面。比如，审计人员通过审核检查，评定被审计单位的经营决策、计划、方案是否切实可行，又是否科学先进，是否贯彻执行，评定被审计单位内部控制制度是否健全且有效，评定被审计单位各项会计资料及其他经济资料的真实、可靠性等。经济效益审计也是最能体现审计评价职能的一种审计。

在审计职能的研究过程中，发现审计还具有服务、管理、咨询等方面的职能。在经济生活日趋复杂、社会日益进步、科技巨大发展的今天，审计职能也必然要发展，不可能一成不变。

三、审计的作用

审计的作用是指履行审计职能、实现审计目标过程中所产生的社会效果。审计的作用有两个：第一是制约作用。审计人员按照我国的法律及财经法规，以及本部门、本单位的有关规定，对本部门、本单位的财政、财务收支和各项经济活动的真实、合法、效益进行监督检查，促使本部门、本单位的经济活动在合法、效益的轨道上运行，对各种违法、违规现象起到一定的制约作用，保护国家和本部门、本单位的利益。第二是防护作用。审计人员通过对本部门、本单位的经济活动及财务收支情况进行事前、事中和事后审计，对本部门、本单位的内部控制制度的健全性和有效性进行审计，保护合法、抑制非法，加强防护措施，防止本部门、本单位的合法权益受到侵害。

案例分析结果

工业革命推动了英国经济的发展，股份公司随之诞生和发展，在股份公司诞生的那一刻起就将审计的发展纳入了新的历史时期。可以说，股份公司的发展孕育了现代民间审计的产生，英国“南海公司”破产案造就了世界第一位民间审计师，同时也揭开了民间审计发展的序幕。

知识评价

审计作为应用性很强的一门学科、一项重要的经济管理工作，是加强经济管理，提高经济效益的重要手段，经济管理是离不开审计的，而经济越发展审计工作就显得越重要。本次任务是为了让我们对审计学习的理论知识进行了解，以便在理论教学基础上进一步巩固审计基本理论及在以后任务中的应用知识并加以综合提高，学会将基础理论知识应用于实际的方法，提高分析和解决问题的能力。

思考题

1. 想一想，审计到底是怎样产生的？
2. 审计的主要内容有哪些呢？
3. 请简要叙述我国审计的发展史。

第二章

审计组织及审计人员形式

学习目标

通过本章的内容，阐述政府审计、内部审计和民间审计组织机构的不同规定，特别是民间审计组织机构的现状和存在问题，为后面学习审计责任和审计风险奠定一定的基础。为此，从理论和实践相结合的高度展开审计组织体系的构成、内容，了解我国国家审计机关、社会审计组织和内部审计机构的基本情况及相应的职责与权限。

能力目标

要求学生掌握审计学的组织，审计人员的形式等。

技能目标

了解我国国家审计机关、社会审计组织和内部审计机构的基本情况及相应的职责与权限。

案例导入

中国的“审计风暴”

从1999年，审计署第一次在全国人大常委会上全面披露了当年的审计结果，水利部等一批中央部门首次遭受公开批评。在审计署从1999~2008年连年发动的“审计风暴”中，已有多个部门连续多年审计出现问题。

水利部在1999年首次因挪用资金问题被审计署点名批评。2005年审计署报告中披露，在对水利部及7个流域机构和15个省区市2004年水利建设资金管理使用情况审计时，查出滞留资金35亿元，其他违规资金近14亿元。在2005年的报告中，水利部下属单位因对外投资管理不严、转制不规范、少计国有资产和权益等被点名。

2003年，铁道部被审计出上报预算金额与实际向所属单位拨款金额不符，年末还有17.2亿元滞留在铁道部。在2006年度审计报告中，铁道部再度被查出问题资金。此外，发改委、教育部等部门也出现连续两年或多年审计出现问题的情况。审计发现的106起重大违法犯罪案件线索移送司法机关和纪检监察部门查处后，有94人被逮捕、起诉或判刑，177人受到党纪政纪处分。审计署发现各类涉嫌金融违法犯罪案件线索37起，涉案金额102.49亿元，涉案责任人55名。涉嫌收费公路相关违法犯罪案件线索13起，已移送有关部门查处。在三峡水利枢纽工程和三峡库区移民资金审计工作中，移送涉嫌违法犯罪案件线索5起。在中央部门预算执行审计中，共发现经济犯罪案件线索17起，涉案人员28人，已移送有关部门查处。查获中央企业领导人员或经营管理人员滥用职权、以权谋私、违规转移国有资产等涉嫌违法犯罪案件线索22起，已移送有关部门查处。

另据新华社报道，铁道部、国家新闻出版广电总局等6个部门所属的9个单位采取虚列项目、虚报支出或多报人数等方式套取财政资金1 404.54万元。发展改革委、文化部等25个部门所属的92个单位挪用财政资金和其他专项资金等27.54亿元，主要用于归还借款、基本建设及对外投资、发放劳务费、津贴补贴及日常支出等。电监会、劳动保障部等23个部门所属的33个单位采取隐瞒收入、虚列支出等方式转移资金5.91亿元，其中5.45亿元未纳入法定账册，部分用于发放职工奖金福利等。如截至2006年年底，电监会所属中国电力企业联合会资产管理中心管理的对外投资和事业基金1.75亿元，未纳入统一核算；该电力企业联合会还用已作废的财务印鉴先后开设3套账户，2004～2006年截留投资收益及所属单位上缴款等收入3 451.63万元，支出3 026.38万元，主要用于发放职工奖金补贴。中科院、水利部等13个部门所属的50个单位对外投资管理不严，转制不规范，少计国有资产和权益等，涉及金额22.84亿元。农业部、国资委等11个部门所属的16个单位违规收费或未严格执行非税收入管理规定，涉及金额2.49亿元。民航总局、信息产业部等4个部门所属的5个单位存在未经批准和超标准、超概算建设办公楼、培训中心等问题，涉及金额17.39亿元。

（资料来源：本资料根据公开资料自行整理。）

【基于案例的问题】

那么，这些年发动的这些"审计风暴"是怎么回事？为什么有这么多的单位出于各种目的弄虚作假？他们损害的是谁的利益？应该有哪些部门去审查监管？让我们在本章的学习中找到答案。

第一节　国家审计机关及其审计人员

审计机关是代表政府依法行使审计监督权的行政机关，具有法律赋予的权威性。而国家审计是指由国家审计机关所实施的审计。如案例中我们提到的审计署。根据《中华人民共和国审计法》规定，我国的审计机关依照法律规定独立行使审计监督权，不受其他行政机关、社会团体和个人的干涉。国家审计基本内容是：本级预算执行审计工作体系初步建立，并向综合财政审计展开；围绕建立现代企业制度，改进企业审计办法，实施真实性审计；适应反腐倡廉需要，初步建立起领导干部经济责任审计制度；结合中心工作，突出了行业同步审计，不断深化各项专业审计。审计监督的法律法规体系基本建立，审计执法力度加大。审计法律法规的制定，促进了审计质量和效率的提高。

一、当代西方国家审计机关的相关情况

当前世界上已有160多个国家和地区建立了适合自己国情的国家审计体制。不同的政治、经济、法律制度造就了不同的国家审计体制。一个国家选择或构建什么样的国家审计体制，主要取决于审计主体所处国家的经济、历史、文化、民族、现状等特殊背景；取决于所

处国家的政治经济制度、法律体制及其完善程度；其所选类型才有利于审计职能的充分发挥；符合成本—效益原则及国家的发展需要。在国家审计体制的形成过程中，这两种因素对国家审计体制的形成产生了比较大的影响。国家审计体制是指国家根据政治、经济发展的需要，通过宪法、审计法等法定程序，对国家审计机关的典型组织形式、领导体制以及其职权设置制度化的总称。一般传统观点认为，审计体制可分为立法型、司法型、行政型和独立型四种。

（一）立法型国家审计机关

立法型审计体制下的最高审计机关称审计署，它独立于政府部门，隶属于立法机关国会或议会，独立展开工作并对其负责和报告工作。立法型审计机关的主要职能是协助立法机构对政府和相关领域进行监督，并在一定程度上影响到立法机构的相关决策。它依法独立履行职责，完全不受政府各部门的干预。采用的国家主要有：美国、加拿大、英国、澳大利亚等国家。英国是最早建立此种类型审计机关的国家。

（二）司法型国家审计机关

司法型审计体制下，最高审计机构被称审计法院，隶属于司法系列或具有司法性质。在这种审计体制下，审计机关拥有审判权和最终判决权，有权直接对违反财经法规、制度的任何相关事项和个人进行处理。司法型审计体制将审计法院介于议会和政府之间，成为司法体系的组成部分，具有处置和处罚的权利，其独立性和权威性也得到进一步加强。采用的国家主要有：法国、意大利、西欧及南美一些国家。目前一些非洲的法语国家也建立起了这种模式。

（三）独立型国家审计机关

独立性审计体制下，国家审计机构独立于立法、司法和行政三权之外，它与国会、议会没有领导关系，也不是政府的职能部门，更和法院没有关系。一般成立的是最高检察院，在审计监督过程中，坚持依法审计的原则，客观公正地履行监督职能，只对法律负责，不受议会各政党或任何政治因素的干扰。主要采用的国家是日本、德国等。

（四）行政型国家审计机关

在行政型审计体制下，审计机关隶属于政府行政部门或隶属于政府某一部门的领导，如泰国和中国的审计署是在国务院总理领导下工作的。审计机关根据国家法律赋予的权限，对政府所属各部门、各单位的财政预算和收支活动进行审计，独立性相对较弱。主要采用的国家是东欧国家、中国、俄罗斯、瑞典等国家。

二、我国国家审计机关的职责

我国的国家审计机关分为中央国家审计机关和地方国家审计机关两级。

中央国家审计机关：审计署是我国最高国家审计机关，它按照统一领导，分级负责的原则组织和领导我国全国的审计工作展开。审计长是国务院总理提名，人大决定，由国家主席任命的。在全国重点地区和部门设立审计派出机构。

地方国家审计机关：地方各级审计机关审计厅（局）对上一级审计机关和本级人民政府负责并同时报告工作情况，审计业务以上级审计机关领导为主。县以上设 3 100 多个审计机关。双重领导机制——政府、上一级审计机关。

我国《审计法》中规定的审计机关的职责主要有：

（1）审计机关对本级各部门（含直属单位）和下级政府预算的执行情况和决算以及其他财政收支情况，进行审计监督。

（2）审计署在国务院总理领导下，对中央预算执行情况和其他财政收支情况进行审计监督，向国务院总理提出审计结果报告。

地方各级审计机关分别在省长、自治区主席、市长、州长、县长、区长和上一级审计机关的领导下，对本级预算执行情况和其他财政收支情况进行审计监督，向本级人民政府和上一级审计机关提出审计结果报告。

（3）审计署对中央银行的财务收支，进行审计监督。审计机关对国有金融机构的资产、负债、损益，进行审计监督。

（4）审计机关对国家的事业组织和使用财政资金的其他事业组织的财务收支，进行审计监督。

（5）审计机关对国有企业的资产、负债、损益，进行审计监督。

（6）对国有资本占控股地位或者主导地位的企业、金融机构的审计监督，由国务院规定。

（7）审计机关对政府投资和以政府投资为主的建设项目的预算执行情况和决算，进行审计监督。

（8）审计机关对政府部门管理的和其他单位受政府委托管理的社会保障基金、社会捐赠资金以及其他有关基金、资金的财务收支，进行审计监督。

（9）审计机关对国际组织和外国政府援助、贷款项目的财务收支，进行审计监督。

（10）审计机关按照国家有关规定，对国家机关和依法属于审计机关审计监督对象的其他单位的主要负责人，在任职期间对本地区、本部门或者本单位的财政收支、财务收支以及有关经济活动应负经济责任的履行情况，进行审计监督。

（11）除《审计法》规定的审计事项外，审计机关对其他法律、行政法规规定应当由审计机关进行审计的事项，依照《审计法》和有关法律、行政法规的规定进行审计监督。

（12）审计机关有权对与国家财政收支有关的特定事项，向有关地方、部门、单位进行专项审计调查，并向本级人民政府和上一级审计机关报告审计调查结果。

（13）依法属于审计机关审计监督对象的单位，应当按照国家有关规定建立健全内部审计制度；其内部审计工作应当接受审计机关的业务指导和监督。

（14）社会审计机构审计的单位依法属于审计机关审计监督对象的，审计机关按照国务院的规定，有权对该社会审计机构出具的相关审计报告进行核查。

三、我国国家审计机关的权限

审计机关的权限是指宪法和法律赋予审计机关在实施审计监督过程中享有的权能，是审计机关的执法手段。审计机关的权限主要有如下四个特征：第一，法定性。审计机关的权限是《宪法》和法律所赋予的。在《宪法》第九十一条和第一百零九条规定，审计机关“依照法律规定独立行使审计监督权”，这是审计机关享有权限的依据。审计监督权是审计机关的基本权限。第二，行政性。审计机关是我国的行政机关，而且是行政执法机关，审计机关的权限是行政权，是行政的执法权，不是司法权，同样也不是立法权。第三，主体恒定性。享有审计监督权的只能是审计机关，其他的机关、社会审计机构（如会计师事务所）等不得享有此权，否则即为越权，要承担相应的法律责任。第四，种类广泛性。审计机关的权限种类较多，共有十几种权限，不像其他行政机关的权限比较单一。以下介绍国家审计机关的基本权限：

（一）要求报送资料权

要求报送资料权也称资料索取权，是指审计机关在实施审计时，要求被审计单位按照规定的期限和要求提供或报送与财政收支、财务收支有关情况和资料的权力，被审计单位必须提供或报送，不得拒绝、拖延、谎报。这是实施审计的前提条件，否则就无法审计，因而各国审计法对此都有规定。我国《审计法》第三十一条规定：“审计机关有权要求被审计单位按照规定报送预算或者财务收支计划、预算执行情况、决算、财务报告，社会审计机构出具的审计报告，以及其他与财政收支或者财务收支有关的资料，被审计单位不得拒绝、拖延、谎报。”这里的“按照规定”，是指按照审计机关规定的期限和要求。《审计法实施条例》第二十八条第一款明确规定“审计机关依法进行审计监督时，被审计单位应当按照审计机关规定的期限和要求，向审计机关提供与财政收支或者财务收支有关的情况和资料。”结合《审计法》和《审计法实施条例》的规定，被审计单位向审计机关提供或报送的情况和资料主要有：

（1）在银行和非银行金融机构设立账户的情况。

（2）预算。即经过批准的政府、部门、其他国家机关、社会团体和其他单位的收支预算。

（3）财务收支计划。即企业以货币形式预计一定时期内资金的筹集、运用和分配的计划。

（4）预算执行情况。即预算收支进度、预算内和预算外收支划分、预算预备费的动用和预算周转金的运用、预算收支平衡状况。

（5）决算。即政府、部门、单位在每一预算年度终了后编制的年度会计报表和有关财务收支或生产经营情况的说明书的总称。通过决算，可以总括地反映并据以检查各单位的财务、生产经营活动、预算的执行情况。

（6）财务报告。即反映单位财务状况或经营成果的书面文件，如资产负债表、损益表、现金流量表、附表及会计报表附注和财务情况说明书等。

（7）社会审计机构出具的审计报告、验资报告、资产评估报告以及办理企业事业单位合并、分立、清算事宜出具的有关报告等。

（8）其他与财政收支或财务收支有关的资料。如有关的规范性文件、财务电算化资料等。

此外，根据《审计法实施条例》第二十九条的规定，各级人民政府财政部门、税务部门和其他部门应当向本级审计机关报送下列资料：

（1）本级人民代表大会批准的本级预算和本级人民政府财政部门向本级各部门批复的预算，预算收入征收部门的年度收入计划，以及本级各部门向所属各单位批复的预算；

（2）本级预算收支执行和预算收入征收部门的收入计划完成情况月报、年报和决算，以及预算外资金收支决算和财政有偿使用资金收支情况；

（3）综合性财政税务工作统计年报，情况简报，财政、预算、税务、财务和会计等规章制度；

（4）本级各部门汇总编制的本部门决算草案。

审计机关的要求报送资料权具有强制性，被审计单位必须按审计机关的要求报送资料、提供情况，否则追究法律责任。

（二）检查权

检查权是指审计机关实施审计时，对被审计单位的与财政收支或者财务收支有关的资料和资产进行检查的权力。审计机关若没有检查权，则审计工作就无法开展。国外的审计立法明确规定审计机关有权检查被审计单位的账目。我国《审计法》第三十二条规定："审计机关进行审计时，有权检查被审计单位的会计凭证、会计账簿、会计报表以及其他与财政收支或者财务收支有关的资料和资产，被审计单位不得拒绝。"按照《审计法》第三十二条关于"其他与财政收支或者财务收支有关的资料"的规定，是有权检查的。审计机关的检查权涉及的资料和资产主要有：

（1）会计凭证。即用来记载业务的发生、明确经济责任、作为记账根据的书面证明。按照会计凭证填制的程序和用途，会计凭证可分为原始凭证和记账凭证。

（2）会计账簿。即连续、系统、全面地对各项业务进行序时和分类记录的账簿。会计账簿按照分类的概括性程度，可分为总分类账和明细分类账。对这两种账，审计机关都有权检查。

（3）会计报表。即综合反映一定时期财务状况和经营成果的文件。按照《企业会计准则》的规定，我国企业的会计报表主要包括资产负债表、损益表、财务状况变动表以及其他附表。

（4）运用电子计算机管理财政收支、财务收支的财务会计核算系统，包括运用电子计算机储存、处理的财政收支、财务收支电子数据以及有关资料等。

（5）其他与财政收支或者财务收支有关的资料。

（6）资产。即被审计单位拥有或者控制的能以货币计量的经济资源，包括各种财产、债权以及其他权利。从会计的角度，资产可分为流动资产、长期投资、固定资产、无形资产、递延资产和其他资产。

审计机关的检查权具有强制性，被审计单位必须接受检查，不得拒绝，不得转移、隐匿、篡改、毁弃会计凭证、会计账簿、会计报表以及其他与财政收支或者财务收支有关的资料，不得转移、隐匿所持有的违反国家规定取得的资产，否则追究法律责任。

（三）调查取证权

审计机关的调查取证权是指审计机关就审计事项的有关问题向有关单位和个人进行调查并取得证明材料的权力。调查取证权是审计机关行使审计监督权的重要方式和必要条件，各国审计立法都有规定。调查权是向有关单位和个人了解、查访与审计事项有关问题的权力；取证权是通过调查取得与审计事项有关问题的证明材料的权力。调查取证的范围是被审计单位以外的有关单位和个人。因为对被审计单位进行调查取证是审计监督权的应有的含义，这是不言而喻的，无须单作规定。根据《审计法》第三十八条第二款的规定，审计人员向有关单位和个人进行调查时，应当出示审计人员的工作证件和审计通知书副本。这样规定有利于增强行使审计调查权的严肃性和权威性，防止冒充审计人员的现象发生。

（四）查询存款权

查询存款权是指审计机关对被审计单位在金融机构的各项存款具有查询并取得证明材料的权力。这项权限与审计机关的调查取证权密切相关，是审计机关在调查取证过程中行使的一项权限。《审计法》第三十三条只规定了审计机关有权就审计事项的有关问题向有关单位和个人进行调查，并取得证明材料，没有明确规定审计机关在调查取证过程中，是否有权查询被审计单位在金融机构的存款并取得证明材料。据《审计署、中国人民银行关于审计机关在审计执法过程中查询被审计单位存款问题的通知》的规定，审计机关在查询被审计单位在金融机构的各项存款时，应当出具县级以上审计机关负责人签发的协助查询存款通知书、工作证件和审计通知书副本。审计机关应当提供被审计单位的开户银行名称、账户名称和账号，由金融机构负责人指定具体业务部门提供有关被审计单位存款的情况和资料。对因群众举报等原因，审计机关无法提供账户名称和账号的，审计机关应当做出说明，有关金融机构应当积极协助。审计机关在查询存款或者查阅有关资料时，可以抄录、复印或者拍照，但不得将原件带走。对金融机构提供的有关资料，审计机关负有保密的义务。审计机关在取得有关证明材料后，应当注明来源，并由提供证明材料的金融机构签名或者盖章。审计机关需要到异地查询被审计单位在金融机构的存款时，可以直接到异地金融机构查询，不受审计管辖范围的限制。

（五）行政强制措施权

审计机关的行政强制措施权是指审计机关对被审计单位正在进行的违反国家规定的财政收支或者财务收支的行为、正在或者可能违法处理与财政收支或者财务收支有关资料的行为、正在违法处理违法取得的资产的行为，采取或者通知有关部门采取的强制手段的权力。

此外，审计机关的行政强制措施按照采取措施的主体不同，可分为直接强制措施和间接强制措施。直接强制措施是指审计机关依法直接采取的行政强制手段，如暂时封存账册资料。间接强制措施是指审计机关依法通知有关部门采取行政强制手段，有关部门必须依照通知采取行政强制手段，如通知对被审计单位资金拨付负有管理职责或者对其资金使用负有监督职责的部门暂停拨付被审计单位的有关款项。不管是直接强制措施，还是间接强制措施，强制措施的权力必须得到执行。如果被审计单位对这种具体行政行为不服，均可依照《行政诉讼法》的规定向人民法院提起行政诉讼。

根据《审计法》第三十四条、第四十二条、第四十三条和《审计法实施条例》第三十二条、第三十三条、第五十条、第五十一条的规定，审计机关的行政强制措施权有：制止权、采取取证措施权、暂时封存账册资料权、通知暂停拨付款项权、责令暂停使用款项权共5项。

（六）申请权

审计机关的申请权是指审计机关申请人民法院采取保全措施或者强制执行的权力。分为申请法院采取保全措施权和申请法院强制执行权两种权力。采取保全措施权或强制执行权是法院的司法权，不是审计机关的行政权。正是由于审计机关没有这两项权力，所以才申请法院行使此权。如果审计机关本身就拥有这两项权力，就不用申请了。

（七）处理处罚权

审计机关的处理处罚权是指审计机关对被审计单位违反国家规定的财政收支、财务收支行为依法予以处理、处罚的权力。分为处理权和处罚权，也称审计处理权和审计处罚权。分别阐述如下：

1. 处理权

处理权是指审计机关对被审计单位违反国家规定的财政收支、财务收支行为采取纠正措施的权力。审计处理具有矫正性，不具有制裁性和惩戒性，不属于行政处罚的范畴，但也是审计机关的具体行政行为。

《审计法》第四十四条、第四十五条，《审计法实施条例》第五十二条、第五十三条对处理权做了规定。根据这些规定，可以得出一个结论，即：对被审计单位违反国家规定的财政收支、财务收支的行为，审计机关均可行使处理权，而且，处理没有时效限制，不管查出哪年的违法行为，均可处理。所谓财政收支，是指依照预算法和国家其他有关规定，纳入预算管理的收入和支出，以及预算外资金的收入和支出。所谓财务收支，是指国有的金融机构、企业事业单位以及国家规定应当接受审计监督的其他有关单位，按照国家有关财务会计制度的规定，办理会计事务、进行会计核算、实行会计监督的各种资金的收入和支出。审计处理的种类有：责令限期缴纳、上缴应当缴纳或者上缴的财政收入；责令限期退还被侵占的国有资产；责令限期退还违法所得；责令冲转或者调整有关会计账目；采取其他纠正措施。其含义分别阐述如下：

（1）责令限期缴纳、上缴应当缴纳或者上缴的财政收入。

（2）责令限期退还被侵占的国有资产。

（3）责令限期退还违法所得。

（4）责令冲转或调整有关会计账目。责令冲转有关账目是指：①挤占成本的，应责令如数冲减成本；②挪用生产发展基金的，应责令如数补充生产发展基金；③挪用专项资金的，应责令如数补充被挪用的专项资金。责令调整有关会计账目是指责令将记错科目的账，再改正调整过来。

（5）采取其他纠正措施。是指审计机关采取的除上述四种纠正措施以外的其他纠正措施，如《审计法实施条例》第五十三条规定的审计机关对被审计单位违反国家规定的财务收支行为的“责令改正”等。

2. 处罚权

处罚权是指审计机关对被审计单位违反国家规定的财务收支行为和违反《审计法》的行为采取行政制裁措施的权力。审计处罚具有制裁性和惩戒性，属于行政处罚的范畴。《审计法》第四十一条、第四十五条，《审计法实施条例》第四十九条、第五十三条对审计处罚权做了规定。根据这些规定，可以得出一个结论，即：对被审计单位违反国家规定的财务收支的行为，审计机关可以行使处罚权；对被审计单位违反国家规定的财政收支的行为，审计机关不能行使处罚权，只能行使处理权。同时，由于审计处罚属于行政处罚的范畴，故审计机关行使审计处罚权时，还必须遵守《行政处罚法》的规定。

审计处罚是行政处罚在审计机关的具体化。审计处罚的主体是审计机关；审计处罚的对象主要是被审计单位，有时也包括有关责任人员。如根据《国务院关于违反财政法规处罚的暂行规定》的规定，审计机关对违反财政法规的有关责任人员可处以罚款。

审计处罚的种类。依照《行政处罚法》第八条的规定，行政处罚的种类有：（1）警告；（2）罚款；（3）没收违法所得、没收非法财物；（4）责令停产停业；（5）暂扣或者吊销许可证、暂扣或者吊销执照；（6）行政拘留；（7）法律、行政法规规定的其他行政处罚。

（八）建议权

审计机关的建议权是指审计机关建议给予有关责任人员行政处分、纪律处分或者就被审计单位执行的违法规定建议有关主管部门纠正的权力。包括建议给予行政处分或者纪律处分权、建议纠正违法规定权。所谓有关责任人员是指被审计单位的对违法行为负有直接责任的主管人员和其他直接责任人员。

四、国家审计的特点

（一）国家审计的独立性强

组织上的独立性：审计机构是单独设置的，不隶属于其他任何部门。审计署受国务院总理直接领导，地方审计机关受各级地方人民政府主要负责人的领导。他独立于被审计单位，与被审计单位在组织上无任何行政隶属关系。

工作上的独立性：审计机构与人员不参加任何企业单位的经济计划与管理工作，是按照《宪法》《审计法》等法律赋予的职责进行工作的，在审计工作上独立编制审计计划，独立取证和审核检查，最终做出评价，独立做出审计结论，提出处理意见，不会受其他行政机关、社会团体和个人的干涉。

经济上的独立性：国家审计的审计经费及收入由国家单独安排，有稳定的来源，不受被审计单位的制约。审计的经费是独立的，列入财政预算，由各级政府承担，单独拨转，保证其执法的独立客观性。按照《审计法》，审计机关对被审计单位违反国家规定的财政财务收支行为和违纪违法行为，不仅拥有检查权，而且拥有行政处理权、移送行政处理及提请司法处理权等权利，具有很强的独立性。

（二）国家审计的强制性大

主导地位上的强制性：国家审计是依据宪法建立的，代表国家实施审计监督，并在业务上对内部审计和社会审计进行指导、管理、监督。这种指导、管理、监督都是强制性的，是不会以内部审计和社会审计的意愿为转移的，构成了国家审计在整个审计组织体系中的主导地位。

审计立项上的强制性：国家审计的审计立项是根据自我编制的年度审计计划，同时还有根据本级人民政府或上级审计机关临时交办的事项，还可根据国家审计组织本身临时掌握的线索等。由此可见，国家审计的审计立项是以国家和社会的审计工作的需要为主要依据的，而不受被审计单位和其他方面的干涉。

审查权限的强制性：国家审计机关依照国家法律规定独立行使审计监督权，不受其他行政机关、社会团体和个人的干涉。因为在审计活动中，国家审计机关是行为主体，其审计程序、审计方法方式的运用或选用是以完成审计任务、提高审计工作效率为目标的，被审计单位在审计活动中的配合情况虽也影响着审计工作效果，但总体上讲，被审计单位必须无条件接受审计机关的监督检查。

审计处理上的强制性：就具体的国家审计工作而言，在最后阶段应写出审计报告，做出审计结论和决定，并送达被审计单位及相关部门或单位，这些单位或部门应主动地、自觉地予以执行或协助执行，部门或单位没有或不准备主动、自觉执行或协助执行审计决定时，审计机关可以采取相应措施使审计结果强制执行。

（三）国家审计的权威性高

因为国家审计的建立是依据《审计法》的规定，而《审计法》在我国法律体系中处于较高的地位。《宪法》是国家的根本大法，它也把审计监督的制度确立为国家财经经济管理中的一项基本制度。《审计法》是国家审计监督制度的基本法律，它是对《宪法》有关规定的具体化，在规范国家审计监督制度方面，是仅次于《宪法》的国家法律。审计机关与审计人员根据《宪法》规定直接在各级人民政府的主要行政首脑的领导下，依法独立行使审计监督权并向其负责和报告工作，不受本地行政机关、社会团体和个人的干涉，使国家审计具有代表行使监督权力的权威性。

根据《审计法》规定，审计机关不仅可以对各级政府机构，国有大中型企业事业单位进行经济监督，还可以对经济执法部门（如财政、税专、金融、工商行政、物价、海关等）专业经济监督部门进行“再次监督”，促使其依法履行监督职责。不仅可对具体层次进行监督，而且可对宏观管理层次加以监督。由于审计机关有专司审计监督，不承担其他业务工作，与其监督对象无直接利害关系，居于客观公正的地位，其监督工作就更具有权威性。

（四）国家审计综合性广

国家审计也是综合性的经济监督部门，一方面，具有监督面广的特点，它通过对综合反映经济活动的财政、财务收支进行审查、鉴证、评价，从不同方面、不同环节上监视着经济活动的运行，在宏观调控中发挥着重要的综合性作用；另一方面具有监督层次广的特点，不仅可通过大量的具体审计，直接督导具体单位依法开展经济活动，促进宏观调控措施在具体层次的落实和提高，而且能够对审计活动进行综合分析，向决策部门反映情况，提出建议，促进宏观调控的改进与完善，间接提高宏观经济效益。

五、最高审计机关国际组织

最高审计机关国际组织是由全世界各国最高级国家审计机关组成的一个国际性组织，它是由联合国成员国的政府审计机关联合建立，属于联合国经济社理事会下的非政府组织。其创立于 1953 年，1968 年在东京召开的第六次会议上，该组织的组织章程获得通过，最高审计机关国际组织正式宣布成立，接受联合国经济社理事会领导。最高审计机关国际组织的总部设在维也纳，是由奥地利审计法院负责日常工作，该组织的会费由各成员国按联合国缴纳会费的比例分摊。

目前该组织有成员 186 个，我国于 1983 年审计署成立后加入该组织。其主要职责是统一规范审计标准，加强业务合作，促进审计事业发展以及各会员国之间的信息交流与沟通。该组织的宗旨：互相交流情况，交流经验，推动和促进各国审计机关更好地完成本国的审计工作。其相关的出版物为《国际政府审计》。

第二节 内部审计机构及审计人员

内部审计是企业、公司治理中的重要环节。内部审计是指部门或单位内部独立的审计机构和审计人员，依照国家或部委制定的法律、法规、政策制度等标准，采用专门的程序和方法，对本部门、本单位的财务收支及其经济活动进行审核，查明其合法性、合规性及效益性，并提出建议和意见，以加强经济管理，提高经济效益的一种经济监督活动。内部审计在实践工作中一般有三个重要的作用：第一，制止违规违纪的现象，保护国家财产和企业利益；第二，披露经济活动和相关资料中存在的错误和舞弊行为，保证会计信息资料真实性、正确性、及时性和合理合法性；第三，配合相关纪律监察部门，打击各种经济犯罪活动。企业的内部审计组织模式与企业的组织形式密切相关，为使内部审计在企业中发挥应有的作用就必须建立与现代企业制度相适应的内部审计组织体系。

一、现代我国内部审计机构的设置方式及各种领导体制下的内部审计作用

内部审计机构，是指根据审计法有关规定，国务院各部门和地方人民政府各部门，国有金融企业事业组织，应当按照国家有关规定建立健全内部审计制度。内部审计机构在本部门、本单位主要负责人的直接领导下，对本部门行业、本单位及其所属单位进行内部审计监督。各部门、国有的金融机构和企业事业组织的内部审计，应当接受审计机关的业务指导和监督。

部门审计在我国的内部审计中占重要位置。其所谓部门审计就是“国务院和主管部门的审计”。这是国家审计机关根据我国的国情在发展社会主义审计监督体系中的一个创举。部门审计虽对国家来说是内部审计，但它对下属单位内部审计具有外部审计的性质。也就是说它具有双重性质。由于它的这种双重性质使它可以承担一部分国家审计机关委托的审计任务，并可以指导下属单位内部审计的开展。还有，由于我国把内部审计部门定位于本单位、本部门主要负责人领导，赋予了较高的地位，但由于主要负责人并不是一个很具体的概念，因此，在实践中内部审计机构的设置就出现了多种形式。

内部审计机构隶属财务副总（财务总监）——即对财务部门负责的组织形式。这种模式不管从层次、地位还是独立性方面来讲，都比较差。这种模式的内部审计机构只能开展部分日常性的审计工作，不能对公司高层的决策行为、经济行为和经营管理行为进行有效的监督检查，也不能很好地实现审计的根本目的。而有些公司的管理者甚至要求内部审计人员参与到业务活动和会计处理中去，把内部审计看成是财务机构内部自我纠正的内部稽核岗位。变成了自己审自己，自己监督自己，审计人员的独立性原则就会受到损害。审计监督就变成了财务或会计监督。

内部审计机构隶属于总经理（总裁）——对总经理负责的组织形式。这种模式相对于内部审计机构隶属财务副总（财务总监）的组织模式来说内部审计机构的设置层次、地位和独立性都略有提高。由于总经理是执行公司政策运营的主要负责人，负责公司的日常经营管理活动，对公司的生产经营进行全面领导，依照公司章程和董事会的授权行使职权，也要对董事会负责，所以这种模式有利于对企业直接的生产经营活动进行审计，有利于经营决策，提高经营管理水平和经济利益服务。但不足之处是审计范围相对较小，不利于对企业董事会成员的决策及其行为监督，对本公司的财务和总经理的经济责任难以进行独立的监督与评价。

内部审计机构设置在监事会——对监事会负责的组织形式。监事会是公司的监督机构，依据《公司法》的相关规定，监事会由股东代表和职工代表组成，有权审核公司的财务状况，保障公司利益及公司业务活动的合法性，依法和依照公司章程对董事会和经理行使职权的活动进行监督。这种模式的独立性和设置层次都很高，但是事实上监事会在很多单位的权责不明、权力一般偏小等原因而使监事会形同虚设。监事会对公司董事会决策层人员和经理层经营管理人员缺乏应有的监督检查，并无直接的管理权，内部审计的主要任务是要从企业经营管理活动的实践需要出发，贯穿到整个经营管理领域，在改善企业经营管理方面发挥效力，从而提高经济效益。所以这种模式的缺陷就是权责不明、权力偏小不能直接服务于经营决策。

董事会下设的审计委员会——对董事会负责的组织形式。审计委员会主要由独立董事组成，内审机构在审计委员会的领导下进行工作，它对董事会负责，业务上受独立董事的直接指导，这种模式既保证了审计机构较高的权威性，又保证了其内审机构拥有较强的独立性；这种内部审计模式有利于审计人员独立开展工作，是比较理想的模式。

二、我国内部审计机构及发展现状

根据《审计法》和《审计署关于内部审计工作的规定》，国务院各部门和地方人民政府各部门、国有金融机构和企业事业组织，以及法律、法规、规章规定的其他单位，依法实行内部审计制度，并在下列单位，可以根据需要，设立总审计师，建立独立的内部审计机构：审计机关未设派出机构，财政、财务收支金额较大或者所属单位较多的政府部门；县级以上国有金融机构；国有大中型企业；国有资产占控股地位或者主导地位的大中型企业；国家大型建设项目的建设单位；财政、财务收支金额较大或者所属单位较多的国家事业单位；其他需要设立内部审计机构的单位。

《审计法》第二十九条规定："国务院各部门和地方人民政府各部门、国有的金融机构和企业事业组织，应当按照国家有关规定建立健全内部审计制度。"内部审计制度，是部门、单位健全内部控制，审查财政、财务收支，改善经营管理，提高资金使用效果，提高经济效益或者工作绩效的一项重要的管理控制制度。

在我国实行内部审计制度，有利于企业通过内部审计来检查和评价各单位履行经济责任的状况，加强内部管理和控制，提高经济效益，增强单位和部门竞争能力，维护自身的合法权益；有利于通过内部审计来保障国有资产的安全完整，提高国有资产的利用效果和效率；有利于国家通过内部审计加强对国有资产的经营或管理，以巩固和发展经济。

（一）内部审计机构的发展

内部审计机构，是我国审计主体的重要组成部分。早在审计署正式成立后，我国就提出了实行内部审计制度问题，并根据国务院的要求，许多部门和单位都建立了内部审计机构；在《国务院关于审计工作的暂行规定》中，进一步规定了内部审计机构的设置、领导关系、审计的任务等问题；在《审计条例》中，对内部审计机构又进一步进行规范；在《审计法》中确立了内部审计制度的法律地位和明确了审计机关与内部审计的法律关系；在《审计署关于内部审计工作的规定》中更全面地规范了内部审计机构的设置、领导关系、审计范围、审计的方法、主要权限、工作程序、内部管理及与审计机关的关系等。

（二）内部审计机构的审计范围

内部审计机构并不是简单的、机构的信息反馈系统，而是在检查和评价之外，深入研究改进的措施，提出合理的建议。因此，对本单位及所属单位对下列事项都要进行全面深入地审计：

（1）财务计划或者单位预算的执行和决策；

（2）财政、财务收支及其有关的经济活动；

（3）经济效益与工作绩效；

（4）内部控制制度；

（5）经济责任；

（6）建设项目预（概）算、决算；

（7）国家财经法规和部门、单位规章制度的执行；

（8）其他审计事项。

还有，内部审计机构还要对本部门、本单位与境内、境外经济组织兴办合资、合作经营以及合作项目等的合同执行情况，投入资金、财产和经营状况及其效益，依照有关规定，进行内部审计监督。部门内部审计机构还要对行业经济管理中的重要问题开展行业审计调查。

（三）内部审计机构的职权

内部审计机构在进行审计业务时，依据《宪法》和《审计法》中确立的审计的权责，内部审计机构有以下主要权限：

（1）要求报送资料权。根据内部审计工作的需要，要求被审计单位及时报送计划、预算、决策、报表和有关文件、资料等。

（2）审核检查权。即审核相关的凭证、账表、决策资料，检查资金和财产，检测财务会计软件，查阅有关文件和资料。

（3）参加会议权。内部审计机构及相关人员有权参加本部门、本单位召开的与审计有关的会议及重要的经营决策会议。

（4）调查取证权。有权对审计业务中涉及的有关事项进行调查，并索取有关文件、资料等证明材料。

（5）临时制止权。审计中对正在进行的严重违反财经法规、严重损失浪费的行为，经部门或者单位负责人同意，做出临时制止决定。

（6）临时措施权。审计中对阻挠、妨碍审计以及拒绝提供有关资料的，经单位领导人批准，可以采取必要的临时措施，并提出追究有关人员责任的建议。

（7）建议意见权。内部审计机构有权提出改进管理、提高效益的建议和纠正、处理违反财经法规行为的意见。

（8）建议反映权。对严重违反财经法规和造成严重损失浪费的直接责任人员，内部审计机构有权提出处理的建议，并按有关规定，向上级内部审计机构或者审计机关反映。

部门、单位可以在管理权限范围内，授予内部审计机构处理、处罚的权限。

三、内部审计的特点

内部审计机构与外部审计机构相比较，一是具有内向性特点，即内部审计是为加强单位内部经营管理和控制服务的，它是本单位内部管理的一部分；二是具有相对独立性特点，内部审计同外部审计一样，都必须具有独立性，在审计过程中必须根据国家法律法规及有关财务会计制度，独立地检查、评价公司财务收支及与此相关的经营管理活动；三是程序的相对简化性，由于内部审计机构对公司的情况比较了解，在具体实施审计工作中，各个阶段的工作都会大为简化；四是广泛性，即内部审计不仅仅局限于对财政、财务收支审计，还要对内部控制、生产经营及经济效益各个方面进行检查、分析与评价；五是具有及时性、针对性和经常性，因为内部审计人员常年工作在本单位内部，熟悉情况，可以随时了解情况、发现问题，这样有助于及时、有针对性和经常地提出建议，并督促其采取措施贯彻执行。

（一）审计服务的内向性

内部审计是为加强单位内部经营管理和控制服务的。它是本单位内部管理的一部分，内部审计的目的是在于促进公司经营管理和经济效益的提高，因而内部审计既是公司的审计监督者，也是根据公司管理提供专门咨询服务者。服务的内向性是内部审计的基本特征。

（二）审计工作的相对独立性

内部审计同外部审计一样，都必须具有独立性，在审计过程中必须根据法律法规及有关财务制度，独立地检查、评价公司的财务收支及与此相关的经营管理活动。另外，由于内部审计机构是内设的机构，内部审计人员是公司的职工，这就使内部审计的独立性受到很大的制约；如果遇到国家利益与公司利益冲突的情况下，内部审计机构的独立决策可能会受到公司利益影响。因此，要求内部审计也要相对独立。

（三）审计程序的相对简化性

由于内部审计机构对公司的情况比较了解，在具体实施审计工作中，各个阶段的工作都会大为简化。一是规划阶段中的工作，可以结合日常工作进行，使规划工作量得以减少，时间也大为缩短；二是内部审计的实施过程，针对性也比较强，许多资料和调查都依赖内部审计人员的平时积累；三是内部审计机构提出审计报告后，通常由所在部门出具审计意见书或审计决定；四是被审计部门对审计意见书和审计决定如果有异议，可以向内部审计机构负责人提出。

（四）审查范围的广泛性

内部审计主要是为公司经营管理服务的，这就决定了内部审计的范围必然要涉及公司经济活动的各个反面。内部审计不仅仅局限于对财政、财务收支审计，还要对内部控制、生产经营及经济效益各个方面进行检查、分析与评价。

（五）审计实施的及时性

内部审计机构是公司的一个部门，内部审计人员常年工作在本单位内部，熟悉情况，可以随时了解情况、发现问题，这样有助于及时、有针对性和经常地提出建议，并督促其采取措施贯彻执行。

从以上特征可以看出，随着内部审计的发展，内部审计作用已经不再局限于财务收支的审查，其可以深入公司内部管理的各方面，充分发挥监督与评价作用、咨询与建设作用、风险管理作用、保护作用、调节协调作用等。

四、国际内部审计的发展及“国际内部审计组织”

1941 年春天，在美国公用事业部门有两个组织：爱迪生电力研究所和美国电气化联合会，他们首先建立了“内部审计分委会”。4 月时，邀请北美公司的内部审计负责人约翰·B. 瑟斯顿做了题为《内部审计——管理之必需》的讲演，会议的很多参加者受到很大的鼓舞。会后他们一致认为：在公用事业行业中，内部审计必须要作为独立的职业从会计行业分离出来。而这时维克托·Z. 布林克出版了《内部审计的性质、作用和程序方法》一书，又把内部审计提高到了理论的高度，从而进一步推动了内部审计人员建立内审职业机构的意愿。于是在 1941 年 9 月 23 日，由 24 名会员成立了创立委员会，由阿瑟·E. 霍尔德任主席。10 月 27 日通过了该协会章程。1941 年 12 月 9 日举行了第一次年会（成立大会），选举约翰·B. 瑟斯顿为第一任主席。同时宣告美国内部审计师协会的成立。它标志着内部审计从此成为一种独立的职业。

协会成立初只是在纽约设有分会，后来发展到芝加哥、费城、底特律、洛杉矶和克利夫兰。1944 年协会在加拿大多伦多设立分会，开始跨越国境。1948 年又在伦敦设立分会，逐步发展成为国际性组织。国际内部审计师协会是由国家分会、各国的一般分会、审计俱乐部和个人会员组成。我国中国内部审计学会在 1987 年加入该组织。

第三节　民间审计组织

一、民间审计组织的设立

民间审计组织是指根据国家法律规定，经政府部门审核注册登记的会计师事务所。而所谓民间审计，是指依法成立的民间审计组织接受委托，对被审计对象的财务收支及其经济活动的真实性、合法性、效益性，依法独立进行审计查证和咨询服务活动。会计师事务所接受当事人的委托，对有关经济组织的相关经济事项所进行的审计查证业务。这是从审计组织形式角度，把会计、审计、咨询组织开展的审计业务，称之为民间审计。它既不是国家的职能部门，也不是单位内部的机构，经济上自收自支、独立核算、依法纳税，具有法人资格。所以，会计师事务所是依法独立承担注册会计师业务的中介服务机构，是由有一定会计专业水平、经考核取得证书的会计师（如中国的注册会计师、美国的执业会计师、英国的特许会计师、日本的公认会计师等）组成的、受当事人委托承办有关审计、会计、咨询、税务等方面业务的组织。

会计师事务所就其组织形式而言，主要有独资、有限责任制、普通合伙制、有限责任合伙制四种形式。

（一）独资会计师事务所

独资会计师事务所是由具有注册会计师执业资格的个人独立开业，并承担无限责任的一种组织形式。这种事务所的优点是：比较容易设立，执业灵活，对执业人员的数量要求不多，一般能够在代理记账、代理纳税等方面很好地满足小型企业对注册会计师服务的需求，虽然承担的无限责任，但实际发生风险的程度较低。缺点是难以承担大型审计业务，缺乏发展后劲，抗风险能力较差。

（二）普通合伙制会计师事务所

普通合伙制会计师事务所是由两名或两名以上注册会计师作为合伙人而组成的合伙组织。合伙人以各自的财产对事务所的债务承担无限连带责任。其优点是：能够在风险的控制和共同利益的驱动下，促使事务所强化提高专业管理，规避风险的能力。缺点是想建立一个跨地区、跨国界的大型会计师事务所比较缓慢。同时，如果一个合伙人执业中的过失或欺诈行为都可能给整个事务所带来灭顶之灾。

（三）有限责任制会计师事务所

有限责任制会计师事务所是由数名注册会计师发起并认购事务所股份，同时以其所认购股份对事务所承担有限责任，事务所以其全部资产对其债务承担有限责任。该事务所的优点是：可以通过公司制形式聚集较多注册会计师，规模比较大，行业竞争力强，可以承办大型业务。缺点是弱化了注册会计师的个人责任，对注册会计师的不严谨执业行为缺乏威慑力。

（四）有限责任合伙制会计师事务所

有限责任合伙制会计师事务所是指事务所以全部资产对其债务承担有限责任，各合伙人对个人执业行为承担无限责任，合伙人之间不承担连带责任。会计师事务所中某一个人的执业行为若犯了错误，虽使合伙企业承担了有限责任，但不会使其他合伙人由于一个合伙人的作假行为而负无限责任。它既吸收了合伙制和有限责任制事务所的优点，又摒弃了它们的不足。这种事务所是目前四种形式里面较为理想的一种形式，是当今会计师事务所组织形式发展的趋势。

根据《中华人民共和国注册会计师法》的规定，我国只准设立有限责任制事务所和合伙制事务所。在我国，注册会计师不能以个人名义承办业务，而必须由会计师事务所统一接受委托。

二、民间审计组织的业务范围

根据《注册会计师法》的规定，注册会计师依法承办审计业务和会计咨询、会计服务业务。此外，注册会计师还根据委托人的委托，从事审阅业务、其他鉴证业务和相关服务业务。

（一）审计业务

1. 审查企业财务报表，出具审计报告

为了有效制止和防范利用财务报表弄虚作假，提高财务报表质量，国家依法实行企业年度财务报表审计制度，随着审计准则体系的逐步完善，注册会计师执业行为日益规范，执业水平不断提高，注册会计师行业已成为享有较高公信力的行业，为维护会计秩序、保证会计信息质量做出了应有的贡献。

2. 验证企业资本，出具验资报告

我国实行注册资本实收制度。根据《公司法》《公司登记管理条例》等法律、法规的规定，公司及其他企业在设立审批时，必须提交注册会计师出具的验资报告。验资是指注册会计师接受委托，对被审计单位注册资本实收情况或注册资本的变更情况进行审验，并出具验资报告。

3. 办理企业合并、分立、清算事宜中的审计业务，出具有关报告

企业在合并、分立或终止清算时，应当分别编制合并、分立财务报表以及清算财务报表。为了帮助财务报表使用人增强对这些报表的信赖程度，企业需要委托注册会计师对其编报的财务报表进行审计。

4. 办理法律、行政法规规定的其他审计业务，出具相应的审计报告

（二）审阅业务

审阅业务是注册会计师在实施审阅程序的基础上，说明是否注意到某些事项，使其相信财务报表没有按照适用的会计准则的规定编制，未能在所有重大方面公允反映被审阅单位的财务状况、经营成果和现金流量。相对审计而言，审阅程序简单，保证程度有限，审阅成本也较低。

（三）其他鉴证业务

其他鉴证业务包括：预测性财务信息审核、系统鉴证等，这些鉴证业务可以增强使用者的信任程度。我国注册会计师承办的业务范围较为广泛，既有针对历史财务信息的审计和审阅业务，又有历史财务信息以外的其他鉴证业务，例如内部控制审核、预测性财务信息的审核等。

（四）相关服务

相关服务业务包括对财务信息执行商定程序、代编财务信息、税务服务、管理咨询以及会计服务等。

1. 对财务信息执行商定程序

对财务信息执行商定程序，是注册会计师对特定财务数据、单一财务报表或整套财务报表等财务信息执行与特定主体商定的具有审计性质的程序，并就执行的商定程序及其结果出具报告。

2. 代编财务信息

代编财务信息，是注册会计师运用会计而非审计的专业知识和技能，代客户编制一套完整或非完整的财务报表，或代为收集、分类和汇总其他财务信息。

3. 税务服务

税务服务包括税务代理和税务筹划。

4. 管理咨询

管理咨询服务范围很广，主要包括对公司治理结构、信息系统、预算管理、人力资源管理、财务会计、经营效率、效果和效益等提供诊断及专业意见与建议。

5. 会计服务

注册会计师提供的会计咨询和会计服务业务，除了代编财务信息外，还包括对会计政策的选择和运用提供建议、担任常年会计顾问等。

三、民间审计组织的权限

民间审计在进行工作时，同样需要相关的权限：

（1）会计师事务所受理业务，不受行政区域、行业的限制。

（2）委托人委托会计师事务所办理业务，任何单位和个人不得干预；会计师事务所依法独立、公正职业，受法律保护。

（3）根据需要可以查阅被审计人的有关会计资料和文件，查看业务现场的设施，要求委托人提供其他必要的协助。

（4）注册会计师执行审计业务，遇有下列情况之一的，应当拒绝出具有关报告：

①委托人示意注册会计师做不适或不当证明的；

②委托人故意不提供有关会计资料或文件的；

③注册会计师出具的审计报告不能对重要事项做出正确表示的。

（5）注册会计师违反工作规则造成不良后果的，会计师事务所应当如实上报，由主管部门分情况予以警告、罚款、暂停执行业务、吊销注册会计师证书等处分。触犯刑法的，由司法机关依法惩处。

四、中国注册会计师协会（CICPA）

中国注册会计师协会是依据《注册会计师法》设立的中国注册会计师行业组织，成立于1988年11月。目前，协会已拥有团体会员6 800多家，个人会员14万多人。中注协的最高权力机构是全国会员代表大会，全国会员代表大会通过选举产生理事会。理事会选举产生会长、副会长、常务理事会，理事会设若干个专门委员会和专业委员会。常务理事会在理事会闭会期间行使理事会职权。协会下设秘书处，是其常设执行机构。

中国注册会计师协会的宗旨是服务、监督、管理、协调，是以诚信建设为主线，服务本会会员；监督会员的执业质量、职业道德；依法对注册会计师行业进行管理；协调行业内、外部关系，维护社会的公众利益和会员合法权益，促进注册会计师行业健康发展。

协会的主要职责包括：审批和管理本协会会员，指导地方注册会计师协会办理注册会计师的注册；拟订注册会计师执业准则、规则，监督、检查实施情况；组织对注册会计师的任职资格、注册会计师和会计师事务所的执业情况进行年度检查；对违反行业管理规范的行为予以惩戒；组织实施注册会计师全国统一考试；组织会员培训；组织业务交流，开展理论研究，提供技术支持；开展注册会计师行业宣传；协调行业内、外部关系，支持会员依法执业，维护会员合法权益；代表中国注册会计师行业开展国际交往活动；指导地方注册会计师协会工作；办理法律、行政法规规定和国家机关委托或授权的其他有关工作。

中国注册会计师协会于 1996 年和 1997 年分别加入亚太会计师联合会（CAPA）和国际会计师联合会（IFAC），并担任其理事。

第四节　审 计 人 员

审计人员是指审计机关或者其他审计机构中从事审计工作的专门人员。审计人员应当具备与从事的审计工作相适应的专门知识和业务能力。

一、审计人员应具备的素质

（一）政治素质

作为一名审计人员要坚持四项基本原则，执行国家的方针、政策、法律、法规，自觉遵守审计准则，热爱审计事业，具有敬业和奉献精神。要有高度的责任感和使命感，认清当前的经济形势，明确自己肩负的重任，履行宪法和法律赋予自己的职责，紧紧围绕党委、政府的工作部署和工作重点，依法履行审计监督职责，为经济建设护航。还要敢于坚持原则，依法审计，严格按照法律规定的权限和程序进行审计工作，坚决维护国家法律、法规和规章制度的权威性、严肃性，严格查处各种违法违纪行为，成为依法行政的推动者和实践者。

（二）职业道德

审计人员要全心全意为人民服务，忠于职守，克己奉公，勤奋工作；努力学习新知识，学以致用，具备与审计工作相适应的专业知识和业务能力；遵守国家法律、法规，依法审计；办理审计事项要保持职业谨慎，做到客观公正、实事求是；办理审计事项若与被审计单位或者审计事项有利害关系时，应当要求回避；对在执行职务中知悉的国家秘密和商业秘密，负有保密的义务；廉洁自律，艰苦奋斗，谦虚谨慎，平等待人，树立良好形象。

（三）业务素质

审计人员业务素质的高低对审计工作质量有重要影响的因素。业务素质是审计人员得以从事审计工作最基本的要求。审计人员要熟悉国家财经法律、法规和政策；要有较高的会计理论水平、财会工作技能，通晓了解各行各业财务制度和会计技术方法；熟知审计理论和审计方法及实践经验；且具备一定的会计工作或其他相关专业工作的经历；还要有调查研究，综合分析和语言表达能力；及一定的写作能力，外语水平及电脑操作知识。

二、审计人员相关资格考试

（一）国家审计师资格考试

审计师考试是指审计师的资格考试。初、中级资格考试合格者，颁发省人社厅用印的《审计专业技术资格证书》。高级审计师资格考试合格者，颁发审计署用印的成绩合格证书。

审计师考试全称为全国审计专业技术资格考试。其考试时间安排在每年10月中旬举行，报名时间约为4月上旬。审计师分为三个级别：即初级审计师、中级审计师、高级审计师。

（1）参加审计专业技术初、中级资格考试人员应具备下列基本条件：

①遵守国家法律，具有良好职业道德；

②认真执行《中华人民共和国审计法》以及有关财经法规和制度，无违反财经纪律的行为；

③认真履行岗位职责，热爱本职工作；

④从事审计、财经工作。

（2）参加初级资格考试人员除具备上述基本条件外，还必须具备教育部门认可的中专以上学历。

根据人事部办公厅《关于部分专业技术人员资格考试安排和考试工作有关问题的通知》文件精神，应届毕业生参加本年度审计专业初级资格考试的，报名时尚未获得学历证书的应届毕业生，应持能够证明其在考试年度可毕业的有效证件（如学生证等）和学校出具的应届毕业证明，到指定报名点办理报名手续。

（3）参加中级资格考试人员除具备报考条件中规定的基本条件外，还必须具备下列条件之一：

①取得大学专科学历，从事审计、财经工作满5年；

②取得大学本科学历，从事审计、财经工作满4年；

③取得双学士学位或研究生班毕业，从事审计、财经工作满2年；

④取得硕士学位，从事审计、财经工作满1年；

⑤取得博士学位。

（4）参加高级资格评价考试人员应遵守《中华人民共和国宪法》和各项法律，具有良好职业道德和敬业精神，并符合下列条件之一：

①获得博士学位，取得审计师或相关专业中级专业技术资格后，从事审计工作满2年；

②获得硕士学位，取得审计师或相关专业中级专业技术资格后，从事审计工作满4年；

③大学本科毕业，取得审计师或相关专业中级专业技术资格后，从事审计工作满5年；

④大学专科毕业，取得审计师或相关专业中级专业技术资格后，从事审计工作满6年。

上述相关专业中级专业技术资格是指会计师、经济师、统计师、工程师等。

（5）考试内容。

①初、中级。

《审计专业相关知识》：宏观经济学基础、企业财务管理、企业财务会计、法律；

《审计理论与实务》：审计理论与方法、企业财务审计。

②高级。

《经济理论与宏观经济政策》：社会主义市场经济理论研究，金融理论研究，财政理论研究，财务会计和财务管理理论研究。

《审计理论与审计案例分析》：审计理论研究，审计技术方法。

（二）民间审计的注册会计师考试

注册会计师考试是中国的一项执业资格考试。由财政部成立注册会计师考试委员会（简称财政部考委会），组织领导注册会计师全国统一考试工作。财政部考委会设立注册会计师考试委员会办公室（简称财政部考办），组织实施注册会计师全国统一考试工作。财政部考办设在中国注册会计师协会。

报名条件：

（1）同时符合下列条件的中国公民，可以申请参加注册会计师全国统一考试专业阶段考试：

①具有完全民事行为能力；

②具有高等专科以上学校毕业学历，或者具有会计或者相关专业中级以上技术职称。

（2）同时符合下列条件的中国公民，可以申请参加注册会计师全国统一考试综合阶段考试：

①具有完全民事行为能力；

②已取得财政部注册会计师考试委员会（简称财政部考委会）颁发的注册会计师全国统一考试专业阶段考试合格证并且在有效期内。

考试划分为专业阶段考试和综合阶段考试。考生在通过专业阶段考试的全部科目后，才能参加综合阶段考试。

专业阶段考试科目：会计、审计、财务成本管理、公司战略与风险管理、经济法、税法6个科目；

综合阶段考试科目：职业能力综合测试（试卷一、试卷二）；

参加注册会计师全国统一考试的应考人员，专业阶段考试的单科考试合格成绩5年内有效。对在连续5个年度考试中取得专业阶段全部科目考试合格成绩的应考人员，财政部考委会颁发专业阶段考试合格证书。

注册会计师全国统一考试专业阶段考试合格证由考生到参加专业阶段考试最后一科考试报名地的地方考办领取。

综合阶段考试科目应在取得注册会计师全国统一考试专业阶段考试合格证书后5个年度考试中完成（现已取消“在5个年度中完成”这一规定）。对取得综合阶段考试科目考试合格成绩的考生，财政部考委会颁发注册会计师全国统一考试全科合格证。

注册会计师全国统一考试全科合格证由考生到综合阶段考试报名地的地方考办领取。

根据《注册会计师全国统一考试管理工作指南》规定，参加注册会计师全国统一考试的应考人员，在取得注册会计师全国统一考试专业阶段考试合格证后5个年度内，取得综合阶段职业能力综合测试合格成绩者，财政部考委员颁发全科合格证书。取得综合阶段职业能力综合测试成绩合格的申请人，应持综合阶段职业能力综合测试成绩合格凭证向参加综合阶段职业能力综合测试所在地的地方考办申请换发全科合格证书。

（三）国际注册内部审计师

CIA考试是由国际注册内部审计师“协会出题并用它的答卷答题并由国际注册内部审计师”协会全球统一阅卷，改卷评分，证书是由国际注册内部审计师“协会颁发但中国审计署会出具中文的对应证书”。

（1）报考条件。具备下列条件之一者，可报名参加考试：

①具有本科及本科以上学历；

②具有中级及中级以上专业技术资格；

③持有注册会计师证书；

④本科院校审计、会计及相关专业四年级学生（在校学习的全日制本科院校审计、会计及相关专业四年级学生，毕业（即取得毕业证书）当年方可报名参加考试。）；

报考资格的审查和确认由所在省份内部审计协会秘书处负责，并报中国内部审计协会备案。

国际注册内部审计师（CIA）需通过3科考试：第1科：内部审计基础，具体包括：内部审计强制性指南、内部控制与风险、审计工具与技术等。第2科：内部审计实务，具体包括：管理内部审计职能、管理单项审计业务、舞弊风险与控制等。第3科：内部审计知识要素，具体包括：治理与商业道德、风险管理、组织结构/业务流程和风险、沟通、管理与领导规则、业务连续性、财务管理、全球化经营环境等。

考试题型：三个科目考试试题均为单项选择题。考试题量：科目一试题为125道，科目二、三试题各为100道。考试时长：科目一考试为150分钟；科目二、三考试各为120分钟。考试语种：分为中文、英文，由考生自主选择。

（2）具备下列条件者，方可取得国际注册内部审计师证书：

①所有考试科目全部合格；

②具有2年（含2年）以上审计、会计工作及相关工作经历。

国际注册内部审计师证书由国际内部审计师协会和中国内部审计协会制发。

案例分析结果

在“审计风暴”过后，社会各界对审计机关、审计组织认知认可的同时，更关注的是审计工作结果和审计行为；审计结果的不断对外公告，暴露出被审计单位问题的同时，也对审计机关的执政能力和水平提出了新的挑战。所以应该加强审计机关自身建设，规范审计行为，提高审计工作质量，防范审计风险。建立和健全审计制度和各类工作规范，用制度规范审计行为和审计程序，保证审计工作有深度、广度，有层次。还要努力实现审计手段和审计管理现代化，从而提升审计质量和效率。

知识评价

我国的审计组织是由国家审计机关、民间审计组织、内部审计机构组成的，他们在职责、权限、工作范围等方面存在很多相同和不同。在履行审计职责时，会受到很多方面的制约，有法律方面的、职业组织的等。审计人员面临的法律责任和风险也往往大于专业人员。

思考题

1. 国家审计人员的职责和权限有哪些？
2. 内部审计的特点是什么？
3. 民间审计的业务范围有哪些？

第三章

审计职业道德与法律责任

学习目标

本章重点描述审计人员职业道德及其法律责任的内容规范性要求，以及注册会计师在财务报表审计中对舞弊的考虑。本章的主要内容，是了解和掌握审计职业道德和法律责任的含义、内容及其相互关系，审计法律责任的种类、成因及防范措施，并对舞弊审计中的相关责任、审计程序等问题，为后面的实践内容奠定理论基础。

能力目标

要求学生掌握审计人员的职业道德理论，从而了解舞弊审计中的相关责任、审计程序等问题，为后面的实践内容奠定理论基础。

技能目标

能掌握审计职业道德和法律责任的含义、内容及其相互关系，审计法律责任的种类、成因及防范措施。

案例导入

毕马威事件

2009 年 6 月 27 日，毕马威华振会计师事务所及其广州分所（简称毕马威）公开登报，向江苏宿迁娃哈哈饮料有限公司等“娃哈哈”旗下的 3 家公司正式道歉。而在此前不久，江苏省高级人民法院做出终审判决，认定毕马威侵犯了中国公司主权，对娃哈哈公司造成了侵权，判令其立即停止侵权并赔礼道歉，赔偿损失人民币共计 30 万元。

“毕马威案件”源于 2007 年 11 月达能集团在英属维尔京群岛和萨摩亚起诉“娃哈哈”非合资公司的外方股东事件。两地法院在被告不在场、未做抗辩的情况下签发了临时冻结和接管令，裁定由达能指定的毕马威为被告资产接管人。此后，毕马威未经中国法院许可，便在中国境内从事接管活动，被宿迁市中级人民法院、江苏省高级人民法院均判定侵犯中国司法主权，对“娃哈哈”公司构成侵权。而早在 2001 年，毕马威就因中石化河南分公司、广西玉柴机器股份有限公司的会计报表数据失实等受到财政部通报批评；又在 2003 年 2 月，毕马威又因锦州港虚假陈述案被投资者告上法庭，这是四大会计师事务所在国内首次被推上被告席，此后针对四大会计师事务所的诉讼纠纷不断涌现。在 2007 年，在新华控制工程有限公司（简称新华工程）案件中，毕马威则被判定做出了不实的审计报告，导致新华工程的前股东新华集团利益受到损害。该案背后又牵扯出新华工程现任股东新加坡通用电气太平洋私人有限公司（简称 GE）。GE 在与新华集团的交易中给出一份净资产调整报告，要求调整购买价。如按 GE 的购买价进行转让，新华集团将蒙受损失。这时候，毕马威的审计报告恰恰正好支持了 GE 的净资产调整报告，这样，新华集团遭受了利益损失。而众所周知，毕马威恰恰是 GE 在全球的合作伙伴。

（资料来源：本资料根据公开资料自行整理。）

【基于案例的问题】

从上述诉讼案件我们可以看出，遭受损失的股民在对造假公司本身进行控诉的同时，还把对造假公司进行审计的毕马威公司告上法庭。那究竟应该由谁来承担法律责任，以及审计人员的责任怎样划分呢？让我们共同来分析。

第一节　国家审计人员的职业道德、法律责任

职业道德是某一职业组织以公约、守则等形式公布的，其会员自愿接受的职业行为标准，是从事一定职业的人，在履行本职工作的过程中，应当遵循的职业范围内的特殊道德要求和道德准则。而审计人员的职业道德是为指导审计人员在从事审计工作中保持独立的地位、公正的态度和约束自己行为而制订的一整套职业道德规范。他是审计人员在执业过程中要遵守的行为标准和道德规范，审计职业道德基本内容有以下几个方面：

第一，要坚持四项基本原则。

现阶段，四项基本原则是我们国家的立国之本。因此，审计人员必须在政治上、组织上、思想上、行动上和党保持一致，同心同德。要忠于祖国、忠于党、忠于人民，全心全意为人民服务，为把我国建设成为富强、民主、文明的社会主义现代化国家努力奋斗。

第二，工作中要遵纪守法。

各项法律法规是开展各项工作的重要保证。审计人员在审计活动中，必须严格按照党和国家的各项方针、政策、法规、制度，在法律法规规定的范围内，履行《审计法》中对审计工作的监督职责。做到有法必依、执法必严、违法必究，依法加强财政、财务收支的监督管理，勇敢地同一切违法违纪行为作斗争，维护国家财经法纪的严肃性，保护国家、集体财产的安全和完整。

第三，努力做好本职工作。

做好本职工作是审计人员职业道德中的最基本要求。一是忠于职守、爱岗敬业。在工作时，应当坚持实事求是、客观公正原则，确保审计结果的合法、真实、完整；积极奉献，认认真真审计、清清白白做人。二是要正确处理国家、集体、个人三者之间的利益关系，切实维护各方的正当、合法的经济权益。三是严格保守被审计单位涉及国家经济、技术、商业等秘密，除法律规定外，不得私自向外泄露。

第四，要廉洁自律。

“保持廉洁、惩治腐败”，我们在审计活动中，必须做到廉洁自律。一要清正廉洁、不得利用职务和工作之便，收受馈赠、贿赂及索贿。二要严于律己、不徇私情。不能凭借手中

掌握的权力搞钱权交易，不得接受被审计单位宴请和公款支付的娱乐活动。三要作风正派、生活检点。自尊自爱，保持自己的人格和尊严。

第五，要不断加强学习。

审计人员必须不断加强政治学习和业务学习，提高自己的政治素质和业务能力，才能适应审计事业发展的要求。在政治方面，我们要系统地学习马列、毛泽东、邓小平等政治理论书籍。业务方面，主要是认真学习审计、会计、财政等专业知识及计算机知识。

一、国家审计人员职业道德

国家审计职业道德是国家审计人员在审计工作中形成的应当满足社会需要、承担社会责任、履行社会义务的行为规范，它是审计工作质量的重要保障，是维护和提高政府及审计行业形象和公信力的有效途径。我国在1988年发布的审计条例中就规定“审计工作人员应当依法审计、忠于职守、坚持原则、客观公正、廉洁奉公、保守秘密”，1994年颁布和2006年修正的《审计法》明确规定：“审计机关和审计人员办理审计事项，应当客观公正，实事求是，廉洁奉公，保守秘密”；这期间，审计署也先后出台了《审计机关审计人员职业道德准则》《审计署关于加强审计纪律的规定》。2011年施行的国家审计准则把“严格依法、正直坦诚、客观公正、勤勉尽责、保守秘密”作为基本审计职业道德。

国家审计职业道德内容如下：

（1）审计人员应当依照法律规定的职责、权限和程序进行审计工作，并遵守国家审计准则；

（2）办理审计事项，应当客观公正、实事求是、合理谨慎、职业胜任、保守秘密、廉洁奉公、恪尽职守；

（3）在执行职务时，应当保持应有的独立性，不受其他行政机关、社会团体和个人的干涉；

（4）办理审计事项，与被审计单位或者审计事项有直接利害关系的，应当按照有关规定回避；

（5）在执行职务时，应当忠诚老实，不得隐瞒或曲解事实；

（6）在执行职务特别是做出审计评价、提出处理处罚意见时，应当做到依法办事，实事求是，客观公正，不得偏袒任何一方；

（7）应当合理运用审计知识、技能和经验。保持职业谨慎，不得对没有证据支持的、未经核清事实的、法律依据不当的和超越审计职责范围的事项发表审计意见；

（8）应当具有符合规定的学历，通过岗位任职资格考试，具备与从事的审计工作相适应的专业知识、职业技能和工作经验，并保持和提高职业胜任能力，不得从事不能胜任的业务；

（9）应当遵守审计机关的继续教育和培训制度，参加审计机关举办或者认可的继续教育、岗位培训活动，学习会计、审计、法律、经济等方面的新知识。掌握与从事工作相适应的计算机、外语等技能；

（10）应当参加继续教育、岗位培训。应当达到审计机关规定的时间和质量要求；

（11）应当对其执行职务时知悉的国家秘密和被审计单位的商业秘密，负有保密的义务。在执行职务中取得的资料和审计工作记录，未经批准不得对外提供和披露，不得用于与审计工作无关的事项；

（12）应当遵守国家的法律、法规和规章以及审计工作纪律和廉政纪律；

（13）应当认真履行职责，维护国家审计的权威。不得有损害审计机关形象的行为；

（14）应当维护国家利益和被审计单位的合法权益；

（15）审计人员违反职业道德，由所在审计机关根据有关规定给予批评教育、行政处分或者纪律处分。

二、国家审计人员法律责任的含义和种类

首先，审计法律责任是广义的审计法律责任，是指与审计有关的各种法律责任的总称。审计责任一直没有明确的法律界定，随着国家法律环境的健全和审计业务的发展，逐渐得以确定，即成为法律责任。我国《审计法》规定审计法律责任是指在国家审计监督活动中发生的有关法律责任。它是因实施审计监督而产生的相关当事人的法律责任。包括被审计单位及其有关的直接责任人的法律责任和审计人员的法律责任；它是以行政责任为主的法律责任，也包括刑事责任，但不包括民事责任。

“责任”一词，在法律上有多种含义：一般指职责或者是义务，也指因违法行为而承受的某种后果。所谓法律责任即是我们讲的第三种含义的责任。即法律责任是指行为人违反法律规定的义务而应承担的法律后果。法律责任有以下特征：法律责任是违反法定义务的后果；法律责任是由法律明文规定的；法律责任具有强制性。法律责任一般分为民事责任、行政责任和刑事责任。国家审计主体法律责任是指国家审计主体在实行审计中因违反法律上所规定的责任和义务关系所产生的对于相关主体所应承担的法定强制的不利后果和必须履行的义务，是对审计部门和审计人员在审计过程中出现的滥用职权、徇私舞弊、玩忽职守或失密泄密等行为的一种处理处罚和补救措施。

（一）国家审计机关审计人员法律责任的特点

（1）它是国家审计的法律责任，是在国家审计监督过程中发生的与审计机关履行审计监督职能密切相关的法律责任，不包括社会审计和内部审计的法律责任；

（2）它是因为实施审计监督产生的相关当事人的法律责任，那么相关当事人是法律责任的主体，包括被审计单位及其有关的直接责任人和国家审计人员；

（3）它是以行政责任的法律责任为主，也包括相应的刑事责任，但不包括民事责任。

（二）根据《审计法》的规定，我国国家审计人员承担法律责任的形式

（1）行政责任。行政责任主要是指警告、严重警告、记过和记大过等。是审计人员在审计中没有按照履行法定义务或法定义务履行不当，但该行为又没有达到犯罪的程度，所应受到的处罚措施。

（2）刑事责任。刑事处罚是具有强威慑力的处罚措施，能对犯罪行为能起到强大的震慑作用。当审计人员在审计工作中的违反法律法规的行为给国家或他人造成了巨大的损失或损害时，应当将该审计人员移交司法机关处理，依法追究其刑事责任。

（3）经济处罚。经济处罚的判断和认定是与审计的结果直接相关的，审计人员是否受到经济处罚是看审计报告、审计意见是否对信息的使用者造成了相关的经济损失，而赔偿额度的大小则主要和造成损失的大小以及审计人员自身的经济承担能力而言的。

第二节 内部审计人员的职业道德、法律责任

现代内部审计之父索耶在关于内部审计的定义是："对组织中各类业务和控制进行独立评价，以确定是否遵循公认的方针和程序，是否符合规定和标准，是否有效和经济地使用了资源，是否在实现组织目标"。2003 年 6 月，我国内部审计协会发布《内部审计准则》中对内部审计做出定义：内部审计是指组织内部的一种独立客观的监督和评价活动，它通过审查和评价经营活动及内部控制的适当性、合法性和有效性来促进组织目标的实现。而内部审计人员在组织内部基于独立客观工作，就必须有严格规范自己的内部审计人员职业道德，这样不仅对做好自己的本职工作有促进作用，还有利于良好社会风气的形成。我国内部审计人员职业道德是在 20 多年的审计实践中逐步产生、形成和完善的。该行为规范与准则，是通过审计目标、社会责任、道德义务来几方面的考量实现的。在审计工作中坚持原则、秉公办事、无私无畏、尽职尽责；认真履行《审计法》，严格审计监督；真实、正确、完整地反映财政、财务收支结果，依法纠正、处理和处罚各种违法违纪行为；净化社会风气，促进廉政建设是内部审计职业道德的基本要求。2013 年 8 月 26 日，中国内部审计协会发布《中国内部审计准则第 1201 号——内部审计人员职业道德规范》，指出内部审计人员在从事内部审计活动时，应当保持诚信正直；应当遵循客观性原则，公正、不偏不倚地作出审计职业判断；应当保持并提高专业胜任能力，按照规定参加后续教育；应当遵循保密原则，按照规定使用其在履行职责时所获取的信息。

一、内部审计人员职业道德

内部审计人员职业道德的规范包括以下内容：

（1）内部审计人员在履行职责时，应当严格遵守中国内部审计准则及中国内部审计协会制定的其他规定。

（2）内部审计人员不得从事损害国家利益、组织利益和内部审计职业荣誉的活动。

（3）内部审计人员在履行职责时，应当做到独立、客观、正直和勤勉。

（4）内部审计人员在履行职责时，应当保持廉洁，不得从被审计单位获得任何可能有损职业判断的利益。

（5）内部审计人员应当保持应有的职业谨慎，并合理使用职业判断。

（6）内部审计人员应当保持和提高专业胜任能力，必要时可聘请有关专家协助。

（7）内部审计人员应诚实地为组织服务，不做任何违反诚信原则的事情。

（8）内部审计人员应当遵循保密性原则，按规定使用其在履行职责时所获取的资料。

（9）内部审计人员在审计报告中应客观地披露所了解的全部重要事项。

（10）内部审计人员应具有较强的人际交往技能，妥善处理好与组织内外相关机构和人士的关系。

（11）内部审计人员应不断接受后续教育，提高服务质量。

二、内部审计人员法律责任的种类

由于内部审计的自身特点，我国当前内部审计法规没有明确关于内部审计人员的法律责

任。一般要求单位本身根据有关规定给予批评教育、行政处分，如果构成犯罪的，应当立即移交司法机关和相关部门处理。

第三节 注册会计师职业道德基本原则、法律责任

职业道德是各种职业组织以公约、守则等形式公布的，其会员自愿接受的职业行为标准。所谓民间审计的职业道德也就是注册会计师的职业道德，是注册会计师的职业品德、职业纪律、执业能力及职业责任等的总称。

注册会计师的职业性质决定了其对社会公众应承担的各种责任。注册会计师行业之所以在现代社会中产生和发展，是因为注册会计师能够站在独立的立场对企业管理层编制的财务报表进行审计，并且提出客观、公正的审计意见，作为财务报表使用者进行决策的相关依据。而所谓财务报表使用者，包括现有利益关系人和潜在的投资人、债权人以及政府有关部门等所有与企业的相关人，一般泛指为社会公众。这些利益关系人在很大程度上关注企业管理层编制的财务报表和注册会计师发表的审计意见，并把这些作为自己分析、考量、决策的基础。注册会计师虽然接受委托并获取收益，但其实从本质上讲，注册会计师服务的对象应是社会公众，于是注册会计师就承担了对社会公众的责任。

一、注册会计师的职业道德

中国注册会计师协会自 1988 年成立以来，就非常重视注册会计师职业道德规范建设。在 1992 年发布了《中国注册会计师职业道德守则（试行）》；2012 年 11 月 4 日，中注协发布《中国注册会计师职业道德守则》和《中国注册会计师协会非执业会员职业道德守则》，并于自 2010 年 7 月 1 日起施行。注册会计师应当遵守职业道德守则，履行相应的社会责任，维护公众利益；应当遵循诚信、客观和公平原则，在执行审计和审阅业务以及其他鉴证业务时保持独立性；应当获取和保持专业胜任能力，保持应有的关注，勤勉尽责；应当履行保密义务，对职业活动中获知的涉密信息保密；应当维护职业声誉。树立良好的职业形象。1996 年 12 月 26 日，经财政部批准，发布了《中国注册会计师职业道德基本准则》；2002 年 6 月 25 日，又发布了《中国注册会计师职业道德规范指导意见》，于 2002 年 7 月 1 日起施行。这些条例的颁布与实施，极大地推动了我国注册会计师的职业道德建设。在《中国注册会计师职业道德规范指导意见》中分为两个层次：第一个是基本原则；第二个是具体的要求。基本原则是注册会计师履行社会责任，恪守独立、客观、公正的原则，保持应有的职业谨慎，保持和提高专业胜任能力，遵守审计准则等职业规范，履行对客户的责任以及对同行的责任等。具体的要求包括独立性、专业胜任能力、保密、收费与佣金、与执行鉴证业务不相容的工作、接任前任注册会计师的审计业务，以及广告、业务招揽和宣传等。而独立、客观、公正是注册会计师职业道德中的基本准则，也是对注册会计师职业道德的最基本要求。

（一）注册会计师职业道德中的基本准则

1. 独立

独立性是注册会计师执行鉴证业务的灵魂，注册会计师要以自身的专业性和信誉向社会公众表明，被审计单位的财务报表是真实与公允的。美国注册会计师协会在 1947 年发布《审计暂行标准》指出："独立性的含义相当于完全诚实、公正无私、无偏见、客观认识事

实、不偏袒。”

2. 客观

社会公众要求注册会计师力求公正，不能因成见或者偏见、利益冲突和他人影响而损害自身的客观性。注册会计师会在许多领域提供专业服务，在所有情况下均应表现出其客观性。在审计工作过程中遵循客观性的职业道德规范时，要充分考虑以下因素：

（1）如果注册会计师被施加压力，而这些压力可能损害注册会计师的客观性。

（2）制定准则对注册会计师客观性同样会产生影响。

（3）还要避免导致偏见和受他人影响从而损害客观性的因素。

（4）注册会计师还要考虑其他参与专业工作的人员也要遵守客观性原则。

（5）注册会计师不得接受对其职业判断或对其业务交往对象产生重大不当影响的礼品和款待，从而使自己专业声誉受损的情况出现。

3. 公正

注册会计师提供专业服务时，应当坦率、诚实，保证公正。公平不仅指诚实，还有公平和真实的意思。不论提供何种服务，承担何种职务，注册会计师都应维护其专业服务的公正性，并同时在工作中保持客观性。

（二）专业胜任能力和应有关注

1. 专业胜任能力

注册会计师必须要具有专业知识、技能或经验，能够胜任承接的工作。“专业胜任能力”既是要求注册会计师具有专业知识、技能或经验，又要求其要公正、有效地完成客户委托的业务。因为，注册会计师如不能保持和提高专业胜任能力，就难以完成客户委托的业务。如果缺乏足够的知识、技能和经验提供专业服务，不但不能完成审计任务，还有可能构成了一种欺诈。注册会计师是参加了注册会计师考试且依法取得了执业证书，就表明在该领域具备了一定的知识，但能否保持专业胜任能力必须要在客观情况下检验。这意味着，注册会计师不仅要充分认识自己的能力，更重要的是，必须清醒地认识到自己在专业胜任能力方面的不足，能否承接自己不能胜任的业务。如果注册会计师不能认识到这一点，承接了难以胜任的业务，就可能给客户乃至社会公众带来危害。

2. 应有关注

注册会计师提供专业服务时，要保持应有的职业关注、专业胜任能力，随着业务、法规和技术的不断发展，要使自己的专业知识和技能保持在一定水平上，以保证客户能够得到高水平的专业服务。应有的关注是指专业人士对其所提供服务承担的勤勉尽责的义务。具体到审计服务而言，注册会计师应当以勤勉尽责的态度执行审计业务。在审计过程中，注册会计师应当保持职业怀疑态度，运用其专业知识、技能和经验，获取和客观评价审计证据。

（1）保密。注册会计师能否与客户维持正常的关系，有赖于双方能否自愿而又充分进行沟通和交流，不掩盖任何重要的事实和情况。只有这样，注册会计师才能有效地完成工作。如果注册会计师受到客户的严重限制，不能充分了解情况，就无法发表审计意见。另外，注册会计师与客户的沟通，必须建立在为客户保密的基础上。因此，注册会计师在签订业务约定书时，应当书面承诺对在执行业务过程中获知的客户信息保密。这里所说的客户信息，通常是指商业秘密。一旦商业秘密被泄露或被利用，往往给客户造成损失。因此，许多国家规定，在公众领域执业的注册会计师，不能在没有取得客户同意的情况下，泄露任何客户的秘密信息。

（2）职业行为。注册会计师的行为应符合自身职业的良好声誉，在任何情况和压力下均不得有任何损害职业形象的行为。所以，注册会计师的职业行为要求对注册会计师履行对社会公众、客户和同行的责任。

①对社会公众的责任。注册会计师不但对委托方承担责任，另一个注册会计师行业的显著标志是对社会公众要承担责任。注册会计师应当遵守职业道德准则，履行相应的社会责任，维护社会公众利益。社会公众利益是指注册会计师为之服务的人士和机构组成的整体的共同利益。注册会计师作为肩负重大社会责任的行业，则应以维护社会公众利益为根本目标。

②对客户的责任。注册会计师对社会公众履行责任的同时，也对客户承担着特殊的责任，包括：

a 注册会计师应当在维护社会公众利益的前提下，为客户服务。

b 注册会计师应当按照业务约定履行对客户的责任。

c 注册会计师应当对执行业务过程中知悉的商业秘密保密，并不得利用其为自己或他人谋取利益。

d 除有关法规允许的情形外，会计师事务所不得以收费形式为客户提供鉴证服务。

③对同行的责任。对同行的责任是指会计师事务所、注册会计师在处理与其他会计师事务所、注册会计师相互关系中所应遵循的道德标准，包括：

a 注册会计师应当与同行保持良好的工作关系，配合同行的工作。

b 注册会计师不得诋毁同行，同时不得损害同行利益。

c 会计师事务所不得雇用正在其他会计师事务所执业的注册会计师。注册会计师不得以个人名义同时在两家或两家以上的会计师事务所执业。

d 会计师事务所不得以不正当手段、方式与同行争揽业务。

④其他责任。注册会计师在市场中怎样争取到业务、拥有较多的客户是会计师事务所生存和发展的重要途径。因而在业务承接环节也最可能会发生败坏职业声誉的行为。因此，在职业道德中要求注册会计师应当维护职业形象，不得有损害职业形象的行为，主要包括：

a 注册会计师应当维护职业形象，不得有可能损害职业形象的行为。

b 注册会计师及其所在会计师事务所不得采用强迫、欺诈、利诱等方式招揽业务。

c 注册会计师及其所在会计师事务所不得对其能力进行广告宣传以招揽业务。

d 注册会计师及其所在会计师事务所不得以向他人支付佣金等不正当方式招揽业务，也不得向客户或通过客户获取服务费之外的任何利益。

e 会计师事务所、注册会计师不得允许他人以本所或本人的名义承办业务。

（3）技术准则。注册会计师应当遵守相关的审计技术准则提供专业服务。注册会计师有责任在执业时保持应有的关注和专业胜任能力，并在遵守公正性、客观性要求的范围内提供服务；在执行审计时，还应当遵守独立性要求。

二、审计人员法律责任的基本内容

注册会计师的法律责任是指注册会计师在承办责任业务的过程中未能履行合同条款，或者未能保持应有的执业道德，或者出于故意而不做充分披露，出具了不实报告导致审计报告的使用者遭受损失，依法由注册会计师或会计师事务所承担的责任。注册会计师的法律责任有以下几个基本特征：第一，注册会计师是此法律责任中违法行为的主体；第二，注册会计师必定在主观上有故意和过失心态；第三，是注册会计师事实上实施了违反《注册会计师法》等法律法规的行为，行为结果客观上侵害了利害关系人的合法权益，造成了实质性的损害；第四，注册会计师与因上述违法行为而导致的损害事实之间存在因果关系。近年来，注册会计师在现代经济社会中发挥越来越重要的作用，为了保护注册会计师审计报告使用者的合法权益，加强注册会计师自身的责任意识，我国相关法律规定了注册会计师所要承担的相关法律责任。注册会计师的法律责任一般包括行政责任、民事责任、刑事责任。这些法律责任条款见于《刑法》《注册会计师法》《公司法》《证券法》等法律法规中。注册会计师的法律责任一般按注册会计师法律责任的轻重程度分类：

1. 违约责任

指合同的一方或几方未能达到合同的要求，例如注册会计师未能在规定的时间内提交审计报告则需承担违约责任。

2. 普通过失

一般是指注册会计师没有严格保持职业上应有的认真与谨慎，例如注册会计师没有完全按照专业标准的要求执业从而导致的部分错误结果。

3. 重大过失

一般是指没有保持职业上应有的最低限度的认真与谨慎。对注册会计师而言，就是指根本没有按照专业标准或专业标准的主要要求执行。

4. 欺诈

通常指以欺骗或坑害他人为目的的故意错误行为。这样，作案人具有不良动机是欺诈的重要特征，也是欺诈与普通过失和重大过失的重要区别之一。对注册会计师来说，欺诈就是为了达到欺骗他人的目的，明明知道委托单位的会计报表有重大错误却以虚假的陈述出具“标准”的“无保留意见”的审计报告的行为。

5. 推定欺诈

又称“涉嫌欺诈”，是指虽无故意欺骗或坑害他人的动机，却存在极端或异常的过失。对注册会计师而言，在执业中如果没有遵守公认的有关标准，则即使他并没有诈骗会计报表使用者的动机，仍然可以控告他犯有推定欺诈罪。现在，美国许多法院曾经将注册会计师的重大过失最终解释为推定欺诈，特别是近年来有些法院放宽了“欺诈”一词的范围，使得推定欺诈和欺诈在法律上甚至成为等效的概念。

三、注册会计师法律责任的对应措施

当代注册会计师的职业性质决定了它是一个非常容易遭受法律诉讼的行业。那些遭受了损失的受害人总是想通过起诉注册会计师尽可能弥补损失。因此，法律诉讼一直是困扰会计师职业界的一大难题，会计师行业每年不得不为此而付出大量的时间和精力，甚至支付巨额的赔偿金和购买高昂的执业保险。

注册会计师制度在我国恢复与重建已有 30 多年，在 20 世纪 80 年代，人们对这一行业还很陌生，但 90 年代以来，随着注册会计师地位和作用的不断提高，注册会计师的知名度也越来越大。政府部门和社会公众在了解注册会计师作用的同时，对注册会计师相关责任的了解也在增加，因此，诉讼注册会计师的案件也就经常发生。

近些年来，我国注册会计师行业发生了许多震惊整个行业乃至全社会的案件。相关的会计师事务所均因出具虚假报告造成严重后果而被撤销、没收财产或取消特许业务资格，相关注册会计师也被吊销了执业资格，有的甚至被追究刑事责任。如何避免法律诉讼，已成为我国注册会计师行业目前非常关注的问题。

（一）注册会计师减少过失和防止欺诈的措施

面对注册会计师法律责任的扩展和被控诉案件的关注与增加，使整个注册会计师职业界都在积极研究如何避免法律诉讼。这就要求必须提高注册会计师审计的鉴证水平，增强发现重大错报的能力。

注册会计师要避免法律诉讼，就必须在执行审计业务时尽量减少过失行为，防止欺诈行为出现。而要尽可能不发生过失或防止欺诈，注册会计师就应当做到以下基本要求：

1. 增强执业独立性

独立性是注册会计师审计的本质，是审计工作质量的保证。在实际工作中，大多数注册会计师能够一贯地遵循独立原则；但也有少数注册会计师忽视独立性，甚至接受错误的陈述，并帮助被审计单位掩饰舞弊。

2. 保持执业谨慎

在所有注册会计师的审计过失中，出现最多一般是由于缺乏认真而谨慎的职业态度引起的。在执行审计业务过程中，没有严格遵守审计准则的要求，不执行应当的审计程序，对有关被审计单位的问题没有保持应有的职业谨慎，往往为节省时间而缩小审计范围和简化审计程序，这样都会导致财务报表中的重大错报未被发现。

3. 强化执业监督

前面说了，许多审计工作中的差错是由于注册会计师失察或未能对助理人员或其他人员保持应有的职业谨慎而出现的，那么进行切实的监督是可以及时防治和纠正错误的发生的。对于业务复杂且项目重大的委托单位来说，其审计一般是由多个注册会计师及许多助理人员共同配合来完成的。如果他们的分工存在漏洞，又缺乏严密的执业监督，发生过失则是不能避免的，这样就要求必须强化工作中的执业监督。

（二）注册会计师如何避免法律诉讼的具体措施

那么，在执业过程中，注册会计师怎样才能有效避免法律诉讼？具体措施，我们可以概括为以下几点。

1. 必须严格遵循职业道德和专业标准的要求

我们不能苛求注册会计师对于会计报表中的所有错报事项都要承担法律责任，注册会计师是否应该承担法律责任，关键在于注册会计师在工作中是否有过失或欺诈行为。而判别注册会计师是否具有过失的关键在于注册会计师是否遵照专业标准的要求执行审计工作。因此，要保持良好的职业道德，严格按照专业标准的要求执业、出具报告，对于避免法律诉讼或在提起的诉讼中保护注册会计师起到非常重要的作用。

2. 必须建立、健全会计师事务所质量控制制度

会计师事务所是运用专业能力对外提供服务的组织，那么专业能力的强弱直接影响到会计师事务所的发展，所以，质量管理是现代会计师事务所各项管理工作的核心。会计师事务所质量管理如果不严，很有可能一些很小的问题导致整个会计师事务所遭受灭顶之灾。例如，北京某会计师事务所，该所根本没有质量管理措施，各个分所都可以该会计师事务所的名义独立承揽业务、出具报告，致使其中某分所为 X 公司出具虚假报告之事曝光之后，该会计师事务所尚不知本所曾为 X 公司出过报告。因此，会计师事务所必须建立、健全严密而科学的内部质量控制制度，并把这套制度推行到每一个执业人员和每一个项目，迫使注册会计师严格按照专业标准的要求执业，从而保证整个会计师事务所的质量。

3. 必须与委托人签订业务约定书，完善法律保障

我国《注册会计师法》在第十六条中规定注册会计师承办业务时，会计师事务所应与委托人签订委托合同（即审计业务约定书）。业务约定书具有法律效力，它是确定注册会计师和委托人的责任的一个重要约束性文件。会计师事务所无论承办任何业务，都要按照业务约定书准则的要求与委托人签订约定书，这样才能在发生法律诉讼时明确双方责任与义务，为因该业务而导致的法律诉讼提供充分的法律依据。

4. 必须审慎选择被审计单位

许多注册会计师法律案例告诉我们，注册会计师想要避免法律诉讼，就必须审慎选择被审计单位（如四大会计师事务所，一般就会优先选择上市公司）。

首先，要选择正直的被审计单位。要是被审计单位对顾客、职工、政府部门或其他方面均没有正直的品格，也必然会欺骗注册会计师，从而使注册会计师落入它们的圈套。南京某会计师事务所就是在 Y 公司非法集资出现危机之时轻信 Y 公司谎言而被卷入的。这就要求会计师事务所接受委托之前，一定要采取必要的措施先对被审计单位的历史情况进行了解。客观评价该单位品格，弄清委托的真正目的，要在执行特殊目的审计业务时更应加强了解。

其次，对那些陷入财务和法律困境的被审计单位要更加注意。历史上绝大部分涉及注册会计师的诉讼案件，大多都集中在宣告破产的被审计单位。这些周转不灵或面临破产的公司，其股东或债权人总想为他们的损失寻找替罪羊，那么，会计师事务所如果对这些单位的现实情况没有了解，那么就很有可能会被卷入进去。因此对那些陷入财务困境的被审计单位要特别注意，谨慎选择。

5. 必须深入了解被审计单位的业务

在很多案件中，注册会计师未能发现错误的一个重要的原因就是他们不够足够了解被审计单位所在行业的情况，因为被审计单位的会计业务及经济活动是一个综合的反映，如果不熟悉被审计单位的经济业务和生产经营实务，仅仅局限于有关的会计资料，就可能发现不了某些错误。所以要了解被审计单位的行业状况、法律环境和监管环境及其他外部因素以及被审计单位的性质，了解被审计单位对会计政策的选择和运用和被审计单位的目标、战略和相关经营风险、被审计单位财务业绩的衡量和评价、被审计单位的内部控制等诸多相关因素，这样才能保证审计结论的真实性、完整性，防止风险的产生。

6. 可以提取风险基金或购买责任保险

在许多西方国家的会计师事务所，投保充分的责任保险是会计师事务所非常重要的保护措施，尽管保险不能免除所有可能受到的法律诉讼，但可以尽量防止或减少诉讼失败对会计师事务带来的财务损失。我国《注册会计师法》中也规定了会计师事务所应当建立职业风险基金，办理职业保险。所以，提取风险基金或购买责任保险是会计师事务所应对法律赔偿等情况出现的不错的应对方式。

7. 应聘请熟悉注册会计师法律责任的律师

会计师事务所如果有条件的话，可以聘请熟悉相关法规及注册会计师法律责任的律师为会计师事务所服务。在执业的过程中，如果遇到重大法律问题，注册会计师应及时与本所的律师或外聘律师详细讨论所有潜在的危险情况并仔细考虑律师的建议。一旦发生法律诉讼，也应立即请律师参加诉讼。在第一时间做好应对法律责任的准备。

第四节　财务报表审计中对舞弊的考虑

世界各国对有关舞弊的定义有很多种，法律界、审计职业界以及社会公众对舞弊也都有不同的认识。我国的《现代汉语词典》中对舞弊的定义解释是："用欺骗的方式做违法乱纪的事情。"这是从法律角度出发进行定义的。从现代法律角度来看，舞弊包括了很多犯罪形式，例如挪用、盗窃、诈骗、行贿受贿、逃税逃汇等。

舞弊在审计职业界的定义，也有很多解释。例如美国注册会计师协会在 2002 年 10 月颁布的第 99 号审计准则公告对舞弊的定义是："舞弊是一个范围很广的法律概念，审计人员不必对一个公司是否存在舞弊做出法律意义上的决定，而应关注是否存在使公司财务报表产生重大错报的舞弊行为。舞弊和错误的区别就在于前者是故意的，后者是无意的。也就是说，对于审计人员负责审计的报表而言，舞弊是指使会计报表产生不实反映的故意行为。"而国际内部审计师协会在 1993 年发布的《内部审计实务标准》中指出："舞弊包含一系列故意的非法欺骗行为，这种行为是由一个组织外部或内部的人来进行的。"我国在 2006 年颁布的审计准则中第 1141 号《财务报表审计中对舞弊的考虑》对舞弊的定义是："舞弊是指被审计单位的管理层、治理层、员工或第三方使用欺骗手段获取不当或非法利益的故意行为。舞弊是一个宽泛的法律概念，但本准则并不要求审计人员对舞弊是否已经发生做出法律上的判定，只要求关注导致财务报表发生重大错报的舞弊。"基于此，我国审计准则对舞弊的考虑基于主要有三个方面的基本特征：（1）舞弊的行为人具有不良的动机和目的；（2）事先经过预谋策划，事后设法掩盖其罪行；（3）舞弊形态呈多样化、复杂化、隐蔽化的特点，并且其危害性很大。

一、舞弊发生的因素

那么，为什么会发生企业会计舞弊行为？美国的注册舞弊审核师协会的创始人艾伯伦奇特指出，企业会计舞弊行为的发生，一般情况下需要三个条件："压力、机会和合理化"。压力是企业会计舞弊行为产生的外部动力。有些企业之所以会进行会计舞弊，最重要的一个原因就是来源于各种压力。比如：经济压力和工作压力。经济压力是指企业管理当局为了达到特定的经济目的，或是为了掩盖某些经济事实而进行会计舞弊的动因。例如有的公司为了上市，而上市公司为保名而造假，有的公司为了获得某些利益而造假，有的则为不被摘牌而造假，还有的为偷税漏税而造假等；工作压力则是指企业经营管理者害怕因业绩不好失去工作，抑或是怕自己提升受阻等，因而采取造假的方式虚构交易而人为改变企业对外的盈利报告，欺瞒上司，哄骗荣誉。企业的经济压力一般多产生于企业的外部，例如股东对企业业绩要求高及投资回报的压力、同行之间的竞争的压力等；而工作压力一般源于企业内部，例如董事会对企业经营管理者的业绩考核，企业内部的晋升及薪酬制度压力等。这些压力会促使企业的经营者通过舞弊的手段来应付考核或者从公司的资产中隐蔽获取补偿。机会是指舞弊者进行舞弊，有可能不被发现，或者能够逃避惩罚的可能性。这样，有些人认为机会存在，使得舞弊动机的实现就成为可能。合理化其实是造假者在道德上对自身行为所作的价值判断，从而取得心理平衡。人们总是通过自己的意图来判断自己，而通过行为来判断他人。对于自身而言，舞弊者总是要合理解释自身犯错的原因，从而使犯错变得“合理”。

从目前情况来看，企业之所以会频繁发生会计舞弊，其主要根源就在于以下几个方面：

（一）现代企业内部控制制度缺乏或无效

企业建立内部控制制度的目的就在于发现、防止和纠正错误与舞弊的产生。一个健全的内部控制制度起码应该达到以下的目的：保证业务活动按照适当的授权来进行；保证所有交易和事项以正确的金额，要在恰当的会计期间及时地记录在适当的账户中，从而使会计报表的编制符合会计准则的相关要求；保证对资产的记录、接触、处置等均经过适当的授权；要保证账面资产与实存资产定期核对相符等。所以从内部控制的理论上讲，一切的错误和舞弊是能够被健全的内部控制制度及时发现并纠正的。但是，从目前我国企业现状来看，公司控股权一股独大，决策权控制在少数几个人手中，内部控制的建立、运行存在严重缺陷；而且内部审计的功能也很不健全；高层管理人员频繁变动；企业过度扩张。此外，由于企业内控制度的设计和运行在很大程度上还受制于成本效益原则，管理人员在执行内控制度时的判断失误以及对指令的误解而使内控制度很有可能失效或误判；有些相关职务的管理人员相互勾结，内外串通导致内部控制的失效和舞弊的产生；高级管理人员甚至将自己的行为凌驾于控制制度之上，特别是在有些政企不分，行政干预的情况下，直接导致了股份公司的董事会、监事会形同虚设。在这些内在因素的共同影响下，削弱和制约了企业内部控制制度的控制力，必然会诱发会计舞弊行为的产生。

（二）目前的很多企业绩效评价体系尚有不完善的地方

目前，企业之所以进行会计造假，一个非常重要的原因就是目前对企业经营业绩进行考核评价体系方法还不是很科学、合理。目前我们大多数企业还是把建立在权责发生制基础上的营业利润作为评价企业业绩好坏的重要依据。用权责发生制下的营业利润来评价企业经营的好处是符合目前企业会计制度的，可是同时也要看到，建立在权责发生制基础上的营业利润由于常常受到成本费用在受益期间的影响，而这种分配的合理性往往是建立在企业经营者对相关经济事项的“应有预期”的基础上的，因此在这种情况下其科学性、公允性外界无法有准确了解。这就为经营者作假舞弊提供了方便，甚至即使其作了假也不能及时地被发现。

（三）对企业的监督和激励机制不对称

现代企业管理中非常重要的两大机制是监督机制和激励机制。当企业所有权和经营权分离以后，股东委托经营者代他们管理企业，从而达到“股东财富最大化”。为了达到这个目的，股东往往一般都用优厚的待遇来吸引人才使之为己所用。因此，经营者也是“股东财富最大化”的受益者，他们和股东的利益在一般情况下应该是一致的。可是，企业的经营管理者和企业所有者的利益也有可能发生冲突：那就是经营管理者希望待遇能多些、休息和闲暇时间长些、工作量少些；而作为股东来说，总希望成本费用少些，赚取的利润更多些。这时，企业经营管理者和股东目标就不一致了，经营者为了自身的利益而就有可能会做出背离股东利益的举动。而这时，就需要监督机制和激励机制的介入。而目前在我国许多企业中，监督与激励机制不对称的情况比较严重。一方面经营者的业绩与报酬往往只是仅仅以工资的形式被规定，并不能及时地按照经营者所做的贡献多少大小来对经营者进行相应的激励。经营者为企业做出了贡献，但是却并没有得到相应的回报，心理上的不平衡加上物质上的不满足成为个体实施舞弊行为的动机。另一方面，由于现代企业制度不完善。在企业中普遍缺乏严格的、科学的监督和约束机制。这样所有者让渡给经营者的权力过多，并且对让渡的权力监督不严，就给经营者提供了舞弊的条件。

（四）社会中介组织参与舞弊

这些年，全球发生了许多会计师事务所的中介组织协助舞弊案，全球五大会计师事务所之一的安达信会计师事务所与全美国最大的能源公司安然公司之间互相勾结欺骗投资者；在我国，2001 年也相继爆出银广夏、麦科特和 ST 黎明与中天勤、华鹏、华伦等几家事务所串通造假案。2001 年，某监督机构对 16 家有审计上市公司审计资格的事务所出具的 32 份审计报告进行了检查，结果非常让人吃惊，在 14 家事务所出具的 23 份有关上市公司的审计报告严重失实，涉及虚假的会计信息金额达 71.31 亿元，违规的注册会计师达 41 人之多。当前各国的法律规定事务所的业务范围大体包括两部分：一部分是审计业务；另一部分是会计相关咨询服务。咨询服务不仅包括了代理会计业务，而且包括信息技术、法律援助、纳税计划、人力资源招聘方案等业务。目前，会计师事务所的咨询服务收入占了全部收入的 51% 以上。显然，相关咨询服务已超过了审计业务，成为事务所主要的业务，也使得事务所在进行审计时不得不考虑另一方面的收益，从而与企业形成了利益共同体，协助企业舞弊。

（五）对舞弊者处罚不力

目前，我国对舞弊者的处罚相对比较薄弱，由于证券市场起步较晚，法律制度不健全，监管体制不完善等许多方面的原因，上市公司会计舞弊案件常常发生。会计舞弊严重干扰了我国社会经济的秩序，破坏了资本市场的健康发展，往往给投资者造成了巨大的损失。而从经济学角度来看，舞弊者之所以舞弊，主要是因为他们预期舞弊能够带来的利益或好处要远远大于被发现并受到处罚而带来的损失。

二、治理层、管理层的责任和注册会计师的责任

根据我国注册会计师审计准则的第 1151 号《与治理层的沟通》中解释，所谓治理层，是指对被审计单位战略方向以及管理层履行经营管理责任负有监督责任的人员或组织。而治理层的责任是治理层对管理层编制财务报表的过程实施有效的监督。上市公司治理层主要包括股东大会、董事会（及其下属的审计委员会）、监事会。所谓管理层，是指对被审计单位经营活动的执行负有管理责任的人员或组织。管理层的责任是在单位治理层的监督下，按照适用的会计准则和相关会计制度的规定编制财务报表。单位治理层和管理层对防止或发现舞弊负有主要责任。当然，管理层在治理层的监督下，高度重视对舞弊的防范和遏制是非常重要的。

所以，治理层、管理层应当对发现和防止舞弊负有主要责任，而注册会计师通过执行审计工作，对财务报表整体是否不存在由于错误和舞弊导致的重大错报获取合理保证，但是由于舞弊性质，往往看似内控执行是健全的、有效的，但实际上要是管理层凌驾于控制之上，即使注册会计师按照审计准则的规定，保持了职业谨慎，实施了所有必要的审计程序，仍有可能不能发现被审计单位由于舞弊导致的重大错报，但是这里是不能界定注册会计师没有按照审计准则要求去执行审计工作的，这就是审计的固有限制了，所以注册会计师也只能做的是合理保证，而不能做绝对的保证，另外舞弊导致的重大错报风险大于错误导致的重大错报风险，用于发现错误的审计程序却有可能不能发现舞弊导致的相关错（漏）报。那么，明

确各方的责任尤为重要。

（一）治理层和管理层的责任

（1）选择适用的会计准则和相关会计制度。管理层应当根据会计主体的性质和财务报表的编制目的，选择适用的会计准则和相关会计制度。

（2）选择和运用恰当的会计政策。

（3）根据企业的具体情况，作出合理的会计估计。财务报表中涉及大量的会计估计，如固定资产的预计使用年限和净残值、应收账款的可收回金额、存货的可变现净值以及预计负债的金额等。管理层有责任根据企业的实际情况、作出合理的会计估计。为了履行编制财务报表的职责，管理层通常设计、实施和维护与财务报表编制相关的内部控制，以保证财务报表不存在由于舞弊或错误而导致的重大错报。

所以综上所述，被审计单位治理层和管理层对防止或发现舞弊负有主要责任。而管理层应在治理层的监督下，高度重视对舞弊的防范和遏制。对舞弊进行控制防范可以减少舞弊发生的机会；对于治理层的监督则要考虑管理层凌驾于控制之上或对财务报告过程施加其他不当影响的可能性。

（二）注册会计师的责任

按照《中国注册会计师审计准则》中的规定："对财务报表发表审计意见是注册会计师的责任。注册会计师通过签署审计报告确认其责任。"而值得注意的是：

首先，管理层和治理层理应对编制财务报表承担完全责任。财务报表审计不能减轻被审计单位管理层和治理层的责任。

其次，如果财务报表存在重大错报，而注册会计师通过审计没有能够发现，也不能因为财务报表已经注册会计师审计这一事实而减轻管理层和治理层对财务报表的责任。

注册会计师发现舞弊方面的责任一般可以从两方面界定：注册会计师必须按照审计准则的规定实施审计工作，从而获取财务报表在整体上不存在重大错报的合理保证。因为编制虚假财务报告将直接导致财务报表产生错报，而侵占资产等舞弊行为通常伴随着虚假或误导性的文件进行记录。因此，要对能够导致财务报告产生重大错报的舞弊，注册会计师应当合理保证能够予以发现和纠正，这是财务报表审计目标的要求。同时，审计准则还规定，在获取合理保证时，注册会计师应在整个审计过程中保持合理的职业怀疑，充分考虑管理层凌驾于控制之上的可能性，并应认识到对发现错误有效的审计程序未必对发现舞弊有效。另外，由于审计的固有限制，即便按照审计准则的规定恰当地计划和实施审计工作，注册会计师也不能对财务报表整体不存在重大错报获取绝对的保证。而因为舞弊导致的重大错报未被发现的风险，往往大于错误导致的重大错报未被发现的风险。究其原因是舞弊可能涉及精心策划和蓄意实施以进行隐瞒（如伪造证明或故意漏记交易），抑或者故意向注册会计师提供一些虚假性的陈述。如果涉及串通舞弊，那么注册会计师可能更加难以发现蓄意隐瞒的企图。串通舞弊可能导致原本虚假的审计证据被注册会计师误认为具有说服力。注册会计师是否按照审计准则的规定实施了审计工作，取决于其是否根据具体情况实施了审计程序，是否获取了充分、适当的审计证据，以及是否根据证据评价结果出具了恰当的审计报告。

三、风险评估程序

注册会计师在进行审计工作中，为了了解被审计单位及其环境而实施的程序称之为

“风险评估程序”。注册会计师在财务报表审计中识别和评估财务报表的重大错报风险对舞弊的考虑时，一般需要采用风险导向审计的总体思路，即首先识别和评估相关的舞弊导致的风险，然后根据风险的评估结果采取恰当的措施有针对性地予以应对。从而识别和评估财务报表的重大错报风险。注册会计师通常采用的评估程序为以下几方面。

（一）询问并获取管理层和治理层的声明

1. 确定相关的询问对象

注册会计师通过询问管理层可以获取有关员工舞弊导致的财务报表重大错报风险的相关的有用信息。注册会计师还应当询问被审计单位内部的管理层以外的其他相关人员。（如不直接参与财务报告过程的业务人员；拥有不同级别权限的人员；参与生成、处理或记录复杂或异常交易的人员及对其进行监督的人员；内部法律顾问；负责道德事务的主管人员或承担类似职责的人员；负责处理舞弊指控的人员等）。

2. 询问的内容

注册会计师要认真进行计划审计工作，对进行询问的人员进行有计划和方案的询问，在询问方案中要考虑的因素有：管理层对财务报表可能存在哪些由于舞弊导致的重大错报风险的评估？审查评估的性质、范围和频率怎样？管理层对舞弊风险的识别、应对过程是怎样的？有没有识别出的或注意到的特定舞弊风险？可能存在舞弊风险的各类交易、账户余额或披露是什么情况的？管理层就其对舞弊风险的识别和应对过程是否向治理层通报了。管理层就其经营理念和道德观念向员工是怎样进行通报的？等等。

这样，注册会计师还应当了解治理层是如何监督管理层对舞弊风险的识别和应对过程，以及为降低舞弊风险而建立的内部控制；同时还应询问治理层，确定其是否知悉各种影响对单位的舞弊事实、舞弊嫌疑或舞弊指控。注册会计师还可通过参加相关会议、阅读会议纪要或询问治理层等审计程序了解、分析、询问其他有关情况。

3. 获取管理层和治理层声明

最后，注册会计师要求管理层和治理层声明：管理层和治理层认可其设计、执行和维护内部控制以防止和发现舞弊的责任；同时还要向注册会计师披露管理层对由于舞弊导致的财务报表重大错报风险的评估结果；披露已知的涉及管理层、在内部控制中承担重要职责的员工以及其他人员（在舞弊行为导致财务报表出现重大错报的情况下）的舞弊或舞弊嫌疑；披露了从现任和前任员工、分析师、监管机构等方面获知的、影响财务报表的舞弊指控或舞弊嫌疑。

（二）评价舞弊风险因素

注册会计师应当评价根据其他风险评估程序和相关活动获取的相关信息，分析是否表明存在舞弊风险因素。当然，存在舞弊风险因素并不必然表示发生了舞弊，但在舞弊发生时通常存在舞弊风险因素，因此，舞弊风险因素可能表明存在由于舞弊导致的重大错报风险。所以，如前面我们对舞弊产生的分析，考虑是否存在经济压力或工作压力等。在考虑分析评价舞弊的几个因素（如是否存在舞弊的动机或压力，是否有实施舞弊的机会，又是否有舞弊行为的借口等）。

（三）实施分析程序

注册会计师在工作中实施分析程序会有助于识别异常的交易或者事项，考虑其对财务报表和审计所产生的影响。如对金额、比率和趋势等各方面的影响。在实施分析程序以了解被审计单位及其环境时，注册会计师应当考评识别出异常关系（不符合一般交易后事项）或偏离预期的关系（包括与收入账户有关的关系），分析是否表明存在由于舞弊导致的重大错报风险的存在。

四、识别和评估舞弊导致的重大错报风险

注册会计师在了解被审计单位及其环境（包括与风险相关的控制）的整个过程中，结合对各类交易事项、账户余额和披露的综合考虑，识别相关的风险；评估识别出的相关风险，评价其是否与财务报表整体是相关的，进而潜在地影响多项认定；结合对相关拟测试的控制的考虑，将识别出的风险与认定层次可能发生错报的针对范围相联系，考虑发生错报的可能性，以及潜在错报的重大程度是否足以导致重大错报。

五、应对舞弊导致的重大错报风险

在识别和评估舞弊导致的重大错报风险后，注册会计师需要采取适当的应对措施，将审计风险降至可接受的低水平。舞弊导致的重大错报风险属于特别风险，注册会计师应当按照审计准则的规定改变准备实施审计程序的性质、时间、范围等予以应对。

（1）改变准备实施审计程序的性质，以获取更为可靠、相关的审计证据，或获取其他佐证性信息，比如更加重视实地观察或检查，盘存相关的财产物资，在实施函证程序时改变常规函证内容，有计划地对可能有关联或影响的事项分析考虑，询问被审计单位的非财务人员等。

（2）改变实质性程序的时间，包括在期末或接近期末实施实质性程序，或针对本期较早时间发生的交易事项或贯穿于本会计期间的交易事项实施测试；关注期后事项、或有事项对报表的影响等。

（3）改变审计程序的范围，包括扩大样本的采集规模、采用更详细的数据实施分析程序、对可能有关联的资料有针对性的分析，检查等。

六、评价审计证据

在审计工作完成阶段注册会计师应考虑实施分析程序并考虑舞弊风险评估对审计结果的影响。

（1）在整个审计过程中，注册会计师应当对舞弊导致的重大错报风险保持警惕，在分析、评价审计证据时也要体现这一原则。

（2）如果发现某项错报，注册会计师应当考虑该项错报是否表明存在着舞弊。如果认为错报是舞弊或可能是舞弊导致的，那么即使错报金额对财务报表的影响并不重大，注册会计师仍应考虑错报可能多次发生的可能性，涉及的人员在被审计单位中的职位，以及对被审单位的影响。

（3）如果错报所涉及较高级别的管理层，那么即使错报金额对财务报表的影响并不重大，也可能表明存在更具广泛影响的问题，则要引起必要的关注。在这种情况下，注册会计师应当采取下列措施：重新评估舞弊导致的重大错报风险，考虑重新评估的结果对审计程序的性质、时间安排和范围的相关影响；重新考虑已获取的审计证据的可靠性，包括管理层声明可信性，以及作为审计证据的文件和会计记录的真实性，并考虑管理层与员工或第三方是

否存在串通舞弊的可能性。

七、与管理层、治理层和监管机构的沟通

1. 与管理层的沟通

注册会计师应在必要的时候与管理层进行沟通。如当注册会计师已获取的信息表明存在或可能存在舞弊，应尽快提请适当层级的管理层关注。即使该事项（如被审计单位组织结构中处于较低职位的员工挪用小额公款）可能被认为不重要，注册会计师也应提醒管理层，引起管理层的注意。同时，注册会计师还要确定拟沟通的适当层级的管理层，这需要运用职业判断，考虑这一决定受串通舞弊的可能性、舞弊嫌疑的性质和重要程度等影响。

2. 与治理层的沟通

如果注册会计师确定或怀疑舞弊涉及管理层、在内部控制中承担重要职责的员工以及其舞弊行为可能导致财务报表重大错报的其他人员，这就要求注册会计师应当尽早就此类事项与治理层沟通，并与其讨论为完成审计工作所必需的审计程序的性质、时间安排和范围。如果根据判断认为还存在与治理层职责相关的、涉及舞弊的其他事项，注册会计师应当就此与治理层沟通。相关事项可能包括：

（1）对管理层评估的性质、范围和频率的疑虑，这些评估是针对防止和发现舞弊的控制及财务报表可能存在的重大错报风险而实施的；

（2）管理层没有能够恰当应对识别出的值得关注的相关内部控制设计或运行缺陷或舞弊；

（3）注册会计师对被审计单位控制环境的评价，对管理层自身胜任能力和诚信的疑虑；

（4）可能表明存在编制虚假的财务报告的管理层行为，例如，对会计政策的选择和运用可能被表明管理层操纵利润，从而影响财务报表使用者对被审计单位业绩和盈利能力的看法，欺骗财务报表使用者；

（5）对超出正常经营过程的交易授权的适当性和完整性的疑虑。

3. 与监管机构的沟通

如果注册会计师识别出舞弊或怀疑存在舞弊，应当确定是否有责任向被审计单位以外的机构报告（如国家相关部门）。尽管注册会计师对客户信息负有保密义务，但如果法律法规要求注册会计师履行相关报告责任，注册会计师则应当遵守法律法规的规定。

案例分析结果

在严峻的现实面前，社会公众强烈期望审计人员主动承担起舞弊审计责任，成为“经济警察”，发挥更为积极的作用。作为审计人员，除了应该学习提高自身专业技能的同时，还应该加强法律法规和职业道德的学习，严格要求自己，分清楚审计责任和管理层的责任，保持客观中立的一种状态以利于审计工作的正常和顺利进行，从而得出客观公正的审计结论。

知识评价

审计人员的职业道德是审计人员在进行审计工作的时候，应该遵守的职业道德规范要求，他会使审计职业保持良好的声誉；而相关的审计法规对审计人员法律责任给予了明确规定，这些法规在保护审计人员的同时，还客观的约束了审计人员的行为。

思考题

1. 国家审计人员的职业道德和法律责任有哪些？
2. 注册会计师的职业道德是什么？
3. 注册会计师减少过失和防止欺诈的措施有哪些？

第四章

审计分类与方法

学习目标

本章内容为审计方法论范畴。通过本章的内容，阐述审计的基本技术和方法，审计程序、审计业务约定书等相关的知识，如有关审计方法和审计程序的基本原理和一般方法，特别是审计取证的基本方法和手段，以及审计程序的概念、内容及其规范性要求，对审计工作中所使用的各种方法和程序有一个全面、系统的了解，并着重分析审计方法的使用。

能力目标

要求学生掌握审计的基本技术和方法，审计程序、审计业务约定书等相关知识。

技能目标

能运用审计取证的基本方法和手段，以及审计程序的概念、内容及其规范性要求。

案例导入

银广夏事件

广夏（银川）实业股份有限公司，通常简称“银广夏”，于1994年6月在深圳上市，曾被称为“中国第一蓝筹股”。旗下设有芜湖广夏、天津广夏、上海广夏、天然物产、贺兰山酿酒等子公司。

据1999年的年报披露，“银广夏”当年实现利润总额1.58亿元，其中76%都来自天津广夏。每股盈利0.51元，并实施公司历史上首次10转赠10的分红方案。1999年12月30日至2000年4月19日的半年间，银广夏股价从13.97元涨至35.83元，于2000年12月29日创下37.99元新高，较一年前启动时的价位上涨了440%。

2001年8月，《财经》杂志发表《银广夏陷阱》一文披露，银广夏利润赖以实现，以及其神话得以延续的秘密在于萃取技术和利用该技术进行的生产销售业务，而萃取技术和萃取产品是“不可能的产量、不可能的价格、不可能的产品”。该文章发表后，社会舆论一片哗然。在2001年8月8日，三大证券报同时刊登《证监会正式立案稽查银广夏公司事件》。在文中称：“就银广夏公司涉嫌造假的事件，中国证监会已于8月3日针对此事正式立案稽查，并于8月5日派稽查组抵达银川。”而据调查发现，银广夏公司在1998~2001年间共计虚增利润达77 156万元，其中，1999年虚增17 781万元，2000年虚增56 704万元，从原料购进到生产、销售、出口等环节，公司伪造了全部单据，包括销售的合同、发票、银行票据、出口报关单和所得税免税文件等。

后来，天津广夏的董事长董某承认，1999 年 11 月，他接到广夏财务总监丁某某的电话，直接要求他将每股利润做到 0.8 元。董某便进行了相应的计算，先计算出天津广夏公司需要制造多少利润，再根据这一利润，计算出天津广夏需要多大的产量、多少销售量以及购入多少原材料等相关数据。造假首先从购入原材料开始，董某虚构了北京某商贸有限公司、北京市某某商贸有限公司、北京市某某实用技术研究所等单位，让这几家单位作为天津广夏的原材料提供方，虚假地购入萃取产品原材料蛋黄粉、姜、桂皮、产品包装桶等原材料，同时到黑市上购买了发票、汇款单、银行进账单等票据，进而伪造了这几家单位的销售发票和天津广夏发往这几家单位的银行汇款单。有了原材料的购入，董某接着又伪造了总价值 5 610 万德国马克的货物出口报关单 4 份、德国某某公司北京办事处支付的金额 5 400 万元出口产品货款银行进账单 3 份。为完善造假过程，董博又让任天津广夏萃取有限公司总经理的阎某某伪造萃取产品生产记录，于是，阎某某便指使天津广夏的员工伪造了萃取产品虚假原料入库单、班组相关生产记录、产品出库单等。这样，董某虚构天津广夏萃取产品出口收入 23 898.60 万元。据董某称，他依旧是接受丁某某的指示，伪造了虚构出口销售合同、银行汇款单、销售发票、出口报关单以及德国某某贸易公司支付的货款进账单，同时，指使天津广夏相关人员伪造了虚假财务凭据。结果，2000 年天津广夏共伪造产品出口收入达 72 400 万元。

到 2001 年初，为进一步完善造假程序，董某等人虚报销售收入，从天津市北辰国税局领购增值税专用发票 500 份。除像正常销售单位开具外，董某指使天津广夏公司职员付某某以天津广夏公司名义向天津某某公司虚开增值税专用发票 290 份，价税合计 22 145.6594 万元，涉及税款 3 764.7619 万元，后以销售货款没有全部回笼为由，仅向北辰区国税局缴纳“税款”500 万元。

银广夏案件披露以后，社会舆论在同仇敌忾声讨上市公司的同时，对中介机构的信任也大打折扣。中天勤事务所的审计人员作为为社会公众和广大投资者提供鉴证服务的专业人士，却对银广夏的巨额利润造假熟视无睹，并且出具持续多年的无保留意见，其专业技能和职业操守受到人们强烈的质疑，也给整个会计师事务所行业的社会形象造成严重的冲击。

（资料来源：刘桂春：《审计案例分析》，经济科学出版社 2011 年版。）

【基于案例的问题】

社会公众质问：中国审计人员怎么了？为什么非会计专家的记者都能发现问题，而自该公司上市以来一直为其审计的审计人员却连续多年为该公司出具无保留的审计意见？究竟是审计人员的能力不足，还是审计人员故意不发现问题？审计人员是造假者的幕后帮凶还是其受害者？是涉案审计人员的审计失败还是我国现行审计准则所提供的方法存在缺陷？等等。

第一节　审计的分类

一、审计的基本分类

按照一定的标准，审计人员将性质相同或相近的审计活动归属于一种审计类型的做法，称之为审计分类。而对审计进行科学的分类，有助于对社会各界加深对各种不同审计活动的认识，对于探索审计规律，更好地了解审计的范畴，更好地组织审计工作，充分发挥审计的作用有很大的推进。分析考虑审计的分类，是有效地进行审计工作、发挥审计作用的一个重要条件。

审计分类的一般方法是：首先提出分类的标志，并根据每一种标志，确定归属其下的某几种审计；然后按照一定的逻辑程序，将各类审计有秩序地排列起来，形成审计类型的群体。从具体的分类方法上看，一般分为单标准分类法和多标准分类法两种。

所谓单标准分类法，就是按照单一的标志而进行审计分类的方法。如按照被审计对象的范围、内容或审计的目的各个单一标准来分类，或者按照审计不同的方式来分类。早在1982 年联合国开发署与最高审计机关国际组织，把当时世界各国的审计工作按照审计的内容划分为财务审计、弊端审计、管理审计和综合审计。也有些国家把审计按其实施的方式，分为事先审计和事后审计、内部审计和外部审计、传统审计和效果审计等。按照单标准分类法进行审计分类，这样方法比较简单，主体突出，容易理解和掌握；但是审计类型容量比较小，没有弹性，不适应审计工作发展的需要。

而多标准分类法，就是按照多种标志而进行审计分类的方法。按照分类标志排列不同，多标准分类法又有无层次分法和有层次分法两种分法。无层次分法，又叫“一揽子”分法，就是有多少标志，就有多少审计类别，各种类别平行排列，形成无层次群体。如按照审计的内容、目的、范围、执行者、被审计单位、进行时间、组织方式、审计性质等多个标志划分，并且平行排列。这种方法，至少按两个标志划分，多了按十多个标志划分，中间没有层次，很难被人掌握；又由于不同的人对各种标志理解的角度不同，其分法也各不相同。有层次分法相对就比较好，先按审计最基本的第一位特征，用粗线条分成若干大类，然后再按照更加具体的特征，将每一大类逐步再进行细分，从而形成有层次的审计类别群体。我国通常对审计进行的是基本分类和其他分类。

（一）按照审计主体的分类

按照不同的审计主体所实施的审计，一般可分为国家审计、部门和单位审计（内部审计）及社会审计三种。

1. 国家审计

国家审计一般是指国家组织和实施的审计，确切地讲是国家专设的审计机关所进行的审计。我国国务院审计署及派出机构和地方各级人民政府审计厅（局）所组织和实施的审计，都属于国家审计。我国国家审计机关代表政府实行审计监督，依法独立行使审计监督权。审计署有权对中央预算执行情况进行审计监督，地方各级审计机关有权对本级预算执行情况进行审计监督；审计署还对中央银行的财务收支进行审计监督，审计机关对国有金融机构的资产、负债、损益，对国有资产占控股地位或者主导地位的企业，对国家建设项目预算的执行情况和决算，对社会保障基金、社会捐赠资金以及其他有关基金、资金的财务收支，对国际组织相外国政府援助、贷款项目的财务收支，均有权进行审计监督；审计机关还有权对与国家财政收支有关的特定事项，向有关地方、部门、单位进行专项的审计调查。国家审计机关还有要求报送资料的权力，监督检查权，调查取证权，建议纠正有关规定权，向有关部门通报或向社会公布审计结果权、经济处理权、处罚权，建议给予有关责任人员行政处分权以及一些行政强制措施权等。同时，国家审计机关还可以进行授权审计和委托审计。委托民间审计或内部审计进行工作。

2. 部门和单位审计（内部审计）

部门和单位审计是指由本部门和本单位内部专职的审计组织，对系统内和单位内所实施的审计。该种审计属于内部审计，它是审计组织独立于财会部门之外，直接接受本部门本单位最高负责人领导，并向本部门本单位最高负责人报告工作。部门和单位审计主要目的是查错防弊，改善经营，从而提高管理素质和提高工作效率及经济效益。部门和单位审计所涉及的范围广泛，其审计方式也比较灵活，一般是根据本部门和本单位经营管理的需要而定。该审计又可以进一步划分为部门审计和单位审计。

所谓部门审计，是指由政府部门或企业主管部门的审计机构或专职审计人员，对本部门及其所属单位的财政收支及经济活动所进行的审计监督。部门审计的主要任务，是在贯彻执行国家审计机关和上级主管部门规定的任务的前提下，依照本部门工作需要，监督国家的方针、政策、法律、法规及本部门制度规定是否贯彻执行；定期或不定期地组织对财政收支及经济核算质量的审计，从而维护财经法纪，提高核算质量和健全规章制度；可以经常性地开展经济效益审计，组织经验交流，总结教训，促进本系统经济效益的提高；同时针对管理中出现的带普遍性的倾向性问题，进行行业内同步审计，根据审出的问题进行综合研究，提出改进的措施；正确组织所属单位的内部审计工作。部门审计具有行业性强、针对性强以及灵活、及时的特征。例如，部门审计可以根据本系统的特点和需要，组织同步审计、互相审计、专业对口审计、重点区域或专项重要事项审计，能及时地了解系统的经营状况，并能根据需要和可能采取必要的措施，纠正错误、改善经营管理。单位审计是由企事业单位内部设置的审计机构或专职审计人员，对本单位范围的经济活动所进行的审计。

3. 社会审计

社会审计是指由社会审计人员所进行的独立的审计。指审计人员依法接受委托、独立执业、有偿为社会提供专业服务的活动。社会审计的产生源于财产所有权和管理权的分离。我国社会审计组织形式主要是会计师事务所。会计师事务所主要承办海外企业、横向联合企业、集体所有制企业、个体企业的财务审计和管理咨询业务；接受国家审计机关、政府其他部门、企业主管部门和企事业单位的委托，办理经济案件鉴定、纳税申报、资本验证、可行性方案研究、解散清理以及财务收支、经济效益、经济责任等方面审计。社会审计对促进改革开放和经济发展发挥了重要作用。根据《公司法》的要求，目前中国上千家上市公司的年度及中期财务报告都必须由审计人员进行审计并公告。会计师事务所与审计人员正成为规范社会主义市场经济秩序的一支重要力量，社会审计事业有了很大发展。

（二）按照审计主体与被审计单位的隶属关系，审计又可分为内部审计和外部审计

1. 内部审计

所谓内部审计就是部门、单位实施内部监督，依法检查会计账目及其相关资产，监督财政收支和财务收支真实、合法、效益的活动。比如，我国国务院各部门和地方人民政府各部门、国有的金融机构和企事业组织，以及法律、法规、规章规定的其他单位，要依法实行内部审计制度，从而加强内部管理和监督，遵守国家财经法规，促进廉政建设，维护单位合法权益，改善经营管理，提高经济效益。

2. 外部审计

外部审计指独立于政府机关和企事业单位以外的国家审计机构所进行的审计，以及独立执行业务会计师事务所接受委托进行的审计。由于这种审计是由本部门、本单位以外的其他审计组织以独立的第三者身份进行的，所以具有公正、客观、不偏不倚的作用。我国财政、银行、税务部门为了做好其本职工作，而对其管辖区各单位的业务（如税利上缴和信贷资金使用情况等）所进行的检查，是不属于审计的，更谈不上是外部审计，而只是经济监督体系中的财政监督、税务监督和信贷监督。企业主管部门的审计机构对所属单位进行审计，从形式上看是外部审计人员所进行的审计，但从行业系统上看，仍然属于内部审计。因为主管部门和所属企业总是有经济利益上的联系。外部审计虽然能不受干扰地进行彻底审查，具有较大的强制性，但不够及时，在大多数情况下均属于事后审计。

内部审计和外部审计的总体目标是一致的，两者均是审计监督体系的组成部门。内部审计具有预防性、经常性和针对性的特点，是外部审计的基础，对外部审计能起辅助和补充作用；而外部审计对内部审计又能起到支持和指导作用。由于内部审计机构和外部审计机构所处的地位不同，所以它们在独立性、强制性、权威性和公证作用方面又有较大的差别。

（三）按照审计客体的分类

按照审计的目的和内容，审计可分为财政财务审计、经济效益审计和财经法纪审计。

1. 财政财务审计

财政财务审计，也称为传统审计，在西方国家叫做财务审计或依法审计。它是指对审计单位财政财务收支活动和会计资料是否真实、正确、合法和有效所进行的传统审计。

财政财务审计的主要内容是财政财务收支活动，目的是审查财政财务收支活动是否遵守国家财经方针、政策、财经法规和财务会计制度、会计原则，是否按照经济规律办事，从而纠正错误，防止弊病，并根据审计结果，提出改进财政财务管理、提高经济效益的建议及措施。财政财务审计不仅要审核检查被审计单位的会计资料，而且要审核检查被审计单位的各项资金及其运动，以及资金运动反映的经济活动是否真实合法等。

财政财务审计，按照它的对象不同，可分为财政预算审计、财政决算审计和财务收支审计。财政预算审计，一般是指对财政预算编制、预算收入与支出的执行情况以及组织平衡所进行的审计；而财政决算审计，主要是指对企业、单位年终的财政收入决算、支出决算、财政结余、预算外资金等所进行的审计；财务收支审计，是指对企事业单位的财务收支活动所进行的审计。西方的财务审计，就随着社会经济形势的变化，根据法律的规定和投资者、经营者的需要，先后曾以详细审计、资产负债表审计和财务报表审计等三种不同形式出现。

2. 经济效益审计

经济效益审计，是以审查评价实现经济效益的程度和途径为内容，以帮助促进经济效益提高为目的所实施的审计。经济效益审计的主要对象是生产经营的活动和财政经济活动能取得的经济效果或效率，它通过对企业生产经营成果、基本建设效果和行政事业单位资金使用效果的审查，进而评价经济效益的高低，经营情况的好坏，并进一步发现提高经济效益的潜力和途径。经济效益审计，不仅是国家审计的一项重要目标，更是内部审计的主要目标和日常工作的主要内容之一。根据我国国情的需要，实施效益审计，有利于促进国民经济各部门、各企事业单位以及各级政府机关和科研单位围绕提高经济效益和工作效益开展和改进自己的工作，加强企业单位的内部控制，实现最佳的管理；同时有利于改善社会主义经济各方面的关系，维护正常的经济秩序；也利于提高财务审计的质量和巩固财经法纪审计的成果。

我国的经济效益审计，与国外的绩效审计或“三 E”审计有相似之处，包括了经营审计和管理审计部分内容。“三 E”审计，就是指经济性审计、效率性审计和效果审计。

对财务支出是否节约或浪费所进行的审计，是经济性审计。所谓经济性，是指以最低的支出和耗费开展经营活动，尽量节约，避免浪费。通过经济性的审计，可以揭示被审计单位财政财务活动的恰当程度及其遵纪守法情况。

效率性审计，主要是指对投入与产出之间关系所进行的对比审计。通过该种审计，从而评价成本与盈利的情况，分析被审计单位的经济活动是否经济有效。其审计的主要内容是：评价被审计单位在管理和利用资源上是否经济有效；审查不经济、效率低的原因；检查是否遵守了有关提高效率的法规等。效率审计，最终是要揭示被审计单位管理结构的合理性和管理职能发挥的有效性，进一步寻求有利于提高效率的办法和措施。由于该种审计主要采用货币计量单位，以价值的形式计算比较分析，所以也称为价值审计。

效果性审计，是指对计划目标完成情况所进行的审计，如审查产出是否达到了预期的效果，是否获得了理想的效益等。效果性审计也称经营审计或经济效果审计。经营审计一般称为业务经营审计，是对企业的供、产、销等业务经营活动进行逐步的审核检查，以进一步挖掘管理的潜力，提高经济效益的一种审计。管理审计，则是审核检查管理能力和水平，评价管理素质的一种经济效益审计。虽然业务经营审计和管理审计的根本目的是一致的，也有不少人认为它们是一回事，在实践中往往无法分别，其实它们有不同的侧重点。业务经营审计，主要是审查业务经营活动和生产力各要素的利用情况，也即对企业的物质条件和技术条件的审查，是具有直接性的；管理审计，则主要审查管理组织机构的合理性、管理机能的有效性，以促进生产力各要素的有效配合，却具有间接性。经营审计一般是由内部审计发展来的，它是业务审计的扩大化形式；而管理审计产生于 20 世纪 30 年代，应用于 60 ~ 70 年代，它是从财务审计和内部审计发展而来的，其范围和技术更趋于综合性、绩效性与管理性。

财政财务审计和经济效益审计虽然都有联系，但同时也有明显的区别，这种区别不仅表现在审计的具体内容上，还表现在审计的依据、目的、时间、执行者和方法等方面。从财政财务审计和经济效益审计的比较中可以看出：前者的目的侧重于查明财务收支和经济核算资料的真实性、正确性和合理性，进行经济公证，从而确定和解脱经济责任，主要适用于查错防弊，以保护原则为主；后者的目的在于确定经济效益并做出评价，借以寻求提高经济效益的途径，是以建设性原则为主。前者审计以财政财务制度、会计法、财经法纪和财务活动事实为主要依据；后者除此外，还要以业务、技术经济效益考核标准和经济活动事实为依据进行分析审查。财政财务审计以事后审计及定期审计为主；经济效益审计则以事前、事中审计为主，定期审计与经常性审计相结合。财政财务审计主要由专业审计人员进行，主要使用审查书面资料和证实客观事物的审计方法；而经济效益审计，不仅是由专业审计人员进行，还要有工程技术等方面的内行专家的参加，同时还要运用现代管理的一些先进方式方法。

3. 财经法纪审计

财经法纪审计，是指对国家政府机关和企事业单位严重违反财经法纪行为所进行的专案审计。对严重违反国家方针、政策、法令、制度、执行法规和财经纪律（如现金管理、结算制度、信贷制度、成本费用开支范围、税利上交规定等）所进行的审计，均属于财经法纪审计。

财经法纪审计的重点是审查和揭露各种舞弊、侵占社会主义财产物资的事项，审查和揭露对国家和集体造成重大损失浪费的各种失职、渎职行为。其主要目的，是检查国家方针、政策、法令、制度、执行法规和财经纪律的执行情况，揭露查处违法乱纪现象。

财经法纪审计的任务是审查被审计单位贯彻执行财经法纪情况和存在的问题，彻底查明各种违法乱纪案件，并根据审计结果，提出处理建议和改进财政、财务管理的意见。财经法纪审计既可以单列为一类，也可以认为是财政财务审计的一个特殊类别。因为进行财经法纪审计要涉及财务问题，同时进行财务审计又必然地要涉及法律、法纪问题。一般是在财务审计中针对案情比较重大的违反法纪事件作专门立案审查，这样有助于集中精力，查明要害问题，同时也有利于进行专案处理，追究经济责任。我国的财经法纪审计和国外的弊端审计和法规审计有相同之处。在国外，弊端审计，是指以检查、鉴定被审计单位或个人是否有弊端行为为目的的一项专门审计；而法规审计，即指法令、规章审计，它的目的是要确定政府工作人员是否遵守法令、执行政策、方针和规章制度。法规审计，早在18世纪时期政府审计中已经开始使用，现在它经常与效率、效益审计结合在一起，用来检查政府部门各单位的工作成果。

4. 经济责任审计

在经济体制改革中，有些部门和单位还提出了“经济责任审计”的概念，即是指以审查经营者应负经济责任为主要目的的审计。具体地说，就是审计人员根据国家的有关法律、法规，审查国家与企业、企业与企业、企业与劳动者个人相互之间以及有关的行政领导和法定代表人在履行应承担的经济职责和任务的履行情况，查明有无违法乱纪及失职行为，分清责任，做出客观公正的评价，提出改善方法或追究处理的建议。

经济责任审计的具体内容主要是审查企业在使用国家资金、财产的情况及国家财产的安全完整情况；审查企业完成指令性计划情况及经济效益的真实性合法性；审查企业行政领导人（法定代表人）有无失职和不法的行为；确定或解除法定代表人的经济责任。

审计从产生，就包括了监督与监察的活动，通过对实物资产的检查去考核管理实物的责任人。因此，无论什么样的审计与查明或追究责任是相互关联的。我国经济责任审计主要有经营承包责任审计、租赁审计、厂长（经理）经济责任审计或破产责任审计等。在我国干部考核制度改革中，引进的经济审计的做法，实际上主要是引进经济责任审计，即对经济部门的干部进行聘任前、任职中和离任前三个阶段的经济责任审计。2019年7月7日，中共中央办公厅、国务院办公厅关于印发《党政主要领导干部和国有企业领导人员经济责任审计规定》明确对领导干部应当依法在其任职期间因所任职务，依法对本地区、本部门（系统）、本单位的财政收支、财务收支以及有关经济活动应当履行的职责、义务情况，接受审计监督。党政主要领导干部经济责任审计的对象包括：（1）地方各级党委、政府、审判机关、检察机关的正职领导干部或者主持工作一年以上的副职领导干部；（2）中央和地方各级党政工作部门、事业单位和人民团体等单位的正职领导干部或者主持工作一年以上的副职领导干部；上级领导干部兼任部门、单位的正职领导干部，且不实际履行经济责任时，实际负责本部门、本单位常务工作的副职领导干部。国有企业领导人员经济责任审计的对象包括国有和国有控股企业（含国有和国有控股金融企业）的法定代表人。为了加强对国有企业及国有控股企业领导人员的管理和监督，正确评价企业领导人员任期经济责任，促进国有企业加强和改善经营管理，保障国有资产保值增值，在企业领导人员（法定代表人）任期届满，或者任期内办理调任、免职、辞职、退休等事项前，以及在企业进行改制、改组、兼并、出售、拍卖、破产等国有资产重组的同时，对其任职期间所在企业的资产、负债、损益的真实性、合法性和效益性及有关经济活动进行审计，以确定或解除其应负的主管责任和直接责任。

二、审计的其他分类

（一）按审计实施时间分类

按审计实施时间相对于被审计单位经济业务发生的前后分类，审计可分为事前审计、事中审计和事后审计。

1. 事前审计

事前审计是指在被审计单位经济业务实际发生以前进行的审计。这实质上是对计划、预算、预测和决策所进行审计，如国家审计机关对财政预算编制的合理性、重大投资项目的可行性等进行的审查；会计师事务所对企业的盈利预测文件的审核，内部审计组织对本企业的生产经营决策和计划的科学性与经济性、经济合同的完备性所进行的评价等。

开展事前审计，有利于被审计单位进行科学的决策和管理，保证未来经济活动的有效性，避免因决策失误而遭受重大的损失。一般认为，内部审计组织最适合从事事前审计，因为内部审计强调建设性和预防性，能够通过事前审计活动充当单位领导进行决策和控制的参谋、助手和顾问。而且内部审计结论只作用于本单位，从而不存在对已审计划或预算的执行结果承担责任的问题，审计人员没有开展事前审计的后顾之忧。同时，内部审计组织非常熟悉本单位的活动，掌握的资料比较充分，且易于联系各种专业技术人员，有条件对各种决策、计划等方案进行事前分析比较，作出评价结论，提出改进意见。

2. 事中审计

事中审计是指在被审计单位经济业务执行过程中进行的审计。例如，对企业、单位费用预算、经济合同的执行情况进行的审查。而通过这种审计，能够及时发现和反馈问题，尽早地纠正偏差，从而保证经济活动按预期目标合法合理和有效地进行。

3. 事后审计

事后审计是指在被审计单位经济业务完成之后进行的审计。大多数的审计活动都属于事后审计。事后审计的目标是监督经济活动的合法、合规性，鉴证企业会计报表的真实、公允性，评价经济活动的效果和效益状况。

（二）按审计的业务范围分类，可以分为全部审计和局部审计

1. 全部审计

全部审计也称全面审计，是指对被审计单位一定时期的所有财政、财务收支及其经济活动的各个方面及其资料进行的全面的审计。其审计内容比较广泛，涉及被审计单位的各项财产物资、债权债务、成本费用、收入、利润及其分配等整个财务收支活动及其结果，也会涉及财务、会计、生产、供销、技术等各个部门。这种审计的优点是审查详细彻底，缺点是费时费力。适用于规模较小、业务较少的单位和内部控制及会计工作质量差的单位。

2. 局部审计

局部审计也称部分审计，是指对被审计单位一定期间的财务收支或经营管理活动的某一些方面及其资料进行的部分的、有目的的和重点的审计。例如对企业进行的现金审计、税务

审计、银行存款审计等，以及对贪污盗窃、偷税漏税、行贿受贿、违反合同等所进行的专案审计等。其优点是时间短，耗费少，能及时地发现和纠正问题，达到预定的目标。缺点是容易遗漏问题，具有一定的局限性。

（三）按实施审计的周期分类

按实施审计的周期分类可以将审计划分为定期审计和不定期审计。

1. 定期审计

定期审计是按照预定的间隔周期进行的审计，例如审计人员对股票上市公司年度会计报表进行的每年一次审计、国家审计机关每隔几年对行政事业单位进行的财务收支的审计等。审查的对象主要是单位的财务报表和决算资料等。实行定期审计，有利于审计工作的经常化、制度化。

2. 不定期审计

不定期审计是指审计机构没有预先确定周期，而是根据特殊需要临时安排的审计。例如国家审计机关对被审单位存在的严重违反财经法规行为突击进行的财经法纪专案审计；会计师事务所接受企业委托对拟收购公司的会计报表进行的审计；内部审计机构接受总经理指派对某分支机构经理人员存在的舞弊行为进行审查等。

（四）按审计是否为初次实施，可以将审计划分为初次审计、继续审计和后续审计

1. 初次审计

初次审计是指审计机构对被审计单位第一次进行的审计。

2. 继续审计

继续审计是指审计机构对被审计单位实施初次审计以后的各年度所进行的历次审计。

3. 后续审计

后续审计是指审计机构对被审计单位执行审计决定的情况所进行的追踪审计。

（五）按执行审计的地点分类

按照执行审计的地点，可以将审计划分为就地审计和报送审计。

1. 就地审计

就地审计是指由审计机构派出审计小组或审计人员到被审计单位所在地进行的审计。就地审计的特点是可以深入实际，调查研究，易于了解和掌握被审计单位的实际情况，是我国审计监督中使用最多的一种方法。这类审计一般适用于经济活动频繁，审计内容较多，且有些项目需要通过实地审查，才能确定问题性质的被审计单位。例如经济效益审计和专题（案）审计等。

2. 报送审计

报送审计就是按照审计实施地点所划分的一种审计方式，也称为送达审计。它是指审计机关根据国家的有关规定，要求被审计单位将审计需要的与财政财务收支有关的计划、预算、会计凭证、账簿、报表以及其他有关文件、资料（含电子文件）等送到审计机关或审计机关指定的办公场所进行的审计。主要适用于国家审计机关对规模较小的事业单位进行的财务审计。

（六）按审计的组织方式分类

按照审计的组织方式，可以将审计划分为授权审计和委托审计。

1. 授权审计

授权审计是指国家审计的上级审计机关将其职责范围内的一些审计事项，授权下级审计机关实施。只有国家审计有权授权审计。而授权审计还必须符合下列要求：一是授权审计的双方当事人都必须是审计机关，并且是存在业务领导关系；二是授权审计的事项只能是授权的上级审计机关职权范围内的审计事项，不能超越自己的权限进行授权；三是授权审计的事项必须是法律允许的事项，对法律明确规定只能由某级审计机关进行审计的事项，则不能授权给下级审计机关进行审计。

2. 委托审计

所谓委托审计是指审计机关将其审计范围内的审计事项委托给另一审计机构去办理的行为。这种审计在实际审计工作中分为两类：一类是没有隶属关系的审计机关之间的委托审计工作，这种委托可以是办理某一审计事项，也可以是办理与审计事项有关的调查或核实等工作；另一类则是审计机关将其审计范围内的审计事项委托给内部审计机构或社会审计组织办理，但该审计事项完成后须经审计机关审定并出具审计报告和做出审计决定。

（七）按照审计工作是否通知被审计单位分类

按照审计工作是否通知被审计单位分类，可分为通知审计和不通知审计。

1. 通知审计

通知审计又称为预告审计，是指审计机构在审计工作开始前，就预先通知被审计单位的一种审计形式。也就是说在进行审计以前，就把审计的目的、主要内容和日期等审计信息预先通知被审计单位的审计方式。采用这种审计方式，可以使被审计单位有充分时间做好准备工作，从而有利于审计工作的顺利进行。一般进行财务审计和经济效益审计时，多采用这种方式，事前向被审计单位下达审计通知书和签订审计业务约定书。而如果是财经法纪审计等就不能采取这种方式。

2. 突击审计

突击审计是指审计机构事先不通知被审计单位，而是出其不易的以突击形式进行的审计。其目的是防止被审计单位或人员事先对其违法行为进行掩盖和弥补。这种审计方式常常在财经法纪审计中使用。

三、按采用的技术模式，审计可以分为账目基础审计、系统基础审计和风险基础审计三种

账目基础审计、系统基础审计和风险基础审计这三种审计代表着审计技术的不同发展阶段，但即使在审计技术十分先进的国家也往往同时使用。而且，无论采用何种审计技术模式，在会计报表审计中最终都要用到多种共同的方法来检查报表项目金额的真实性和公允性。

（一）账目基础审计

账项基础审计是审计技术发展的最初阶段，它是指顺着或逆着会计报表的生成过程，通过对会计账簿和凭证进行详细审查，对会计账表之间的钩稽关系进行逐一分析、核实，来检查是否存在会计舞弊行为或技术性差错。在进行财务报表审计，特别是专门的舞弊审计时，采用这种技术非常有利于做出可靠的审计结论。

（二）系统基础审计

系统基础审计是审计技术发展的第二阶段，它是建立在健全的内部控制系统可以提高会计信息质量的基础上。即首先进行内部控制系统的测试和评价，当评价结果表明被审单位的内部控制系统是健全且运行有效、值得信赖时候，就可以在后面对报表项目的实质性测试工作中仅抽取少部分样本进行审查，从而减少审计人员的工作量；相反，当评价结果表明被审单位的内部控制系统是不健全或运行不太有效、并不值得信赖时候，则需扩大实质性测试的范围。这种审计模式既能够提高审计的效率，又有利于保证抽样审计的质量。

（三）风险基础审计

风险基础审计是目前审计技术的最新发展阶段。采用这种审计技术时，审计人员一般先从对被审单位委托审计的动机、经营环境、财务状况等方面进行全面的风险评估出发，利用审计风险模型，对审计工作进行规划，积极地运用分析性复核程序，力争将审计风险控制在可以接受的水平上。

第二节　审计方法概述

审计方法是指审计人员为了行使审计职能、完成审计任务、达到审计目标所采取的方式、手段和技术的总称。审计方法始终贯穿于整个审计工作过程，而不只存在于某一审计阶段或某个环节。审计工作从制订审计计划开始，直到出具审计意见书、依法做出审计决定和最终建立审计档案，都在运用审计方法解决问题。

随着审计工作实践的丰富与审计理论的发展，审计方法也经历了由简单到复杂、由低级到高级、由个别到群体的漫长的演变，逐渐形成有系统的方法体系。从系统论的观点看，审计方法体系，是指为了完成审计任务，实现审计目标，由一组相互关联的审计方法共同构成的一个有机的整体。对于这个整体，一些人认为它只包括能搜集审计证据的各种技术，也有人认为它包括整个审计过程中所使用的各种方法。一般认为后一种看法是比较正确的，因为要想完成审计的任务，实现审计目标，仅仅依靠搜集审计证据是不够的，还要运用规划的方法科学地确定目标，组织证实目标；同时还要运用记录、评价、报告的方法来反映、衡量反馈目标被证实的过程与结果；同时还要运用各种管理手段控制审计过程、审计效率和质量，否则就很难取得令审计人员满意的效果。

随着社会经济的发展，民主政治制度的推行，社会对审计的要求增加，广大审计工作者必须认真总结经验、寻求科学的方法，努力提高审计质量以满足社会的需要。

一、审计方法的选用

审计方法的选用对审计工作的展开，审计结果的正确性都起到重要的作用。正确地选用审计方法则是保证有效发挥审计监督的职能作用，实现审计目标的重要条件。要做到选用正确，就必须遵循一定的原则和注意相关的问题。审计方法的选用原则有以下几方面。

（一）审计方法的选用应与审计的特定目的相适应

选用审计方法必须与其特定的目的相适应。否则，审计的结果就会与其特定的目的和要求相背离。例如，财经法纪审计是以审查核实被审计单位是否存在严重违反财经法纪行为为目的而进行的专案审计。它的审计方法一般可采用查询、函证、分析性复核等。一般是：对审计中的重大问题可采用详查法，一般问题则可采用抽查法。

（二）审计方法的选用应与被审计单位的具体条件和实际需要相适应

选用审计方法必须结合被审计单位的具体情况和实际需要，不能采取主观臆断和脱离实际的做法。否则，不但会降低审计工作效率，还可能影响审计效果。例如，在经营管理混乱，财会工作问题较多，内部控制制度不健全的情况下，就必须采用全部审计或详细审计，而不宜采用局部审计或抽样审计。

（三）审计方法的选用应与审计主体的性质和任务相适应

审计按照审计的主体可分为内部审计和外部审计。前者是指各部门、各单位的内部审计机构所进行的审计。后者是指国家审计机关和社会审计组织所进行的审计。因为各种审计主体的性质及其所担负的任务不同，它们所采用的审计方法的侧重点也就有所不同。

（四）审计方法的选用应与审计方式或审计工作的地点相适应

审计按照审计方式或审计工作的地点，可分为报送审计和就地审计。因为审计工作地点的不同，它们所采用的审计方法也就不同。例如，查询法在就地审计的方式下，可以采用口头询问的方法；而在报送审计方式下，就必须采用函证的方法了。再比如，对现金、实物等审计，就地审计可以采用监盘，即在被审计单位所在地进行实地盘点。而报送审计，就没有条件采用这种审计方法。所以，作为审计人员不但要熟悉各种审计方法之间的联系和区别，而且还要灵活掌握各种审计方法的结合运用；只有这样才能在保证审计效果的基础上，提高审计的工作效率。

二、审计的常规方法

审计的具体方法，主要是收集审计证据的各种方法，大体可以分为审查书面资料的方法和证实客观事物的方法两大类，此外还包括审计调查方法。

（一）审查书面资料的方法

按审查书面资料的技术，可分为核对法、审阅法、复算法、比较法、分析法；按审查资料的顺序分为逆查法和顺查法；按审查资料的范围，又分为详查法和抽查法。

1. 核对法

所谓核对法是将会计记录及其相关资料中两处以上的同一数值或相关数据相互对照，用以验明内容是否一致，计算是否正确的审计方法，其目的是查明证、账、表、实之间是否相符，从而证实被审单位财务状况和财务成果的真实、正确、合法性。一般要在下列资料间核对：

（1）原始凭证与有关原始凭证，原始凭证和汇总原始凭证，记账凭证与汇总记账凭证（或科目汇总表）核对。核对的内容是所附或有关的原始凭证数量是否齐全，日期、业务、内容、金额与记账凭证上的会计科目及金额是否相符，原始凭证之间、记账凭证同汇总记账凭证之间内容上是否是一致的。

（2）凭证与账簿。将凭证的日期、会计科目、明细科目、金额同账簿记录内容核对，看是否一致；将汇总记账凭证（或科目汇总表）与记入总账的账户、金额、方向核对看是否相符。

（3）明细账同总分类账。主要核对明细账同总分类账的期初余额、本期发生额和期末余额都是否相符。

（4）账簿与报表。将总账或明细账的期末余额或本期发生额作为依据，核对账户记录同有关报表项目是否相符。

（5）报表与报表。核对报表之间是否按制度规定要求进行编制，报表之间的相应钩稽关系是否正确。

（6）相关票据与经济业务的实物。将相关业务票和实物资产等进行核对，确定经济业务的真实性。

在核对中如发现错误或疑点，要及时查明原因。特别需要指出的是，采用核对法作为证据的资料必须是真实正确，否则核对是毫无意义的。如果缺乏依据时，相互核对的数据应至少有两个或多种不同来源进行相互印证，在进行核对。

2. 审阅法

审阅法是对凭证、账簿和报表，以及经营决策、计划、预算、合同等文件和资料的内容详细地阅读和审查，检查经济业务是否合规，经济资料是否真实正确，是否符合会计准则的要求。审阅法主要是查证、账、表等相关会计资料。

（1）审阅原始凭证、记账凭证。先要从形式和技术上审查，然后再从内容上审查。前者主要是审查凭证是否完整正确，例如日期、摘要、金额、大小写、签章等应填写是否齐全，有无涂改痕迹；后者主要是审查经济业务是否符合有关法律法规的手续，有无违反财经纪律、财会制度规定，从事非法经营活动的事实等。

（2）审阅经济资料的记录是否符合有关原理和原则。例如会计账簿中会计科目使用的是否正确、账户对应关系是否正常合理；会计报表是否按规定制度的编制，报表应有的关系是否正确等。

（3）审阅经济资料的记录有无异常情况。例如账簿中是否有涂改、刮擦、挖补、伪造以及不符合规定的书写和更改痕迹；报表各项目有无异常的增减变化现象等。

3. 复算法

复算法就是对凭证、账簿和报表以及预算、计划、分析等书面资料重新复核、验算的一种审查方法。复核验算的主要方面有：一是原始凭证中单价乘数量的积数，小计、合计等，是否计算正确；二是记账凭证中的明细金额合计，是否正确；三是账簿中每页各栏金额的小计、合计、余额，有无问题；四是报表中有关项目的小计、合计、总计及其他计算；五是预算、计划、分析中的有关数据。总之，这些数据都要进行复算验证，从而将报表误差性错误去除。复算法一般与审阅法结合运用，这样可提高审计的保险系数。

4. 比较法

比较法就是通过相同被审项目的实际与计划、本期与前期、本企业与同类企业的数额进行对比分析，检查有无异常情况和可疑问题，以便跟踪追查提供线索，取得审计证据的方法。例如，将本期的有关项目相比（如利润未同产品销售收入同步增长），就被审项目同其他单位的相同项目相比（如把流动资金周转水平同先进企业比），都可以说明被审计单位的情况，发现问题。

5. 分析法

分析法就是通过分解被审项目的内容，以揭示其本质和了解其构成要素的相互关系。它包括：

（1）比率分析法。就是通过对相关项目之间的比率关系，例如资金周转率、资金利润率、销售成本率等进行对比分析，从而发现情况，或判断被审单位的经济活动是否正常、经济、合理。

（2）账户分析法。就是根据账户对应关系的原理，对某些账户借贷方发生额及其对应账户进行对照比对分析，从而找出异常情况。例如将“产品销售”“银行存款”和“应收销货款”结合起来进行分析，单位的销售量会引起银行存款的增加或应收款项的增加，库存的减少等。这样一方面可以审核有无差错，另一方面可以深入了解产品销售情况和应收账款的情况，如有异常现象则应进一步采用其他方法进行审计。

（3）趋势分析法。即分析某项经济指标在若干时期的发展趋势的方法。运用这个方法，分三个步骤：首先，确定所要分析的经济指标（如收益、应收账款、应付账款、产成品等）；其次，确定基期数；最后将该指标各年度的数额除以基期数，求出年度对基期的趋势比率。审计人员通过这种方法可以观察某项指标不同时期的变动情况和发展趋势，如发现变动过大或过小等异常情况，就需进一步深入审查。

此外，还有对相关账户按期限的长短进行归类分析，从而进一步重点追查的账龄分析法；对会计报表相关项目之间的平衡关系、钩稽关系进行对照分析的平衡分析法；分析计算各个因素变动对有关经济指标的影响程度的因素分析法等。这些方法在审计工作中往往会交叉使用，达到审计目的。

上述分析方法运用于审计主要是经济效益审计、管理审计类，当然，它也用于财务管理和其他的经营管理方面，例如财务分析、技术分析、统计分析和经济活动分析等。在实际审计业务中，按审查资料的顺序分为逆查法和顺查法；按审查资料的范围，又分为详查法和抽查法。

6. 顺查法

顺查法就是按照经济活动发生的先后顺序，依次从经济业务起点查到终点的审计方法。对会计资料的审查就按照会计核算程序的先后顺序，依次进行审核和分析凭证、账簿、报表及其他资料。

具体的做法是：首先审查原始凭证及记账凭证，然后进一步结合凭证查账簿，最后根据账簿审阅会计报表（见图4－1）。

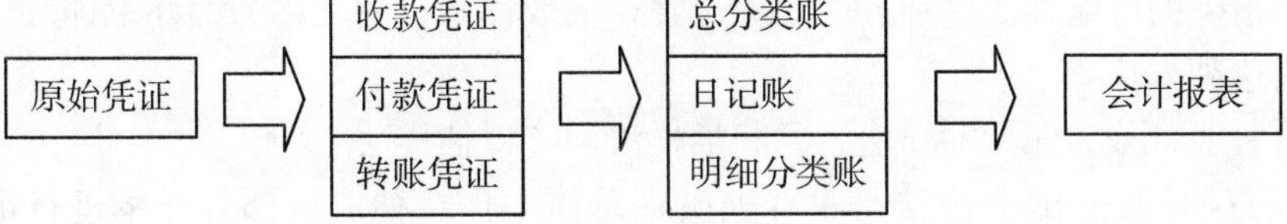

图4－1　顺查法

这种方法的主要优点是简便易行，由于它是按记账程序逐一地、仔细地核对，审计内容比较详细，一般来说，对账务上的错误和弊端可以毫无遗漏的查找出来，审计结果较为可靠。但缺点是事无大小都必须同等对待，往往把握不住重点和主次方向，而且着重对证账表进行机械核对，费时费力，可能因小失大，因此一般适用于对规模较小，业务不多的单位采用。

7. 逆查法

逆查法就是按照经济活动进行的相反顺序，从终点查到起点的审计方法。在财务审计中，它就是按照会计核算程序的相反次序，首先审查会计报表，从中发现错弊和问题，其次有针对性地进行审查和分析报表、账簿和凭证（见图4－2）。

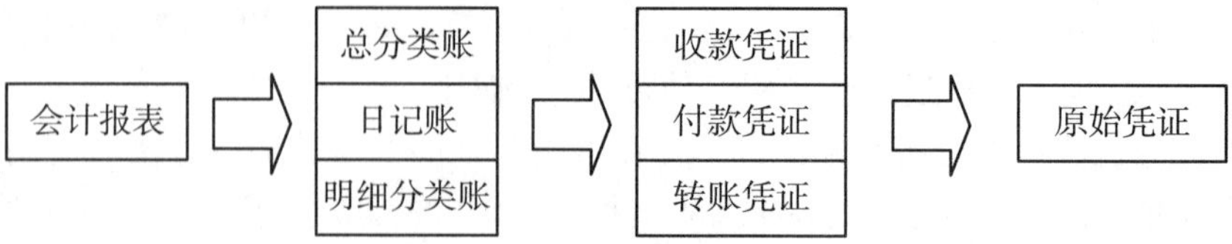

图4－2 逆查法

这种方法的主要优点是从大处着手，审查的重点和目的比较明确，易于查清被审计单位的主要问题，审计效率高；不足之处是着重审查分析财务报表，并据以重点逆查账目，可能会遗漏或疏忽某些更重要的问题，难以揭露错弊。还有就是逆查法难度较大，所以对审计人员业务素质要求较高。

通常来说，逆查法和顺查法各有侧重，各有利弊，在实际的审计工作中，常将两种方法结合起来运用，即采用逆查法时，对于需要了解的部分，就兼用顺查法详细查核；采用顺查法时，对于重要事项也可兼用逆查法，以免出现遗漏，浪费时间、人力、物力等情况的发生。

8. 详查法

详查法就是对被审计单位被审计期内的全部证账表或某一重要（或可疑）项目所包括的全部账项进行全面、详细的审查。早期的财务审计、通常采用这种方法。

9. 抽查法

抽查法指从被审计单位被审计对象中抽取其中一部分进行审查的方法。根据审查结果，借以推断审计对象总体有无错误和弊端。其基本特点是：根据审计对象的具体情况和审计目的，先进行判断，选取具有代表性的、相对重要的项目作为样本，或者从被审查资料中随机抽取一定数量的样本，然后根据样本的审查结果来推断总体特征的正确性，或推断其余未抽取部分有无错弊的可能性。这种方法的关键在于抽取样本，故又称为抽样审计法。现代审计一般都是用这种方法。

抽查法一般可分为任意抽样法、判断抽样法和统计抽样法三种。

（1）任意抽样法。这种方法是审计人员在总体中任意抽取一部分样本进行审计，抽查的出发点是为了减少审计人员的工作量。至于选取哪些内容，什么经济资料和经济活动，选取多少内容、多少样本等都没有一定规律和依据，审计人员心中并没有规划依据。因此，它所取得的审计证据，一般风险较大，有时会带有极大的偶然性和任意性。

（2）判断抽查法。又称为重点抽查法，它是审计人员根据审计目的、被审单位内部控制完备程度和所需要的证据，根据审计人员的审计经验，有选择性有重点地对审计总体中一部分内容进行审计，从而据以对总体做出推断。这种方法重点突出，针对性强，但所得的抽查结果是否有效和审计人员的素质是密不可分的。如果审计人员经验丰富，同样能获取有效的审计样本，得出科学的审计结论。

（3）统计抽样法。又称数理抽查法，它是指审计人员运用概率论的原理，按随机原则在审计总体中抽取一定数量内容作为样本而进行审计，再根据样本结果推断总体特征。统计抽样法有三个主要特点：①首先是依靠概率论的原理进行抽查，并不依赖审计人员的经验和判断能力，样本规模由审计总体的数量及相关因素决定；②样本不是人为的重点选择，而是根据随机原则，从而保证了被审项目总体各部分被选择抽样的机会是均等的；③根据随机抽取的样本得出的结果来推断总体的特征。一般统计抽样的具体运用有两种，一是用于审计的符合性测试，用来估计总体特征的发生率；二是用于做实质性测试，用来估计总体数额的差异值，前者是属性抽样，后者则是变量抽样。

抽查法审查重点明确，如果选对了审计目标，这种方法会省时省力，具有事半功倍的效果，但如目标和对象选择不当或缺乏代表性，往往不能发现问题，甚至前功尽弃。在财务收支审计和财经法纪审计中，抽查法往往不及详查法，因此它还是有一定的局限性。实际中常将其与其他方法配合运用。

（二）证实客观事物的方法

除了上述收集书面资料方面的信息，审计工作还必须取得实物存在方面的资料，即证明和落实客观事物的形态、性质、存在地点、数量、价值等是否与会计资料记录一致，检查有无错误和弊端。这类方法主要有盘点法、调节法和鉴定法。

1. 盘点法

所谓盘点法指审计人员通过对各项财产物资的实地盘存，检查实物的数量、品种、规格、金额等实际情况，从而确认经济资料和经济活动的真实正确，经济资料与实物是否一致的审计方法。

盘点法一般分为直接盘点法和监督盘点法两种。直接盘点法是由审计人员亲自到场盘点，以证实书面资料同有关的财产物资是否相符，这种方法一般对贵重的财产，如稀有金属、珍宝、贵重文物和库存现金等盘点才使用，这种情况下由审计人员和被审单位同时盘点，单位领导和主管人员以及审计人员三方确认签章才行。而监督盘点法是审计人员亲临现场观察检查，而由被审计单位自行组织盘存，必要时审计人员可以进行抽查、复点，保证盘存的质量。这种方法一般适用于数量较大的实物，例如厂房、机器设备、材料、商品等。

2. 调节法

如果在审计工作中现有的数据和需要证实的数据在表面不一致时，为了证实数据的真实性，就要运用调节法。调节法就是从一定出发点上的数据着手，对已经发生的正常业务而出现的数据进行必要的增减调查的一种方法。例如，我们通常运用调节法编制银行存款调节表，以便根据银行对账单的余额来验证银行存款账户的余额是否正确。还有，调节法还可用于编制有关财产物资的调节表，以验证有关财产物资结账日账面数与实存数是否相符，其基本方法是：当盘点与书面资料结存日期不同时，先进行实物盘点，然后即可审查账实是否一致。

调节法公式：

被查日存量 = 被查日至盘点日发出量 + 盘点日存量 − 被查日至盘点日收入量

【例 4－1】某审计人员于 2015 年 4 月 5 日审计某单位 2015 年 3 月 31 日的库存现金日记账余额和现金实际库存额进行审计。该单位现金日记账 2015 年 3 月 31 日账面结存额为 200 元，通过核对及审阅并无错误，该被审计单位盘点现金实存额也是 200 元。4 月 1～5

日期间收入现金 230 元，付出现金 180 元。4 月 1 日期初余额及收付额均经核对、审阅和复算无误。2015 年 4 月 5 日下班后盘点实存额为 250 元。被查日账面应存额 = 250 + 180 − 230 = 200 元

3. 鉴定法

鉴定法是指需要邀请有关的专业人员运用专门技术对书面资料、实物和经济活动进行确定和识别的方法。例如对实物的性能、质量、价值、书面资料的真伪以及经济活动的合理性、有效性等的鉴定，这就超出了一般审计人员的能力，需要聘请一定数量的工程技术人员、律师等专业人士提供鉴定结论，从而并得出独立的审计证据。因此，为了更好地工作，审计部门应当在法律部门、技术部门的配合下，才能得到较高质量的审计工作质量。

（三）审计调查方法

审计调查是审计方法中不可缺少的一个重要的组成部分。审计实施过程除了审查书面资料和证实客观事物外，还需要对有关经济活动及其活动资料以内或以外的某些客观事实进行内查外调，从而判断真相，抑或查找新的线索，或取得审计证据，这就需要审计人员深入实际进行审计调查取证。审计调查方法包括观察法、查询法、函证法等。

1. 观察法

观察法是审计人员亲临现场进行实地观察检查，借以查明事实真相，取得审计实物证据的一种调查方法。审计人员进入被审单位后，会深入到车间、科室、工地、仓库等地，对于生产经营管理工作的进行、财产物资的保管及利用、内部控制制度的执行等，进行实地的观看视察，关注其是否符合审计标准和书面资料的记载，从中发现薄弱环节及存在的问题，从而收集书面资料以外的证据。

2. 查询法

查询法是指对审计过程中发现的疑点和问题，通过口头询问或质疑的方式查找事实真相并取得口头或书面证据的一种调查方法。例如对可疑账项或异常情况、内部控制制度、经济效益等的审查，都可以向相关人员提出口头或书面的询问。如对一般问题，口头或书面询问均可。但对重要问题，则尽量采用书面询问并取得相应的书面证据。书面证据是比较重要的，很多时候是审计成败的最重要因素。

3. 函证法

函证法实际上也是一种查询法，它是指审计人员通过给有关的单位和个人发函，了解具体情况取得证据的一种调查方法。这种方法以多用于往来款项的查证、验证，作为认证债权债务的必要手段，对被审计单位的开户银行、保险公司、法律顾问处、往来单位和其他单位的情况，也可采用这种办法核对认证。函证法有比较强的核对性，在查证方面非常有效，是审计工作必不可缺少的重要环节。

函证法一般分为肯定式函证和否定式函证。肯定式函证就是向债务人发出询证函，要求其证实所函证的欠款是否正确，无论与被审计单位记录是否一致都要求复函；而否定式函证，它是向债务人发出询证函。但如果所函证的款项是相符时，则不必复函，只有不相符时才要求债务人复函的方式。

这两种方式各有优缺点，肯定式函证所获取的审计证据较为可靠，但审计成本较高；否定式函证因不可知因素的存在，所获取的审计证据较肯定式函证来说不可靠，但成本相对较低。在这里值得注意的是，对于那些重要的应收账项不应以审计成本的高低作为减少审计程

序的理由。具体采用哪种方式应根据不同情况做出选择：如当个别账户欠款金额较大，或有理由相信欠款可能会存在争议、差错等问题时就应采用肯定式函证。而当相关的内部控制是有效的，预计差错率较低，欠款余额小的债务人数量很多，有理由确信大多数被函证者能认真对待询证函，并对不正确的情况予以反馈就可以用否定式函证。还有，注意上述函证方式的选择并不是绝对的，有时候两种方式结合起来使用，将其优缺点互补，会更加适宜。例如，按照重要性原则，对于大余额账项采用肯定式函证，对于小余额账项则采用否定式函证就可以了。

以下对函证使用的方法总结如下（见表 4－1）。

表 4－1　函证的使用方法

肯定式	否定式
债务人所欠金额数目较大； 该欠款可能存在争议或经济纠纷； 欠款数额可能存在差错或其他问题。	预计差错率较低； 债务人所欠金额数目较小； 在所查证的欠款数额不符时相信债务人能够正式复函； 债务人内控制度行之有效。

第三节 审计抽样技术

现代审计的早期阶段，审计人员是本着查错防弊作为目标，对被审计单位的会计资料采取逐笔核查的详细审计方法，着重检查被审计单位会计记录的真实性与可靠性，这种方法沿用了很久，但是由于这种审计方法会耗费过多审计成本，因此在 20 世纪初，有些审计人员开始根据以往审计经验，尝试有选择性和针对性地抽取部分经济业务与会计记录进行审查，并依据抽查结果合理推断被审计单位全部经济业务与会计记录的公允合理性，这就是审计抽样的萌芽。到了在 20 世纪 60 年代以后，审计人员又将概率论及数理统计抽样技术等科学技术引入到审计工作中，进一步保障被抽取样本的能够代表总体特征，至此，审计抽样技术正式成为现代审计中的一个基本审计程序与方法。

一、审计抽样的概念

审计的抽样技术是从被审计单位被审计对象中抽取其中一部分进行审查的方法。根据审查结果，借以推断审计对象总体有无错误和弊端。其基本特点是：根据审计对象的具体情况和审计目的，先进行判断，选取具有代表性的、相对重要的项目作为样本，或者从被审查资料中随机抽取一定数量的样本，然后根据样本的审查结果来推断总体特征的正确性，或推断其余未抽取部分有无错弊的可能性。这种方法的关键在于抽取样本，故又称为抽样审计法。现代审计一般都是用这种方法。

（一）审计抽样的特点

（1）对某类交易或账户余额中低于百分之百的项目实施审计程序；

（2）所有抽样单元都有被选取的机会；

（3）审计测试的目的是为了评价该账户余额或交易类型的某一特征。

抽样审计一般适用于逆查、顺查、函证等审计程序，也可使用于符合性测试和实质性测试；但审计师在进行询问、观察、分析性复核时就不宜运用审计抽样。它并不适用于这些测试中的所有程序。

（二）审计抽样通常不适用于下列情况

（1）检查被审计单位某些业务总体的完整性；

（2）抽样单位比较少；

（3）总体中的每笔业务金额都超过了重要性水平；

（4）可接受检查风险过低或要求审计检查保证程度相对过高；

（5）有着特殊风险或需要特别关注的事项；

（6）审计人员使用审计抽样不符合成本效益的原则。

在国家审计准则中规定（新增）：在审计事项包含的项目数量较多，需要对审计事项某一方面的总体特征做出结论时，审计人员可以进行审计抽样。而如果存在下列情形之一的，审计人员可以对审计事项中的全部项目进行审查：审计事项均由少量大额项目构成的；审计事项有可能存在重要问题，而选取其中部分项目进行审查却无法提供完全适当、充分的审计证据的；对审计事项中的全部项目进行审查是符合成本效益原则的。

二、审计抽样的种类

在实际工作中审计抽样种类很多，通常用的审计抽样分类方法有两种：按照审计抽样决策的依据不同将划分为统计抽样和非统计抽样两种。所谓的统计抽样又称数理抽查法，它是指审计人员运用概率论的原理，按照随机原则在审计总体中抽取一定数量内容作为样本而进行审计，再根据样本结果推断总体特征的一种方法。非统计抽样是指审计人员运用专业经验和主观判断来确定样本规模和选取样本的一种审计抽样方法。一般来讲，统计抽样是利用概率法则来量化控制的抽样风险；科学的确定样本量；随机选样，减少偏见；还可以通过运用概率统计理论对样本结果进行推断总体特征。而非统计抽样也有两个方面的优势：一是非统计抽样只要设计得当，也可达到同统计抽样一样的效果；二是使用方便、灵活，能够充分利用审计人员的实践经验和判断能力。抽样方法选择时，主要取决于审计人员对成本效果方面的考虑。审计人员可以使用统计抽样方法，也可以使用非统计抽样方法。这两种技术只要运用得当，都可以获取审计所要求的充分、适当的证据。

按照审计抽样目的不同将审计抽样划分为属性抽样和变量抽样。属性抽样是指在精确度界限和可靠程度一定的条件下，为了确定总体特征的发生频率而采用的一种方法。变量抽样是指用来估计总体金额而采用的一种方法。属性抽样主要目的是检查内部控制的有效性，在控制测试中，重点在根据样本的审计来推断会计错误或舞弊发生的频率，而无须推断会计错误或舞弊金额大小，只是对被审单位内部控制执行情况形成审计结论。用于控制测试的属性抽样一般有固定样本抽样、停—走抽样与发现抽样等方法。而变量抽样目的是检查财务报表的错报。属于实质性测试的变量抽样，主要有平均值估计抽样、差异估计抽样与比率估计抽样等方法。在审计实务中，经常存在同时进行控制测试和实质性测试的情况，在此种情况下采取的审计抽样称为双重目的抽样。

三、审计抽样的程序

审计抽样的基本程序一般包括四个步骤：（1）确定审计对象总体；（2）确定样本量；

（3）选取样本并审核；（4）评价抽样结果形成审计结论。

（一）确定审计对象总体

在实施审计抽样之前，审计人员必须仔细定义审计对象总体，确定抽样总体的范围。审计对象总体是指审计人员为了形成审计结论，拟采用抽样方法审计的经济业务与有关会计或其他资料的全部项目。审计对象总体的特征是：

（1）适当性。审计人员应确定总体适合于特定的审计目标，以及包括适合于测试的方向。

（2）完整性。审计人员应当从总体项目内容和涉及时间等方面确定总体的完整性。

（二）确定样本量

在进行审计抽样工作中，良好的样本设计是审计抽样有效实现目标的保障，在确定样本的相关因素后审计人员就可以确定样本量，即样本规模。样本设计是指审计人员围绕样本的性质、样本量、抽样组织方式、抽样工作质量要求所进行的计划工作。在审计人员设计样本时，应当考虑以下基本因素：

（1）审计目标。审计人员在设计审计样本时，要考虑审计要达到的具体目标，并考虑将要取得的审计证据的性质、可能存在的误差的条件，以及该项审计证据的其他特征，以正确界定误差和审计对象总体，并确定采用何种审计程序进行工作。

（2）审计对象总体和抽样单位。前面就说过，审计对象总体是指审计人员为了形成审计结论，拟采用抽样方法审计的经济业务与有关会计或其他资料的全部项目。而所谓抽样单位，是指构成审计对象总体的个体项目。审计人员在定义总体时通常需指明适当的抽样单位，这些抽样单位必须与审计测试目标相适应。在控制测试中，审计人员要根据被测试的控制定义抽样单位。在细节测试中（实质性测试程序包括细节测试和实质性分析程序。细节测试就是针对各类交易、账户余额、列报和披露的细节搜集审计证据），审计人员根据审计目标和拟实施审计程序的性质界定抽样单位。抽样单位有可能是一个账户余额、一笔交易或交易中的一项记录，甚至是每个货币单位。

（3）抽样风险和非抽样风险。审计人员在运用审计抽样技术时会受到两种不确定因素影响，最终将影响到审计抽样的效率及质量。一般而言，我们将直接与抽样有关的因素造成的不确定性称为抽样风险，与抽样无关的因素造成的不确定性称为非抽样风险，而且这两种风险都最终会影响到审计风险的确定，因此审计人员必须在具体实施审计抽样时予以重视。

抽样风险是指审计人员根据样本得出的结论，与对总体全部项目实施与样本同样的审计程序得出的结论存在差异的可能性。也就是说，样本中包含的金额错报或对设定控制的偏差，可能不能代表某类交易或账户余额总体中存在的错报或控制偏差。只要抽样，抽样风险就存在。抽样风险与样本规模是呈反方向变动关系的：样本规模越小，抽样风险越大；样本规模越大，抽样风险越小。抽样风险一般只与被检查项目的数量有关，要想控制抽样风险的唯一办法那就是控制样本规模。无论是控制测试还是细节测试，审计人员都可以通过扩大样本规模降低抽样风险。例如，要是对总体中的所有项目都实施检查，就不存在抽样风险，此时审计风险完全由非抽样风险产生。

非抽样风险是指由于某些与样本规模无关的因素而导致审计人员得出错误结论的可能性。一般来说，审计人员将非抽样风险界定为采用了不适当的审计程序，或者误解审计证据而没有发现误差等存在的风险。比如，审计人员在审计过程中可能导致非抽样风险的原因有：审计人员选择的总体与测试目标不相一致；审计人员未能适当地定义控制偏差或者错报，从而导致审计人员未能发现样本中存在的偏差或错报；又或者是审计人员选择了不适于实现特定目标的审计程序。也可能审计人员未能适当地评价审计发现的情况等。

总之，为了将相关的审计风险降至可接受的低水平，审计人员应当从抽样风险和非抽样风险两个方面进行控制。那么，在使用统计抽样时，审计人员就可以准确地计量和控制抽样风险。而在使用非统计抽样时，审计人员一般就无法量化抽样风险了，只能根据职业判断对其进行定性的评价和控制了。

①对抽样风险的控制。对特定样本而言，抽样风险与样本规模呈反方向变动：样本规模越小，抽样风险越大；样本规模越大，抽样风险越小。

②对非抽样风险的控制。非抽样风险是由人为错误造成的，所以可以降低、消除或防范。

审计人员在进行控制测试时，应关注以下抽样风险：信赖不足风险和信赖过度风险。审计人员在进行细节测试时，应关注以下抽样风险：误拒风险和误受风险。非抽样风险是指审计人员采用不恰当的审计程序或方法，或因误解审计证据等而未能发现重大误差的可能性。信赖不足风险会影响效率，信赖过度风险会影响效果，误拒风险会影响效率，误受风险会影响效果。非抽样风险会影响效率和效果。

（4）可容忍误差，可容忍误差是指审计人员认为抽样结果可以达到审计目的而愿意接受的审计对象总体的最大误差。可容忍误差越大，样本规模越小；可容忍误差越小，样本规模越大。

（5）预计总体误差，预计总体误差指审计人员预期在审计过程中发现的误差。预计总体误差越大，则样本规模越大；预计总体误差越小，则样本规模越小。

（6）总体变异性是指总体的某一特征（如金额）在各项目之间的差异程度。总体变异性越大，样本规模越大，总体变异性越小，则样本规模越小。

（三）选取样本并审核

在审计工作中可选的抽样方法一般有多种，审计人员应当根据审计目的与要求、被审计单位实际情况及审计资源条件限制等因素来考虑抽样方法的选择，以达到预期的审计质量与效率，常用的样本选取方法主要有随机选样、系统选样、随意选样等。

1. 随机选样

随机选样指审计人员按照随机选样规则对审计对象总体或次级总体的所有项目进行抽取，以保证每一样本都有机会被选取。随机选样一般通过随机数表开展。这种方法一般是：

（1）被审计对象总体各项目与随机数表建立一一对应关系。（对总体项目连续编号）

（2）在随机数表上确定选取的起点和路线，选取的起点可随机选择，选取的路线应有规律性。

（3）从起点起，按选定路线选出随机数，并查对其预定的有效位数，若在总体编号范围内的，则表示该编号选出作为样本；若在总体编号范围外的舍去。

（4）按样本编号取出实际要审查的样本。

下面给出一个随机数表例：

假定审计人员对某公司连续编 500 ~ 5 000 元的现金支票进行随机选样，希望选取一组样本量为 20 的样本。

首先，确定只用随机数表的前4位数来于现金支票一一对应；

其次，确定第5列第1行为起点，路线为第5列、第4列、第3列、第2列、第1列，依次进行。

最后，按照规定的一一对应关系和起点及选号路线，选出20个数码（见表4-2）。

表4-2　随机数表

行号＼列号	1	2	3	4	5
1	10480	15011	01536	02011	81647
2	22368	46573	25595	85313	30995
3	24130	48360	22527	97265	76393
4	42167	93093	06243	61680	07856
5	37570	39975	81837	16656	06121
6	77921	06907	11008	42751	27756
7	99562	72095	56420	69994	98872
8	96301	91977	05463	07972	18876
9	89759	14342	63661	10281	17453
10	85475	36857	53342	53988	53060
11	28018	69578	88231	33276	70997
12	63553	40961	48235	03427	49626
13	09429	93096	52636	92737	88974
14	10365	61129	87529	85689	48237
15	07119	97336	71048	08178	77233

2. 系统选样

系统选样又称等距选样，指首先计算选样间隔，确定选样起点，然后根据选样间隔循序依次选取样本的一种选样方法。

公式：　选样间距＝总体规模÷样本规模

【例4-2】审计人员希望采取系统选样从5 000张凭证中选取100张凭证作为样本。首先审计人员计算出选样间隔50（5 000/100），然后确定选样起点和选样路线，审计人员可确定选样起点为2458，选样路线为双向（向前或向后），依次按照每隔50号选取100张凭证：…2408、2458、2508…

例如：拟从被查总体2 000张收款凭证中采用系统选样抽取200张样本进行审查。

那么，（1）选样间距＝2 000÷200＝10（张）；

（2）随机确定起点。假设抽签确定起点为46，则应选取样本的编号向下为36、26、16、6，向上为56、66、76…

3. 随意选样

随意选样指审计人员不考虑总体金额大小、资料取得的难易程度及个人偏好，以随意方式取得样本的抽样方法。随意选样优点在于简单易行，但是缺陷是难以无偏见地选取样本项目，随意选样的效果高度依赖审计人员的专业判断。

（四）评价抽样结果形成审计结论

审计人员在对样本进行完成相应审计程序后，对样本评价的首要环节是分析样本误差，可从以下方面开展：

（1）判断问题项目是否属于误差；

（2）评估误差项目性质及影响；

（3）单独评价具有共同特征误差项目。

审计人员在分析样本误差后，需要采用适当方法将抽样中发现的误差以推断总体误差，这是形成审计结论关键性环节。然后，审计人员在推断出总体误差后，需将其与样本设计中预先规划的可容忍误差进行比较，并将抽样结果与其他审计程序所获得的证据进行比较。在实施实质性测试中，如果推断的总体误差大于可容忍误差，有可能是审计项目存在高风险，或者样本抽样结果不能代表总体特征，因此需增加样本量或执行替代审计程序来最终分析判断。如果推断的总体误差等于或略小于可容忍误差，那么要从审计谨慎性考虑出发，是否应增加样本量或执行替代审计程序。在控制测试中，如果推断的总体误差不能达到审计人员对企业内部控制预先设定的可信赖程度，就应考虑增加样本量或修改实质性测试程序。最后，审计人员在抽样结果评价基础上，应根据所取得审计证据来确定其是否足以证实某一审计对象总体特征，从而形成审计结论。

四、属性抽样

属性抽样是指根据控制测试的目的和特点所采用的审计抽样，其目的在于估计总体既定控制的偏差率或偏差次数。属性抽样主要应用于控制测试中，属性是指审计对象总体的质量特征，即被审计业务或被审计内部控制是否遵循了既定的标准以及存在的误差水平。属性抽样一般包括固定样本量抽样、停—走抽样和发现抽样几种方式，以下就以固定样本量抽样为例说明。

（一）属性抽样的具体方法

（1）固定样本量抽样是一种应用最为广泛属性抽样，一般用于估计审计对象总体中某种误差发生的比例。它是根据公式或表格确定固定的样本数量进行审查，并以全部样本审查结果推断总体的一种审计抽样方法。

（2）停—走抽样从预期总体误差为零开始，通过边抽样边评价来完成抽样审计工作。先假设总体误差为0，如果实际抽样支持假设则审计抽样工作到此结束。如果抽样不支持假设，则调增总体误差率，并相应地增加样本量和对增加的样本进行补充审计，假如补充审计的样本支持原假设，则将总体误差界定在调整的误差率上，否则继续原步骤，直到新增加样本支持原假设，即在新增样本中未发现有误差项为止。

（3）发现抽样就是按照预期总体误差为0来查方案，如果审完以后确实是0就信赖这个内部控制，如果不是0就不信赖内部控制。发现抽样主要用于查找重大舞弊欺诈等事件，由于它能以极高的可信赖程度（如99.5%）确保查找出误差率仅为0.5%～1%的重大违法误差，因此发现抽样一般多用于对内部控制舞弊欺诈等事件查找中，且当在发现抽样中发现有重大误差，无论次数多少，审计人员均应放弃对内部控制的抽样审计，转而进行详细审计。如果在发现抽样中未发现重大误差，则审计人员可形成审计结论：在既定的误差率下没有发现重大误差。

（二）属性抽样的具体步骤（以下用固定样本量抽样来介绍）

1. 明确审计测试目标

一般来说，控制测试的总目标在于测试某一循环中控制的执行，应用情况。比如，假定审计人员测试购货付款的内部控制程序，一般将该审计目的确定为该程序的准确性与否和进货发票与验收报告相核对的控制相应程序是否正常运行等。

2. 定义属性和偏差状态

采用审计抽样，审计人员必须仔细定义所测试的特性（属性）及偏差状态。如上例所示，审计人员测试购货付款的内部控制程序，该误差可界定为：（1）未附验收单据的任何发票；（2）验收单据与发票不符合，包括业务不符和金额不符等。审计人员均认为是偏差状态。

3. 定义总体

总体是审计人员希望通过测试得到其特性的数据体，也即审计对象所包含的所有项目的综合。在定义总体时，必须使其与审计测试的目标一致。此外，在选取样本之前，审计人员应测试总体的完整性，以确保依据样本的结果而推断出的总体结果有效。

4. 定义抽样单位

定义抽样单位时，主要考虑如何使其与审计测试的目标一致。因此，在定义总体、计划审计程序时，往往同时就定义了恰当的抽样单位。同样的，承上例，定义审计对象总体与抽样单位该项审计中总体可界定为全部凭单，抽样单位就是个别的购货凭单。

5. 确定可容忍的偏差率

确定可容忍的偏差率要确定为多少是适当的，会受到属性的定义和属性的重要程度的影响，是审计人员职业判断的结果。属性（性质）越重要，则发生偏差代表的情况越严重，可容忍的偏差率就会越低。

6. 确定可接受的过度信赖风险

一般只要使用抽样方法，那么可接受的过度信赖风险就是存在的。在确定过度信赖风险时，审计人员必须要运用专业判断。因为过度信赖风险是审计人员愿意承担的风险的度、量，主要考虑的是审计人员想将控制风险的估定水平减低到什么程度，以确定余额详细测试的范围。要是估定的控制风险越低，过度信赖风险越低，计划的余额详细测试的范围也就越小。

7. 估计总体偏差率

为了计划适当的样本量，须要预先估计总体偏差率。如果预期总体偏差率较低，则需要较小的样本量就可以满足审计人员的可容忍偏差率的要求，这是因为不需要精确的估计。如果预期总体偏差率较高，则较小的样本量就可能不能满足审计人员的可容忍偏差率的要求，这就需要精确的估计。通常审计人员可以利用以前年度的审计结果来估计总体偏差率。如果没有以前年度的审计结果或者虽有但不可靠，审计人员还可以从本年度总体中选取一个较小的预备样本进行估计。

8. 确定初始样本量

初始样本量受四个因素影响：总体容量、可容忍的偏差率、过度信赖风险和估计总体偏差率。在上述四个因素中，可容忍的偏差率与估计总体偏差率两个因素的结合对样本量影响较大。属性抽样中初始样本量的确定，通常既可以用计算法，也可以采用查表法来确定。

9. 选取样本

以上因素确定后，审计人员可根据制定的“控制测试样本量表”，在测试购货付款的内部控制中，查出预期总体误差 1%、可容忍误差率为 4%、可信赖程度为 95% 时的样本量 156，样本预期误差数为 1%。如果根据 156 个样本单位审计发现误差小于或等于 1% 时，则样本结果支持审计人员信赖该项内部控制制度，如果发现误差大于 1% 时，则该次样本结果不能支持审计人员信赖该项内部控制制度（见表 4－3）。

表 4－3　　95%的可信赖程度下控制测试样本量表

预期总体误差（%）	可容忍误差率										
	2%	3%	4%	5%	6%	7%	8%	9%	10%	15%	20%
0.00	149（0）	99（0）	74（0）	59（0）	49（0）	42（0）	36（0）	32（0）	29（0）	19（0）	14（0）
0.25	236（1）	157（1）	117（1）	93（1）	78（1）	66（1）	58（1）	51（1）	46（1）	30（1）	22（1）
0.50	*	157（1）	117（1）	93（1）	78（1）	66（1）	58（1）	51（1）	46（1）	30（1）	22（1）
0.75	*	208（1）	117（1）	93（1）	78（1）	66（1）	58（1）	51（1）	46（1）	30（1）	22（1）
1.00	*	*	156（1）	93（1）	78（1）	66（1）	58（1）	51（1）	46（1）	30（1）	22（1）
1.25	*	*	156（1）	124（2）	78（1）	66（1）	58（1）	51（1）	46（1）	30（1）	22（1）
1.50	*	*	192（3）	124（2）	103（2）	88（2）	77（2）	51（1）	46（1）	30（1）	22（1）
1.75	*	*	227（4）	153（3）	103（2）	88（2）	77（2）	51（1）	46（1）	30（1）	22（1）
2.00	*	*	*	181（4）	127（3）	88（2）	77（2）	68（2）	46（1）	30（1）	22（1）
2.25	*	*	*	208（5）	127（3）	88（2）	77（2）	68（2）	61（2）	30（1）	22（1）
2.50	*	*	*	*	150（4）	109（3）	77（2）	68（2）	61（2）	30（1）	22（1）
2.75	*	*	*	*	173（5）	109（3）	95（3）	68（2）	61（2）	30（1）	22（1）
3.00	*	*	*	*	195（6）	129（4）	95（3）	84（3）	61（2）	30（1）	22（1）
3.25	*	*	*	*	*	148（4）	112（4）	84（3）	61（2）	30（1）	22（1）
3.50	*	*	*	*	*	167（4）	112（4）	84（3）	76（3）	30（1）	22（1）
3.75	*	*	*	*	*	185（7）	129（5）	100（4）	76（3）	40（2）	22（1）
4.00	*	*	*	*	*	*	146（6）	100（4）	89（4）	40（2）	22（1）
5.00	*	*	*	*	*	*	*	158（8）	116（6）	40（2）	30（2）
6.00	*	*	*	*	*	*	*	*	179（11）	50（3）	30（2）
	*	*	*	*	*	*	*	*	*		

10. 实施审计程序

审计人员在实施审计程序时，要检查样本中的每一个项目，以确定它们是否与属性一致，同时记录所有发现的偏差情况。审计程序完成后，每种属性都具有一个对应的样本量和发现的偏差数。承上例，测试购货付款的内部控制时，审计人员根据随机选样法选取 156 张购货凭证，按照先前定义的“误差”审计所选取的购货凭证及附件。

11. 根据样本推断总体

在属性抽样中，审计人员需要根据样本结果，计算出在特定的过度信赖风险下的偏差率上限。我们可以利用专门的属性抽样的样本结果评价表来确定偏差率上限。

12. 分析偏差

审计人员在对选取的样本进行审计后，应当将发现的误差进行汇总，评价抽样的结果，即推断总体特征。审计人员在评价抽样结果时，不但要考虑误差的数量，而且要考虑误差的质量和性质，对严重性质的误差还需要补充相应的审计程序，进行详细审查。承上例，如果审计人员通过对156个样本审计结果是发现误差数为1个，且并没有发现欺诈舞弊或蓄意逃避内部控制的情况。由于发现的误差数目未超过预期误差数，因此审计人员就可形成审计结论：购货业务内部控制制度的总体误差率不超过4%（可容忍误差率）的可信赖程度为95%。如果审计人员发现的误差为2个，且没有发现有舞弊欺诈等违反内部控制行为，由于误差数超过预期的1个误差数，因此审计人员应减少对这一内部控制制度的可信赖程度，实施其他审计程序，比如扩大实质性测试程序、增加样本量或进行详细审计等，进行下一步的补充审计。

五、变量抽样

变量抽样，是指对审计对象总体的货币金额进行的实质性测试时所采用的抽样方法。这种抽样方法一般用来测试财务报表的发生额、余额等，是否存在重大错漏报等误差。变量抽样在确定样本规模时也要考虑需要量化可接受的抽样风险、可容忍错报、预计总体错报等影响因素，并代入专门的统计公式中计算出所需的样本数量。根据推断总体的方法不同，传统变量抽样又可以分为三种具体的方法：单位平均估计抽样、差额估计抽样和比率估计抽样。

（一）单位平均估计抽样

单位平均估计抽样是通过抽样检查确定样本的平均值，再根据样本平均值推断总体平均值和总值的方法。这种方法适用面比较广泛，无论被审计单位提供的数据是否完整、可靠，甚至被审计单位缺乏相关的业务资料情况下，审计人员都可采用单位平均估计抽样进行抽样推断。

（二）差额估计抽样

差额估计抽样，指审计人员通过以样本实际价值与账面价值的平均差额来估计总体实际价值与账面价值的平均差额，然后再以这个平均差额乘以总体项目个数，从而求得总体的实际价值与账面价值差额的抽样方法。

差额估计抽样的计算公式如下：

平均错报 = 样本实际金额与账面金额的差额/样本规模

推断的总体错报 = 平均错报 × 总体规模

（三）比率估计抽样

比率估计抽样是指审计人员通过样本实际价值与账面价值之间的比率关系来估计总体实际价值与账面价值之间的比率关系，然后用这个比率乘以总体的账面价值，从而求得总体实际价值的估计金额的一种抽样方法。比率估计抽样一般适用于误差与账面价值成比例关系的审计抽样领域。

比率估计抽样法的计算公式如下：

比率＝样本审定金额/样本账面金额

估计的总体实际金额＝总体账面金额×比率

推断的总体错报＝估计的总体实际金额－总体账面金额

六、抽样结果评价

审计人员在对样本实施必要的审计程序后，需要对抽样结果进行评价，再根据样本结果推断总体以形成审计结论。具体程序和内容包括：分析样本误差、推断总体误差、重估抽样风险、形成审计结论。

（1）根据预先确定的构成误差的条件，确定某一有问题的项目是否为误差。无论是统计抽样还是非统计抽样，都应当对样本结果（误差——控制测试中的控制偏差和细节测试中的金额错报）进行定性评估和定量评估。如果审计人员按照既定的审计程序，无法对样本取得审计证据时，应要实施替代审计程序以获取相应的审计证据。如果无法实施替代审计程序，应将有关样本定义为误差。如果某些样本误差项目具有共同的特征如相同的经济业务类型、场所、时间，则应将这些具有相应的审计证据的样本收集，总体分析。

（2）推断总体误差时，在实施控制测试时由于样本的误差率就是整个总体的推断误差率，审计人员无须推断总体误差率。当实施细节测试时，审计人员应当根据样本中发现的误差金额推断总体误差金额，并考虑推断误差对特定审计目标及审计其他方面的影响。

（3）形成审计结论时，在控制测试中，审计人员应当将总体偏差率与可容忍偏差率比较，但必须考虑抽样风险。在细节测试中，审计人员首先必须根据样本中发现的实际错报要求被审计单位调整账面记录金额。将被审计单位已更正的错报从推断的总体错报金额中减掉后，审计人员应当将调整后的推断总体错报与该类交易或账户余额的可容忍错报相比较，但必须要考虑抽样风险对总体的影响。

通过审查样本，从样本特征推断总体特征。从而形成审计结论是审计抽样的最终目的。审计人员应当根据抽样结果对总体特征做出评价，就所审查的审计事项做出结论。

案例分析结果

调查发现，银广夏年报审计的审计人员的执业行为及方法存在以下重大过失：

1. 对财务报告及其相关信息中显示的异常变动缺乏应有的关注

通过分析银广夏的财务报告以及相关信息可以看出，公司在很多重要财务数据及会计信息之间存在着异常变动，如：

（1）关键产品投入产出异常。2000年度生产卵磷脂的投入产出比率较1999年度大幅下降的异常情况（事务所的工作底稿显示，银广夏公司萃取产品——卵磷脂1999年度的投入产出率为14:1，2000年度投入产出率为3.2:1），审计人员并未实地考察，也没有咨询专家意见，而轻信银广夏管理当局声称的“生产进入成熟期”的说法。

（2）水电能耗比异常。银广夏公司的生产成本中2000年水电费支出70余万元，1999年20余万元，平均每吨原料消耗水电费50元，公司报表显示生产量很大，且主要生产动力为电能，可电量的消耗却很低。

（3）人工费、能源费异常。银广夏公司的分月产量统计显示各月产量明显有较大波动，但与产量对应关系的直接人工费用、能源费用无明显的波动。

（4）运输费异常。1999年度天津广夏的运输费用为9.9万元，在2000年出口量剧增的情况下，运输费反而下降为0.9万元。

（5）收入利润指标异常。银广夏从1998年后净利润保持了强劲增长，从1998年的5 847万元增长至2000年的41 765万元，年均增长水平达到了121%以上，其中2000年较1999年利润就增长226%，就同期上市公司的表现来看，这是罕见和不正常的。就2000年天津广夏主营业务增长5.2亿元，主营业务利润增长4亿元，可以估算出天津广夏毛利率接近80%。对于低成本、高回报的产业，如果不存在非常强的技术保障，这种利益就会迅速被新的市场进入者瓜分。因此，种种数据都显示银广夏的收入利润指标比异常。

（6）税收异常。银广夏公司2000年度合并报表实现4.23亿元的利润总额，应缴所得税为739万元，但综合所得税率仅为1.75%。另外，银广夏适用的增值税税率为17%，但从2000年年报中可以知道，公司2000年度的增值税却只交5万元，而工业企业性销售收入2000年度为8.27亿元，毛利为5.43亿元，从毛利率判断，公司产品增值比率是很大的，故应交增值税额也应该较大，若以毛利5.43亿元估算，公司应当计交的增值税至少为9 000万元。如此巨大的差异没有合理的解释。

（7）存在的巨额合同。银广夏主营业务收入比上年增加5.25亿元，但天津广夏2000年1月与德国某某公司签订的合同，其销售额就达到约4.7亿元人民币，从数量上看，此一合同额就大致相当本年较上年营业收入的增加额。整个企业的收入和利润集中和维系于一家公司上，是否存在着巨大经营风险呢？

（8）应收账款异常。2000年年末，银广夏应收账款4亿多元，占应收账款总额的77%，其中最大的欠款单位是德国某某贸易公司，欠款达2.6亿元，欠款原因是依合同执行进度付款。而在2000年年末预付账款中，银广夏支付德国某公司1.6亿元预付设备款，两笔巨额款项债务人均为德国企业，其真实程度应该思考。

（9）外销免税异常。1999年、2000年，天津广夏披露执行“外销销项税全免，进项税全部内销抵扣”的增值税政策，对于这一明显不符合国家税法规定的异常现象，审计人员就没有予以应有的关注，直接依赖了公司的虚假陈述。

2. 在如此混乱的情况下，审计人员进行了一次次重形式而轻实质地执行函证、存货监盘等“公认”审计程序

（1）1999年度，在对银广夏公司应收德国某某公司账款（德国某某贸易公司应收账款占公司全部应收账款的50%）进行函证时，对于收到由客户提交的、来自德国某某公司北京办事处的回函传真件，而且回函的单位名称不一致，虽属“有迹象显示不可靠的函证”，却没有实施进一步的追加审计程序或替代测试，就对该项应收账款予以确认。

（2）审计人员未能严格执行应收账款的函证程序。在对天津广夏的审计过程中，将所有询证函交由公司发出，而并未要求公司债务人将回函直接寄达审计人员处。

（3）在审计天津广夏2000年度会计报表时，共发出应收账款询证函14封，至审计报告日却未收到任何回函。在此情况下，审计人员虽部分实施了代替测试，但取得的审计证据中没有海关报关单、运输单位的运单、提单等来自公司外部的重要原始凭证，仅根据公司内部提供的资料即全额确认应收账款。

审计工作底稿以及产品的盘点表显示，审计人员在2001年年初曾对2000年度报表审计时执行了存货监盘，且经过调节法计算后账实相符。但如果认真推敲，联系其他几个相关联的审计项目，则很容易就可以发现漏洞：该盘点表显示期末产成品中有卵磷脂24 322.73公斤，而1999年年末产成品存货中无卵磷脂，2000年的审计人员工作底稿中的生产统计表及出口报关单均显示当年生产卵磷脂200吨都已经销售，期末存货又从何而来？

3. 对获取的存有缺陷的证据缺乏专业关注

（1）银广夏年报审计工作底稿曾记录，银广夏公司向德国某某公司销售货物，却从德国另一公司北京办事处收取部分货款计人民币5 400万元，从行文格式和语言文字上，该收货确认书不符合一般商业惯例；另外，也有部分应收货款直接冲减了从德国购买设备的预付款，被审计单位提供的《天津市三资企业进口物品审验通知单》中填列的内容为“从出口萃取产品的应收款中抵扣”，而且该单据却并非来自外汇管理局。

（2）向北京某某公司等采购的原材料达 2.3 亿元，但对方开具的是普通发票而不是增值税专用发票，而且其供货合同十分简单，只有六条，共计 166 字，如此巨额的供货合同，条款却极为简单，甚至连产品的品质相应条款都没有。执行现场工作的审计人员也只是复印了合同，在工作底稿中没有显示出他们对合同产生任何怀疑。

（3）在审计天津广夏 1999 年度财务报表时，审计工作底稿中同时收集了公司提供的、存在明显差异的“真假”两种海关报关单，审计人员对真假两种报关单均予以信赖。这样，审计人员的职业操守何在？

这些审计中的问题，采用基本的审计方法，运用正常的审计程序均可以看得十分清楚。审计人员无疑在这次审计中扮演了不光彩的角色。

知识评价

审计的分类是帮助审计人员科学的组织审计工作，而取证方法是审计人员在进行审计工作过程中，收集审计证据的技术和手段。根据审计的确定目标选取合适的方式方法，达到提高审计工作效率，充分发挥审计作用的目的。

思考题

1. 审计的分类有哪些？
2. 审计的常规方法有哪些？
3. 客观正是客观事物的方法有哪些？

第五章

审计目标及审计程序

学习目标

本章内容主要分析审计目标的含义及其两个层次，审计总目标和具体目标的内容、财务报表审计责任的划分和被审计单位管理层的认定；着重分析审计总目标和审计具体目标的关系，审计具体目标的形成及其与管理层认定的关系。

能力目标

要求学生掌握审计总目标和具体目标的内容、财务报表审计责任的划分和被审计单位管理层的认定，从而分析审计总目标和审计具体目标的关系，审计具体目标的形成及其与管理层认定的关系。

技能目标

掌握审计目标实现的具体程序和要求，从而为以后各章奠定基础。

案例导入

陕西省审计厅在2015年度组织市、县审计局对省属某行业国有企业2015年的资产、负债和损益等进行审计，A市审计局决定由经贸处处长李某和小王、小张组成审计组，李某任组长。由于时间紧，在审计局电话通知被审计单位的第二天，审计组便进驻被审计单位，来到了被审计单位的财务部，组长分工并立即从财务报表入手进行实质性测试。半个月后，审计组长抽查了几份工作底稿，汇总审查出的主要问题向审计机关提出审计报告。这时，负责审计工作复核的人员吴老师立刻做出了回应，他说："这是一次极不负责，审计质量得不到保障的审计，应该重新进行审计"。

（资料来源：本资料根据公开资料自行整理。）

【基于案例的问题】

李处长和小王、小李都不明白，为什么自己工作了半个月，却要求重新审计呢？他们的问题出在哪里呢？审计究竟要达到什么样的目标？实施怎样的程序才是正确的呢？

第一节　财务报表审计的总目标

在审计工作中，财务报表的审计非常重要。审计工作最后要达到怎样的目标决定了审计的整个工作过程。通常，审计目标是指人们在特定的社会历史环境中，期望通过审计实践活动达到的最终结果，或者说是指审计活动的目的与要求。

一般来说，各类审计目标都必须满足其服务领域的特殊需要，无论是国家审计、内部审计还是社会审计，它们都具有各自相对独立的审计目标。审计目标的确定，除了受审计对象的制约以外，还取决于审计社会属性、审计基本职能和审计授权者或委托者对审计工作的要求等因素的影响。同时，审计目标还规定了审计的基本任务，决定了审计的基本过程和应办理的审计手续。

一、审计目标的层次

审计目标是一个多层次目标体系，一般包括本质目标、具体目标和分类目标三个层次：

（一）审计本质目标，它是审查评价受托经济责任的履行情况，按照各种审计类别所制定的审计目标都是本质目标的具体化

审计是在“两权分离”的基础上所形成的受托经济责任关系下，基于经济控制的需要而产生的。受托经济责任关系是审计产生的前提，受托经济责任关系所存在的利益冲突是审计产生的直接动力。应该强调的是受托责任只有经过审计才能证明其存在，否则只规定责任，不进行检查监督，就相当于否定或忽略受托经济责任的存在，也就忽略了审计的本质。依据受托经济责任内容的不同，我们可以把审计本质目标分解为具体目标。

（二）审计的具体目标，一般审计的具体目标包括以下四项内容

1. 真实性、正确性目标

审计的首要目标是评价被审计单位提供的反映其履行受托经济责任情况的会计资料和其他有关文件资料是否真实和公允，审查这些资料是否真实地、恰当地反映被审计单位财政财务收支及其经营成果以及经济活动的真实性，尽可能地防止错弊的发生。

2. 合法性、合规性目标

审计的另一目标是评价被审计单位财务收支及其有关经营管理活动的合法性和合规性，借以评价其财务收支及其有关的经营活动是否符合国家法律、法规、会计准则、经济合同的规定，防止违法、违规、违纪行为的发生。

3. 合理性、效益性目标

审计的第三个具体目标是评价被审计单位的财务收支及其有关经营管理活动的合理性和效益性，评价被审计单位受托管理经济资源的经营管理是否符合经济性原则、效果性、效率性原则；受托经济资源的运用是否有效果和效率；计划、预算或合同章程、经营目标的实现程度，以防止损失、浪费、风险的发生。

4. 社会性目标

审计的具体目标还包括审查评价被审方经营管理活动的社会性，以评价其经管行为是否符合社会的需要与要求，符合社会整体利益的需要并为社会做出贡献。

（三）分类审计目标，分类审计目标是审计具体目标的进一步展开

现代市场经济的发展形成了相互制约的受托责任体制，在受托责任的多元化并存的基础上，形成了多种审计类型并存，多种审计关系并存、多种审计机构并存的局面。从而使得现代审计目标呈现的多元化局面，分类审计目标本身就是一个庞大的体系。

审计目标在审计过程中占据着相当重要的地位，正确定位审计目标是审计工作整体构建

的关键。因此，随着审计人员素质的提高，审计目标也越定越明晰。只有制定审计目标后，审计实践才得以开展。审计理论源于实践又指导实践。所以，审计目标是联系审计本质、审计环境、审计假设与审计规范技术的桥梁。

二、审计总目标的演变

财务报表审计的一般原则，审计总目标的确定以审计环境为基础，并随审计环境的变化而变化。在审计人员审计的发展过程中，根据其审计环境变化，可以划分为详细审计、资产负债表审计和财务报表审计几个阶段，在不同的审计发展阶段，审计总目标内涵也有所不同。

（一）详细审计阶段

在详细审计阶段，审计人员通过对被审计单位一定时期内会计记录的逐笔审查，判定有无技术错误和舞弊行为。所以查错防弊是此阶段主要的审计目标。

（二）资产负债表审计阶段

在资产负债表审计阶段，审计人员通过对被审计单位一定时期内资产负债表的所有项目余额的真实性、可靠性进行审查，判断其财务状况和偿债能力。在此阶段，审计目标是对历史财务信息进行鉴证，查错防弊这一目标依然存在，但已退居第二位，审计主要职能已经从防护性发展为公正性的鉴证工作。

（三）财务报表审计阶段

在财务报表审计阶段，审计人员判定被审计单位一定时期内的财务报表是否公允地反映其财务状况和经营成果以及现金流量，并在出具审计报告的同时，提出改进经营管理的意见。在此阶段，审计从静态审计发展到了动态审计，并且增加了“管理审计”的内容（包括经营审计、效益审计、效果审计）。审计目标不再只局限于查错防弊和为社会提供公证，而是向管理控制领域有所深入和发展。财务报表整体的分析考量已成为该阶段已比较有规律的审计工作，而且形成了一套较完整的理论和方法。

当然，尽管审计总目标发生了变化，但审计人员审计的主要职责，始终是对被审计单位财务报表进行审计。财务报表的真实、合法性及其效率性始终是审计人员审计的主要目标。

三、我国财务报表审计的总目标

《中国注册会计师审计准则第 1101 号——财务报表审计的目标和一般原则》规定，财务报表审计的目标是审计人员通过执行审计工作，对财务报表的下列方面发表审计意见：第一，财务报表是否按照适用的会计准则和相关会计制度的规定编制；第二，财务报表是否在所有重大方面公允反映被审计单位的财务状况、经营成果和现金流量。

审计人员作为独立第三方，运用专业知识、技能和经验对财务报表进行审计并发表审计意见目的在于提高财务报表的可信赖程度。由于审计本身存在固有限制，审计工作是不能对财务报表整体不存在重大错报提供绝对保证的。虽然财务报表使用者可以根据财务报表和审计意见对被审计单位未来持续经营能力或管理层的经营效率、经营效果作出一些专业判断，但审计意见本身并不是对被审计单位未来持续经营能力或管理层经营效率、经营效果提供绝对的保证。

财务报表审计的目标对审计人员的审计工作发挥着导向作用，它界定了审计人员的责任范围，直接影响了审计人员编制计划和实施审计程序的性质、时间和范围，决定了审计人员发表何种类型的审计意见。例如，既然财务报表审计目标是对财务报表整体发表审计意见，审计人员就可以只关注与财务报表编制和审计相关的内部控制，而不是内部控制本身发表鉴证意见。同样，审计人员关注被审计单位的违反法规行为，是因为这些行为影响到财务报表，而不是对被审计单位是否存在违反法规行为提供鉴证。

财务报表的使用者之所以希望审计人员对财务报表的合法性、公允性发表意见，一般主要有以下四方面的原因：

第一，利益冲突。财务报表使用者往往有着各自的利益，且这种利益与被审计单位管理层的利益大不相同。那么，出于对自身利益的关心，财务报表使用者常常担心管理层提供带有偏见、不公正甚至欺诈性的财务报表。为此，他们往往认为外部审计人员提供的服务更加可信。

第二，财务信息的重要性。财务报表是财务报表使用者进行经济决策的重要信息来源，在很多情况下，还是不可替代的信息来源。而在进行投资、贷款和其他决策时，财务报表使用者期望财务报表中的信息十分真实、可靠，并且期望审计人员确定被审计单位是否按照公认会计原则编制财务报表。

第三，复杂性。由于会计业务的处理及财务报表的编制日趋复杂，财务报表使用者因不了解会计知识而难以对财务报表做出分析、评估，所以他们要求审计人员对财务报表的质量进行鉴证。

第四，间接性。绝大多数财务报表使用者都与被审计单位存在空间的距离，这种地域的限制导致财务报表使用者不可能接触到编制财务报表所依据的会计记录，即使财务报表使用者是可以获得会计记录并对其进行审查的，也往往由于时间和成本的多种原因限制，而无法对会计记录做真正有意义的审查。在这种情况下，使用者只有两种选择，一是相信这些会计信息的质量；二是依赖第三者鉴证报表。一般情况下，信息资料的使用者会选择第二种方式。

第二节　财务报表审计的责任划分

在进行财务报表审计中，被审计单位管理层和审计人员承担着不同的责任，不能相互混淆和替代。在执行审计业务时，明确划分责任，不仅有助于被审计单位管理层和审计人员认真履行各自的责任，为财务报表及其审计报告的使用者提供有用的经济决策信息，还有利于保护相关各方的正当权益。

一、被审计单位管理层和治理层的责任

在企业的所有权与经营权分离后，经营者负责企业的日常经营管理并承担受托责任。管理层通过编制财务报表反映受托责任的履行情况。为了借助公司内部之间的权力平衡和制约关系保证财务信息的质量，现代公司的管理、治理结构往往要求治理层对管理层编制财务报表的过程实施有效的监督。

首先，在治理层的监督下，管理层作为会计工作的行为人，对编制财务报表负有直接责任。在我国《会计法》第二十一条中规定，财务会计报告应当由单位负责人和主管会计工

作的负责人、会计机构负责人（会计主管人员）签名并盖章；设置总会计师的单位，还须由总会计师签名并盖章。单位负责人应当保证财务会计报告真实、完整。《公司法》第一百七十一条规定，公司应当向聘用的会计师事务所提供真实、完整的会计凭证、会计账簿、财务会计报告及其他会计资料，不得拒绝、隐匿、谎报。

所以，在被审计单位治理层的监督下，按照适用的会计准则和相关会计制度的规定编制财务报表是被审计单位管理层的责任。而管理层对编制财务报表的责任具体包括以下几方面。

（一）选择适用的会计准则和相关的会计制度

管理层应当根据会计主体的性质和财务报表的编制目的，选择适用本企业（单位）的会计准则和相关会计制度。就会计主体的性质而言，民间非营利组织是适合采用《民间非营利组织会计制度》，事业单位通常适合采用《事业单位会计制度》，而企业根据规模或行业性质，分别适合采用《企业会计准则》《企业会计制度》《金融企业会计制度》和《小企业会计制度》等制度。按照编制目的，财务报表可以分为通用目的和特殊目的两种报表。一般前者是为了满足范围广泛的使用者的共同信息需要，如为公布目的而编制的财务报表；后者是为了满足特定信息使用者的信息需要。所以相应的，编制和列报财务报表适用的会计准则和相关会计制度也有所不同。

（二）选择和运用恰当的会计政策

会计政策是指企业在会计确认、计量和报告中所采用的原则、基础和会计处理方法。管理层应当根据企业的具体情况，选择和运用恰当的会计政策，所以这也是管理层的责任。

（三）根据企业的具体情况，要做出合理的会计估计

会计估计是指企业对其结果不确定的交易或事项以最近可利用的信息为基础所作的判断。财务报表中一般会涉及大量的会计估计，如固定资产的预计使用年限和净残值、应收账款的可收回金额、存货的可变现净值以及预计负债的金额等。管理层有责任根据企业的实际情况、做出合理的会计估计。

为了履行编制财务报表的职责，管理层通常设计、实施和维护与财务报表编制相关的内部控制，以保证财务报表不存在由于舞弊或错误而导致的重大错报。

二、审计人员的责任

按照我国审计人员审计准则（以下简称审计准则）的规定，对被审计单位财务报表发表审计意见是审计人员的责任。审计人员作为独立专业的第三方，对财务报表发表审计意见，有利于提高财务报表的可信赖程度。为履行这一职责，审计人员应当遵守职业道德规范，按照审计准则的规定计划和实施审计工作，获取充分、适当的审计证据，并根据获取的审计证据得出合理的审计结论、发表恰当的审计意见。审计人员通过签署审计报告确认其责任。

当然，需要强调的是，审计人员的审计只能合理保证财务报表不存在重大错报。

为恰当履行对财务报表发表审计意见的责任，充分发挥财务报表审计的作用，审计人员需要在整个审计过程中遵守以下原则。

（一）遵守职业道德规范

审计人员应当遵守相关的职业道德规范，恪守独立、客观、公正的原则，保持专业胜任

能力和应有的关注，并对执业过程中获知的信息保密。

（二）遵守质量控制准则

审计人员应当遵守财政部发布的会计师事务所质量控制准则以及本单位的质量控制制度。在执行某项审计业务时，审计人员还应当同时遵守本单位制定的审计质量控制程序。

（三）遵守审计准则

审计人员还应当按照审计准则的规定执行审计工作。审计准则作为审计人员提供的审计服务质量的技术标准，对审计人员在相关审计领域的责任、所需要达到的目标和核心要求、为达到这一目标所要实施的必要审计程序做出明确的规范。审计人员应当按照审计准则的规定执行审计工作和程序，以保证审计工作质量、维护社会公众利益，增进社会公众对审计人员行业的信心。

（四）合理运用职业判断

审计中的职业判断是指审计人员在审计准则的框架下，运用专业知识和经验在备选方案中做出决策。审计人员在确定审计程序的性质、时间和范围，评价审计证据，得出审计结论和形成审计意见时，都离不开职业判断。

（五）保持职业怀疑态度

职业怀疑态度意味着，在进行询问和实施其他审计程序时，审计人员不能因轻信管理层和治理层的诚信而满足于说服力不够的审计证据。同时，为得出审计结论，审计人员不应使用管理层声明替代应当获取的充分、适当的审计证据。

职业怀疑态度要求审计人员不应将审计中发现的舞弊视为孤立发生的事项。审计人员还应当考虑，发现的错报是否表明在某一特定领域存在舞弊导致的更高的重大错报风险。

三、两种责任不能相互取代

财务报表审计本身不能减轻被审计单位管理层和治理层的责任。管理层和治理层作为内部人员，对企业的情况更为了解，更能做出适合企业特点的会计处理决策和判断，因此管理层和治理层理应对编制财务报表承担完全责任。尽管在审计过程中，审计人员可能向管理层和治理层提出调整建议，甚至在不违反独立性的前提下为管理层编制财务报表提供协助，但管理层仍然对编制财务报表承担责任，并通过签署财务报表确认这一责任。

所以，财务报表中如果含有错报、漏报，管理层和治理层应承担完全责任；如果财务报表存在重大错报，而审计人员通过审计没有能够发现，也不能因为财务报表已经审计人员审计这一事实而减轻管理层和治理层对财务报表的责任。

当然，如果财务报表存在重大错报，由于审计人员没有执行必要的审计程序，获取充足的审计证据，导致重大的错报未被发现，则表明注册会计师没有履行好审计责任。

第三节　财务报表循环

一、财务报表审计的循环法

现代财务报表审计的方式大致有两种，一种是对报表的每个账户余额单独进行审计，此法称为账户法。这种方法对审计工作的“分块”通常导致工作效率低下，因为该法将紧密联系的相关账户（如销售和成本）被人为分割开，从而会造成整个审计工作的脱节和审计工作的不断重复。第二种是将财务报表分成几大块进行审计，即把紧密联系的交易种类（事项）和账户余额归入同一块中，此法称为循环法。例如，销售、销售退回、收取现金及坏账冲销是导致应收账款增减的四种交易，把这四种交易及应收账款划入“销售与收款环节”进行审计。

循环审计法更符合被审计单位的业务流程和内部控制设计的实际情况。通过考察交易的记录和各种记账凭证乃至汇总到总账和财务报表的会计流程，可以发现使用循环法非常符合逻辑合理性。图5-1例示了某些交易的会计处理过程。如果在审计工作中，记录于不同记账凭证中的交易通过这些交易所影响的总账余额合并起来考虑，则能够更有效地安排审计工作。

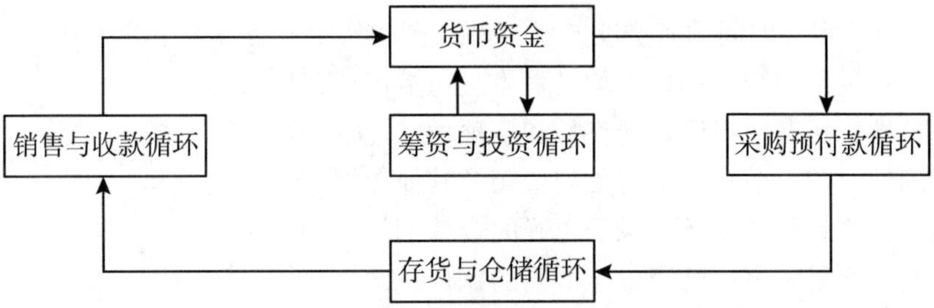

图5-1 各循环的流转关系

所谓业务循环审计，是指审计人员按照业务循环了解、检查和评价被审计单位内部控制建立及其执行情况，从而对其会计报表的合法性、公允性进行审计的一种方法。采用业务循环审计的目的在于保证审计工作质量、提高审计效率。因为业务循环审计不但可与按业务循环进行的内部控制直接联系、加深审计人员对被审计单位经济业务的理解，而且便于审计人员的合理分工，可以将特定业务循环所涉及的会计报表项目分配给一个或若干个审计人员，能够使他们对不同会计报表项目进行交叉复核，从而提高审计工作的效率和效果。

二、循环的划分及其相互关系

在划分循环时还应注意各循环之间有一定的联系，比如筹资与投资循环同采购与付款循环（也称支出循环）紧密联系，存货与仓储循环同其他所有循环紧密联系。而货币资金则贯穿于各个循环体系，成为它们的纽带。

在循环法下，审计被审计单位的各个环节时，最有效的方法就是在审计循环中各类交易及相关账户期末余额的基础上，合并形成对某类交易及其相关账户余额的保证水平，在得出报表整体公允表达的结论之前，就必须实现各类交易的审计目标和各个账户余额的审计目标。尽管有关交易的审计目标和有关余额的审计目标有所不同，但却是紧密联系的。

第四节 确定具体审计目标

一、被审计单位管理层的认定

认定是指管理层对财务报表组成要素的确认、计量、列报做出的明确或隐含的表达。认定与审计目标密切相关，审计人员的基本职责就是确定被审计单位管理层对其财务报表的认定是否恰当。

管理层在财务报表上的认定有些是明确表达的，有些却是隐含表达的。例如，管理层在资产负债表中列报固定资产及其金额，意味着做出了下列明确的认定：记录的固定资产是存在的；固定资产以恰当的金额包括在财务报表中，与之相关的计价或折旧调整已恰当记录。同时，管理层也做出下列隐含的认定：所有应当记录的固定资产均已记录；记录的固定资产都由被审计单位拥有。

管理层对财务报表各组成要素均做出了认定，审计人员的审计工作就是要确定管理层的认定是否恰当。

（一）与各类交易和事项相关的认定

审计人员对所审计期间的各类交易和事项运用的认定通常分为下列类别：

（1）发生：记录的交易和事项均已发生且与被审计单位有关。

（2）完整性：所有应当记录的交易和事项均已记录。

（3）准确性：与交易和事项有关的金额及其他数据已恰当记录。

（4）截止：交易和事项已记录于正确的会计期间。

（5）分类：交易和事项已记录于恰当的账户。

（二）与期末账户余额相关的认定

审计人员对期末账户余额运用的认定通常分为下列类别：

（1）存在：记录的资产、负债和所有者权益是存在的。

（2）权利和义务：记录的资产由被审计单位拥有或控制，记录的负债是被审计单位应当履行的偿还义务。

（3）完整性：所有应当记录的资产、负债和所有者权益均已记录。

（4）计价和分摊：资产、负债和所有者权益以恰当的金额包括在财务报表中，与之相关的计价或分摊调整已恰当记录。

（三）与列报相关的认定

审计人员对列报运用的认定通常分为下列类别：

（1）发生及权利和义务：披露的交易、事项和其他情况已发生，且与被审计单位有关。

（2）完整性：所有应当包括在财务报表中的披露均已包括。

（3）分类和可理解性：财务信息已被恰当地列报和描述，且披露内容表述清楚。

（4）准确性和计价：财务信息和其他信息已公允披露，且金额恰当。

二、具体审计目标

审计具体目标是审计总目标的具体化。

（一）具体的审计目标与各类交易和事项相关的有：发生、完整性、准确性、截止和分类

（1）发生：由发生认定推导出的审计目标是已记录的交易是真实的。例如，如果没有发生销售交易，但在销售日记账中记录了一笔销售，则违反了该目标。

（2）完整性：由完整性认定推导的审计目标是已发生的交易确实已经记录。例如，如

果发生了采购交易，但没有在采购日记账和总账中记录，则违反了该目标。

（3）准确性：由准确性认定推导出的审计目标是已记录的交易是按正确金额反映的。例如，如果在销售交易中，发出商品的数量与账单上的数量不符，或是开账单时使用了错误的销售价格，又或是账单中的计算有误，则违反了该目标。

准确性与发生、完整性之间存在区别在于，例如，若已记录的销售交易是不应当记录的（如发出的商品是寄销商品），则即使发票金额是准确计算的，仍违反了发生目标。还有，若已入账的销售交易是对正确发出商品的记录，但金额计算错误，则违反了准确性目标，但没有违反发生目标。在完整性与准确性之间也存在同样的关系。

（4）截止：由截止认定推导出的审计目标是接近于资产负债表日的交易记录于恰当的期间。例如，如果本期交易推迟到下期记录核算，或下期交易提前到本期记录核算，均违反了截止目标。

（5）分类：由分类认定推导出的审计目标是被审计单位记录的交易经过适当分类。例如，如果将现销记录为赊销，将出售经营用固定资产所得的收入记录为营业收入，则会导致交易分类的错误，违反了分类的目标。

（二）审计的具体目标与期末账户余额相关的有：存在、权利和义务、完整性、计价和分摊

（1）存在：由存在认定推导的审计目标是记录的金额确实存在。例如，如果不存在某顾客的应收账款，在应收账款总分类和明细分类账中却列入了对该顾客的应收账款，则违反了存在性目标。

（2）权利和义务：由权利和义务认定推导的审计目标是资产归属于被审计单位，负债属于被审计单位的义务。例如，将他人委托存放的商品记入被审计单位的存货中，违反了权利的目标；将不属于被审计单位的债务记入本单位的账务，则违反了义务目标。

（3）完整性：由完整性认定推导的审计目标是已存在的金额均已记录。例如，如果存在某顾客的应收账款，在应收账款账簿中却没有列入对该顾客的应收账款，则违反了完整性目标。

（4）计价和分摊：资产、负债和所有者权益以恰当的金额包括在财务报表中，与之相关的计价或分摊调整已恰当记录。

（三）审计的具体目标与列报相关的有：发生及权利和义务、完整性、分类和可理解性、准确性和计价

各类交易和账户余额的认定正确只是为列报的正确性打下了基础，财务报表还可能因被审计单位误解有关会计报表列报的规定或舞弊等而产生错报。还可能因被审计单位没有遵守专门的披露要求而导致财务报表错报。因此，即使审计人员审计了各类交易和账户余额的认定，实现了各类交易和账户余额的具体审计目标，也不意味着获取了对财务报表发表审计意见的充分、适当的审计证据。因此，审计人员还应当对各类交易、账户余额及相关事项在财务报表中列报的正确性实施审计。

（1）发生及权利和义务：将没有发生的交易、事项，或与被审计单位无关的交易和事项包括在财务报表中，则违反该目标。例如，复核董事会会议记录中是否记载了固定资产或相关资产抵押等事项，还要询问管理层固定资产是否被抵押，即是对列报的权利认定的运

用。如果抵押固定资产则需要在财务报表中列报，说明其权利受到限制。

（2）完整性：如果应当披露的事项没有包括在财务报表中，则违反该目标。例如，审查关联方和关联交易，以验证其在财务报表中是否得到充分披露，即是对列报的完整性认定的运用。

（3）分类和可理解性：财务信息已被恰当地列报和描述，且披露内容表述清楚。例如，检查存货的主要类别是否已披露，是否将1年内到期的长期负债列为流动负债，即是对列报的分类和可理解性认定的运用。

（4）准确性和计价：财务信息和其他信息已公允披露，且金额恰当。例如，检查财务报表附注是否分别对原材料、在产品和产成品等存货成本核算方法作了恰当说明，即是对列报的准确性和计价认定的运用。

第五节 审计程序

审计程序，又称审计过程，是指审计人员在具体的审计过程中所采取的行动和步骤。广义的审计程序指审计人员接受审计项目开始到审计工作结束的全部过程，一般包括：准备阶段、实施阶段和报告阶段。狭义的审计程序是指审计人员在取得审计证据完成审计目标的过程中采取的方法和步骤。

一、审计程序的作用

由权威性机构制定出的规范和科学的审计程序，不仅是分配审计工作的具体依据，也是控制审计工作的有效工具。审计程序对审计人员而言，就好像地图对旅行者，没有审计程序，会使审计人员可能查核方向错误或没有使用最快最好的查核方法，导致浪费时间和成本。有了审计程序：

（一）有利于保证审计质量

审计程序规定了为实现目的所必须实施的各项具体步骤，不仅可使审计负责人随时掌握审计工作的进度，保证审计人员不至于忽视或忽略重要的审计步骤和重要事项，以便从审计程序的角度，保证审计工作质量。

（二）有利于提高工作效率

严格而灵活的审计程序，有利于提高工作效率，可以保证审计人员在较短的时间内，取得充分有效的审计证据，从而正确表达意见，做出恰当的结论，避免发生失误。

（三）有助于提高熟练程度

科学规范的审计程序，可以使审计工作有条不紊地进行，这对审计工作经验不多的审计人员来说，可以较好地把握审计工作的基本程序；对审计工作经验较多的审计人员来说，可以节约更多的时间，考虑审计中随时可能遇到的更为复杂的问题，合理分配审计人员和审计时间。

（四）有利于审计工作规范化

科学规范的审计程序，是使审计工作逐步实现规范化、制度化、法制化的重要内容。法定的审计工作程序，是保证审计法律关系主体正确地行使权利，承担义务的基本保证，是贯彻依法审计原则的主要形式，作为审计人员和被审计单位都必须严格遵循。

自律性的行业规范确认的审计程序，是保证审计业务工作按照公认的规则正常开展的基本步骤。正确地实施审计程序，是保证审计业务质量，提高审计工作信誉的前提条件，是审计工作者依法执业的具体表现。

二、国家审计的各个阶段

国家审计的审计程序分为四个阶段：制定审计计划阶段、审计准备阶段、审计实施阶段和审计终结阶段

（一）制定审计计划阶段

制定审计计划阶段是指审计机关从审计项目计划开始，到发出审计通知书为止的阶段。

（二）审计准备阶段

审计准备阶段是整个审计过程的起点和基础，审计准备阶段的计划工作做得是否充分细致，对整个项目审计工作都会产生重大的影响。

1. 审计机关的主要准备工作

（1）编制审计项目计划，确定审计事项；

（2）委派审计人员组成审计组；

（3）签发审计通知书。

2. 审计组的准备工作

（1）明确审计任务，学习法规，熟悉标准；

（2）进行初步调查，了解被审计单位基本情况；

（3）拟定审计工作方案。

（三）审计实施阶段

审计实施阶段是审计组进驻被审计单位，审查被审计单位会计凭证、会计账簿、会计报表，查阅与审计事项有关的文件、资料，检查现金、实物、有价证券等资料，并向有关单位和人员进行调查取证，以获取证明材料的过程。它是将审计工作方案付诸实施、继而实施实际行动的阶段，是审计全过程的最主要阶段。实施阶段主要应做好以下几项工作：

第一，深入调查研究被审计单位的情况，进而调整审计方案。

审计组实施审计时，首先必须深入了解被审计单位的管理体制、机构设置、职责或经营范围、业务规模、资产状况等。其次要对内部控制制度进行评估，并根据评估结果，确定审计范围和采用的方法。必要时，对原来制订的审计方案进行修订和修改。其主要步骤是：

（1）认真听取被审计单位情况介绍；

（2）索取、收集相关必要的资料；

（3）深入被审计单位各个方面，调查研究；

（4）必要时，再次分析调整原审计方案。

第二，进行符合性测试：评价被审计单位的内控制度，一是进行内控制度健全性调查，二是进行内控制度符合性测试，三是对内控制度的有效性进行综合评价，从中发现内控制度的薄弱环节，并分析原因。再根据内部控制的薄弱点，对审计方案进行适当调整。将审查重点放在内部控制制度的关键点上，以尽可能高效、高质量地取得审计证明材料，提高审计工作效率。

第三，实施实质性测试，搜集证明材料，审计人员应将有限的审计力量花在更有价值的

审计内容上，所以对先要对经济业务进行各种分析，比如：经济业务的重要性分析；业务处理复杂程度分析；业务发生频率分析；业务处理人员素质分析等。

审查有关的会计资料和经济活动，收集、鉴定审计证明材料，根据《审计法》第38条规定："审计人员通过审查会计凭证、会计账簿、会计报表、查阅与审计事项有关的文件、资料、检查现金、实物、有价证券，向有关单位和个人调查等方式进行审计，并取得证明材料"，所以审计人员应在这里做两项工作：审查分析会计资料和对实物盘点与资产清查。

第四，编制审计工作底稿：针对审计中发现的问题，审计人员要做出详细、准确的记录，并且注明资料的来源。在审计过程中，审计人员要有详细的工作记录，从而反映出审计工作的全部过程。这些记录，有些可以直接作为正式的审计工作底稿，有些则要进行分析、编写。

（四）审计终结阶段

审计终结阶段是审计工作的总结阶段，这一阶段的工作主要是编制审计报告，做出审计决定，其主要步骤有：

1. 整理和分析审计工作底稿

审计组组长应当对各个审计人员的审计工作底稿进行必要的检查和复核，鉴定证明材料的客观性、相关性和合法性等，检查审计组是否已经收集到足以证明审计事实真相的证明材料，以便及时采取补救措施，保证审计组收集的证明材料的充分性。

2. 审计组编写审计报告

按照《审计法》第39条规定，审计组对审计事项实施审计后，应当向审计机关提出审计报告。审计组编写的审计报告应当征求被审计单位的意见，由审计组长签字后，连同被审计单位的书面意见等一同报送审计机关。

3. 审计机关审定审计报告

按照《审计法》及其实施条例的规定，审计机关审定审计报告的主要工作有四个方面：一是审定报告，对审计事项做出评价；二是出具审计意见书；三是对违反国家规定的财政收支、财务收支行为，需要依法给予处理、处罚的，在法定职权范围内做出审计决定或者向有关主管机关提出处理、处罚意见；四是提出审计结果报告和审计工作报告。在完成审计报告审定工作后，要对证明资料进行资料处理和审计小结工作。

4. 审计行政复议

审计行政复议是指审计机关在行使审计职权做出具体审计行政行为时，与作为审计行政相对人的公民、法人或其他组织发生争议，根据审计行政相对人的申请，由审计行政复议机关对引起争议的具体审计行政行为进行审查并做出裁决的活动。一般来说，审计行政复议就是审计行政复议机关根据审计行政相对人的申请，依法解决审计行政争议的活动。审计行政复议具有以下几个特征：

（1）审计行政复议的对象是具体的审计行政行为；

（2）审计行政复议活动的引起是以审计行政相对人的申请为前提的；

（3）审计行政复议的审查权是由享有复议管辖权的审计行政复议机关来行使的；

（4）审计行政复议的核心内容是对有争议的具体审计行为是否合法或者适当进行审查；

（5）审计行政复议的结果是做出新的具体审计行政行为，即审计行政复议决定的；

（6）审计行政复议的申请人多数是法人或其他组织；

（7）审计行政复议是按规章程序进行的。

按照《行政复议条例》的规定，审计行政复议大体上由四个步骤组成，即申请与受理、审理、决定、送达。这四个步骤是互相衔接的，各有自己的中心任务。这些步骤的先后顺序是不能逾越的。审计行政复议活动要由一个步骤转入另一个步骤，必须经过前一步骤，并完成前一步骤的任务，才能转入下一个步骤。

三、内部审计的各个阶段

内部审计分为三个阶段，主要有：准备阶段、实施阶段、终结阶段。《中国注册会计师审计准则第 1411 号——考虑内部审计工作》指出：内部审计是指由被审计单位内部机构或人员，对其内部控制的有效性、财务信息的真实性和完整性以及经营活动的效率和效果等开展的一种评价活动。内部审计的主要内容有；监督内部控制；检查财务信息和经营信息；评价经营活动的效率和效果；评价对法律法规、其他外部要求以及管理层政策、指示和其他内部要求的遵守情况等工作。而内部审计工作的程序是指内部审计机构在承办审计项目的过程中，应遵循的工作次序与要求。

（一）准备阶段

部门、单位内部审计机构所进行的内部审计，在准备阶段的工作内容与国家审计基本相同，但是审计项目的确定、审计计划制定的依据，却更多的是本部门、本单位实际经济情况，以及本部门、本单位领导交办的相关事项。内部审计人员一般比较熟悉本部门、本单位的内部情况，因此，可以不需要做很多的熟悉、准备工作，就可以迅速地转入实施阶段。同时，因内部审计人员是本部门、本单位内部的成员，所以，审计工作方案可以比较灵活，必要时还可以随时进行补充修改。

（二）实施阶段

内部审计实施具体的审计工作，一般要事先通知被审计单位，也不必要做太多初步调查，所以也就无须对内控制度进行健全性调查、符合性测试和有效性评价。审计人员依靠自己对本部门、本单位的了解，就已经积累了对审计环境、内部控制的认识，这些足以使他们于实施阶段一开始便放开手脚深入地进行实质性的审核检查工作，即便有些一般情况需要了解，也可与审核检查工作结合进行。如果审计中发现了问题，可以随时向有关单位和人员提出改进的建议。

（三）终结阶段

内部审计的审计报告一般由经办内部审计的审计人员提出后，必须征求被审计单位意见，并报送本部门、本单位领导进行审批。经批准的审计意见书和审计决定，送达被审计单位。被审计单位则必须执行审计决定。对主要项目还要进行后续审计，检查采纳审计意见后执行审计决定的情况，被审计单位对审计意见书和审计决定如有异议，可以向内部审计机构所在单位负责人提出，由负责人及时处理或向相关管理层汇报后处理。

四、民间审计的各个阶段

民间审计的程序有：签订审计业务约定书、编制审计计划、内部控制测评、运用审计方法获取审计证据、编制审计工作底稿、完成审计外勤工作和出具审计报告。

民间审计也称社会审计、审计人员审计，其审计程序与国家审计的程序有很多相似之处，但也有其自身的特点。

（一）签订审计业务约定书

审计业务约定书是指会计师事务所与委托人共同签订的，据以确定审计业务的委托和受托关系，明确委托目的、审计范围及双方责任与义务等事项的书面合约。

从审计工作本身来看，当委托和受托关系全部实现后，即使审计工作全部完成后，审计人员也应将审计业务约定书妥善保管，作为一项重要的审计工作底稿资料，纳入审计档案管理。那么，首先就审计业务约定书的相关信息进行了解。

1. 关于委托人

委托人是指向会计师事务所提出业务委托的单位或个人。在受托责任关系下，由于委托人与被审计单位之间存在某种经济利益关系，出于需要了解被审计单位的财务状况、经营成果与资金变动情况的目的，而审计人作为独立的第三方关系人，审计委托人就会向会计师事务所提出委托审计业务。

委托人一般是政府机关、企业法人以及其他经济组织，还可以是与被审计单位存在经济利益关系的某个自然人，如企业的股东或董事会成员等。

2. 关于签约主体

审计业务约定书的签约主体一般包括委托人和受托人双方，即委托审计业务的单位或个人与会计师事务所双方，特别值得注意的是当委托人如果是个人的时候，受托人仍应是会计师事务所而不是审计人员，因为审计的相关法规规定，审计人员不得以个人名义承揽业务。在签约主体双方中，必须坚持自愿、平等的原则，任何一方都不得以某种关系或某种利益驱使另一方与自己签订审计业务约定书。

3. 关于签约形式

会计师事务所必须以书面形式与委托人签订审计业务约定书，不允许采用口头形式签约。

4. 关于签约前的准备工作

如果审计人员所在会计师事务所取得委托人的业务委托意向，切不可草率地与委托人签订审计业务约定书，而应该认真地完成下列签约前期的准备工作。

（1）了解被审单位基本情况。一般来说，在签约前，审计人员应对被审计单位的业务性质，经营规模和组织结构，经营情况和经营风险，以及以前年度接受审计的情况，财务会计机构及工作组织，被审计单位简况，管理人员的经验、品行等相关方面进行全面的了解，从而确定是否接受委托，也为接受委托后安排下一步的审计工作奠定前期基础。

（2）评价自身能力。即审计人员及其所在会计师事务所应对自身能否胜任该委托业务进行评价。包括：评价自身执行审计的能力，特别要考虑到确定审计小组的关键成员和考虑在审计过程中向外界专家寻求协助的需要；评价自身与委托人和被审计单位之间是否独立；评价即将参加受托业务应有的谨慎或关注能力。

（3）明确准备接受委托业务的性质和范围。委托人和受托人在签约前必须达到双方对审计业务、审计范围取得一致看法。在会计报表审计、验资等诸多审计业务的委托过程中，审计人员必须清晰地分析后期的审计范围是否会受到限制，被审计单位能否如实地提供全部资料，审计人员能否顺利地在审计过程中取得充分适当的证据以支持审计意见等问题。

（4）商定审计收费。尽管我国目前会计师事务所收费标准由审计人员协会统一规定收取服务费用，但是，在实际工作中，会计师事务所更多地采用计时收费方式，因此，会计师事务所应合理估计工作时间，向委托人提交审计约定收费预算，并商定应收的审计收费。

（5）商榷被审计单位应协助的工作。一般来说，审计人员从事审计工作是离不开被审计单位的密切协助的，包括提供全部的会计资料，配备相应的财务人员以配合审计人员的询查工作，甚至还应提供审计人员外勤办公的场地和设备等条件。在此，对于需要由被审计单位予以配合的工作，会计师事务所会通过提交“提请被审计单位协助审计工作的函”以明确相关的协助事项。

（6）初步确定审计风险。审计人员了解被审计单位基本情况和初步调查相关内部控制制度后，就应初步确定审计风险，并认真评价初步风险水平对审计质量的影响，从而为确定是否接受业务委托提供依据。如果初步分析确定审计风险水平过高，审计人员就需考虑提请被审计单位应做好的补充准备工作，并且提高自身的关注能力，以期降低风险水平，在充分考虑风险的情况下做出决策，必要时可以考虑放弃接受业务委托。

（二）审计业务约定书的内容

依据审计准则的规定，一份从形式上到内容上比较合理、完善的审计业务约定书应包括以下基本内容。

1. 签约双方的名称

一般是指会计师事务所（乙方）和委托人（甲方），要求在约定书中填写双方的全称。

2. 委托目的

一般来说，就会计报表审计业务的委托目的而言，委托人委托审计人员对被审计单位会计报表的合法性、公允性和会计处理方法的一贯性发表意见，出具相关的审计报告。而如果就验资业务委托目的而言，委托人委托审计人员对被审验单位的注册资本、实收资本及相关的资产、负债的真实性和合法性发表审计意见，并出具验资报告。

3. 审计范围

审计范围是指审计人员围绕委托目的而开展审计工作所要涉及的业务事项及相关资料。进行会计报表审计的范围不仅包括规定时间内的会计报表、会计账目等资料，还包括实施符合性测试中涉及的各项内部控制制度。

4. 会计责任和审计责任（请参考本章第二节内容）

5. 签约双方的义务

（1）会计师事务所应履行的义务。

①按照约定时间完成审计业务并出具审计报告；

②对在执业过程中获悉的商业秘密保密。

（2）委托人应履行义务。

①及时提供审计人员审计所需全部资料；

②为审计人员审计提供必要的条件以及给予必要的配合；

③按照约定金额和方式，足额、及时支付有关审计费用。

6. 出具审计报告的时间要求

审计人员应按双方约定的时间出具审计报告，以便于委托人能及时使用审计报告。

7. 审计收费

签约双方应在审计业务约定书中根据商定的结果表明对该审计业务实行审计收费的计费依据、标准、收费总额以及采用的支付费用的方式和时间。审计人员不能以审计工作成果的大小（如审计出的问题和金额大小）作为标准收取审计费用。而如果在实施审计之后，由于审计取证时间的增加、审计范围和相关工作量超过审计约定书中的约定事项控制预算程度，审计人员可以与被审计单位重新商议审计收费或追加部分审计收费。

8. 审计报告的使用责任

审计报告的使用应当与委托目的相关，委托人必须正确使用。如使用不当造成后果，与审计人员和会计师事务所无关。

9. 审计业务约定书的有效期限

明确规定约定书的生效日和失效日，一般是指双方履行完成后。

10. 违约责任

由于审计业务约定书具有与经济合同一样的法定约束力，因此，对于违约方的责任可以按有关合同法规的规定来确定。

11. 签约双方认为应约定的其他事项

如果遇到约定的变更事项、对资料的保管事项等。要充分兼顾到可能出现不可预见的情况，如影响审计工作的完成或需提前出具审计报告，双方应如何变更和处理约定事项，协调一致。

12. 签约时间

包括签约双方的全称、签章、法定代表人的签章或签名、签约的日期。

审计业务约定书

甲方：宁夏××置业有限公司

乙方：××会计师事务所（特殊普通合伙）陕西分所

兹由甲方委托乙方对201×年1~8月财务报表进行审计，经双方协商，达成以下约定：

一、审计的目标和范围

1. 乙方接受甲方委托，对甲方按照企业会计准则编制的201×年8月31日的资产负债表，201×年1~8月的利润表、股东权益变动表和现金流量表以及财务报表附注（以下统称财务报表）进行审计。

2. 乙方通过执行审计工作，对财务报表的下列方面发表审计意见：（1）财务报表是否在所有重大方面按照企业会计准则的规定编制；（2）财务报表是否在所有重大方面公允反映了甲方201×年8月31日的财务状况以及201×年1~8月的经营成果和现金流量。

二、甲方的责任

1. 根据《中华人民共和国会计法》及《企业财务会计报告条例》，甲方及甲方负责人有责任保证会计资料的真实性和完整性。因此，甲方管理层有责任妥善保存和提供会计记录（包括但不限于会计凭证、会计账簿及其他会计资料），这些记录必须真实、完整地反映甲方的财务状况、经营成果和现金流量。

2. 按照企业会计准则的规定编制和公允列报财务报表是甲方管理层的责任，这种责任包括：（1）按照企业会计制度的规定编制财务报表，并使其实现公允反映；（2）设计、执行和维护必要的内部控制，以使财务报表不存在由于舞弊或错误导致的重大错报。

3. 及时为乙方的审计工作提供与审计有关的所有记录、文件和所需的其他信息（在201×年9月9日之前提供审计所需的全部资料，如果在审计过程中需要补充资料，亦应及时提供），并保证所提供资料的真实性和完整性。

4. 确保乙方不受限制地接触其认为必要的甲方内部人员和其他相关人员。

5. 甲方管理层对其作出的与审计有关的声明予以书面确认。

6. 为乙方派出的有关工作人员提供必要的工作条件和协助，乙方将于外勤工作开始前提供主要事项清单。

7. 按照本约定书的约定及时足额支付审计费用以及乙方人员在审计期间的交通、食宿和其他相关费用。

8. 乙方的审计不能减轻甲方及甲方管理层的责任。

三、乙方的责任

1. 乙方的责任是在执行审计工作的基础上对甲方财务报表发表审计意见。乙方根据中国注册会计师审计准则（以下简称审计准则）的规定执行审计工作。审计准则要求注册会计师遵守中国注册会计师职业道德守则，计划和执行审计工作以对财务报表是否不存在重大错报获取合理保证。

2. 审计工作涉及实施审计程序，以获取有关财务报表金额和披露的审计证据。选择的审计程序取决于乙方的判断，包括对由于舞弊或错误导致的财务报表重大错报风险的评估。在进行风险评估时，乙方考虑与财务报表编制和公允列报相关的内部控制，以设计恰当的审计程序，但目的并非对内部控制的有效性发表意见。审计工作还包括评价管理层选用会计政策的恰当性和作出会计估计的合理性，以及评价财务报表的总体列报。

3. 由于审计和内部控制的固有限制，即使按照审计准则的规定适当地计划和执行审计工作，仍不可避免地存在财务报表的某些重大错报可能未被乙方发现的风险。

4. 在审计过程中，乙方若发现甲方存在乙方认为值得关注的内部控制缺陷，应以书面形式向甲方治理层或管理层通报。但乙方通报的各种事项，并不代表已全面说明所有可能存在的缺陷或已提出所有可行的改进建议。甲方在实施乙方提出的改进建议前应全面评估其影响。未经乙方书面许可，甲方不得向任何第三方提供乙方出具的沟通文件。

5. 按照约定时间完成审计工作，出具审计报告。

6. 除下列情况外，乙方应当对执行业务过程中知悉的甲方信息予以保密：(1) 法律法规允许披露，并取得甲方的授权；(2) 根据法律法规的要求，为法律诉讼、仲裁准备文件或提供证据，以及向监管机构报告发现的违法行为；(3) 在法律法规允许的情况下，在法律诉讼、仲裁中维护自己的合法权益；(4) 接受注册会计师协会或监管机构的执业质量检查，答复其询问和调查；(5) 法律法规、执业准则和职业道德规范规定的其他情形。

四、审计收费

1. 本次审计服务的收费是以乙方各级别工作人员在本次工作中所耗费的时间为基础计算的。乙方预计本次审计服务的费用总额为人民币　　万元。

2. 甲方应于乙方提供审计报告之日结清审计费用。

3. 如果由于无法预见的原因，致使乙方从事本约定书所涉及的审计服务实际时间较本约定书签订时预计的时间有明显增加或减少时，甲乙双方应通过协商，相应调整本部分第1

段所述的审计费用。

4. 如果由于无法预见的原因，致使乙方人员抵达甲方的工作现场后，本约定书所涉及的审计服务中止，甲方不得要求退还预付的审计费用；如上述情况发生于乙方人员完成现场审计工作，并离开甲方的工作现场之后，甲方应另行向乙方支付人民币　　万元的补偿费，该补偿费应于甲方收到乙方的收款通知之日起　日内支付。

5. 甲与本次审计有关的其他费用（包括交通费、食宿费、差旅费等）由甲方承担。

五、审计报告和审计报告的使用

1. 乙方按照中国注册会计师审计准则规定的格式和类型出具审计报告。

2. 乙方向甲方送审计报告一式　份。

3. 甲方在提交或对外公布乙方出具的审计报告及其后附的已审计财务报表时，不得对其进行修改。当甲方认为有必要修改会计数据、报表附注和所作的说明时，应当事先通知乙方，乙方将考虑有关的修改对审计报告的影响，必要时，将重新出具审计报告。

六、本约定书的有效期间

本约定书自签署之日起生效，并在双方履行完毕本约定书约定的所有义务后终止。但其中第三项第一段、第四、第五、第七、第八、第九、第十项并不因本约定书终止而失效。

七、约定事项的变更

如果出现不可预见的情况，影响审计工作如期完成，或需要提前出具审计报告，甲、乙双方均可要求变更约定事项，但应及时通知对方，并由双方协商解决。

八、终止条款

1. 如果根据乙方的职业道德及其他有关专业职责、适用的法律法规或其他任何法定的要求，乙方认为已不适宜继续为甲方提供本约定书约定的审计服务，乙方可以采取向甲方提出合理通知的方式终止履行本约定书。

2. 在本约定书终止的情况下，乙方有权就其于终止之日前对约定的审计服务项目所做的工作收取合理的费用。

九、违约责任

甲、乙、丙三方按照《中华人民共和国合同法》的规定承担违约责任。

十、适用法律和争议解决

本约定书的所有方面均应适用中华人民共和国法律进行解释并受其约束。本约定书履行地为乙方出具审计报告所在地，因本约定书引起的或与本约定书有关的任何纠纷或争议（包括关于本约定书条款的存在、效力或终止，或无效之后果），双方协商确定采取以下第　种方式予以解决：

1. 向有管辖权的人民法院提起诉讼；

2. 提交××仲裁委员会仲裁。

十一、双方对其他有关事项的约定

本约定书一式三份，甲、乙双方各执一份，具有同等法律效力。

甲方：（盖章）	乙方：（盖章）
授权代表：（签名并盖章）	授权代表：（签名并盖章）
二〇　年　月　日	二〇　年　月　日

（三）初步评价被审计单位的内部控制制度

初步评价内部控制的有效性，目的在于判断被审计单位的内部控制制度能否信赖并作为在实质性测试的时候进行抽样的基础，审计人员只对那些准备信赖的内部控制进行控制测试，从而决定实质性测试的时间、性质、范围。

（四）确定重要性

重要性是指被审计单位会计报表中错报或漏报的严重程度，这一程序在特定环境下可能影响会计报表使用者的判断或决策。重要性水平是相对的，企业不同规模、不同种类的会计报表、不同的经济业务，其界定不同。

审计人员确定重要性水平的两个方面的考虑：金额和性质的考虑，审计人员在运用重要性原则时，应当考虑错报或漏报的金额和性质。这也就是说，重要性具有数量和质量两个方面的特征。当然，对审计人员来说，金额大的错报或漏报比金额小的错报或漏报对报表的影响更大。但在另一些情况下，某项错报或漏报从量的方面看并不重要，从其性质方面考虑，却可能是重要的。例如：涉及违法舞弊行为的错报或漏报；可能引起履行合同义务的错报或漏报；影响整体收益趋势的错报或漏报；等等。

例如：资产为 2 000 万元和 20 万元的两个企业。如果它们的存货价值在资产负债表上漏记 1 万元，那么对 2 000 万元资产的企业来讲，存货 1 万元的错误不是重大错误，不会导致报表使用者改变其决策；相反，对 20 万元资产的企业来讲，存货 1 万元的错误就是重大错误，将导致报表使用者改变其决策。

（五）分析审计风险

审计风险是指被审计单位的会计报表存在重大错报而审计人员发表不恰当审计意见的可能性。一般而言，审计风险由重大错报风险和检查风险组成。其中：重大错报风险是指会计报表在审计前存在重大错报的可能性；检查风险是指某一认定存在错报，该错报单独或连同其他错报是重大的，但审计人员没有发现该错报的可能性。

1. 确定可接受的审计风险

在一般情况下，审计人员应将可接受审计风险控制在 10% ~15%，但如果外部信息资料的使用者更大程度地依赖审计结果或被审计对象有可能将陷入困境时，就应该将可接受审计风险水平确定得更低一些。

2. 分析评估重大错报风险

（1）首先，应识别和评估会计报表层次和认定层次的重大错报风险。

①审计人员应当识别和评估会计报表层次以及各类交易、账户余额、列报与披露认定层次的重大错报风险。

②审计人员应当利用实施风险评估程序所收集的信息，包括在评价控制设计和确定其是否得到执行时获取的审计证据，作为支持风险评估结果的审计证据。

③审计人员应当确定识别的重大错报风险是与特定的某类交易、账户余额、列报与披露的认定相关，还是与会计报表整体广泛相关，从而影响多项认定。

④会计报表层次的重大错报风险很可能源于薄弱的控制系统。

⑤在评估错报风险时，如果识别出旨在防止，或发现并纠正特定认定发生重大错报的控制，审计人员必须根据被审计单位的具体情况将这些控制与特定认定相联系考虑。

⑥如果通过对内部控制的了解发现下列情况，并对会计报表是否能够进行审计产生疑

问，审计人员就应当考虑发表保留意见或无法表示意见，抑或解除业务约定：例如管理当局的诚信缺乏，导致会计报表的错报风险非常重大；或者被审计单位会计记录的状况和可靠性存在重大问题，不可能获取充分、适当的审计证据以发表无保留意见。

（2）其次，针对需要特别考虑的重大错报风险进行职业判断。审计人员应当运用职业判断，确定识别的风险哪些是需要特别考虑的重大风险。在确定哪些风险是特别风险时，审计人员应主要考虑风险的性质、潜在错报的重要程度（包括导致多项错报的可能性）以及风险发生的可能性。在确定风险的性质时，审计人员还应当考虑下列事项：①风险是否是舞弊风险；②风险是否与近期经济环境、会计核算和其他方面的重大变化有关；③交易的复杂程度；④风险是否涉及重大的关联方交易；⑤财务信息计量的主观程度，特别是对不确定事项的计量存在宽广的区间；⑥风险是否涉及异常或超出正常业务范围的重大交易。最后，对风险评估再次进行修正。

3. 确定检查风险，设计实质性测试的程序和范围

审计人员根据风险分析评估，继而确定检查风险。设计实质性测试的程序和范围。

（六）编制审计计划

审计计划分为总体审计计划和具体审计计划两部分。总体审计计划是对审计的预期范围和实施方式所做的规划，是审计人员从接受审计委托到出具审计报告整个过程基本工作内容的综合计划。例如，时间预算是编制总体审计计划中的一个重要内容。具体审计计划则是依据总体审计计划制定的，对实施总体计划所需要实施的审计程序及时间、范围等所做的详细规划与说明。

1. 总体审计计划的基本内容

（1）被审计单位的基本情况。

（2）审计目的、审计范围及审计策略。

（3）重要会计问题及重点审计领域。

（4）审计工作进度及时间、费用预算。

（5）审计组成员及其分工。

（6）审计重要性的确定及审计风险的评估。

（7）对专家、内部审计人员、监事人员及其他审计人员工作成果的利用。

（8）其他有关内容。

2. 具体审计计划，应针对具体的审计项目制定

（1）审计目标。

（2）审计程序。

（3）审计执行人及执行日期。

（4）审计工作底稿的索引号。

（5）其他有关内容。

3. 审计计划的编制

审计计划应由审计项目负责人编制，形成书面文件，并在工作底稿中加以记录，主要有表格式、问卷式和文字叙述三种形式。

（七）实施审计测试阶段

实施审计测试阶段就是根据计划阶段确定的审计范围、时间、重点、步骤与方向，搜集证据并进行评价，并在此基础上形成审计结论，最终实现审计目标。实施审计测试阶段主要包括两方面的内容：首先，对被审计单位的内部控制设计是否合理、执行是否有效而进行的控制测试；然后，对会计报表项目的金额进行实质性测试。

控制测试又称为符合性测试，指的是测试控制运行的有效性。控制运行有效性强调的是控制能够在各个不同的时点按照既定设计得以一贯执行。控制测试是为了确定被审计单位控制政策和程序的设计与执行是否完整与有效，进而实施的审计程序。审计人员在了解被审计单位的内部控制之后，只有对那些准备依赖的内部控制执行控制测试，并确信内部控制得到正确的执行时，为审计的实质性测试指明了方向时，才能减少实质性测试审计程序，从而减少审计取证工作，提高审计工作的效率。

实质性测试是指在符合性测试的基础上，为取得直接证据而运用检查、监盘、观察、查询及函证、计算、分析性复核等方法，对被审计单位会计报表的真实性和财务收支的合法性进行审查，以得出审计结论的过程。实质性测试是审计实施阶段中最重要的一项工作。通常，实质性测试的目的是为取得审计人员赖以作出审计结论的足够的审计证据。实质性测试通常采用抽样方式进行，其抽样的规模需根据内部控制的评价和符合性测试的结果来确定。

（八）结束审计工作阶段

民间审计完成阶段是审计的最后一个阶段。审计人员按业务循环完成财务报表各项目的审计测试和一些特殊项目的审计工作后，在审计完成阶段应汇总审计测试的结果，进行更具综合性的审计工作，确定审计报告的意见，出具审计报告。

首先，要针对审计中的重大发现进行评价。在审计完成阶段，审计人员在审计计划阶段对重要性的判断，和在评估审计差异时对重要性的判断是不同的。如果在审计完成阶段确定的修订后的重要性水平远远低于在计划阶段确定的重要性水平，审计人员应重新考虑评估已获取的审计证据的充分性和适当性；然后，审计人员还应根据审计重要性原则对审计差异予以初步确定并汇总，并提出建议，建议被审计单位对相关事项进行调整，使经审计的财务报表所记录的信息能够公允地反映被审计单位的财务状况、经营成果及现金流量。最后，审计人员要复核审计工作底稿和财务报表，以保证审计工作质量。审计人员一般从以下几方面考虑：

（1）对财务报表总体合理性进行总体复核。

（2）评价审计结果并且对重要性和审计风险进行最终评价；最终对财务报表形成审计意见并草拟审计报告。

（3）复核审计工作底稿。

案例分析结果

本章的案例出现了4个错误。第一，审计人员应提前3天通知被审计单位，如果遇突发情况，可以经本级人民政府批准直接审计。当通知书到达被审计单位，该局没有出具审计通知书，也没有按照规定经本级人民政府批准而直接到被审计单位审计。第二，审计人员没有对内部控制进行调查了解，而直接进行实质性测试。这样对被审计单位的管理、经营、环境等都不能得到相应的信息。影响了审计的效果。第三，审计工作完成后，对审计工作底稿没有进行复核，这样的审计质量得不到保证。第四，审计人员也没有在审计报告完成后征求被审计单位意见。审计师没有执行必要的审计程序来完成审计工作。

知识评价

审计目标是整个审计行为目的的具体化，在审计的整个过程中起到了决定性的作用，审计程序则是根据审计目标制定的审计步骤安排。不同的审计业务，不同的审计主体，不同的审计要求，审计的目标和程序都不相同。

思考题

1. 财务表审计的总目标是什么？
2. 财务报表审计的责任划分有哪些？
3. 现代财务报表审计的方式是什么？
4. 审计具体目标是审计总目标的具体化。具体的审计目标与各类交易和事项相关的有哪些？

第六章

审计规范

学习目标

本章为审计规范部分，本章主要讲解国家、民间、内部审计准则与审计标准的基本内容和结构体系，阐述有关审计准则和审计质量控制准则的基本知识，特别是掌握审计准则的含义、准则体系的结构和作用；了解审计准则产生和发展的概况、审计准则产生的背景，了解社会对审计准则的要求、审计准则的发展过程和期间所发生的一些重大事件。

能力目标

要求学生掌握有关审计准则和审计质量控制准则的基本知识，从而分析现代经济环境下审计工作的规范和要求。

技能目标

掌握审计准则的含义、准则体系的结构和作用，对不同主体的审计准则的规则进行分析。

案例导入

麦克森·罗宾斯公司事件

1938 年，在美国纽约州的麦克森·罗宾斯药材公司突然宣布倒闭。此时正是经济萧条时期，股份公司的倒闭本来习以为常。可该公司的倒闭，却使得“报刊以耸人听闻的手法来对待这件案子”。究其原因，则是因为该案涉及审计规范及程序中的一系列问题。

1938 年年初，长期贷款给罗宾斯药材公司的朱利安·汤普森公司，在审核罗宾斯药材公司财务报表时突然发现两个疑问：第一，罗宾斯药材公司中的制药原料部门，原来是盈利率较高的部门，但该部门却一反常态地没有了现金的积累。而且，流动资金亦未见增加。相反的，该部门还不得不依靠公司管理者重新调集资金来进行再投资，以维持正常生产。第二，公司董事会曾开会决议，要求公司减少存货。但到 1938 年年底，公司存货反而增加 100 万美元。汤普森公司随即表示，在没有查明这两个疑问之前，不再予以贷款，并请求相应官方协调控制证券市场的权威机构——纽约证券交易委员会调查此事。

纽约证券交易委员会在收到该请求之后，立即组织有关人员进行调查。调查发现该公司在经营的十多年中，每年都聘请了美国著名的普赖斯·沃特豪斯会计师事务所对该公司的财务报表进行审计。在查看这些审计人员出具的审计报告中发现，审计人员每年都对该公司的财务状况及经营成果发表了“正确、适当”等无保留的审计意见的审计报告。为了核实这些审计结论的正确性，调查人员对该公司 1937 年的财务状况与经营成果进行了重新审核。结果大吃一惊：1937 年 12 月 31 日的合并资产负债表计有总资产 8 700 万美元，但其中的 1 907.5 万美元的资产竟然是虚构的，其中存货虚构了 1 000 万美元，销售收入虚构了 900 万美元，银行存款虚构 7.5 万美元；而在 1937 年年度合并损益表中，虚假的销售收入和毛利分别达到 1 820 万美元和 180 万美元。

在此基础上，调查人员对该公司经理的背景作了进一步调查，结果发现公司经理菲利普·科斯特及其同伙穆西卡等人，竟然都是犯有前科的诈骗犯。他们都使用了虚假姓名，混入公司并且爬上公司管理岗位。他们将自己的亲信安插在掌管公司钱财的重要岗位上，并相互勾结，从而使他们的诈骗活动持续很久没能被人发现。

当证券交易委员会将案情调查结果在听证会上一宣布，立即引起轩然大波。根据调查结果，其实罗宾斯药材公司的实际财务状况早已“资不抵债”，应立即宣布破产。而蒙受最大损失的就是汤普森公司，因为他是罗宾斯药材公司的最大债权人。为此，汤普森公司把矛头指向了沃特豪斯会计师事务所。汤普森公司认为自己之所以给罗宾斯公司贷款，就是因为信赖了会计师事务所出具的审计报告。因此，他们要求沃特豪斯会计师事务所赔偿他们的全部损失。

在听证会上，沃特豪斯会计师事务所拒绝了汤普森公司的赔偿要求。会计师事务所认为，他们执行的审计，遵循了美国注册会计师协会在 1936 年颁布的《财务报表检查》（Examination of Financial Statement）中所规定各项规则。药材公司的欺骗是由于经理部门共同串通合谋所致，审计人员对此不负任何责任。最后，在证券交易委员会的调解下，沃特豪斯会计师事务所以退回历年来收取的审计费用共 50 万美元，作为对汤普森公司债权损失的赔偿。

（资料来源：《麦克森·罗宾斯欺诈案》，中国审计网，2008 年 4 月。）

【基于案例的问题】

这一破产案件的披露，给社会和民间审计职业界带来了很大的震动，并给当时和后来的审计留下了一个值得探讨的重要课题，那么如何使审计人员具备起码的专业素质，并在实施工作中有明确的指南可遵循，以便向用户保证审计工作的质量呢？如何保护审计人员免遭玩忽职守的控告？让我们进入审计规范的学习。

第一节　审计规范概述

审计的规范体系是各种有关审计的法律法规、准则及规则的总称，指的是由审计法规体系、审计执业规范体系和审计标准体系等相互联系而构成的一个整体。审计规范是指审计活动中审计人员应当遵守的行为规则。

一、审计规范体系

（一）审计规范的类型

按照与审计主体的类型相适应，审计规范一般可以分为三类：国家审计规范、内部审计规范和社会审计规范。国家审计规范是指由国家规定或认可的，审计机关及其审计人员在开展审计活动中，审计部门及其人员、被审计单位及其他参与审计活动的有关单位或个人都应当遵守的行为规则；社会审计规范是由国家或社会审计职业团体制定的，社会审计组织及注册会计师在开展审计活动时应当遵守的行为规则。而内部审计规范是由国家、实行内部审计的部门、单位或内部审计职业团体制定的，内部审计机构或审计人员在开展内部审计工作时应当遵守的行为规则。

（二）审计规范的基本特征

审计规范具有一般社会各类规范的共同特征，但审计规范作为国家经济监督体系高层次监督，它的地位、层次、要求都比较高，通常还具有以下基本特征：

（1）审计规范是国家通过法律、法规、规章等形式认定的行为规范。表现在以下几方面：①审计法规是由国家制定或认可的行为规范，是国家意志的体现；②审计规范的法定性，具有法律效力，一般是通过法律、法规、规章等形式加以明确规定的，审计部门及其审计人员、被审计单位及其他有关单位和个人都必须遵守；③审计规范是具有强制性的，这种法定性决定了审计规范必须得到遵守，如果拒不执行的，将由国家强制力保障其执行，并要承担由此带来的法律责任。

（2）审计规范是审计部门和审计人员开展审计工作中应当遵守的行为规范。审计部门和审计人员在审计工作中，应当做什么、不允许做什么、该怎么做及相应的权利、责任、义务等，在审计规范中都有明确的规定。

（3）审计规范是参与审计活动的各方面当事人应当遵守的行为规范。审计规范不仅仅规范审计部门和审计人员的行为，同时也规范被审计单位以及其他单位或个人与审计工作有关的行为，要求参与审计活动的各方当事人遵守。

（4）审计法律规范对审计职业道德具有较大的包容性。审计职业道德是审计人员履行审计职能时的一项基本职业要求，它可以由国家或审计机关根据审计实践和审计职业的内在要求加以确立，并要求审计部门和审计人员在履行职责时认真遵守。

（三）审计规范的作用

在审计工作中，审计规范体现在各个方面，从不同角度对审计各方当事人进行控制约束，它的作用具体体现在：

1. 审计规范有利于审计法规的具体化

我国实行审计监督制度后，审计工作法制化、制度化、规范化一直是审计机关的工作目标之一。《审计法》把我国审计监督的基本原则、审计机关领导体制、审计职责、审计权限、审计程序等基本问题确立下来，审计法规的颁布也是我国审计工作法制化确立的重要标志。随着审计工作法制化、专业化、制度化的确立，审计法的有关内容需要进一步具体化。

2. 审计法规有利于规范审计行为

如果在审计工作中，审计人员不具备职业素质和任职资格的基本条件，职业标准和作业程序等不统一，那么，执行审计过程中就会按照各自的理解、经验乃至偏好去实施审计手续，这样必将影响到审计工作的质量和效率。因此，制定统一的规范，对职业资格、职业标准、作业程序、审计评价和审计处理、处罚等作出相应的规定有利于审计工作的展开、执行。

3. 审计规范有利于保证审计工作质量，提高审计工作效率

审计规范规定了从制定审计计划到审计资料归档整个过程的工作规程。在具体的整个工作过程中，审计人员必须实施哪些审计手续，完成哪些项目的测试，采用什么样的审计方法等都要有明确要求。如果审计人员按照规范的要求去执行审计业务，那么其工作质量就能得到保证。而同时，审计规范是许多审计工作者工作经验的结晶，反映了合理有效的审计作业规程与方法，按照规范的要求去执行审计业务，审计人员就可以少走弯路，提高审计工作效率。

4. 审计规范是判别审计责任的重要依据

审计机关在出具审计意见书，下达审计决定后，被审计单位可能对审计结论和审计处理、处罚不服，要求复议甚至提起行政诉讼。如何判断审计机关是否应该承担审计责任，重要的就要看审计人员在执行审计的工作过程中是否遵循了审计规范。如果审计人员违反审计规范的要求，存在过失乃至舞弊，从而作出了错误结论，给有关当事人造成损失，那么就应承担相应的责任。

二、审计准则的含义

审计规范体系中，审计准则是审计工作中重要的一部分。它详细的规范了审计人员在各个审计环节应当遵守的行为规范，为审计人员提供专业的工作行为规范指南，也是判断审计人员是否按照审计规范工作的权威性准绳。

英格兰和威尔士特许会计师协会指出，“审计准则说明了在审计过程中工作人员希望遵循的基本原则和惯例。”美国的内部审计协会也指出，“审计准则是指用以评价和衡量内部审计部门工作和用来阐明内部审计实务的准绳。”这几种审计准则的定义，来源于有关政府审计、民间审计和内部审计等不同的组织机构，总结以上几种不同的定义，可以得出以下几点共同的认识：

（1）审计准则是为适应社会公众对审计的要求和审计自身的需要而产生和发展的，是审计实践经验的总结。

（2）审计准则是对审计主体的规范和要求。它规定了审计人员应有的素质和专业资格，并对审计人员的审计行为进行规范和指导。

（3）审计准则提出了审计工作应达到的质量要求，是衡量和评价审计工作质量的依据。

（4）审计准则一般由国家审计组织机构或注册会计师职业团体制订和颁布。

（5）审计准则具有很高的权威性和很强的约束力，审计人员在执业过程中必须严格遵守。

综上所述，审计准则的定义为：审计准则是由国家审计部门或注册会计师职业团体制定的，用以规定审计人员应有的素质和专业资格，规范和指导其执业行为，衡量和评价其工作质量的权威性标准。

三、审计准则体系的结构

审计准则的内容是比较广泛、复杂的，要保证审计准则的科学合理性以及实用性，就应该合理设计审计准则的结构层次。

（一）不同的审计主体应有不同的审计准则

不同的审计主体，适用的审计准则也不同。这是因为不同的审计主体，其法律地位、职责权限、侧重履行的审计职能和审计内容，以及独立性等在进行审计时都会存在较大的差异，要使不同的审计主体更好地履行其职责、更好地发挥其作用，就应该用不同的审计准则来约束。

对于国家审计来说，审计主体是审计署（局）和审计师。由于国家审计具有宪法赋予的权力，具有极高的威望，履行经济监督职能最能体现其强制性和权威性的特点，因此国家审计从事财经法纪审计，在查错防弊、打击经济犯罪方面发挥的作用是最大的。为了规范国家审计机构和人员的行为，更好地维护国家的利益，就有必要制定有关国家审计的准则。

对于社会审计来说，审计主体是会计师事务所和注册会计师。由于社会审计地位在履行经济鉴证职能最能体现独立、客观、公正的原则，因此社会审计从事会计报表审计在证明会计报表合法性、公允性和一贯性方面发挥的作用也最大。为了规范会计师事务所和注册会计师的行为，维护社会公众的利益，就要制定相关的职业准则。

对于内部审计来说，审计主体是内部审计机构和内部审计师。由于内部审计充分了解单位的生产经营状况，善于发现生产经营过程中存在的问题，提出的改进建议往往比较切合实际，履行经济评价职能最能发挥其长处，尽可能地为管理者出谋划策，因此内部审计从事经济效益审计，在避免损失浪费、提高企业经济效益和经营管理水平方面发挥的作用也最大。为了规范内部审计机构和人员的行为，进一步提高内部审计工作的效率和效果，提高内部审计的地位，也是有必要制定有关内部审计的准则。

（二）不同性质的审计业务应有不同的审计准则

从被审计单位的角度看，审计的对象各种各样、千差万别，因此适用的审计准则也不尽相同，各有侧重，有的甚至有专门的审计准则。从被审计单位的所有制形式看，有国有企业、外商投资企业、股份有限公司、集体企业等，它们所遵循的法律、法规、会计制度不同，会计信息的使用者对信息的需要也存在差异，因此对它们的审计要求不同，所适用的审计准则也可能不一样。从被审计单位所在的行业看，有工业、农业、商业、金融业、行政事业单位等，它们所从事业务的性质不同，因此审计的要求也有所不同，适用的审计准则也会不同。

（三）不同层次的审计行为应有不同层次形式的审计准则

在审计工作中，需要规范的内容很多。从审计人员的职业技术上来说，应制定审计准则来指导审计师在审计过程中如何编制审计计划，如何运用各种方法获取审计证据，如何编制审计报告、发表审计意见这就要制定相应的具体准则；从审计机构内部管理上来说，应制定质量控制准则来规范审计机构，如何提高审计人员的业务能力和素质，如何提高审计质量、降低审计风险；从审计的内容上来说，应制定各种具体的审计准则、实施公告、规范指南、规定办法等，要求审计人员遵照执行，以合理保证被审计后的事项不存在重大的错误和舞弊，所以，审计准则必须分层次制定，分为基本准则和具体准则（基本准则是总纲，具体准则是具体规范）。

四、审计准则的作用

制定、颁布审计准则，公开、明确审计的基本规范要求，是充分、有效地发挥审计作用的必要条件和重要保证。

（一）审计准则是衡量审计质量的尺度

审计工作能否满足社会的需求和取信于社会，最关键在于审计质量。无论是被审计单位、社会公众，还是审计职业界本身，都需要有一个标准即审计准则来衡量和评价审计工作质量。而且，通过衡量和评价审计工作质量，又可以促使审计人员严格按照审计准则进行审计工作，从而不断提高审计工作质量，审计准则就提供了这种评价尺度。

（二）审计准则是确定和解脱审计责任的依据

审计准则规定了审计人员职业的最低要求，审计人员只要严格按照审计准则进行了审计工作，没有失职渎职行为，就是尽到了审计职责。正是这样，如果审计人员违背了审计准则，则说明未能履行应尽职责，就必须承担必要的法律责任。所以，它既是对审计人员的一种约束，又是对审计人员正当权益的一种保护。

（三）审计准则是审计组织与社会进行沟通的媒介

从审计准则产生和发展我们看到，如果没有审计准则规范和指导审计组织及其审计人员的工作，那么审计人员在审计过程中便可自由地选择审计程序和方法，在审计报告中也可任意发表审计意见，审计工作就毫无规范和科学可言，在这种情况下，审计工作就不可能取得社会公众的广泛信任。所以，通过让社会公众参与审计准则的制定，审计人员可以了解到社会对审计工作的要求和期望，社会也可以了解审计人员的工作和行为，这种沟通促进了审计的发展。

（四）审计准则是完善审计组织内部管理的基础

作为审计组织，自身要不断地完善和发展，提高自身的工作质量就需要不断完善组织内部管理。审计准则就在质量控制等方面对审计组织进行了控制和约束，比较科学合理地对审计组织进行规范化要求和管理，保证了审计工作的先进性和合理性。

另外，审计准则的颁布也为解决审计争议提供了仲裁标准，为审计教育明确了方向和目标。总之，审计准则的建立和完善，对审计事业的发展注入了强大的动力。

第二节　审计准则的产生与发展

一、审计准则产生的背景

从 1917 年美国会计师协会制定的第一个关于审计范围的权威性公告《统一会计》开始，到 1947 年美国审计程序委员会颁布第一部审计准则《审计准则试行方案——公认的重要性和范围》，审计准则的发展取得了迅速的发展。

在我们前面提到的美国社会审计准则产生的诱因——麦克森·罗宾斯公司舞弊案件的出现，对审计职业界产生了广泛的影响，职业审计人员开始思考怎样保证审计人员具备专业的素质，并在实施审计工作中有明确的指南遵循，可以保证审计的工作质量。于是，审计准则的制定便成为审计职业界的迫切任务。

二、审计准则的演进

（一）产生阶段

早在 1917 年，美国会计师协会就制定了第一个关于审计范围的权威性公告，题为《统一会计》，这一公告的颁布标志着审计准则的产生。

（二）初步成形阶段

1947 年，在美国麦克森·罗宾斯公司舞弊案件后，审计程序委员会发表了题为《审计准则试行方案——公认的重要性和范围》的专题报告。1954 年又对该报告进行了部分修订，发表了《公认审计准则——其重要性和范围》，其中还增设了第十条审计准则。《审计准则试行方案》的颁布，标志着世界上第一部审计准则的初步成形，具有划时代的历史意义。1972 年，审计程序委员会更名为审计准则执行委员会，同时期发表了《审计准则说明书》的第一辑。1978 年该委员会正式确定名称为审计准则委员会，专业致力于审计准则说明书的制订。从 1972～1990 年共发表《审计准则说明书》63 辑。这些审计准则说明书与十项公认审计准则一起合称公认审计准则。

（三）发展完善阶段

在社会审计准则初步成型的时候，国家审计机关和内部审计机构也开始认识到制订统一审计准则的重要性，它们效仿社会审计准则的框架和内容，结合了自身的工作性质及特点，制订了自己的审计准则，不但适应了各自的工作需要，也促使社会审计准则的内容得以扩展。

（四）全球扩展阶段

1977 年，国际会计师联合会成立，其下设的国际审计实务委员会负责发展和发布关于公认的审计实务准则和审计报告内容、形式的准则。到目前为止，该委员会已陆续颁布了三十几项国际审计准则和一系列相关业务的国际审计准则及其审计的国际公告。

从 1947 年开始，最高审计机关国际组织进入了筹备阶段，到 1968 年该组织正式宣告成立。1984 年该组织成立了审计准则委员会，并于 1989 年通过了最高审计机关国际组织审计准则。该准则主要突出了国家审计独具的特点，并适应了国家审计向绩效审计发展的趋势。

1941 年，美国成立了内部审计师协会，协会的发展十分迅速，到 1944 年已发展成为国际化的内部审计师协会。1974 年协会建立了职业准则和责任委员会，负责制定内部审计准则，并于 1977 年完成了《内部审计实务准则》。后来不断地进行修订，1978 年协会正式发表了内部审计准则，并从 1983 年开始发表了一系列的《内部审计实务准则说明》，为内部审计师的工作提供了指南。

三、当代审计准则的新发展

观察世界范围审计准则发展的历史和现状，可以发现各种审计准则正在不断趋向于国际统一，国际化已经成为审计准则发展的必然趋势。究其原因主要是社会需求的国际化、审计准则的技术特性和国际审计组织的积极贡献。

第三节　国家审计准则

一、最高审计机关国际组织审计准则概述

最高审计机关国际组织审计准则是依据《利马宣言》、《东京宣言》、最高审计机关国际组织在各届大会上通过的声明和报告等，以及联合国专家小组会议就发展中国家的公共会计和审计问题提出的报告而拟定的，并征求了广泛的各方面意见后形成的。国际组织制定该准则的目的，在于为确定审计人员进行审计（包括计算机系统审计）时所必须遵循的程序和方法提供一个框架。该准则由政府审计的基本要求、政府审计的一般准则、政府审计的现场工作准则和政府审计的报告准则四部分组成。

二、美国政府审计准则

1972 年美国颁布了世界上第一部政府审计准则《政府机构、计划项目、活动和职能的

审计准则》，即《黄皮书》。该准则共分七章，现简要介绍如下：

（1）引言；

（2）政府审计的类型；

（3）一般准则；

（4）财务审计的现场工作准则；

（5）财务审计的报告准则；

（6）绩效审计的现场工作准则；

（7）绩效审计的报告准则。

三、我国国家审计准则

在我国国家审计体系自 1983 年成立后，国家审计准则 20 多年来经过不断的修订与完善，于 2010 年 9 月 1 日，我国审计署审计长刘家义签署了修订后的《中华人民共和国国家审计准则》（以下简称《审计准则》），审计署以第 8 号令公布，自 2011 年 1 月 1 日起施行。《审计准则》的修订和颁布，是国家审计准则体系建设史上一个重要的里程碑，对规范审计机关和审计人员执行审计业务的行为，保证审计质量，防范审计风险，发挥审计保障国家经济和社会健康运行的“免疫系统”功能有重大的意义。

国家审计准则体系一直是由一个国家审计基本准则、若干个通用审计准则和专业审计准则构成。此次修订，参考《审计机关审计项目质量控制办法（试行）》的体系结构，将原有国家审计基本准则和通用审计准则规范的内容统一纳入《审计准则》，形成一个完整单一的国家审计准则。而在审计准则的下一层次研究开发审计指南，进一步具体化相关审计业务操作的具体要求。据此构建起由宪法、审计法和审计法实施条例、审计准则和审计指南等不同级次规定组成的审计法律规范体系。

《审计准则》正文分为七章，即总则、审计机关和审计人员、审计计划、审计实施、审计报告、审计质量控制和责任、附则。共 200 条（见附录 2）。

第四节　内部审计准则

一、国际内部审计师协会内部审计准则概述

在 1978 年，国际内部审计师协会（IIA）正式颁布了《内部审计实务准则》。这是“内部审计准则”的雏形。因而 1978 年是美国内部审计发展的关键时期，同时也是内部审计历史发展过程中第二个转折点。《内部审计实务准则》的首页就是全面综合地对“内部审计”的概念进行了严谨的定义，此准则颁布后十年来被世界各国的审计领域普遍认可，并被翻译成 9 种语言。1999 年 6 月，国际内部审计师协会及其属下的研究基金在反复进行讨论、研究、向各方征求意见后，正式颁布了《内部审计实务框架》。《内部审计实务框架》是内部审计准则的核心，所以 1999 年 6 月是美国内部审计历史发展过程中第三个“历史性转折点”。当前各国内部审计遵循的《内部审计实务框架》由三个层次组成：

第一层次是强制性的，其核心内容有《内部审计定义》《道德准则》《内部审计实务准则》。

第二层次是《实务建议》（即以前的指南），虽然指南不是强制性的，但是也经过国际内部审计师协会批准并强烈推荐使用。它能够帮助解释内部审计实务准则，或将准则运用于特定的内部审计环境。

第三层次是《发展和实务指南》，包括了各类由国际内部审计师协会开发或者批准的材料，不具有强制性。其中包括研究报告、书籍、讨论会以及其他还没有资格成为强制性准则的与内部审计实务有关的产品和服务，是审计实务框架中内容最多、最广泛的部分。

二、我国内部审计准则

多年来，随着我国内部审计的转型和发展，内部审计的理念、目标和定位也逐渐由“查错纠弊”向防范风险和增加效益价值方向转变。内部审计机构和内部审计人员在审计实践中，不断创新审计方法，拓展审计领域，积累了很多宝贵经验，需要加以总结并通过准则予以规定。2012 年，为了适应内部审计的最新发展，更好地发挥内部审计准则在规范内部审计行为、提升内部审计质量方面的作用，中国内部审计协会对 2003 年以来发布的内部审计准则进行了全面、系统的修订。

此次修订将内部审计具体准则分为作业类、业务类和管理类三大类。在分类的基础上，对准则体系采用四位数编码进行编号，借鉴国际内部审计准则的经验，体现准则体系的系统性和准则之间的逻辑关系，为准则的未来发展预留了空间。2013 年 8 月 20 日经中国内部审计协会审议通过《中国内部审计准则》（共 22 则），2014 年 1 月 1 日起施行。现行的《内部审计基本准则》《内部审计人员职业道德规范》以及 1 ~ 29 号具体准则同时废止。于 2016 年 2 月 20 日新增第 2205 号和第 2308 号，共计 24 则准则。

内部审计基本准则、内部审计人员职业道德规范、内部控制审计准则、绩效审计准则、内部审计质量控制准则为此次重点修订的准则。同时对审计计划、审计通知书等准则的部分内容和表述做出了修订，对其他准则的文字表述进行了统一和完善。

内部审计准则目录如下：

第 1101 号——内部审计基准则
第 1201 号——内部审计人员职业道德规范
第 2101 号内部审计具体准则——审计计划
第 2102 号内部审计具体准则——审计通知书
第 2103 号内部审计具体准则——审计证据
第 2104 号内部审计具体准则——审计工作底稿
第 2105 号内部审计具体准则——结果沟通
第 2106 号内部审计具体准则——审计报告
第 2107 号内部审计具体准则——后续审计
第 2108 号内部审计具体准则——审计抽样
第 2109 号内部审计具体准则——分析程序
第 2201 号内部审计具体准则——内部控制审计
第 2202 号内部审计具体准则——绩效审计
第 2203 号内部审计具体准则——信息系统审计
第 2204 号内部审计具体准则——对舞弊行为进行检查和报告

第 2205 号内部审计具体准则——经济责任审计
第 2301 号内部审计具体准则——内部审计机构的管理
第 2302 号内部审计具体准则——与董事会或者最高管理层的关系
第 2303 号内部审计具体准则——内部审计与外部审计的协调
第 2304 号内部审计具体准则——利用外部专家服务
第 2305 号内部审计具体准则——人际关系
第 2306 号内部审计具体准则——内部审计质量控制
第 2307 号内部审计具体准则——评价外部审计工作质量
第 2308 号内部审计具体准则——审计档案工作

第五节　民间审计准则

一、国际会计师联合会国际审计准则

国际会计师联合会（International Federation of Accountants，IFAC）于 1977 年 10 月 14 日在德国慕尼黑成立，其前身是于 1972 年在澳大利亚的悉尼召开的第 10 届国际会计师大会上成立的国际会计职业协调委员会。最高领导机构是代表大会和理事会。联合会的宗旨是以统一的标准发展和提高世界范围的会计专业，促进国际范围内的会计协调。其任务是决定国际会计师大会的主办国；保持与参加国际会计师大会的各国的联系；促进国际地区机构的发展和信息的交流；参考和吸收各国提出的意见，扩大国际会计职业协调委员会的业务，并为改进业务提供咨询。中国注册会计师协会于 1997 年 5 月 8 日正式成为国际会计师联合会成员。

国际审计准则系由“国际会计师联合会”的“国际审计实务委员会”所颁布。国际审计准则与美国公证执业会计师协会的“职业道德规范”不同，并非必须执行的标准。目前，现行的国际审计准则有 100 多个国家的审计人员都以此为基础制定自己的审计准则。

二、民间审计准则发展历程

我国的注册会计师制度自 1980 年恢复重建以来，伴随着社会主义市场经济的建立与完善而逐步走向成熟与规范，在维护市场经济秩序、保护公共利益、促进改革开放、保障有效引进外资、完善证券市场发育、配合政府职能转变、建立和完善现代企业制度等方面发挥着重要的作用。从 1986 年 7 月《中华人民共和国注册会计师条例》的颁布，第一次确立了注册会计师的法律地位，到 1994 年 1 月 1 日《中华人民共和国注册会计师法》实施，注册会计师行业在法制化轨道上进一步走向成熟。1995 年 6 月 19 日，中国注册会计师协会与中国注册审计师协会实现联合，组成新的中国注册会计师协会。协会成立后，先后分几次制定和发布了审计准则：

——1995 年发布了第一批《中国注册会计师独立审计准则》，结束了自 1918 年中国注册会计师制度诞生以来没有审计准则的历史。

——1996 年发布了第二批独立审计准则及相关基本准则。包括 8 个具体审计准则、3 个实务公告和 3 个相关基本准则。

——1998 年发布了第三批独立审计准则共 11 个项目。至此，初步建立起了我国独立审

计准则框架。

2006 年财政部发布了修编后的中国注册会计师执业准则，其中拟订了《中国注册会计师鉴证业务基本准则》等 22 项准则，修订了《中国注册会计师审计准则第 1142 号——财务报表审计中对法律法规的考虑》等 26 项准则，共 48 项准则。新审计准则的颁布并实施，标志着我国审计准则与国际准则的趋同，是我国注册会计师审计的又一个重大发展。

2007 年中国注册会计师协会制定并颁布了《中国注册会计师职业道德守则》和《中国注册会计师协会非执业会员职业道德守则》，其中中国注册会计师职业道德守则 4 项。这些守则的制定并颁布，进一步标志着我国注册会计师行业发展更加规范。

三、我国注册会计师执业准则

2006 年 2 月 15 日经财政部批准，中注协发布了 48 项执业准则（其中拟定 22 项，修订 26 项），自 2007 年 1 月 1 日起执行，同时《独立审计基本准则》等相关准则届时废止。2010 年印发《中国注册会计师审计准则第 1101 号——注册会计师的总体目标和审计工作的基本要求》等 38 项准则，财会［2006］4 号文中废止 35 项准则。2016 年财政部印发《中国注册会计师审计准则第 1504 号——在审计报告中沟通关键审计事项》等 12 项准则。（财会［2010］21 号）中 11 项准则同时废止。这标志着我国已经建立起一套适应市场经济发展需要的，顺应国际趋势大同的注册会计师执业准则体系。执业准则，是注册会计师执行鉴证业务和相关业务的专业标准。执业准则体系包括注册会计师业务准则和会计师事务所质量控制准则两类，业务准则包括鉴证业务准则和相关服务准则，其中鉴证业务准则按其提供的保证程度和鉴证对象的不同，可分为审计准则、审阅准则和其他鉴证准则，审计准则是整个执业准则体系的核心。

为了便于公众的理解，我们将执业准则简称为“审计准则”。我国注册会计师准则体系如图 6－1 所示。

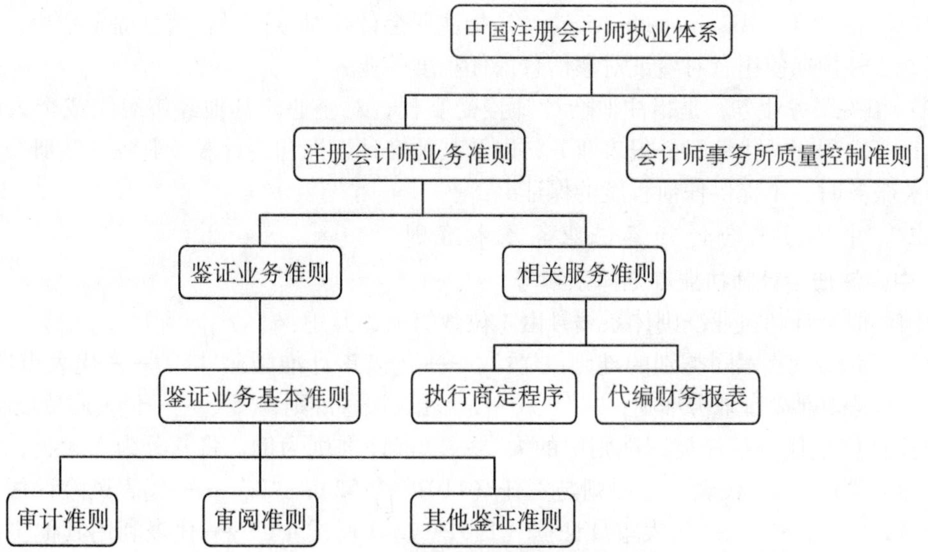

图 6－1　中国注册会计师执业体系

2016 年 12 月 23 日，财政部印发《在审计报告中沟通关键审计事项》等 12 项中国注册会计师审计准则（新审计报告准则）对原有准则进行新制定 1 项，实质性修订的审计准则 6 向，仅作出文字调整的审计准则 5 项。

为了便于公众的理解，我们将执业准则简称为“审计准则”。

（一）鉴证业务含义

鉴证业务是指注册会计师对鉴证对象信息提出结论，以增强除责任方之外的预期使用者对鉴证对象信息信任程度的业务。

鉴证对象信息是按照标准对鉴证对象进行评价和计量的结果。如责任方按照会计准则和相关会计制度（标准）对其财务状况、经营成果和现金流量（鉴证对象）进行确认、计量和列报（包括披露，下同）而形成的财务报表（鉴证对象信息）。

（1）按鉴证业务提供保证程度的差异，可分为两类：一是合理保证的鉴证业务；二是有限保证的鉴证业务。

（2）按提供的保证程度和鉴证对象的不同，可分为三类：一是审计业务；二是审阅业务；三是其他鉴证业务。

审计业务，是指注册会计师接受委托，对企业、其他经济组织或个人的历史财务信息所进行的审计业务。注册会计师在提供审计服务时，对所审计信息是否不存在重大错报提供合理保证，并以积极方式提出结论。

审阅业务，是指注册会计师接受委托，对企业、其他经济组织或个人的历史财务信息所进行的审阅业务。注册会计师在提供审阅服务时，对所审计信息是否不存在重大错报提供有限保证，并以消极方式提出结论。

其他鉴证业务，是指注册会计师接受委托，对企业、其他经济组织或个人的历史财务信息审计或审阅以外的其他鉴证业务。注册会计师在提供其他鉴证服务时，要根据鉴证业务性质和业务约定书的要求，提供有限保证或合理保证。

（二）鉴证业务与相关服务的区别

（1）鉴证业务（Assurance Service），是指注册会计师对鉴证对象信息提出结论，以增强除责任方之外预期使用者对鉴证对象信息信任程度的业务。

（2）相关服务业务，是指注册会计师接受委托，对企业、其他经济组织或个人的财务信息执行商定程序、代编财务报表业务，以及其他会计咨询和会计服务业务。注册会计师在提供相关服务时，不提供任何程度的保证。

（三）中国注册会计师鉴证业务基本准则

1. 中国注册会计师执业准则体系编号

中国注册会计师执业准则体系编号由 4 位数组成，其中：

（1）千位数代表不同类别的准则：“1”——代表审计准则；“2”——代表审阅准则；“3”——代表其他鉴证业务准则；“4”——代表相关服务准则；“5”——代表质量控制准则。

（2）百位数代表某一类别准则中的大类：以审计准则为例，将其分为六大类，分别用 1 ~6 表示：“1”——代表一般原则与责任（1101—1152）；“2”——代表风险评估与应对（1201—1231）；“3”——代表审计证据（1301—1341）；“4”——代表利用其他主体的工作（1401—1421）；“5”——代表审计结论与报告（1501—1521）；“6”——代表特殊领域审计（1601—1633）。

（3）十位数代表大类中的小类。

（4）个位数代表小类中的顺序号。

例如：第 1311 号（存货监盘），千位数的“1”——代表审计准则；百位数的“3”——代表审计证据；十位数的“1”代表获取审计证据的某一小类；个位数的“1”代表某小类审计程序的序号。

2. 我国注册会计师执业准则基本内容

为了满足资本市场改革与发展对高质量会计信息的需求，保持我国审计准则与国际准则的持续全面趋同，规范和指导注册会计师应对审计环境和注册会计师利用内部审计人员的工作、应对违反法律法规行为、财务报表披露审计等方面审计实务的新发展，中国注册会计师协会修订了《中国注册会计师审计准则第 1101 号——注册会计师的总体目标和审计工作的基本要求》等 18 项审计准则，于 2019 年 7 月 1 日起施行。

本批审计准则生效实施后，《财政部关于印发〈中国注册会计师审计准则第 1101 号——注册会计师的总体目标和审计工作的基本要求〉等 38 项准则的通知》（财会〔2010〕21 号）及《财政部关于印发〈中国注册会计师审计准则第 1504 号——在审计报告中沟通关键审计事项〉等 12 项准则的通知》（财会〔2016〕24 号）中，相应的 18 项审计准则同时废止。目前仍有效的如下（以 2019 年 7 月 1 日为时点）：

（1）2006 年发布 48 项执业准则［财会（2006）第 4 号］目前仍保留的 13 项如下：

①中国注册会计师鉴证业务基本准则；

②中国注册会计师审计准则第 1602 号——验资；

③中国注册会计师审计准则第 1611 号——商业银行财务报表审计；

④中国注册会计师审计准则第 1612 号——银行间函证程序；

⑤中国注册会计师审计准则第 1613 号——与银行监管机构的关系；

⑥中国注册会计师审计准则第 1631 号——财务报表审计中对环境事项的考虑；

⑦中国注册会计师审计准则第 1632 号——衍生金融工具的审计；

⑧中国注册会计师审计准则第 1633 号——电子商务对财务报表审计的影响；

⑨中国注册会计师审阅准则第 2101 号——财务报表审阅；

⑩中国注册会计师其他鉴证业务准则第 3101 号——历史财务信息审计或审阅以外的鉴证业务；

⑪中国注册会计师其他鉴证业务准则第 3111 号——预测性财务信息的审核；

⑫中国注册会计师相关服务准则第 4101 号——对财务信息执行商定程序；

⑬中国注册会计师相关服务准则第 4111 号——代编财务信息。

（2）2010 年发布 38 项执业准［财会（2010）21 号］，仍有效的 13 项如下：

①中国注册会计师审计准则第 1152 号——向治理层和管理层通报内部控制缺陷；

②中国注册会计师审计准则第 1153 号——前任注册会计师和后任注册会计师的沟通；

③中国注册会计师审计准则第 1201 号——计划审计工作；

④中国注册会计师审计准则第 1241 号——对被审计单位使用服务机构的考虑；

⑤中国注册会计师审计准则第 1312 号——函证；

⑥中国注册会计师审计准则第 1313 号——分析程序；

⑦中国注册会计师审计准则第 1314 号——审计抽样；

⑧中国注册会计师审计准则第 1321 号——审计会计估计（包括公允价值会计估计）和相关披露；

⑨中国注册会计师审计准则第 1323 号——关联方；

⑩中国注册会计师审计准则第 1421 号——利用专家的工作；

⑪中国注册会计师审计准则第 1601 号——对按照特殊目的编制基础编制的财务报表审计的特殊考虑；

⑫中国注册会计师审计准则第 1603 号——对单一财务报表和财务报表特定要素审计的特殊考虑；

⑬中国注册会计师审计准则第 1604 号——对简要财务报表出具报告的业务。

（3）2016 年发布 12 项执业准则［财会（2016）24 号］，仍有效的 8 项如下：

①中国注册会计师审计准则第 1111 号——就审计业务约定条款达成一致意见；

②中国注册会计师审计准则第 1131 号——审计工作底稿；

③中国注册会计师审计准则第 1301 号——审计证据；

④中国注册会计师审计准则第 1324 号——持续经营；

⑤中国注册会计师审计准则第 1332 号——期后事项；

⑥中国注册会计师审计准则第 1341 号——书面声明；

⑦中国注册会计师审计准则第 1504 号——在审计报告中沟通关键审计事项；

⑧中国注册会计师审计准则第 1521 号——注册会计师对其他信息的责任。

（4）2019 年新发布执业准则［财会（2019）5 号］的 18 项如下：

①中国注册会计师审计准则第 1101 号——注册会计师的总体目标和审计工作的基本要求；

②中国注册会计师审计准则第 1121 号——对财务报表审计实施的质量控制；

③中国注册会计师审计准则第 1141 号——财务报表审计中与舞弊相关的责任；

④中国注册会计师审计准则第 1142 号——财务报表审计中对法律法规的考虑；

⑤中国注册会计师审计准则第 1151 号——与治理层的沟通；

⑥中国注册会计师审计准则第 1211 号——通过了解被审计单位及其环境识别和评估重大错报风险；

⑦中国注册会计师审计准则第 1221 号——计划和执行审计工作时的重要性；

⑧中国注册会计师审计准则第 1231 号——针对评估的重大错报风险采取的应对措施；

⑨中国注册会计师审计准则第 1251 号——评价审计过程中识别出的错报；

⑩中国注册会计师审计准则第 1311 号——对存货、诉讼和索赔、分部信息等特定项目获取审计证据的具体考虑；

⑪中国注册会计师审计准则第 1331 号——首次审计业务涉及的期初余额；

⑫中国注册会计师审计准则第 1401 号——对集团财务报表审计的特殊考虑；

⑬中国注册会计师审计准则第 1411 号——利用内部审计人员的工作；

⑭中国注册会计师审计准则第 1501 号——对财务报表形成审计意见和出具审计报告；

⑮中国注册会计师审计准则第 1502 号——在审计报告中发表非无保留意见；

⑯中国注册会计师审计准则第 1503 号——在审计报告中增加强调事项段和其他事项段；

⑰中国注册会计师审计准则第 1511 号——比较信息：对应数据和比较财务报表；

⑱质量控制准则第 5101 号——会计师事务所对执行财务报表审计和审阅、其他鉴证和

相关服务业务实施的质量控制。

四、会计师事务所业务质量控制准则

质量控制，是指会计师事务所及其人员为了确保审计质量符合审计准则的要求，而建立和实施的控制政策和控制程序的总称。

控制政策，是指为了确保审计质量符合审计准则的要求，而采取的基本方针和政策；控制程序，是指为了贯彻执行质量控制政策，而采取的具体措施和方法。

2019 年 7 月 1 日起执行的质量控制准则共 2 项，即《质量控制准则第 5101 号——会计师事务所对执行财务报表审计和审阅、其他鉴证和相关服务业实施的质量控制》、《中国注册会计师审准则第 1121 号——对财务报表审计实施的质量控制》，前者是关于会计师事务所业务质量控制规范，后者是针对会计师事务所人员对特定类型业务实施质量控制程序的责任。

《质量控制准则第 5101 号——会计师事务所对执行财务报表审计和审阅、其他鉴证和相关服务业实施的质量控制》全文 5 章 75 条，本准则适用于会计师事务所建立和保持业务质量控制制度。

会计师事务所应当建立并保持质量控制度，质量控制制度包括针对下列要素而定的政策和程序：

（1）对业务质量承担的领导责任；

（2）相关职业道德要求；

（3）客户关系和具体业务的接受与保持；

（4）人力资源；

（5）业务执行；

（6）监控。

会计师事务所应当质量控制政策和程序形成书面文件，并传达到全体人员。

《中国注册会计师审准则第 1121 号——对财务报表审计实施的质量控制》，全文 5 章 41 条，适用于规范注册会计师对财务报表审实施质量控制程序的责任，以及项目质量控制复核人员的责任，同时结合相关职业道德的要求。其要求包括：

（1）对审计质量承担的领导责任；

（2）相关职业道德要求；

（3）客户关系和审计业务的接受与保持；

（4）项目组的工作委派；

（5）业务执行；

（6）监控；

（7）审计工作底稿。

案例分析结果

罗宾斯药材公司案例对审计工作产生了两方面的影响：首先，美国注册会计师协会下属的审计程序委员会，早在 1936 年就指出："对财务报表负责的主要应是企业管理当局，而不是审计人员。"如果审计人员审定的财务报表与事实不符，则要分清事实不符的原因。当企业内部因共同合谋而使内部控制制度失效时，即使再高明的审计人员，在成本、时间的限制下，也是无法发现这些欺骗行为的。所以，罗宾斯药材公司案件，使审计人员再一次认识到，审计是存在风险的。对这个风险，如是属于企业内部人为造成，则审计人员不应对此负责。其次，审计人员还进一步认识到，建立科学、严格的公认审计程序，使审计工作规范化，能够有效地保护尽责的审计人员，免受不必要的法律指责。

通过罗宾斯药材公司案件也暴露了当时审计程序的不足：即只重视账册凭证而轻视实物的审核；只重视企业内部的证据而忽视了外部审计证据的取得。证券交易委员会根据这个情况，颁布了新的审计程序规则。在规则中，证券交易委员会要求：今后审计人员在审核应收账款时，如应收账款在流动资产中占有较大比例，除了在企业内部要核对有关证据外，还需进一步发函询证，以从外部取得可靠合理的证据。在评价存货时，除了验看有关账单外，还要进行实物盘查，除此之外还要求审计人员对企业的内部控制制度进行评价，并强调了审计人员对公共利益人员负责。与此同时，美国的注册会计师协会所属的审计程序特别委员会，于 1939 年 5 月颁布了《审计程序的扩大》，对审计程序作了上述几个方面的修改，使它成为公认的审计准则。

总之，罗宾斯药材公司的案件，不但加速了美国公认审计准则的发展，同时，还为建立起现代审计的基本模式、在评价内部控制制度基础上的抽样审计奠定了基础。

知识评价

审计人员在审计工作中必须要恪守的行为规范是为了保证审计质量，提高审计工作规范化的要求，审计准则是其中非常重要的组成部分。其内容十分详细地规范了审计人员在各个审计环节应当遵守的行为规范，为审计人员提供专业的工作行为规范指南，也是判断审计人员是否按照审计规范工作的权威性准绳。

思考题

1. 审计准则的含义是什么？
2. 国家审计准则有哪些？
3. 中国注册会计师执业准则体系是什么？

第七章

审计标准、审计证据和审计工作底稿

学习目标

通过本章的学习，使学生了解审计人员应当保持职业怀疑态度，运用职业判断，评价审计证据的充分性和适当性；并理解审计标准是审计判断的准绳；掌握审计工作底稿的要素和填写。

能力目标

掌握审计工作底稿的填写。

技能目标

让学生学会将审计证据记载在审计工作底稿中。

案例导入

安达信销毁审计证据事件

美国的安达信会计师事务所是美国前五大会计师事务所之一，在全世界84个国家拥有审计会计等专业人员85 000人，合伙人4 700名，在世界各地的合作伙伴超过了2 000家。安达信在2001年财政年度的收入为93.4亿美元，相当于中国所有会计师事务所每年收入的10倍以上。而美国的能源业巨头安然公司自1985年成立以来，就由安达信一直负责其审计工作，在审计工作的同时还提供咨询服务。2000年安达信从安然公司获得高达5 200万美元的收入。利益驱使安达信帮助安然公司造假，出具虚假审计报告。2001年10月，安然公司重新公布了1997～2000年期间的财务报表，结果累积利润比原先减少了5.91亿美元，而债务却增加6.38亿美元。事情发生之后，安达信故意销毁了安然公司的大量电子文件、审计文件，以及与安然公司财务审计有关的信息资料，以试图逃避美国证券交易委员会的调查。美国司法部门于2002年10月16日宣判：安达信会计师事务所被判5年查看并将缴纳50万美元的罚款。这是公司因妨碍司法而受到的最严厉的惩罚。安达信还可能被有关部门处以超出非法行为带来的利润或损失两倍的罚款。整个事件真相暴露后，安达信会计师事务所的信誉严重受损，客户流失，使具有89年历史的安达信，从此退出审计业务。

（资料来源：井涛：《与安然一起倒塌的安达信》，载《公司法律评论》2002年。）

【基于案例的问题】

安达信会计师事务所为什么要销毁安然公司的大量电子文件、审计文件以及与安然公司财务审计有关的信息资料？这些信息资料对于审计人员来说是什么？在审计工作过程中有哪些重要的作用呢？

第一节 审计标准

一、审计标准的定义

审计标准是进行审计时判断审计事项是非、优劣的准绳，是提出审计意见、作出审计决定的依据。

审计人员在进行审计时，要对审计项目的真实性、合法性进行判断，当然需要客观而准确的依据。在审计的过程中，国家的法律法规和规章制度、企业的计划、预算章程等都可以作为衡量企业经济活动真实性、合法性、效益性的标准。

二、审计标准的分类

审计人员选用不同的审计标准，可以把审计标准先进行分类，再根据不同用途、目的选择。

（一）按照审计标准的来源分类，可以分为以下两类

（1）外部制定的审计标准。如国家制定的法律、法规、政策和地方政府、上级主管部门颁发的规章制度。

（2）内部制定的审计标准。被审计单位制定的标准。

（二）按照审计标准的性质和内容分类，可以分为以下四类

1. 法律、法规

法律主要是国家立法机关依照立法程序制定和颁布，是由国家强制保证执行的行为规范总称。例如宪法、刑法、民法、会计法、审计法、预算法、税收征管法、海关法、各种税法、企业法、公司法、经济合同法等。法规是由国家行政机关制定的各种法令、条例、规定等，例如《企业会计准则》《企业财务通则》等。

2. 规章制度

规章制度主要有国务院各部委根据法律和国务院的行政法规制定的规章制度；省、市、地区直辖市根据法律和国务院的行政法规制订的规章制度；还有被审计单位上级主管部门和被审计单位内部制订的各种规章制度等。例如国家主管部门制定的各项财务会计制度，单位内部制定的各项内部控制制度等。

3. 预算、计划、合同

例如国家机关事业单位编制的经费预算，企业单位制定的各种经济计划，被审计单位与其他单位签订的各种经济合同等。

4. 业务规范、技术经济标准

例如人员配备定额、工作质量标准、原材料消耗定额、工时定额、能源消耗定额、设备利用定额等。当然还有国家制定的等级企业标准、优秀企业的管理条例等。

这些标准根据审计目的的不同，使用的范围也不同。比如法律法规就具有强制性，可以用来判断被审计单位的违法乱纪情况；而单位的规章制度、可以保护单位的财产安全，判断单位的内部管理；单位的预算、计划、合同经济活动的正常进行，所以在不同的情况下就要运用选择不同的审计标准。

三、适当的审计标准应当具有的特征

审计人员在对财务报表的合法性和公允性进行职业判断时，应以审计标准和审计证据为依据，所用的审计标准应当应具有以下特征。

（一）相关性

相关性即审计标准要与审计的目标相关，从而便于得出结论，便于其使用者做出决策。审计标准的相关性，表现在所选用的标准与被审计事项是相关的，能够判定被审计事项是否真实、合法与有效；还有是能说明审计人员提出的审计意见、做出的审计决定有充足的理由。

（二）权威性

审计标准是判断被审计单位经济活动合法性、有效性及真实性的准绳，又是作为提出审计意见、做出审计决定的根据或理由。例如国家的法律、法规是衡量经济活动是否合法、合规的标准，它具有很高的权威性。

（三）层次性

一般的审计标准是由审计主体以外的国家机关、管理部门、业务部门、技术部门、企业单位自己制订的。审计标准因管辖范围和权威性大小不同而有不同的层次。最高层次的标准是国家立法机关的法律；其次是国务院颁布的各种行政法规及政策、指令、规划等；然后是地方立法机关和行政机构制定的地方性法律、法规；再下来是被审计单位主管部门制定的规章制度、下达的计划和提出的技术经济指标等；最低层次标准是被审计单位内部制定的各种规章制度、计划、预算、定额、标准等。一般而言，审计标准的层次越高，其管辖的幅度越宽，其适用的范围越广，其权威性越大。

（四）地域性

审计标准在很多时候还要受到地域性限制。各个国家的社会经济制度不同和生产力发展水平不同，其审计标准和内容也就各不相同。在我国各地区、各部门的实际情况和发展水平也不相同，因此，其适用的审计标准也各不相同。

（五）时效性

从时间上看，审计标准都有一定的时效性，不是一成不变的。作为衡量经济活动是否真实、合法和有效的审计标准，会因经济基础的发展变化而不断变化，那么审计人员在审计工作中，要注意各种标准的变化，选用在被审计事项发生时有效的判断标准，不能以过时的法律、法规、规章制度作为判断标准，更不能以旧的审计标准来否定现行的经济活动，抑或用新的审计标准来否定过去的经济活动。

四、审计标准的选用

审计事项是多种多样的，就需要各种不同的审计标准。审计人员要从工作要求出发，选用合适的审计标准，从而做出正确的判断。

（一）审计标准的客观性

审计标准的客观性是指审计人员以法律、法规、规章制度等作为审计标准时，应以正式文件为准，不得以报纸、杂志、听到等消息为依据。

（二）审计标准的适用性

需要考虑审计标准具有时效性和地域性。不同的地域，生产力发展水平不同，经济、市场、环境都不同。

（三）审计标准的相关性

审计标准的相关性是指用作审计标准的文件、资料应与审计事项密切相关。必须是可以作为衡量审计事项是否真实、合法、有效的相关的标准。

（四）审计标准的公认性

标准不一致时，采用社会权威的和公认程度高的标准作为标准。

第二节 审计证据

一、审计证据的定义

《审计法》中规定，审计人员通过审查会计凭证、会计账簿、会计报表、查阅与被审计事项有关的文件、资料、检查现金、实物、有价证券、向有关单位和个人调查等方式进行审计，并取得证明材料。审计证据是证明事实是否客观存在的材料，是证明被审对象真相的凭证。

所谓审计证据，是指审计人员为了得出审计结论、形成审计意见而使用的所有信息，包括构成财务报表基础的会计记录所含有的信息和其他信息。审计证据的内容主要有：

（一）会计记录中含有的信息

例如原始凭证、记账凭证、账簿、未在记账凭证中反映的对财务报表的其他调整，支撑成本分配、计算、调节和披露的计算表和电子数据表等。

（二）其他信息

其他信息指被审计单位会议记录、内部控制手册、函证回函、分析师的报告等；审计人员获取的存货存在性的盘存表、编制的各种计算表、分析表等。

会计记录中包含的信息和其他信息这两种缺一不可。没有会计记录中含有的信息，审计工作将无法进行；没有其他信息，可能无法识别重大错报风险。要将两者有机结合在一起，才能将审计风险降至可接受的低水平。

二、审计证据的分类

为了使审计证据的收集、整理和评价工作更为有效，也为了审计目标的顺利实现，使人们加深对审计证据的了解，可以把审计证据按照形式、来源、取证方式来进行分类。

（一）按审计证据的外形特征分类

审计人员所取得的审计证据可以按其外形特征分为实物证据、书面证据、口头证据、视听或电子证据、鉴定和勘验证据和环境证据。

1. 实物证据

实物证据是指通过实际观察或清点所取得的，用以确认某些实物资产是否真实存在的证据。实物证据通常包括固定资产、存货、有价证券和现金等。实物证据一般是通过实际观察或盘点取得的，从而确定实物资产的存在性。但资产的所有权归属、资产的质量和分类还需要进一步取得其他的审计证据。实物证据优点是证明力较强，缺点是具有局限性，无法证明实物资产的所有权，不能很好地判断资产质量。

2. 书面证据

书面证据是指审计人员所获取的各种以书面文件为形式的一类证据。书面证据往往是审计证据中的主要部分，数量多、来源广。它包括与审计有关的各种原始凭证、会计记录、各种会议记录和文件、各种合同、函件等。在审计过程中，审计人员要大量地获取和利用书面证据，书面证据是审计证据的主要组成部分，所以书面证据被称为基本证据。

3. 口头证据

口头证据是指被审计单位职员或其他有关人员对审计人员的提问作口头答复所形成的一类证据。审计人员会向被审计单位的有关人员询问会计记录、文件的存放地点。这些问题的口头答复，就构成了口头证据。同时审计人员应把各种重要的口头证据尽快做成记录，并注明是何人、何时、在何种情况下所做的口头陈述，必要时还应获得被询问者的签名确认。然而，口头证据本身并不足以证明事情的真相，但审计人员往往可以通过口头证据发掘出一些重要的线索，从而有利于对某些需审核的情况做进一步的调查，以收集到更为可靠的证据。缺点是可能会带有个人成见和片面观点，可靠性较差，证明力较小。

4. 视听或电子证据

视听或电子证据是指以录音带、录像带、磁带及其他电子计算机储存形式存在的、用于证明审计事项的证据。信息化技术的广泛应用促成了计算机审计，也带来了电子数据的取证方式和证明力问题。审计人员采集的被审计单位电子数据以及经过加工筛选出来的相关问题数据经过鉴证从而形成了电子证据。

5. 鉴定和勘验证据.

鉴定和勘验证据是指因特殊需要审计机关指派或聘请专门人员对某些审计事项进行鉴定而产生的证据。这种证据实际上是书面证据的特殊形式。

6. 环境证据

环境证据是指对被审计单位产生影响的各种环境事实。环境证据一般有：内部控制状况的环境证据、管理素质的环境证据、管理水平和管理条件的环境证据。环境证据突出的特点是能够帮助审计人员正确评价有关资料所反映信息在总体或大体上的可靠程度。

（二）按审计证据的来源分类

审计人员所取得的审计证据可以按审计证据的来源分类分为外部证据、内部证据、亲历证据。

1. 外部证据

外部证据是指由被审计单位以外的组织机构或其他有关的人员所编制的。主要包括：直接交给审计人员的外来资料证据；经被审计单位之手而提交给审计人员的外部证明；审计人员为证明某个事项而自己动手编制的各种计算表、分析表等。

2. 内部证据

内部证据是指由被审计单位内部机构或职员编制和提供的书面证据。主要包括：被审计单位的会计记录；被审计单位管理当局声明书；其他书面文件等。

3. 亲历证据

亲历证据是指由审计人员通过运用专业判断和相应的程序与方法，对被审事项的有关资料进行计算和分析而得到的证据，分析表等或自己进行观察得到的结论。对于书面证据而言，亲历证据强调的是审计人员对有关基础资料（证据）必须进行重新加工，按照既定的目标所确定的程序进行计算和分析，因此，它具有较其他来源形式证据更为可靠的证明力。

（三）按审计证据的取证方式分类

审计人员所取得的审计证据可以按审计证据的取证方式分类分为检查证据、调查证据、鉴定证据、其他证据。

（1）检查证据是指审计人员在审计过程中实施各种审计技术方法所获取的各种会计资料及其他有关资料。

（2）调查证据是指审计人员针对被审计事项，向有关部门和人员进行调查时获取的陈述材料和出具的资料。

（3）鉴定证据是指针对某种事项、实物或资料，审计人员要求鉴定部门对其进行鉴定所得的结论。

（4）其他证据是除上述证据以外的证据，如审计人员的各种群众举报信，来访接待记录等。

三、审计证据的特点

（一）审计证据的充分性

充分性是对审计证据数量的衡量，与审计人员确定的样本规模有关。

根据审计证据准则，评价和判断审计证据是否充分，应当考虑以下因素：审计风险、具体审计项目的重要程度、审计人员的审计经验、审计过程中是否发现错误或舞弊；审计证据的类型与获取途径等。

1. 审计风险

审计人员在考虑审计证据的充分适当特性的时候，一般不考虑检查风险而考虑重大错报风险中固有风险和控制风险及其他风险对审计的影响。这是因为，检查风险的大小是由其他风险水平确定之后计算分析而得的，是其他风险水平变化后的结果。在可接受审计风险一定的情况下，审计证据的数量与重大错报风险同向变动。重大错报风险越高，审计人员应实施的审计测试工作就越多，才能将检查风险降至可接受水平，进而将审计风险控制在可接受的低水平内。

2. 被审计项目的重要程度

如果被审计项目很重要，审计人员对它的判断发生失误时往往引发对会计报表整体判断失误，因而会要求对那些重要的项目扩大取证范围，增加取证数量，以减少审计失误，降低审计风险。相反，对那些个别判断失误且不至于引发整体判断失误的不重要项目，可以减少审计证据的数量，从而节约审计成本。

3. 注册会计师的审计经验

对于有着丰富审计经验的审计人员来说，他们善于捕捉蛛丝马迹，然后顺藤摸瓜，查清事实的真相；也善于以比较少的审计证据比较准确地判断出被审事项的真实状况。然而，相对于能力较差的审计人员，增加必要的审计证据数量是保持谨慎的最根本途径。

4. 审计过程中是否发现错误和舞弊

无论是初次审计还是历次审计，如果在审计过程中一旦发现了存在错误和舞弊的现象，审计人员就应考虑它对整体会计报表会带来增加存在问题的可能性及影响，因此，在审计过程中应考虑增加审计证据的数量，以形成恰当的审计意见。

5. 审计证据的类型与获取途径

前面阐述过，采用不同途径可以获得不同类型的审计证据，不同类型的审计证据其证明力也不尽相同。对于那些由审计人员亲自计算加工而得的亲历证据和从独立的第三者那里获得的外部证据，其质量是较为可靠的，因而取证数量可以相对减少。而对那些容易被伪造的内部证据，就要在取证数量上相应增加。

（二）审计证据的适当性

审计证据的适当性是指相关性和可靠性。只有相关且可靠的证据才是高质量的。即审计证据应当与审计目标相关联，并且能如实反映客观事实。审计证据的适当性实质上是指审计证据的质量因素，它和审计证据的充分性互为补充，共同体现其证明力的作用。

1. 相关性是指用作审计证据的信息与审计程序的目的和所考虑的相关认定之间存在逻辑联系

例如：仅凭应收账款账簿的记录，很难令人相信该笔债券债务关系到底是否存在，而销售合同、发货凭证、销售发票、账簿记录以及客户的函证回函才能构成完整的证据链条，才能据有信服力。

审计证据的相关性可能受到审计测试方向和审计测试程序的影响。

（1）审计证据的相关性可能受测试方向的影响。审计测试方向包括逆向追查与顺向追查两个方向。逆向审查适宜于查存在或发生认定的错报，不适宜查完整性认定的错报；例如，如果某审计程序的目的是测试应付账款的计价高估，则测试已记录的应付账款可能是相关的审计程序。顺向追查适宜于查完整性认定的错报，不适宜查存在或发生认定的错报。如关注应付账款的完整性，则测试已记录的应付账款就不是相关的审计程序，相关的审计程序而可能是测试期后支出、未支付的发票、供应商结算单以及发票未到的收货报告单等。

（2）审计证据的相关性可能受审计程序的影响。控制测试的作用是评价内部控制运行的有效性。实质性程序的作用是发现交易、余额、列报的重大错报。有关某一认定（如存货的存在认定）的审计证据不能替代与其他认定（如该存货的计价认定）相关的审计证据。有时，不同来源或不同性质的审计证据可能与同一认定相关。例如，检查期后应收账款收回的记录和文件可以提供有关存在和计价的审计证据（实际收回本身足以证实“存在”，将收回的金额与账面余额比较，可以证实坏账准备的计提），但未必提供与截止认定相关的审计证据。例如，销售发票也可以证实应收账款的计价与分摊认定。

2. 审计证据的可靠性是指证据的可信程度

例如，审计人员亲自检查存货所取得的证据，就比被审计单位管理层提供给审计人员的存货数据更可靠。审计证据的可靠性受其来源和性质的影响，并取决于获取审计证据的具体环境。审计人员在判断审计证据的可靠性时，通常会考虑下列原则：

（1）从外部独立来源获取的审计证据比从其他来源获取的审计证据更可靠。从外部独立来源获取的审计证据未经被审计单位有关职员之手，从而减少了伪造、更改凭证或业务记录的可能性，因而其证明力最强。例如银行询证函回函、应收账款询证函回函、保险公司税等机构出具的证明等。相反，从其他来源获取的审计证据，由于审计证据提供者与被审计单位存在经济或行政关系等原因，其可靠性应受到质疑。如被审计单位内部的会计记录、会议记录等。

（2）内部控制有效时生成的审计证据比内部控制薄弱时生成的审计证据更可靠。如果被审计单位有着健全的内部控制且在日常管理中得到一贯有效的执行，会计记录的可信赖程度将会增加。如果被审计单位的内部控制薄弱，甚至不存在任何内部控制，被审计单位内部凭证记录的可靠性就大为降低。例如，如果与销售业务相关的内部控制有效，审计人员就能从销售发票和发货单中取得比内部控制不健全时更加可靠的审计证据。

（3）直接获取的审计证据比间接获取或推论得出的审计证据更可靠。间接获取的证据有可能被涂改及伪造的可能性，所以降低了可信赖程度。推论得出的审计证据，其主观性较强，人为因素较多，可信赖程度也低。

（4）以文件、记录形式（无论是纸质、电子或其他介质）记载的审计证据比口头形式的审计证据更可靠。例如，会议的同步书面记录比对讨论事项事后的口头表述更可靠。

（5）从原件获取的审计证据要比从传真件或复印件获取的审计证据更可靠。审计人员可审查原件是否有被涂改或伪造的迹象，排除伪证，提高证据的可信赖程度。而传真件或复印件容易是篡改或者伪造的结果，可靠性较低。

审计人员在按照上述原则评价审计证据的可靠性时，还应当注意可能出现的重要例外情况。例如，审计证据虽然从独立的外部来源获得，但如果该证据是由不知情者或不具备资格者提供，审计证据也有可能是不可靠的。同样，如果审计人员不具备评价证据的专业能力，那么即使是直接获取的审计证据，也可能不可靠。

（三）审计证据充分性与适当性的关系

1. 充分且适当的审计证据才有证明力

充分性和适当性是审计证据的两个重要特征，两者缺一不可，只有充分且适当的审计证据才是有证明力的。

2. 审计证据的适当性会影响审计证据的充分性

注册会计师需要获取的审计证据的数量也受到审计证据质量的影响，审计证据质量越高，需要的审计证据数量就可能越少。

3. 审计证据的质量存在缺陷无法通过数量来弥补

如果审计证据的质量存在缺陷，那么注册会计师仅靠获取更多的审计证据也可能无法弥补审计质量上的缺陷。

四、审计证据的整理与评价

审计证据整理与评价的一般可以分为以下四个步骤：

首先是分类整理，把分散的、零碎不全的审计证据按照不同的审计目标进行分类。

其次是核实评价，根据分类整理的结果，对有关审计证据进行分层次复核，并就其证明力进行分析和评价，确定是否取舍或补充相关审计证据。

再次是补充取证，审计人员对审计证据评价后可能形成以下几种结果：审计证据充分适当；形成新的有价值的证据；发现新问题应补充取证。补充取证要采用科学严谨的审计程序结合审计目标进行。

最后是综合归纳，对于经评价认为审计证据充分且适当，审计人员应将全部证据进行归纳，形成局部审计意见，最后综合形成整体的审计意见。

（一）审计证据整理与评价的要求

1. 坚持整体的观点

审计人员应从对会计报表整体发表意见的高度去整理和评价审计证据。把整体目标进行分解，按单个审计目标分类整理证据，逐级进行归类和评价审计证据的充分性和适当性，最后形成完整的对审计意见。

2. 坚持联系的观点

整理、评价审计证据必须与审计目标相联系，从证据与证据之间的内在联系出发，不要只是罗列证据。这种证据之间的内在联系是由被审事项内部的联系来决定的。

3. 坚持客观的立场

在评价、整理审计证据中，审计人员切忌主观臆断，不能用主观判断去取代证据，要以事实为依据，以证据为基础，形成审计意见。

（二）审计证据整理与评价方法

（1）分类：就是将各种审计证据按其证明力的强弱围绕审计目标分类别排列成序。

（2）计算：就是运用一定的方法对有关审计证据的数据进行加工计算，并从计算中分析中得出所需的新证据。

（3）比较：就是将不同的审计证据与其他审计证据比较和将审计证据与具体审计目标比较。例如：将审计证据与审计目标比较，可以判断审计证据是否符合要求，有无补充取证的必要。

（三）审计证据整理与分析应注意的事项

1. 注意把握审计证据取舍的标准

审计人员形成最终的审计意见，应该是以那些典型的、有代表性的审计证据作为基础。因此，在对审计证据整理与分析过程中要把握以下取舍标准：以被整理评价审计证据的重要程度为取舍标准。

审计证据的重要程度由金额大小、问题的性质两方面决定。对于那些金额较大、性质较为严重的审计证据显然颇具代表性，而那些金额虽然不大但性质较严重的审计证据仍然可以作为重要审计证据处理。

2. 注意分清事实的现象和本质

任何一个审计证据都是现象与本质的结合体。现象如果与本质相一致即为真相，反之，现象与本质相背离时称为假象。审计人员要注意分清真相与假象，不被假象所迷惑。

3. 注意发掘伪证

被审计单位等审计证据提供者出于某种目的而提供经过伪造的证据，从而鱼目混珠。区分伪证和真实证据，审计人员应认真研究评价，进行合理推理或必要的怀疑，从提供证据者的目的、经济业务发生的可能性和合理性、业务发生过程的可控性和业务发生结果的效果性等各方面评价审计证据的真伪程度，要善于发掘那些经过精心制作的伪证。

第三节 审计工作底稿

一、审计工作底稿的定义和编制作用

审计工作底稿是指审计人员在审计工作过程中形成的全部审计工作记录和获取的资料。它是审计证据的载体，可作为审计过程和结果的书面证明，也是形成审计结论的依据。在审计工作中发挥着重要的作用。

（一）审计工作底稿是联结全部审计工作的纽带

审计工作经常由多个审计人员进行，他们之间存在不同的分工协作。审计工作在不同阶段就会有不同的测试程序和审计目标。审计工作底稿可以把不同人员的审计结果、不同阶段的审计结果有机地联系起来，使得各项工作都围绕对会计报表发表意见的总体目标来进行。

（二）审计工作底稿是形成审计结论、发表审计意见的依据

审计工作底稿是审计证据的载体，它记录了审计证据本身所反映的内容，还同时记载了审计人员对审计证据的评价分析情况和得出的审计结论的过程。这些审计证据和审计人员的专业判断是形成审计结论、发表审计意见的直接依据。

（三）审计工作底稿是评价审计责任、专业胜任能力和工作业绩的依据

一般在进行区分审计责任和管理层责任时，评价审计的责任通常是评价审计人员对审计报告所负的真实性和合法性责任。如果审计人员是严格依据审计准则进行审计，据实发表审计意见，并把这些情况结果记录于审计工作底稿上，那么在任何时候依据审计工作底稿进行评价都有利于解脱或减除审计责任，保护审计人员的合法权益。审计人员专业能力的强弱、工作业绩的好坏也可以通过审计工作底稿的评价来体现和衡量。

（四）审计工作底稿为审计质量控制与质量检查提供了基础依据

审计质量控制通常是为确保审计质量符合审计准则的要求而制定和运用的控制政策和程序，主要包括指导和监督审计人员选择实施审计程序，编制审计工作底稿，并对审计工作底稿进行复核。所以，审计工作底稿既可以作为审计质量控制的对象，也可以作为审计质量控制的依据。审计质量的检查通常是由审计协会或其他有关单位组织进行，其核心主要工作就是对审计工作底稿规范程度的检查。

（五）审计工作底稿具有参考价值

因为审计工作有很密切的联系性和连续性，审计工作底稿对未来审计业务起到参考作用，前一年度的审计情况经常可以作为后一个年度开展审计业务的参考、借鉴；另外，前任审计人员审计业务也可以作为后任审计人员开展审计业务的参考、备查。

二、审计工作底稿的分类

工作底稿按其性质和作用不同可分为三类：

（1）综合类工作底稿指审计人员在审计计划阶段和审计报告阶段，为规划、控制和总结整个审计工作并发表审计意见所形成的审计工作底稿。它主要包括有：审计业务约定书、审计计划、审计总结、试算平衡表、审计差异调整汇总表、审计报告、管理建议书以及审计人员对整个审计工作进行组织管理的所有记录和资料。

（2）业务类工作底稿指审计人员在审计实施阶段为执行具体审计程序所形成的审计工作底稿。它包括有：内部控制的调查表和流程图、实质性测试中形成的项目明细表、询证函、分析性测试表、资产盘点表或调节表、计价测试记录、截止测试记录等。

（3）备查类工作底稿指审计人员在审计过程中形成的、对审计工作仅具有备查作用的审计工作底稿。主要包括：被审计单位的设立批准证书、营业执照、合营合同、协议、章程、组织机构及管理人员结构图、董事会会议纪要、重要经济合同、相关内部控制制度、验资报告的复印件或摘录。通常，备查类审计工作底稿是由被审计单位或第三者根据实际情况提供或代为编制，因此，审计人员应认真审核，并对所取得的有关文件、资料标明其具体来源。

三、审计工作底稿的要素

（一）审计工作底稿的标题

在每张审计工作底稿中应当包括被审计单位的名称、审计项目的名称和及资产负债表或底稿覆盖的会计期间。

（二）审计过程记录

在记录审计过程时，应当特别注意以下几个方面。

1. 具体项目或事项的识别特征

在记录实施审计程序的性质、时间和范围时，审计人员应当记录测试的具体项目或事项的识别特征。识别特征是指被审计测试的项目或事项表现出的征象或标志。识别特征因审计程序的性质和所测试的项目或事项不同而不同。对某一个具体项目或事项而言，其识别特征通常是唯一的，这种特性可以使其他人员根据识别特征在总体中识别该项目或事项并重新执行该测试。

（1）如在对被审计单位生成的订购单进行细节测试时，审计人员可能以订购单的日期或编号作为测试订购单的识别特征。需要注意的是，在以日期或编号作为识别特征时，审计人员需要同时考虑被审计单位订购单编号的方式。

（2）对于需要选取或复核既定总体内一定金额以上的所有项目的审计程序，审计人员可能会以实施审计程序的范围作为识别特征。

（3）对于需要系统化抽样的审计程序，审计人员可能会通过记录样本的来源、抽样的起点及抽样的间隔来识别已选取的样本。

（4）对于需要询问被审计单位中特定人员的审计程序，审计人员可能会以询问的时间、被询问人的姓名以及职位作为识别特征。

（5）对于观察程序，审计人员可能会以观察的对象或观察过程、相关被观察人员及其各自的责任、观察的地点和时间作为识别特征。

2. 重大事项及相关重大职业判断

重大事项通常包括：引起特别风险的事项；实施审计程序的结果，该结果表明财务信息可能存在重大错报，或需要修正以前对重大错报风险的评估和针对这些风险拟采取的应对措施；导致审计人员难以实施必要审计程序的情形；导致出具非标准审计报告的事项。

审计人员应当考虑编制重大事项的概要，将其作为审计工作底稿的组成部分，以有效地复核和检查审计工作底稿，并评价重大事项的影响。重大事项概要包括审计过程中识别的重大事项以及如何得到解决，或对其他支持性审计工作底稿的交叉索引。当涉及重大事项和重大职业判断时，审计人员需要编制与运用职业判断相关的审计工作底稿。

3. 针对重大事项如何处理不一致的情况

如果识别出的信息与针对某重大事项得出的最终结论不一致，审计人员应当记录如何处理不一致的情况。

（三）审计结论

在记录审计结论时需注意，在审计工作底稿中记录的审计程序和审计证据是否足以支持所得出的审计结论。

（四）审计标识及其说明

审计工作底稿中可使用各种审计标识（代表审计含义的符合），但应说明其含义，并保持前后一致。

例如：∧表示纵加核对；＜表示横加核对；B 表示与上年结转数核对一致；T 表示与原始凭证核对一致；G 表示与总分类账核对一致；S 表示与明细分类账核对一致；T/B 表示与试算平衡表核对一致；C 表示已发询证函；C＼表示已收回询证函；P&L = profit & loss 的中文含义是损益表；TB = trial balance 的中文含义是试算平衡表。

（五）索引号及编号

通常，审计工作底稿需要注明索引号及顺序编号，相关审计工作底稿之间需要保持清晰的钩稽关系。在实务中，审计人员可以按照所记录的审计工作的内容层次进行编号：例如，固定资产汇总表的编号为 C1，按类别列示的固定资产明细表的编号为 C1－1，房屋建筑物的编号为 C1－1－1、机器设备的编号为 C1－1－2、运输工具的编号为 C1－1－3 及其他设备的编号为 C1－1－4。各表相互引用时，需要在审计工作底稿中交叉注明索引号。

（六）编制人员和复核人员及执行日期

在记录已实施审计程序的性质、时间安排和范围时，审计人员应当记录以下内容：测试的具体项目或事项的识别特征；审计工作的执行人员及完成审计工作的日期；审计工作的复核人员及复核的日期和范围。在项目质量控制复核时，还需要注明项目质量控制复核人员及复核的日期。一般来说，需要在每一张审计工作底稿上注明执行审计工作的人员和复核人员、完成该项审计工作的日期以及完成复核的日期。

四、审计工作底稿举例

以控制测试审计抽样审计工作底稿和抽查盘点存货的工作底稿为例，说明审计工作

【例 7－1】 控制测试审计抽样

被审计单位：甲公司 项目：采购订单授权 编制：王大虎 日期：2016/01/10	索引号：CGL－3 财务报表截止日/期间：2015 年度 复核：张小牛 日期：2016/01/28

（一）样本设计

1. 确定测试目标 拟测试的控制：甲公司2015年所有采购订单按照公司要求需要经总经理李明或其授权人汪峰签字确认 测试目标：确认在本期间内该项控制的运行是有效的 相关交易和账户与认定：存货、应付账款、预付账款等账户的存在认定 初步评估的控制运行有效性：有效 初步评估的重大错报风险：低
2. 定义总体与抽样单元 总体：2015年发生的所有采购业务 代表总体的实物：2015年签订的所有采购订单 抽样单元：每份采购订单
3. 定义偏差 采购订单上没有总经理李明或其授权人汪峰签字
4. 确定样本规模 总体规模：500 样本规模：25

（二）选取样本并实施审计程序

1. 选取样本 选样方法：系统选样 计算选样间距（总体规模÷样本规模）：20 确定样本起点（在1到选样间距之间选择）：10 样本编号列表： 10，30，50，70，90，110，130，150，170，190，210，230，250，270，290，…
2. 实施审计程序 工作底稿索引号：CGL－3 样本中发现控制偏差数量：1

（三）评价样本结果

1. 分析控制偏差的原因和性质 原因：总经理李明无意中漏签 性质：偶然偏差，不构成控制重大缺陷和舞弊
2. 得出总体结论 样本结果是否支持初步风险评估结果：否 控制是否运行有效：无效 修订后的重大错报风险评估水平：中 是否需要增加样本规模：否 工作底稿索引号：CGL－3－1 是否需要增加对相关账户的实质性程序：是 工作底稿索引号：CGL－4－1

五、审计工作底稿的复核

由于一张单独的审计工作底稿往往由一名审计人员来编制完成，在资料引用、专业判断和计算分类方面可能会存在误差。因此，对已经编制完成的审计工作底稿必须安排有关专业人员进行分层次的复核，以保证审计意见的正确性和审计工作底稿的规范性。审计工作底稿的复核要经过三级复核：

第一级复核通常也称详细复核，是一种较为全面细致的复核，是由项目经理对下属审计人员形成的工作底稿进行的复核；目的在于按照准则的规范要求，发现并指出问题，及时加以修正完善。

第二级复核也称一般复核，是由部门经理对工作底稿中重要会计账项的审计、重要审计程序的执行及审计调整事项等进行的复核；二级复核实质上是对项目经理负责的详细复核的再监督。其目的在于按照有关准则的要求对重要审计事项进行把关、监督。

第三级复核又叫重点复核，是由质量控制部负责人（或主任会计师）对审计过程中的重大会计审计问题、重大审计调整事项及重要的审计工作底稿进行的复核。重点复核是对前两级复核的再监督，也是对整个审计工作的计划、进度和质量的重点把握。例 7－2 为三级复核工作底稿的举例。

【例 7－2】

三级复核工作底稿

被审计单位名称＿＿＿＿＿＿＿＿　　　　索引号＿＿＿＿
　　　　　　　　　　　　　　　　　　　页次＿＿＿＿
审计项目名称＿＿＿＿＿＿＿＿
会计期间＿＿＿＿＿＿＿＿　　　　编制＿＿＿＿　日期＿＿＿＿

复核人	复核要点	复核与否	复核意见	处理意见
项目负责人	1. 预定审计程序完成是否适当； 2. 审计证据是否充分、适当； 3. 审计工作底稿的填列是否完整； 4. 审计工作底稿的审计记录，审计标识是否清晰； 5. 审计工作底稿的钩稽关系是否清晰； 6. 审计工作底稿的归类整理是否恰当； 7. 审计结论是否明确。		复核人（签字）： 日期：	①同意出具无保留意见报告 ②同意出具无保留意见－说明段报告 ③整改后出具保留意见报告 ④整改后出具保留意见报告 ⑤出具否定意见报告 ⑥不同意出报告
部门经理	1. 重要审计程序的制定执行是否已实现审计目标； 2. 审计项目的审计证据是否充分适当； 3. 各审计项目之间的调用衔接是否合理，是否存在重要漏审项目； 4. 项目负责人对业务助理人员的监督，指导是否恰当； 5. 所有调整项目或未予调整项目是否恰当； 6. 审计意见的确定是否恰当，相关的披露是一致。		复核人（签字）： 日期：	①同意出具无保留意见报告 ②同意出具无保留意见－说明段报告 ③整改后出具保留意见报告 ④整改后出具保留意见报告 ⑤出具否定意见报告 ⑥不同意出报告

续表

复核人	复核要点	复核与否	复核意见	处理意见
所长副主任会计师	1. 审计约定事项是否已经实现； 2. 重要审计程序的制定与实施是否恰当； 3. 重点审计领域的测试是否充分； 4. 重要审计证据是否充分、恰当； 5. 重要调整事项是否恰当； 6. 审计意见的确定是否恰当，审计报告的表述是否规范。		复核人（签字）： 日期：	①同意出具无保留意见报告 ②同意出具无保留意见－说明段报告 ③整改后出具保留意见报告 ④整改后出具保留意见报告 ⑤出具否定意见报告 ⑥不同意出报告

说明：项目负责人复核原则上应在审计现场完成。复核意见栏主要列示提醒部门经理，主任会计师应重视事项。

六、审计工作底稿的归档

（1）审计工作底稿归档的期限：在审计报告日后60天内。如果审计人员未能完成审计业务，审计工作底稿的归档期限为审计业务中止后的60天内。

（2）审计工作底稿归档后的变动：在完成最终审计档案的归整工作后，审计人员不得在规定的保存期限届满前删除或废弃任何性质的审计工作底稿。

知识评价

审计标准为审计判断提供了准绳，审计证据为审计结论提供了依据，而审计工作底稿为审计证据提供了载体，这三者对于审计人员都非常重要。

思考题

1. 审计证据的充分性与哪些方面有关？

2. 什么是审计证据？其有何特点？

3. 会计师事务所于2015年2月5～12日完成了对X公司的年报审计（审计报告的签发日为2015年2月12日），兹有部分审计工作底稿如下：

（1）营业执照、公司章程；

（2）重要的法律文件、合同、协议；

（3）审计业务约定书；

（4）审计计划；

（5）审计报告；

（6）预备调查底稿；

（7）符合性测试底稿；

（8）实质性测试底稿。

要求：将上述审计底稿按照性质、作用归类，将其序号填入下表：

综合类工作底稿	
业务类工作底稿	
备查类工作底稿	

第八章

针对风险评估与应对、内部控制的评审

学习目标

本章阐述了在进行财务报表审计时，审计人员进行风险评估和风险应对的主要内容、方法和程序。通过本章学习掌握内部控制的含义、目标及其历史演变，对内部控制与现代审计的关系以及审计人员如何了解内部控制结构和评估控制风险、进行风险应对等知识要点加以掌握，为以后学习审计实务奠定理论基础。

能力目标

要求学生掌握风险评估的基本程序、方法；风险应对的基本程序和方法等。

技能目标

掌握评估重大错报风险的方法，流程和基本思路。

案例导入

巨人危机

1991 年春，史玉柱创办的珠海巨人新技术公司成立，曾经说过："巨人要成为中国的 IBM，东方的巨人"。8 月，新产品 M—6403 开发成功。10 月，史玉柱突发奇想，以只要订购 10 块巨人汉卡就可提供往返路费为条件，邀请全国各地 200 多名电脑经销商，参加全国巨人汉卡连锁销售会议。会议总投入仅有几十万元，结果就建立了一个全国性的销售网络。1992 年，巨人高科技集团公司成立，史玉柱持股 90%，注册资本 1.19 亿元，下设 8 个分公司，是当时仅次于四通公司的中国第二大民营企业。年销售 M—6403 汉卡 2.8 万套，产值 1.6 亿元，利润 3 500 万元。1993 年，正值全国房地产热，史玉柱决定建 18 层的自用办公大楼，总投资 2 亿元。当时巨人资产规模上亿元，巨人汉卡年利润可达 4 000 万 ~5 000 万元。下半年，一位领导到巨人集团参观，认为位置非常好，建议再高一些，由自用转向房地产开发，于是，巨人大厦设计方案从 38 层增加到 54 层，再增至 64 层。同时，王安电脑公司的破产保护案对史玉柱触动很大，史玉柱认为，西方跨国电脑企业纷纷来中国拓展业务，巨人汉卡肯定会受到巨大的冲击。巨人集团的发展必须寻找新的产业支柱，从而决定进入生物工程领域。于是巨人集团投资 300 万元成立全资子公司——康元公司，从事脑黄金等保健品的开发、生产和销售。6 月，史玉柱成为珠海市第二批获重奖的知识分子。1994 年，史玉柱当选为《中国十大改革风云人物》。年初，巨人集团发生两件事：(1) 西北办事处主任贪污、挪用巨额资金；(2) 参与 M6405 研发的人员，离职后把技术私下卖给另一家公司。史玉柱感到，巨人正向大企业迈进，管理必须上台阶。2 月，史玉柱宣布，聘请北大方正集团总裁楼滨龙出任巨人集团总裁，并实行总裁负责制。对此，楼滨龙评价史：他的做法，在中国是没有的，非常了不起。同时，巨人大厦破土动工。香港售楼花实际回款 6 000 万元，国内售楼花收款 4 000 万元。6 月 17 日，江泽民总书记视察巨人集团，提出：中国人应站在世界软件开发的前列。8 月，史玉柱突然召开全体员工大会，提出“第二次创业总体构想”：(1) 剖析集团经营管理中的五大隐患；(2) 二次创业总体目标是跳出电脑业，走向产业多元化；(3) 产值目标是 1995 年 10 亿元，1996 年 50 亿元，1997 年 100 亿元。同时，巨人集团向全国市场推出脑黄金产品，一举成功，至年底，居全国同类产品销售第一。1995 年 2 月 10 日，史玉柱下达“总动员令”：发动电脑、保健品、药品促销的“三大战役”；公司组织改为军队编制，并进入紧急“战备”状态。1 ~ 3 月，巨人脑黄金回款额高达 1.9 亿元。5 月 18 日，史玉柱下达“总攻令”：巨人广告在全国 50 多家国家级、省（市）级报刊上推出，三大战役同时打响，一次性推出电脑、保健品、药品三大系列 30 多个产品。到 10 月，子公司从 38 个发展到 180 个，人员从 200 人发展到 2 000 人。7 月，史玉柱被美国《福布斯》杂志列为中国大陆富豪第 8 位。7 月 11 日，史在全体干部会议上宣布：进入二次创业的整顿阶段。14 ~ 22 日，全体干部竞争上岗。8 月，集团总部向各大销售区派财务、监察审计双总监。26 日，成立干部学院，780 名干部在南京海军学院军训一周。9 月，巨人产品销售形势急转直下，进入低潮。10 月 2 日，史玉柱发动“秋季战役”，规模和声势大大减弱，销售状况有所回升，但没有昔日的高潮迭起。年底，产品销售形势严峻，财务状况吃紧，史玉柱宣布进入“紧急状态”，撤换一批省公司经理；成立法律事务部。

1996 年元旦，史玉柱召开营销会议；将营销战略由全面进攻改为重点突破，发动“巨不肥”会战；将大打广告战转变为“大赠送”促销活动。5 月，子公司上缴集团总部毛利 2 570 万元，史玉柱将其中 850 万元投入巨人大厦。7 月，集团监事会主席周良正在一份报告中指出：集团内部出现各类违规、违约、违法案件，截留、坐支、挪用公款，虚假广告、冲货的人屡见不鲜。史玉柱组织各省总公司和总部中层以上干部参观广东省高明区重刑犯监狱。下半年，巨人大厦急需资金。史玉柱决定，抽调生物工程项目的流动资金，投入巨人大厦建设中。自 1994 年 2 月至 1996 年 7 月巨人大厦建设从未申请过一分钱银行贷款。但史玉柱此时想从银行贷款建楼时，宏观调控政策正在深入执行，却难以得到银行的支持。9 月 11 日，巨人大厦完成地下室工程，浮出地面。11 月，巨人大厦首层大堂（相当于三层楼高）完工。

1997 年 1 月 12 日，巨人危机爆发，直接导火索是巨人大厦，依售楼合同，大楼应于 1996 年底交付使用。但此时大厦建设严重拖期，10 多名国内购楼人士登门讨要预付款，某些媒介广为传播。后香港媒介宣称；巨人破产啦！2 月 15 日，史玉柱将中层以上干部全部集中到上海某空军学院，坦诚相告：集团出现危机。3 月底，史玉柱返回珠海，进入总部大厦四楼他自己 300 多平方米办公室，自我封闭多日。

（资料来源：何晶晶：《巨人集团财务危机案例分析报告》，载《经营管理者》2015 年第 9 期。）

【基于案例的问题】

巨人集团作为迅速崛起的科技企业，在营销方面独树一帜，在经营管理方面也可以说是非常罕见，为何在短短的7年就很快破产？其中引以为鉴的地方有哪些？

第一节　风险评估与应对概述

一、风险评估的意义

随着全球经济的快速发展，国际化的趋势越来越明显，企业的业务越来越复杂，使我国审计人员面临许多挑战，主要体现在：行业面临的风险日益增大；现行审计实务不能有效应对财务报表重大错报风险；我国与其他国家和地区的经济依存度日益提高，审计准则国际趋同的要求越来越迫切。面对上述挑战，出台审计风险准则势在必行。

我国通过修订审计风险模型，要求审计人员必须了解被审计单位及其环境，包括内部控制，以充分识别和评估财务报表重大错报的风险，针对评估的重大错报风险设计和实施控制测试和实质性程序。最终提高质量，降低行业风险。

审计风险准则的出台，有利于降低审计失败发生的概率，增强社会公众对审计行业的信心；有利于严格审计程序，识别、评估和应对重大错报风险；有利于明确审计责任，实施有效的质量控制；有利于促使审计人员不断学习新知识和新技能，提高整个行业的专业水平。同时，审计风险准则要求审计人员严格进行风险评估程序，并且依据风险评估结果实施进一步审计程序，因此，审计工作的各个方面都受到了风险准则的影响。

二、风险评估的总体要求

审计准则中——审计风险准则要求，审计人员应当了解被审计单位及其环境，以足够识别和评估财务报表中的重大错报风险，设计和实施进一步审计程序。

了解被审计单位及其环境是必要程序，特别是为审计人员在下列关键环节作出职业判断提供重要基础：（1）确定重要性水平，并在审计工作中评估对重要性水平的判断是否仍然适当；（2）考虑会计政策的选择和运用是否恰当，以及财务报表的列报（包括披露，下同）是否适当；（3）识别需要特别考虑的领域，包括关联方交易、管理层运用持续经营假设的合理性，或交易是否具有合理的商业目的等；（4）确定在实施分析程序时所使用的预期值；（5）设计和实施进一步审计程序，以将审计风险降至可接受的低水平；（6）评价所获取审计证据的充分性和适当性。

了解被审计单位及其环境是一个连续和动态地收集、更新与分析信息的过程，贯穿于整个审计过程的始终。对被审计单位及其环境的了解程度需要审计人员运用职业判断来确定。

审计人员对被审计单位及其环境的了解是否足以识别和评估财务报表重大错报风险是评价对被审计单位及其环境了解的程度是否恰当的重要依据。如果了解被审计单位及其环境获得的信息足以识别和评估财务报表重大错报风险，设计和实施进一步审计程序，那么了解的程度就是恰当的。当然，审计人员对被审计单位及其环境了解的程度一般要低于管理层为经营管理企业而对被审计单位及其环境需要了解的程度。

第二节　了解被审计单位及其环境

一、了解被审计单位的具体情况

审计人员应当从下列方面了解被审计单位及其环境：（1）行业状况、法律环境与监管环境以及其他外部因素；（2）被审计单位的性质；（3）被审计单位对会计政策的选择和运用；（4）被审计单位的目标、战略以及相关经营风险；（5）被审计单位财务业绩的衡量和评价；（6）被审计单位的内部控制。审计人员要考虑，被审计单位及其环境的各个方面是有可能会互相影响的。例如，被审计单位的行业状况、法律环境与监管环境以及其他外部因素可能影响到被审计单位的目标、战略以及相关经营风险，而被审计单位的性质、目标、战略以及相关经营风险可能影响到被审计单位对会计政策的选择和运用，以及内部控制的设计和执行。

审计人员针对以上六个方面实施的风险评估程序的性质、时间和范围应具体考虑被审计单位和审计人员的具体情况：被审计单位的规模和复杂程度、审计人员的相关审计经验、以前对被审计单位提供审计和相关服务的经验、对类似行业、类似企业的审计经验等。此外，识别被审计单位及其环境在上述各方面与以前期间相比发生的重大变化，对于充分了解被审计单位及其环境、识别和评估重大错报风险尤为重要。

二、行业状况、法律环境与监管环境以及其他外部因素

（一）行业状况

了解行业状况有助于审计人员识别与被审计单位行业有关的重大错报风险。

审计人员应当了解被审计单位所处的行业状况，主要包括：（1）所处行业的市场与竞争，包括市场需求、生产能力和价格竞争；（2）生产经营的季节性和周期性；（3）与被审计单位产品相关的生产技术；（4）能源供应与成本；（5）行业的关键指标和统计数据。

具体而言，审计人员可能需要了解以下情况：

（1）被审计单位所处行业的总体发展趋势如何？

（2）该行业处于哪一发展阶段，如起步、快速成长、成熟或衰退阶段？

（3）该行业的市场需求、市场容量和价格竞争如何？

（4）该行业是否受经济周期波动的影响，以及采取了什么行动使波动产生的影响最小化？

（5）该行业受技术发展影响的程度如何？

（6）该行业能源消耗在成本中所占比重，能源价格的变化对成本的影响？

（7）该行业是否开发了新的技术？

（8）谁是被审计单位最重要的竞争者，它们各自所占的市场份额是多少？

（9）被审计单位与其竞争者相比主要的竞争优势是什么？

（10）被审计单位业务的增长率和财务业绩与行业的平均水平及主要竞争者相比如何？存在重大差异的原因是什么？

（11）竞争者是否采取了某些行动，如购并活动、降低销售价格、开发新技术等，从而对被审计单位的经营活动产生影响？

（二）法律环境与监管环境

了解法律环境与监管环境的主要原因是：（1）某些法律法规或监管要求严重影响被审计单位经营活动，如不遵守将导致停业等严重后果；（2）某些法律法规或监管要求（如环保法规等）规定了被审计单位的责任和义务；（3）某些法律法规或监管要求决定了被审计单位的行业惯例和核算要求。

审计人员应当了解被审计单位所处的法律环境与监管环境，主要包括：（1）会计原则和行业特定惯例；（2）受管制行业的法规框架；（3）影响被审计单位经营活动的重大法律法规，包括直接的监管活动；（4）税收政策（关于企业所得税和其他税种的政策）；（5）影响被审计单位经营活动的政府政策，如货币政策（包括外汇管制）、财政政策、财政刺激措施（如政府援助项目）、关税或贸易限制政策等；（6）影响被审单位所处行业和对被审计单位经营活动的环保要求。

具体而言，审计人员可能需要了解以下情况：

（1）国家对特殊行业的企业是否有特殊的监管要求（如对银行、保险等行业的特殊监管要求）；

（2）是否存在新出台的法律法规（如新出台的有关产品责任、劳动安全或环境保护的法律法规等），对被审计单位有何影响；

（3）国家货币、财政、税收和贸易等方面政策的变化是否会对被审计单位的经营活动产生影响；

（4）与被审计单位相关的税务法律法规是否已经变化。

（三）其他外部因素

审计人员应当了解影响被审计单位经营的其他外部因素，主要包括：（1）宏观经济的景气度；（2）利率和资金供求状况；（3）通货膨胀水平及币值变动；（4）国际经济环境和汇率变动。

具体而言，审计人员可能需要了解以下情况：

（1）目前的宏观经济状况以及未来的发展趋势如何？

（2）目前国内或本地区的经济状况（如增长率、通货膨胀率、失业率、利率等）怎样影响被审计单位的经营活动。

（3）汇率波动或全球市场力量对被审计单位的经营活动有何影响。

（四）了解的重点和程度

审计人员对行业状况、法律环境与监管环境以及其他外部因素了解的范围和程度会因被审计单位所处行业、规模以及其他因素（如在市场中的地位）的不同而不同。审计人员应当考虑将了解的重点放在对被审计单位的经营活动可能产生重要影响的关键外部因素以及与前期相比发生的重大变化上。

审计人员应当考虑被审计单位所在行业的业务性质或监管程度是否可能导致特定的重大错报风险，考虑项目组是否配备了具有相关知识和经验的成员。

三、被审计单位的性质

（一）所有权结构

了解被审计单位所有权结构有助于审计人员识别关联方关系并了解被审计单位的决策过

程。审计人员应当了解所有者与其他人员或实体之间的关系，考虑关联方关系是否已经得到识别，以及关联方交易是否得到恰当核算。例如，审计人员应当了解被审计单位是属于国有企业、外商投资企业、民营企业，还是属于其他类型的企业，还应当了解其直接控股母公司、间接控股母公司、最终控股母公司和其他股东的构成情况。

（二）治理结构

良好的治理结构可以对被审计单位的经营和财务行为进行有效的监督，从而降低财务报表发生重大错报的风险。审计人员应当了解被审计单位的治理结构。例如，董事会的构成情况、董事会内部是否有独立董事；治理结构中是否设有审计委员会或监事会及其运行是否有效。审计人员应当考虑治理层是否能够在独立的对被审计单位事务（包括财务报告）做出客观判断。

（三）组织结构

复杂的组织结构可能会导致某些特定的重大错报风险。审计人员应当了解被审计单位的组织结构，考虑复杂组织结构可能会导致的重大错报风险，包括财务报表合并、商誉减值以及长期股权投资核算等问题。

例如，对于在多个地区拥有子公司、合营企业、联营企业或其他成员机构，或者存在多个业务分部和地区分部的被审计单位，不仅存在编制合并财务报表，还存在其他可能导致重大错报风险的复杂事项，包括：对于子公司、合营企业、联营企业和其他股权投资类别的判断及其会计处理；商誉在不同业务分部间的减值等。

（四）经营活动

了解被审计单位经营活动有助于审计人员识别预期在财务报表中反映的主要交易类别、重要账户余额和列报。审计人员应当了解被审计单位的经营活动。主要包括：

（1）主营业务的性质。例如，主营业务是制造业还是商品批发与零售；是基金、保险还是其他金融服务；是公用事业、化学化工还是提供软件外包服务等。

（2）相关的市场信息。例如，主要客户和合同、付款条件、利润率、市场份额、竞争者、出口、定价政策、产品声誉、质量保证、营销策略和目标等。

（3）业务的开展情况。例如，业务分部的设立情况、产品和服务的交付、衰退或扩展的经营活动的详细情况等。

（4）联盟、合营与外包情况。

（5）从事电子商务的情况。例如，是否通过互联网销售产品和提供服务以及从事营销活动。

（6）地区分布与行业细分。例如，是否涉及跨地区经营和多种经营，各个地区和各行业分布的相对规模以及相互之间的关系。

（7）生产设施、仓库和办公室的地理位置，存货存放地点和数量。

（8）关键客户。例如，销售对象是少量的大客户还是众多的小客户；是否有被审计单位高度依赖的特定客户（如超过销售总额10%的顾客）；是否有造成高回收性风险的若干客户或客户类别（如正处在一个衰退市场中的客户）；是否与某些客户订立了不寻常的销售条款或条件。

（9）重要供应商。例如，是否签订长期供应合同、原材料供应的可靠性和稳定性、付款条件，以及原材料是否受重大价格变动的影响。

（10）劳动用工安排。例如，分地区用工情况、劳动力供求情况、工薪水平、退休金和其他福利、股权激励或其他奖金安排以及与劳动用工事项相关的政府法规。

（11）研究与开发活动及其支出。

（12）关联方交易。例如，有些客户或供应商是否为关联方；对关联方和非关联方是否采用不同的销售和采购政策。此外，还存在哪些关联方交易，对这些交易采用了怎样的定价策略。

（五）投资活动

了解被审计单位投资活动有助于审计人员关注被审计单位在经营策略和战略上的重大变化，进而评估被审计单位可能面临的重大错报风险。审计人员应当了解被审计单位的投资活动。主要包括：

（1）近期拟实施或已实施的并购活动与资产处置情况，包括业务重组或某些业务的终止。审计人员应当了解被审计单位如何协调被并购业务与目前的经营业务之间的关系，并考虑它们是否会引发进一步的经营风险。例如，被审计单位并购了一个新的业务部门，审计人员需要了解被审计单位如何管理这一新业务，而新业务又如何与现有业务相结合，发挥协同优势，如何解决新老业务在信息系统、企业文化等各方面的不一致。

（2）证券投资、委托贷款的发生与处置。

（3）资本性投资活动，包括固定资产和无形资产投资，近期或计划发生的变动，以及重大的资本承诺等。

（4）不纳入合并范围的投资。例如，联营、合营或其他投资，包括近期计划的投资项目。

（六）筹资活动

了解被审计单位筹资活动有助于审计人员评估被审计单位在融资方面的压力，并进一步评估被审计单位在可预见未来的持续经营能力，进而确定重大错报风险。审计人员应当了解被审计单位的筹资活动，主要包括：

（1）债务结构和相关条款，包括资产负债表表外融资和租赁类别。例如，获得的信贷额度是否可以满足经营需要；融资条件及利率是否与竞争对手相似，如不相似，原因何在；是否有违反借款合同中限制性条款的情况；是否承受重大的汇率与利率风险。

（2）主要子公司和联营企业（无论是否处于合并范围内）。

（3）实际受益方及关联方。例如，实际受益方是国内的还是国外的，其商业声誉和经验可能对被审计单位产生的影响。

（4）衍生金融工具的使用。例如，衍生金融工具是用于交易目的还是套期目的，以及运用的种类、范围和交易对手等。

四、被审计单位对会计政策的选择和运用

（一）重要项目的会计政策和行业惯例

重要项目的会计政策包括：收入确认、存货的计价方法、投资的核算、固定资产的折旧方法、坏账准备的计提方法、存货跌价准备和其他资产减值准备的确定、借款费用资本化的确定和处理、合并财务报表的编制方法等。除会计政策以外，某些行业可能还存在一些行业惯例，审计人员应当熟悉这些行业惯例。当被审计单位采用与行业惯例不同的会计处理方法时，审计人员应当了解其原因，并考虑采用与行业惯例不同的会计处理方法是否适当。

（二）重大和异常交易的会计处理方法

例如，本期发生的企业合并的会计处理方法。某些被审计单位可能存在与其所处行业相关的重大交易。例如，银行向客户发放贷款、证券公司对外投资、医药企业的研究与开发活动等，审计人员应当考虑对重大的和不经常发生的交易的会计处理方法是否适当。

（三）在缺乏权威性标准、有争议的或新兴领域采用重要会计政策产生的影响

在缺乏权威性标准的领域，审计人员应当关注被审计单位选用了哪些会计政策、为什么选用这些会计政策以及选用这些会计政策产生的影响。

（四）会计政策的变更

如果被审计单位变更了重要的会计政策，审计人员应当考虑变更的原因及其适当性，即应考察：（1）会计政策变更是否是为了更好地适应法律、行政法规或者会计准则和相关会计制度的要求；（2）会计政策变更是否是为了提供更可靠、更相关的会计信息。除此之外，审计人员还应当关注会计政策的变更是否得到充分披露。如新的企业会计准则自 2007 年 1 月 1 日起在上市公司施行，并鼓励其他企业执行。审计人员应考虑被审计的上市公司是否已按照新会计准则的要求做好相应地衔接调整工作，并收集执行新会计准则所需要的信息资料。

审计人员应当考虑，被审计单位是否按照适用的会计准则和相关会计制度的规定进行了列报，并披露了重要事项，列报和披露的主要内容包括：财务报表及其附注的格式、结构安排、内容，财务报表项目使用的术语，披露信息的明细程度，项目在财务报表中的分类以及列报信息的来源等。审计人员应当考虑被审计单位是否对特定事项做了适当的列报和披露。

五、被审计单位的目标、战略以及相关经营风险

（一）目标、战略与经营风险

目标是企业经营活动的指针。企业管理层或治理层一般会根据企业经营面临的外部环境和内部因素，制定合理可行的经营目标。战略是管理层为实现经营目标采用的方法。为了实现某一既定的经营目标，企业可能有多个可行战略。例如，如果目标是在某一特定期间内进入一个新的市场，那么可行的战略可能包括收购该市场内的现有企业、与该市场内的其他企业合资经营或自行开发进入该市场。随着外部环境的变化，企业的目标和战略也应做出相应的调整。

经营风险是指可能对被审计单位实现目标和实施战略的能力产生不利影响的重要状况、事项、情况、作为（或不作为）而导致的风险，或由于制定不恰当的目标和战略而导致的风险。不同的企业可能面临不同的经营风险，这取决于企业经营的性质、所处行业、外部监管环境、企业的规模和复杂程度。管理层有责任识别和应对这些风险。

不能随环境的变化而做出相应的调整可能产生经营风险。同时，调整的过程也可能导致经营风险。例如，为应对消费者需求的变化，企业开发了新产品。但是，开发的新产品可能会产生研发失败的风险；即使研发成功，市场需求可能没有充分开发，从而产生产品营销风险；产品的缺陷还可能导致企业遭受声誉风险和承担产品赔偿责任的风险。

审计人员应当了解被审计单位是否存在与以下情况有关的目标和战略，并考虑潜在的经营风险：

（1）行业发展（例如，被审计单位不具备应对行业变化的人力资源和业务专长是潜在的经营风险）；

（2）开发新产品或提供新服务（例如，被审计单位产品责任增加是潜在的经营风险）；

（3）业务扩张（例如，被审计单位对市场需求的估计不准确是潜在的经营风险）；

（4）新的会计要求（例如，被审计单位执行不当或不完整，或会计处理成本增加是潜在的经营风险）；

（5）监管要求（例如，被审计单位法律责任增加是潜在的经营风险）；

（6）本期及未来的融资条件（例如，被审计单位由于无法满足融资条件而失去融资机会是潜在的经营风险）；

（7）信息技术的运用（例如，被审计单位信息系统与业务流程难以融合是潜在的经营风险）；

（8）实施战略的影响，特别是由此产生的需要运用新的会计要求的影响（例如，被审计单位执行新要求不当或不完整是潜在的经营风险）。

（二）经营风险对重大错报风险的影响

经营风险与财务报表重大错报风险是既有联系又相互区别的两个概念。前者比后者范围更广。审计人员了解被审计单位的经营风险有助于其识别财务报表重大错报风险。但并非所有的经营风险都与财务报表相关，审计人员没有责任识别或评估对财务报表没有影响的经营风险。

多数经营风险最终都会产生财务后果，进而影响财务报表，但并非所有的经营风险都会导致重大错报风险。经营风险可能对各类交易、账户余额和披露的认定层次或财务报表层次产生直接影响。例如，企业合并导致银行客户群减少，使银行信贷风险集中，由此产生的经营风险可能增加与贷款计价认定有关的重大错报风险。同样的风险，在经济紧缩时，可能具有更为长期的后果，审计人员在评估持续经营假设的适当性时需要考虑这一问题。审计人员应当根据被审计单位的具体情况考虑经营风险是否会导致财务报表发生重大错报。

目标、战略、经营风险和重大错报风险之间的相互联系可举一例予以说明。例如，企业当前的目标是在某一特定期间内进入某一新的海外市场，企业选择的战略是在当地成立合资公司。从该战略本身来看，是可以实现这一目标的。但是，成立合资公司可能会带来很多的经营风险，例如，企业如何与当地合资方在经营活动、企业文化等各方面协调，如何在合资公司中获得控制权或共同控制权，当地市场情况是否会发生变化，当地对合资公司的税收和外汇管理方面的政策是否稳定，合资公司的利润是否可以汇回，是否存在汇率风险等。这些经营风险反映到财务报表中，可能会涉及合资公司是属于子公司、合营企业或是联营企业的判断，投资核算，以及是否存在减值、对当地税收规定的理解和外币折算等问题，从而可能导致财务报表出现重大错报风险。

（三）被审计单位的风险评估过程

管理层通常制定了识别和应对经营风险的策略，审计人员应当了解被审计单位的风险评估过程。这些风险评估过程是被审计单位内部控制的组成部分。

六、被审计单位财务业绩的衡量和评价

被审计单位管理层经常会衡量和评价关键业绩指标（包括财务和非财务的）、预算及差异分析、分部信息和分支机构、部门或其他层次的业绩报告以及与竞争对手的业绩比较。此外，外部机构也会衡量和评价被审计单位的财务业绩，如分析师的报告和信用评级机构的

报告。

（一）了解的主要方面

在了解被审计单位财务业绩衡量和评价情况时，审计人员应当关注下列信息：

（1）关键业绩指标（财务或非财务的）、关键比率、趋势和经营统计数据；

（2）同期财务业绩比较分析；

（3）预算、预测、差异分析，分部信息与分部、部门或其他不同层次的业绩报告；

（4）员工业绩考核与激励性报酬政策；

（5）被审计单位与竞争对手的业绩比较。

（二）关注内部财务业绩衡量的结果

内部财务业绩衡量可能显示未来的结果或趋势。在这种情况下，管理层通常会进行调查并采取纠正措施。与内部财务业绩衡量相关的信息可能显示财务报表存在错报风险，例如，内部财务业绩衡量可能显示被审计单位与同行业其他单位相比具有异常快的增长率或盈利水平，此类信息如果与业绩资金或激励性报酬等因素不相匹配，表明管理层在编制财务报表时存在某种错报风险的倾向。因此，审计人员应当关注被审计单位内部财务业绩衡量所显示的未来的结果或趋势，管理层的调查结果和纠正措施，以及相关信息是否显示财务报表可能存在重大错报。

（三）考虑财务业绩衡量指标的可靠性

如果拟利用被审计单位内部信息系统生成的财务业绩衡量指标，审计人员应当考虑相关信息是否可靠，以及利用这些信息是否足以实现审计目标。许多财务业绩衡量中使用的信息可能由被审计单位的信息系统生成。如果被审计单位衡量财务业绩的信息的生成基础不合理，而管理层在没有合理基础的情况下，认为内部生成的衡量财务业绩的信息是准确的，那么根据有误的信息得出的结论也可能是错误的。如果审计人员计划在审计中（如有实施分析程序时）利用财务业绩指标，应当考虑这些信息是否可靠，以及在实施审计程序时利用这些信息是否足以发现重大错报。

第三节 了解被审计单位的内部控制

一、内部控制的含义、要素及目标

（一）内部控制的含义

内部控制是被审计单位为了合理保证财务报告的可靠性、经营的效率和效果以及对法律法规的遵守，由治理层、管理层和其他人员设计与执行的政策及程序。

（二）内部控制的要素

内部控制包括下列要素：（1）控制环境；（2）风险评估；（3）信息系统与沟通；（4）控制活动；（5）对控制的监督。内部控制包括上述的五项要素，控制包括上述的一项或多项要素，或要素表现出的各个方面。

（三）内部控制的目标

内部控制的目标是合理保证：（1）财务报告的可靠性。这一目标与管理层履行财务报告编制责任密切相关。(2) 经营的效率和效果。即经济有效地使用企业资源，以最优方式实现企业的目标。(3) 在所有经营活动中遵守法律法规的要求，即在法律法规的框架下从事经营活动。

二、内部控制的历史演变

所谓内部牵制是指一个人不能完全支配账户，另一个人也不能独立的加以控制的制度。也就是一名员工与另一名员工必须是相互控制、相互稽核的。在这一阶段，内部牵制主要以账目间的相互核对为主要内容并实施岗位分离，即通过授权审批、职责分工、复式记录、核对记录等手段，坚持钱、物、账分管，来防止舞弊的发生，从而保证会计记录的正确和财产的安全。它是现代内部控制理论中组织控制、职务分离控制的初始形态，在生产规模较小和管理理论比较原始的条件下，总结以往经验并结合实践的基础上逐渐形成的。

（一）内部牵制时期（20世纪40年代以前）

内部牵制阶段是内部控制的最初形态。大概指20世纪40年代以前的内控活动。在这一阶段，企业组织的形式从无到有，数量较少，规模较小，主要是个人业主制企业或合伙制企业，企业内部管理的重点在于保护业主资产的安全。所以内部牵制也是以业务授权、权责分工、定期核对等为内容，加强内部分工控制，保护组织或个人的财产安全。内部牵制思想是从一个环节或一个部门出发进行控制管理的，它缺乏全局观念，不强调业务流程和系统控制，即只强调点，不注重点与点之间的关系。

（二）内部控制时期（20世纪40年代末到70年代）

随着经济的发展，市场竞争日益加剧，企业要在竞争中赢得主动，就必须加强管理，采取更加完善、更为有效的控制方法。因此，以账户核对和职务分工为主要内容的内部牵制，逐步演变为有组织结构、岗位职责、人员条件、业务处理程序、检查标准和内部审计等要素构成的较为严密的内部控制系统。

在1949年，美国会计师协会的审计委员会（CAPAIA）对内部控制第一次做了权威性定义："内部控制是所制定的旨在保护资产、保证会计资料可靠性和完整性、提高经营效率、推动管理部门所制定的各项政策得以贯彻执行的组织计划和相互配套的各种方法及措施。"可见，内部控制已经突破了与财会部门直接有关的控制的局限。

这一时期，内部控制开始有了内部会计控制和内部管理控制的划分，如CAPAIA委员会在1958年的第29号审计程序公报《独立审计人员评价内部控制的范围》将内部控制分为内部会计控制和内部管理控制，前者涉及与财产安全和会计记录的准确性、可靠性有直接联系的方法和程序，后者主要是与贯彻管路方针和提高经营效率有关的方法和程序。这样，内部控制的范围更大了，方法更趋于科学与完善。

（三）内部控制结构时期（20世纪70~90年代）

在这一时期，企业开始需要以经营业务为导向，针对主要经营业务进行风险控制评价。所以，管理环境被纳入内部控制的视线，并引起内部控制各要素的重新划分与结构整合。

1988年，美国审计人员协会发布的《审计准则公告第55号》，以"财务报表审计对内部控制结构的考虑"为题，首次采用"内部控制结构"一词，并将其界定为：为合理保证企业特定目标的实现而建立的各种政策和程序。并且明确了内部控制的内容包括三个部分：控制环境、会计系统、控制程序。开启了内部控制的结构时期。

在“内部控制结构”中，不再划分内部会计控制与内部管理控制，而统一以要素表述内部控制，且正式将控制环境纳入内部控制范畴，它是充分有效的内部控制体系得以建立和运行的基础及保证。

（四）内部控制整体框架（20 世纪 90 年代至今）

在 20 世纪 80 年代，美国发生了一系列财务报告舞弊和企业“突发”破产事件，引起人们对内部控制的重新思考。此时，很多人认识到可以把加强上市公司内部控制作为从根源上解决虚假财务信息的手段之一。COSO 委员会先后发布、完善了《内部控制——整体框架》指出：内部控制是一个过程，受企业董事会、管理当局和其他员工影响，旨在保证财务报告可靠性、经营效果和效率，以及对现行法规的遵循，它认为内部控制整体框架主要由控制环境、风险评估、控制活动、信息与沟通、监督五项要素构成。

这样，内部控制，就从最初的内部会计控制，到提出内部管理控制，再到将两者结合讨论，发展出整合框架，最后演变为企业的风险管理。从内部控制的发展可以看出，内部控制的建立，是企业不断成长壮大的结果，是现代化管理不断发展变化的客观要求，审计技术的进步和管理理论的创新都是推动内部控制不断发展的动力。

三、内部控制的重要性及局限性

（一）内部控制的重要性

在当前竞争日益激烈的市场环境中，企业面临的各种风险呈现出复杂性和多样性的特点。内部控制在控制和防范企业的经营风险和财务风险过程中起着重要的作用，是保证企业正常经营活动以及实现可持续发展的重要力量，内部控制的建立健全成为企业生产经营成败的关键。

随着经济的不断增长，企业面临的风险日益增大，证券市场中的会计信息失真事件、企业经营失败案例层出不穷，这些都反映出了部分企业的内部控制薄弱，因此建立健全企业的内部控制制度成为迫在眉睫的事情。内部控制这种动态的系统工程，有助于在合理程度上提高企业运营的效果和效率、保护企业资产，确保财务报告的可靠性以及企业对法律法规的遵守。

（二）内部控制的局限性

内部控制无论如何有效，都只能为被审计单位实现财务报告目标提供合理保证。内部控制实现目标的可能性受其固有限制的影响。这些限制包括：

（1）在决策时可能出现人为判断的错误和由于人为失误而导致内部控制失效。例如，被审计单位信息技术工作人员没有完全理解系统如何处理销售交易的情况下错误地对系统进行更改；或者系统更改正确但是程序代码错误。

（2）控制可能由于两个或更多的人员串通或管理层不恰当地凌驾于内部控制之上而被规避。例如，管理层可能与客户签订“背后协议”，把标准的销售合同条款和条件进行不适当的修改，从而导致不适当的收入确认。

此外，如果被审计单位内部行使控制职能的人员素质不适应岗位要求，也会影响内部控制功能的正常发挥。另外实施内部控制的成本效益问题也会影响其效能，当实施某项控制成本大于控制效果时，就没有必要设置该控制环节或控制措施。内部控制一般都是针对经常而重复发生的业务而设置的，如果出现不经常发生或未预计到的业务，原有控制就可能不适用。

四、了解内部控制和评估重大错报风险

（一）对内部控制了解的深度

对内部控制了解的深度，是指在了解被审计单位及其环境时对内部控制了解的程度。包括评价控制的设计，并确定其是否得到执行，但不包括对控制是否得到一贯执行的测试。

1. 评价控制的设计

（1）审计人员在了解内部控制时，应当评价控制的设计，并确定其是否得到执行。

（2）评价控制的设计是指考虑一项控制单独或连同其他控制是否能够有效防止或发现并纠正重大错报。

（3）控制得到执行是指某项控制存在且被审计单位正在使用。

（4）设计不当的控制可能表明内部控制存在重大缺陷，审计人员在确定是否考虑控制得到执行时，应当首先考虑控制的设计。如果控制设计不当，不需要再考虑控制是否得到执行。

2. 获取控制设计和执行的审计证据

审计人员通常实施下列风险评估程序，以获取有关控制设计和执行的审计证据：

（1）询问被审计单位的人员；

（2）观察特定控制的运用；

（3）检查文件和报告；

（4）追踪交易在财务报告信息系统中的处理过程（穿行测试）。

3. 了解内部控制的步骤

第一步，识别需要降低哪些风险以预防财务报表中发生重大错报。如果某内部控制目标没有实现，风险因素通常被描述为“可能的错误”。

第二步，记录相关的内部控制。目的是识别是否存在内部控制降低第一步所列出的风险因素，与审计无关的内部控制无须记录。

第三步，评估控制的执行。主要是实施穿行测试，以确信识别的内部控制实际上是否真实存在。若存在，审计人员就可进行对控制设计和执行的评价。

第四步，评估内部控制的设计。汇总获得的所有信息，并根据风险因素描绘识别出的（或执行的）控制。完成上述四个步骤之后，审计人员即可确定内部控制是否存在重大弱点。

4. 了解内部控制与测试控制运行有效性的关系

审计人员对控制的了解和对控制运行有效性的测试应分别进行，不能相互代替。在自动化控制下控制得到一贯运行外的情况除外。

（二）了解被审计单位的内部控制

1. 了解控制环境

（1）控制环境的含义。控制环境包括治理职能和管理职能，以及治理层和管理层对内部控制及其重要性的态度、认识和措施。

（2）了解控制环境的要求。在评价控制环境的设计和实施情况时，审计人员应当了解管理层在治理层的监督下，是否营造并保持了诚实守信和合乎道德的文化，以及是否建立了防止或发现并纠正舞弊和错误的恰当控制。

（3）了解控制环境的要素。在评价控制环境的设计时，审计人员应当考虑构成控制环境的要素，以及这些要素如何被纳入被审计单位业务流程：①对诚信和道德价值观念的沟通与落实；②对胜任能力的重视；③治理层的参与程度；④管理层的理念和经营风格；⑤组织结构、职权与责任的分配；⑥人力资源政策与实务。

（4）了解控制环境应注意的事项。

①审计人员应当充分了解控制环境的构成要素，并考虑内部控制的实质及其综合效果，以了解管理层和治理层对内部控制及其重要性的态度、认识以及所采取的措施。

②在评价控制环境各个要素时，审计人员应当考虑控制环境的各个要素是否得到执行。管理层虽然建立了合理的内部控制，但未必能够得到有效执行。例如，管理层已建立正式的行为守则，但实际操作中却没有对违反该守则的行为采取措施。又如，管理层要求信息系统建立安全措施，但却没有提供足够的资源。

③在确定构成控制环境的要素是否得到执行时，审计人员应当考虑将询问与其他风险评估程序相结合以获取审计证据。通过询问管理层和员工，审计人员可能了解管理层如何就业务规程和道德价值观念与员工进行沟通；通过观察和检查，审计人员可能了解管理层是否建立了正式的行为守则，在日常工作中行为守则是否得到遵守，以及管理层如何处理违反行为守则的情形。

④控制环境对重大错报风险的评估具有广泛影响，审计人员应当考虑控制环境的总体优势是否为内部控制的其他要素提供了适当的基础，并且未被控制环境中存在的缺陷所削弱。

⑤审计人员在评估重大错报风险时，存在令人满意的控制环境是一个积极的因素。虽然良好的控制环境并不可能绝对防止舞弊，但却有可以降低发生舞弊的风险。有效的控制环境可以使审计人员确信在以前年度和期中所测试的控制将继续有效运行。相反，控制环境中存在的弱点可能削弱控制的有效性。例如，审计人员在进行风险评估时，如果认为被审计单位控制环境薄弱，则其对应的某一流程的控制很可能是无效的。

⑥控制环境本身并不能防止或发现并纠正各类交易、账户余额、列报认定层次的重大错报，审计人员在评估重大错报风险时，应当将控制环境连同其他内部控制要素产生的影响一并考虑。例如，将控制环境与对控制的监督和具体控制活动一并考虑。

⑦在小型被审计单位，可能无法获取以文件形式存在的有关控制环境要素的审计证据。例如，小型被审计单位可能没有书面的行为守则，管理层对道德价值和专业胜任能力的观点，往往体现在其日常经营管理过程中的行为和态度里。因此，审计人员应当重点了解管理层对内部控制设计的态度、认识和措施。

2. 了解控制活动

（1）控制活动的含义。控制活动是指有助于确保管理层的指令得以执行的政策和程序，包括与授权、业绩评价、信息处理、实物控制和职责分离等相关的活动。

①授权。审计人员应当了解与授权有关的控制活动，包括一般授权和特别授权。其中，一般授权是普遍适用于某类交易或活动的政策；特别授权是指针对特定类别的交易或活动逐一设置的授权，如重大资本支出和股票发行等。特别授权也可能用于超过一般授权限制的常规交易。例如，因某些特别原因，同意对某个不符合一般信用条件的客户赊销商品。

②业绩评价。审计人员应当了解与业绩评价有关的控制活动，主要包括被审计单位分析评价实际业绩与预算（或预测、前期业绩）的差异，综合分析财务数据与经营数据的内在

关系，将内部数据与外部信息来源相比较，评价职能部门、分支机构或项目活动的业绩（如银行客户信贷经理复核各分行、地区和各种贷款类型的审批和收回），以及对发现的异常差异或关系采取必要的调查与纠正措施。

③信息处理。审计人员应当了解与信息处理有关的控制活动，包括信息技术的一般控制和应用控制。被审计单位通常执行各种措施，检查各种类型信息处理环境下的交易的准确性、完整性和授权。信息处理控制可以是人工的、自动化的，或是基于自动流程的人工控制。信息处理控制分为两类，即信息技术的一般控制和应用控制。

④实物控制。审计人员应当了解实物控制，主要包括了解对资产和记录采取适当的安全保护措施，对访问计算机程序和数据文件设置授权，以及定期盘点并将盘点记录与会计记录相核对。例如，现金、有价证券和存货的定期盘点控制。实物控制的效果影响资产的安全，从而对财务报表的可靠性及审计产生影响。

⑤职责分离。审计人员应当了解职责分离，主要包括了解被审计单位如何将交易授权、交易记录以及资产保管等职责分配给不同员工，以防范同一员工在履行多项职责时可能发生的舞弊或错误。当信息技术运用于信息系统时，职责分离可以通过设置安全控制来实现。

（2）了解控制活动的重点。在了解控制活动时，审计人员应当重点考虑一项控制活动单独或连同其他控制活动，是否能够以及如何防止或发现并纠正各类交易、账户余额、列报存在的重大错报。

（3）了解控制活动应考虑的主要因素。审计人员对被审计单位整体层面控制活动考虑的主要因素可能包括：①被审计单位的主要经营活动是否都有必要的控制政策和程序；②管理层在预算、利润和其他财务和经营业绩方面是否都有清晰的目标，在被审计单位内部，是否对这些目标加以清晰的记录和沟通，并且积极地对其进行监控；③是否存在计划和报告系统，以识别与目标业绩的差异，并向适当层次的管理层报告该差异；④是否由适当层次的管理层对差异进行调查，并及时采取适当的纠正措施；⑤不同人员的职责应在何种程度上相分离，以降低舞弊和不当行为发生的风险；⑥会计系统中的数据是否与实物资产定期核对；⑦是否建立了适当的保护措施，以防止未经授权接触文件、记录和资产；⑧是否存在信息安全职能部门负责监控信息安全的政策和程序。

3. 在整体层面了解内部控制

（1）对整体层面内部控制了解的人员。对整体层面内部控制的了解由项目组中对被审计单位情况比较了解且较有经验的成员负责，同时需要项目组其他成员的参与和配合。

（2）对整体层面内部控制了解的重点。审计人员可以重点关注整体层面内部控制的变化情况，包括由于被审计单位及其环境的变化而导致内部控制发生的变化以及采取的对策。审计人员还需要特别考虑因舞弊而导致重大错报的可能性及其影响。

（3）对整体层面内部控制了解的方法：①询问被审计单位人员；②观察特定控制的应用；③检查文件和报告；④执行穿行测试。

（4）对整体层面内部控制了解的内容。在了解内部控制的各构成要素时，审计人员应当对被审计单位整体层面的内部控制的设计进行评价，并确定其是否得到执行。

（5）对整体层面内部控制了解的记录。审计人员应当将对被审计单位整体层面内部控制各要素的了解要点和实施的风险评估程序及其结果等形成审计工作记录，并对影响审计人员对整体层面内部控制有效性进行判断的因素加以详细记录。

（6）整体层面的内部控制与控制环境的关系。财务报表层次的重大错报风险很可能源于薄弱的控制环境，因此，审计人员在评估财务报表层次的重大错报风险时，应当综合考虑被审计单位整体层面的内部控制状况和了解到的被审计单位及其环境其他方面的情况。

4. 在业务流程层面了解内部控制

（1）对业务流程层面内部控制了解的时间。在初步计划审计工作时，审计人员需要确定在被审计单位财务报表中可能存在重大错报风险的重大账户及其相关认定。

（2）对业务流程层面内部控制了解的步骤。

①确定被审计单位的重要业务流程和重要交易类别；②了解重要交易流程，并记录获得的了解；③确定可能发生错报的环节；④识别和了解相关控制；⑤执行穿行测试，证实对交易流程和相关控制的了解；⑥进行初步评价和风险评估。

（3）初步评价和风险评估。在识别和了解控制后，根据上述步骤获取的审计证据，审计人员即可评价控制设计的合理性并确定其是否得到执行。

审计人员对控制的评价结论可能是：（1）所设计的控制单独或连同其他控制能够防止或发现并纠正重大错报，并得到执行；（2）控制本身的设计是合理的，但没有得到执行；（3）控制本身的设计就是无效的或缺乏必要的控制。

（三）识别和评估财务报表层次和认定层次的重大错报风险

整体层面的内部控制主要对应财务报表层次的重大错报风险，业务流层面的内部控制则主要对应认定层次的重大错报风险。

1. 识别和评估重大错报风险的审计程序

在识别和评估重大错报风险时，审计人员应当实施下列审计程序：

（1）在了解被审计单位及其环境的整个过程中识别风险，并考虑各类交易、账户余额、列报。

审计人员应当运用各项风险评估程序，在了解被审计单位及其环境的整个过程中识别风险，并将识别的风险与各类交易、账户余额和列报相联系。例如，被审计单位因相关规定需要更新设备，可能面临原有设备闲置或贬值的风险；宏观经济的低迷可能预示应收账款的回收存在问题；竞争者开发的新产品上市，可能导致被审计单位的主要产品在短期内过剩时，预示将出现存货跌价和长期资产（如固定资产等）的减值。

（2）将识别的风险与认定层次可能发生错报的领域相联系。审计人员应当将识别的风险与认定层次可能发生错报的领域相联系。例如，销售困难使产品的市场价格下降，可能导致年末存货成本高于其可变现净值而需要计提存货跌价准备，这显示存货的计价认定可能发生错报。

（3）考虑识别的风险是否重大。风险是否重大是指风险造成后果的严重程度，除考虑产品市场价格下降因素外，审计人员还应当考虑产品市场价格下降的幅度、该产品在被审计单位产品中的比重等，以确定识别的风险对财务报表的影响是否重大。假如产品市场价格大幅下降，导致产品销售收入不能补偿成本，毛利率为负，年末存货严重跌价，存货计价认定发生错报的风险重大；假如价格下降的产品在被审计单位销售收入中所占比例很小，被审计单位其他产品销售毛利率很高，尽管该产品的毛利率为负，但可能不会使年末存货发生重大跌价问题。

（4）考虑识别的风险导致财务报表发生重大错报的可能性。审计人员还需要考虑上述识别的风险是否会导致财务报表发生重大错报。例如，考虑存货的账面余额是否重大，是否已适当计提存货跌价准备等。在某些情况下，尽管识别的风险重大，但仍不至于导致财务报表发生重大错报。例如，期末财务报表中存货的余额较低，尽管识别的风险重大，但不会导致存货的计价认定发生重大错报风险。又如，被审计单位对存货跌价准备的计提的内部控制比较有效，管理层已根据存货的可变现净值，计提了相应的跌价准备，这样就相应降低了财务报表发生重大错报的可能性。

审计人员应当利用实施风险评估程序获取的信息，包括在评价控制设计和确定其是否得到执行时获取的审计证据，作为支持风险评估结果的审计证据。审计人员应当根据风险评估结果，确定实施进一步审计程序的性质、时间和范围。

2. 可能表明被审计单位存在重大错报风险的事项和情况

下列事项和情况可能表明被审计单位存在重大错报风险：（1）在经济不稳定的国家或地区开展业务；（2）在高度波动的市场开展业务；（3）在严厉、复杂的监管环境中开展业务；（4）持续经营和资产流动性出现问题，包括重要客户流失；（5）融资能力受到限制；（6）行业环境发生变化；（7）供应链发生变化；（8）开发新产品或提供新服务，或进入新的业务领域；（9）开辟新的经营场所；（10）发生重大收购、重组或其他非经常性事项；（11）拟出售分支机构或业务分部；（12）复杂的联营或合资；（13）运用表外融资、特殊目的实体以及其他复杂的融资协议；（14）重大的关联方交易；（15）缺乏具备胜任能力的会计人员；（16）关键人员变动；（17）内部控制薄弱；（18）信息技术战略与经营战略不协调；（19）信息技术环境发生变化；（20）安装新的与财务报告有关的重大信息技术系统；（21）经营活动或财务报告受到监管机构的调查；（22）以往存在重大错报或本期期末出现重大会计调整；（23）发生重大的非常规交易；（24）按照管理层特定意图记录的交易；（25）应用新颁布的会计准则或相关会计制度；（26）会计计量过程复杂；（27）事项或交易在计量时存在重大不确定性；（28）存在未决诉讼或有负债。

审计人员应当充分关注上述事项和情况，并考虑由于上述事项和情况导致的风险是否重大，以及该风险导致财务报表发生重大错报的可能性。

3. 识别两个层次的重大错报风险

在对重大错报风险进行识别和评估后，审计人员应当确定，识别的重大错报风险是与特定的某类交易、账户余额、列报的认定相关，还是与财务报表整体广泛相关，进而影响多项认定。

某些重大错报风险可能与特定的各类交易、账户余额、列报的认定相关。例如，被审计单位存在复杂的联营或合资，这一事项表明长期股权投资账户的认定可能存在重大错报风险。又如，被审计单位存在重大的关联方交易，该事项表明关联方及关联方交易的披露认定可能存在重大错报风险。

某些重大错报风险可能与财务报表整体广泛相关，进而影响多项认定。例如，在经济不稳定的国家和地区开展业务、资产的流动性出现问题、重要客户流失、融资能力受到限制等，可能导致审计人员对被审计单位的持续经营能力产生重大疑虑。

4. 控制环境对财务报表层次重大错报风险的影响

财务报表层次的重大错报风险很可能源于薄弱的控制环境。薄弱的控制环境带来的风险可能对财务报表产生整体影响，难以限于某类交易、账户余额、列报，审计人员应当采取总体应对措施。

5. 控制对认定层次重大错报风险的影响

在评估重大错报风险时，审计人员应当将所了解的控制与特定认定相联系。

这是由于控制有助于防止或发现并纠正认定层次的重大错报。在评估重大错报发生的可能性时，除了考虑可能的风险外，还要考虑控制对风险的抵消和遏制作用。有效的控制会减少错报发生的可能性，而控制不当或缺乏控制，错报就会由可能变成现实。

控制可能与某一认定直接相关，也可能与某一认定间接相关。关系越间接，控制在防止或发现并纠正认定中错报的作用越小。例如，销售经理对分地区的销售网点的销售情况进行复核，与销售收入完整性的认定只是间接相关。因此，该项控制在降低销售收入完整性认定中的错报风险方面的效果较差。但是，将发货单与开具的销售发票相核对（与销售收入完整性认定直接相关的控制）的效果却比较好。

审计人员可能识别出有助于防止或发现并纠正特定认定发生重大错报的控制。在确定这些控制是否能够实现上述目标时，审计人员应当将控制活动和其他要素综合考虑。如将销售和收款的控制置身于其所在的流程和系统中考虑，以确定其能否实现控制目标。因为单个的控制活动（如将发货单与销售发票相核对）本身并不足以控制重大错报风险。只有多种控制活动和内部控制的其他要素综合作用才能控制重大错报风险。

当然，也有某些控制活动可能专门针对某类交易或账户余额的个别认定。例如，被审计单位建立的、以确保盘点工作人员能够正确地盘点和记录存货的控制活动，直接与存货账户余额的存在性和完整性认定相关。审计人员只需要对盘点过程和程序进行了解，就可以确定控制是否能够实现目标。

审计人员应当考虑对识别的各类交易、账户余额和列报认定层次的重大错报风险予以汇总和评估，以确定进一步审计程序的性质、时间和范围。

五、审计工作记录

1. 记录的内容

审计人员应当就下列内容形成审计工作记录：（1）项目组对由于舞弊或错误导致财务报表发生重大错报的可能性进行的讨论，以及得出的重要结论；（2）审计人员对被审计单位及其环境各个方面的了解要点（包括对内部控制各项要素的了解要点）、信息来源以及实施的风险评估程序；（3）审计人员在财务报表层次和认定层次识别、评估出的重大错报风险；（4）审计人员识别出的特别风险和仅通过实质性程序无法应对的重大错报风险，以及对相关控制的评估。

2. 记录的方式

审计人员需要运用职业判断，确定记录的方式。常见的记录方式包括文字叙述、问卷、核对表和流程图等。

记录的方式和范围受被审计单位性质、规模、复杂程度、内部控制、被审计单位信息的可获得性，以及审计过程中使用的具体审计方法和技术的影响。例如，被审计单位通过复杂的信息系统，生成、记录、处理和报告大量交易，审计人员在了解该信息系统后，可能采用的记录方式包括流程图、问卷或决策表。对于很少使用或不使用信息技术的信息系统，或者只处理少量交易（如长期借款）的信息系统，审计人员仅以备忘录的形式对其进行记录就已足够。通常被审计单位经营活动越复杂，审计人员实施审计程序的范围越广，审计工作记录也就越复杂。

第四节　针对评估的重大错报风险实施的程序

一、针对重大错报风险的应对措施

在风险导向型的审计理念下，实施审计的过程就是识别、评估和应对财务报表重大错报风险的过程。审计员通过风险评估程序了解了被审计单位及其环境，充分识别和评估了财务报表的重大错报风险之后，便要考虑如何应对评估的重大错报风险问题，包括确定针对评估的财务报表层次重大错报风险的总体应对措施，以及针对评估的认定层次重大错报风险设计和实施的进一步审计程序，以将审计风险降至可接受的低水平。

所谓财务报表层次重大错报风险，是指识别的与财务报表整体相关、涉及多项认定从而具有广泛影响性的重大错报风险。在评估重大错报风险时审计员应当确定，识别的重大错报风险是与特定的某类交易、账户余额、列报的认定相关，还是与财务报表整体相关，进而影响多项认定。如果重大错报风险是与财务报表整体相关，则属于财务报表层次的重大错报风险。

审计员在确定针对财务报表层次重大错报风险的总体应对措施时，需要运用职业判断，确定运用下列应对措施：（1）向项目组强调保持职业怀疑态度的必要性；（2）指派更有经验或具有特殊技能的审计人员，或利用专家的工作；（3）加强审计项目质量复核；（4）在选择拟实施进一步审计程序时，应融入更多的不可预见的因素。

因为财务报表层次重大错报风险不能局限于某类交易、账户余额、列报的特点，意味着此类风险可能对财务报表的多项认定产生广泛影响，并相应增加注册会计师对认定层次重大错报风险的评估难度。因此，审计员评估的财务报表层次重大错报风险以及采取的总体应对措施，对拟实施的进一步审计程序的总体审计方案具有重大影响。进一步审计程序包括控制测试和实质性程序，而实质性程序又包括细节测试和实质性分析程序。

审计员针对认定层次重大错报风险拟实施的进一步审计程序的总体审计方案包括实质性方案和综合性方案。实质性方案是指审计员实施的进一步审计程序以实质性程序为主；综合性方案是指审计员在实施进一步审计程序时，将控制测试与实质性程序结合使用。当评估的财务报表层次重大错报风险属于高风险水平时，拟实施的进一步审计程序的总体审计方案往往更倾向于采用实质性方案。反之，则采用综合性方案。

二、控制测试

（一）控制测试的含义

控制测试指的是测试控制运行的有效性，这一概念需要与“了解内部控制”进行区分。“了解内部控制”包含两层含义：一是评价控制的设计；二是确定控制是否得到执行。测试控制运行的有效性与确定控制是否得到执行所需获取的审计证据是不同的。

（二）控制测试的目的

控制测试的目的是测试控制运行的有效性，以进一步确定实质性程序的性质、时间和范围。

（三）实施控制测试的条件

控制测试并非在任何情况下都需要实施。当存在下列情形之一时，审计人员应当实施控制测试：(1) 在评估认定层次重大错报风险时，预期控制的运行是有效的；(2) 仅实施实质性程序无法提供认定层次充分、适当的审计证据。

如果在评估认定层次重大错报风险时预期控制的运行是有效的，审计人员应当实施控制测试，就控制在相关期间或时点的运行有效性获取充分、适当的审计证据。

审计人员通过实施风险评估程序，可能发现某项控制的设计是存在的，也是合理的，同时得到了执行。在这种情况下，出于成本效益的考虑，审计人员可能预期，如果相关控制在不同时点都得到了一贯执行，与该项控制有关的财务报表认定发生重大错报的可能性就不会很大，也就不需要实施很多的实质性程序。为此，审计人员可能会认为值得对相关控制在不同时点是否得到了一贯执行进行测试，即实施控制测试。这种测试主要是出于成本效益的考虑，其前提是审计人员通过了解内部控制以后认为某项控制值得被信赖。因此，只有认为控制设计合理、能够防止或发现和纠正认定层次的重大错报，审计人员才有必要对控制运行的有效性实施测试。

如果认为仅实施实质性程序获取的审计证据无法将认定层次重大错报风险降至可接受的低水平，审计人员应当实施相关的控制测试，以获取控制运行有效性的审计证据。

（四）控制测试的种类

按控制测试的对象不同，控制测试分为整体层次控制测试和业务层次控制测试。

（五）控制测试的方法

虽然控制测试与了解内部控制的目的不同，但两者采用审计程序的类型通常相同，包括询问、观察、检查和穿行测试。此外，控制测试的程序还包括重新执行。

1. 询问

审计人员可以向被审计单位适当员工询问，获取与内部控制运行情况相关的信息。例如，询问信息系统管理人员有无未经授权接触计算机硬件和软件，向负责复核银行存款余额调节表的人员询问如何进行复核，包括复核的要点是什么、发现不符事项如何处理等。但是，仅靠询问不能为控制运行的有效性提供充分的证据的，审计人员通常需要印证被询问者的答复，如向其他人员询问和检查执行控制时所使用的报告、手册或其他文件等。因此，虽然询问是一种有用的手段，它必须和其他测试手段结合使用才能发挥作用。在询问过程中，审计人员应当保持职业怀疑态度。

2. 观察

观察是测试不留下书面记录的控制（如职责分离）的运行情况的有效方法。例如，观察存货盘点控制的执行情况。观察也可运用于实物控制，如查看仓库管理，或空白支票是否妥善保管。通常情况下，审计人员通过观察直接获取的证据比间接获取的证据更可靠。但是，审计人员还要考虑其所观察到的控制在审计人员不在场时可能不被执行的情况。

3. 检查

对运行情况留有书面证据的控制，检查非常适用。书面说明、复核时留下的记号，或其他记录在偏差报告中的标志都可以被当做控制运行情况的证据。例如，检查销售发票是否有复核人员签字，检查销售发票是否附有客户订购单和出库单等。

4. 重新执行

通常只有当询问、观察和检查程序结合在一起仍无法获得充分的证据时，审计人员才考虑通过重新执行来证实控制是否有效运行。例如，为了合理保证计价认定的准确性，被审计单位的一项控制是由复核人员核对销售发票上的价格与统一价格单上的价格是否一致。但是，要检查复核人员有没有认真执行核对，仅仅检查复核人员是否在相关文件上签字是不够的，审计人员还需要自己选取一部分销售发票进行核对，这就是重新执行程序。但是，如果需要进行大量的重新执行，审计人员就要考虑通过实施控制测试以缩小实质性程序的范围是否有效率，即成本效率问题。

5. 穿行测试

除了上述四类控制测试常用的审计程序以外，实施穿行测试也是一种重要的审计程序。值得注意的是，穿行测试不是单独的一种程序，而是将多种程序按特定审计需要进行结合运用的方法。穿行测试是通过追踪交易在财务报告信息系统中的处理过程，来证实审计人员对控制的了解、评价控制设计的有效性以及确定控制是否得到执行。可见，穿行测试更多地在了解内部控制时运用。但在执行穿行测试时，审计人员可能获取部分控制运行有效性的审计证据。

询问本身并不足以测试控制运行的有效性，审计人员应将询问与其他审计程序结合使用，以获取相关控制运行有效性的审计证据。观察提供的证据仅限于观察发生的时点，本身也不足以测试控制运行的有效性；将询问与检查或重新执行结合使用，通常能够比仅实施询问和观察获取更好的审计效果。例如，被审计单位针对处理收到的邮政汇款单设计和执行了相关的内部控制，审计人员通过询问和观察程序往往不足以测试此类控制的运行有效性，还需要检查能够证明此类控制在所审计期间的其他时段有效运行的文件和凭证，以获取充分、适当的审计证据。

（六）控制测试的时间

控制测试的时间包含两层含义：一是何时实施控制测试；二是测试所针对的控制适用的时点或期间。其原理是，如果测试特定时点的控制，审计人员仅得到该时点控制运行有效性的审计证据；如果测试某一期间的控制，审计人员可获取控制在该期间有效运行的审计证据。因此，审计人员应当根据控制测试的目的确定控制测试的时间，并确定拟信赖的相关控制的时点或期间。

根据控制测试的目的确定控制测试的时间，如果仅需要测试控制在特定时点的运行有效性（如对被审计单位期末存货盘点进行控制测试），审计人员只需要获取该时点的审计证据。如果需要获取控制在某一期间有效运行的审计证据，仅获取与时点相关的审计证据是不充分的，审计人员应当辅以其他控制测试，包括测试被审计单位对控制的监督。换言之，关于控制在多个不同时点的运行有效性的审计证据的简单累加并不能构成控制在某期间的运行有效性的充分、适当的审计证据；而“其他控制测试”应当具备的功能是，能提供相关控制在所有相关时点都运行有效的审计证据；被审计单位对控制的监督起到的就是一种检验相关控制在所有相关时点是否都有效运行的作用，因此审计人员测试这类活动能够强化控制在某个期间运行有效性的审计证据效力。

（七）控制测试的范围

审计人员在确定某项控制的测试范围时通常考虑下列因素：

（1）在整个拟信赖的期间，被审计单位执行控制的频率。控制执行的频率越高，控制测试的范围越大。

（2）在审计期间，审计人员拟信赖控制运行有效性的时间长度。通常，拟信赖控制运行有效性的时间越长，在该时间内发生的控制活动次数就越多。审计人员需要根据拟信赖控制的时间长度确定控制测试的范围。拟信赖期间越长，控制测试的范围越大。

（3）为证实控制能够防止或发现并纠正认定层次重大错报，需要获取审计证据的相关性和可靠性。对审计证据的相关性和可靠性要求越高，控制测试的范围越大。

（4）通过测试与认定相关的其他控制获取的审计证据的范围。一般针对同一认定可能设计和实施不同的控制。当通过其他控制所获取的审计证据的充分性和适当性较高时，测试该控制的范围可适当缩小。

（5）在风险评估时拟信赖控制运行有效性的程度。审计人员在风险评估时对控制运行有效性的拟信赖程度越高，需要实施控制测试的范围越大。

（6）控制的预期偏差。预期偏差可以用控制未得到执行的预期次数占控制应当得到执行次数的比率加以衡量（也可称作预期偏差率）。考虑该因素，是因为在考虑测试结果是否可以得出控制运行有效性的结论时，不能认为只要出现任何控制执行偏差就认定控制运行无效，所以需要确定一个合理水平的预期偏差率。控制的预期偏差率越高，需要实施控制测试的范围越大。如果控制的预期偏差率过高，审计人员应当考虑控制可能不足以将认定层次的重大错报风险降至可接受的低水平，从而针对某一认定实施的控制测试可能是无效的。

三、实质性程序

（一）实质性程序的性质

实质性程序是指审计人员针对评估的重大错报风险实施的直接用以发现认定层次重大错报的审计程序。故审计人员应当针对评估的重大错报风险设计和实施实质性程序，以发现认定层次的重大错报。实质性程序包括对各类交易、账户余额、列报的细节测试以及实质性分析程序。

细节测试是对各类交易、账户余额、列报的具体细节进行测试，目的在于直接识别财务报表认定是否存在错报。

实质性分析程序从技术特征上仍然是分析程序，主要是通过研究数据间关系评价信息，只是将该技术方法用作实质性程序，即用此类方法来识别各类交易、账户余额、列报及相关认定是否存在错报。

（二）实质性程序的时间

实质性程序的时间选择与控制测试的时间选择有共同点，也有很大差异。共同点在于，两类程序都面临着对期中审计证据和对以前审计获取的审计证据的考虑。两者的差异在于：在控制测试中，期中实施控制测试并获取期中关于控制运行有效性审计证据的做法更具有一种“常态”；而由于实质性程序的目的在于更直接地发现重大错报，在期中实施实质性程序时更需要考虑其成本效益的权衡；还有，在本期控制测试中拟信赖以前审计获取的有关控制运行有效性的审计证据，已经受到了很大的限制；而对于以前审计中通过实质性程序获取的审计证据，审计人员应采取更加慎重的态度和更严格的限制。

（三）实质性程序的范围

评估的认定层次重大错报风险和实施控制测试的结果是审计人员在确定实质性程序范围时的重要考虑因素。因此，在确定实质性程序的范围时，审计人员应当考虑评估的认定层次重大错报风险和实施控制测试的结果。审计人员评估的认定层次的重大错报风险越高，需要实施实质性程序的范围越广。如果对控制测试结果不满意，审计人员应当考虑扩大实质性程序的范围。

在设计细节测试时，审计人员除了从样本量的角度考虑测试范围外，还要考虑选样方法的有效性等因素。例如，从总体中选取大额或异常项目，而不是进行代表性抽样或分层抽样。

实质性分析程序的范围有两层含义：第一层含义是对什么层次上的数据进行分析，审计人员可以选择在高度汇总的财务数据层次进行分析，也可以根据重大错报风险的性质和水平调整分析层次。例如，按照不同产品线、不同季节或月份、不同经营地点或货物存放地点等实施实质性分析程序。第二层含义是需要对什么幅度或性质的偏差展开进一步调查。实施分析程序可能发现偏差，但并非所有的偏差都值得展开进一步调查。可容忍或可接受的偏差（即预期偏差）越大，作为实质性分析程序一部分的进一步调查的范围就越小。确定适当的预期偏差幅度同样属于实质性分析程序的范畴。因此，在设计实质性分析程序时，审计人员应当确定已记录金额与预期值之间可接受的差异额。在确定该差异额时，审计人员应当主要考虑各类交易、账户余额、列报及相关认定的重要性和计划的保证水平。

案例分析结果

通过对该集团兴衰过程中的内部控制教训的考查，在从战略风险实施控制的过程中，需要注意以下三方面：一是目标设定和战略实施的协调是内部控制的关键。二是科学抉择风险管理策略有助于提高控制力。企业在发展中随时会遇到各种各样的风险。风险可能会带来损失，也会带来机会，关键在于如何管理风险。史玉柱面对风险时，也积极应对了，但由于没有对风险进行全面了解和评价，没有专业的人员对风险进行评估并提出切实可行的应对措施，管理风险的策略错了，风险没有被控制反而更大了。三是企业的战略发展需要完善的内部控制予以配套。在战略发展中，管理者不能仅仅计较规模和利润，关键在于要把握其管理控制是否能够应对发展所带来的战略风险、组织风险、财务风险、控制风险、运营风险等。如果企业在战略发展中充分运用规范的内部控制和风险管理措施来整合各种资源，有效地控制战略发展带来的各种风险，内部控制和风险管理所形成的较强的控制力，必定会促使战略发展为企业寻找到增加价值的发展空间。

知识评价

评价对被审计单位及其环境了解的程度是否恰当，关键是看审计人员对被审计单位及其环境的了解是否足以识别和评估财务报表重大错报风险。如果了解被审计单位及其环境获得的信息足以识别和评估财务报表重大错报风险，设计和实施进一步审计程序，那么了解的程度就是恰当的。

思考题

1. 什么是重大错报风险？它对审计工作有哪些影响？
2. 什么是内部控制？包含哪些要素？
3. 什么是实质性程序？

第二部分

财务审计理论

一、财务审计的概念

前面的审计理论部分阐述了审计是指由国家审计机关、社会审计组织和内部审计机构及审计人员，按照审计准则和相关的法律法规，依法、独立地对企业财务收支活动和行政事业等单位财政收支活动的合法性、效益性以及财务财政信息的真实性和管理者经济责任的履行情况进行检查、鉴证、评价，目的在于促进经济活动的合法、合理、有效，保证财务财政信息的真实，促进管理者经济责任的履行的一种经济监督活动。而财务活动是指企业资金的四大活动及在资金活动中形成的各种关系。所谓的四大财务活动是指筹资、投资、运营、分配，各种财务关系是指企业与投资者之间的投资与被投资的关系、企业与债权人之间的债权债务关系、企业与供应商之间的材料供应关系、企业与客户之间的商品买卖关系、企业与国家之间的税收分配关系等。同财务对应的概念是财政的概念，财政是指行政、事业单位中国家资金的运用及其形成的各种关系。现代审计依据客体和对象的不同，产生了两大分支：财务审计和财政审计。财务审计是审计的基础和分支，是指对企业财务实施的审计，其定义是：由国家审计机关、社会审计组织和内部审计机构及审计人员，按照审计准则和相关的法律法规，采用现代审计技术方法，依法、独立地对企业财务收支活动的合法性、效益性以及财务信息的真实性和受托管理者经济责任的履行情况进行检查、鉴证、评价，目的在于促进企业财务活动的合法、合理、有效，保证财务信息的真实，促进管理者经济责任的履行的一种经济监督活动。

基于四大财务活动，现代财务审计应用循环审计就是先把企业的财务活动分为五个主要业务循环：销售与收款循环、采购与付款循环、生产与存货循环、筹资与投资业务循环、货币资金业务循环，然后按每个循环展开审计，审计每个循环时先了解、初评、测试该循环与财务报表有关的内部控制制度，然后根据前一步骤的结果来决定这一步骤在多大范围和程度实施实质性审计程序，即报表项目及认定的审计程序。

二、财务审计的对象

一般来说财务审计的对象主要是审计经济活动的合法、合理性及财务信息的真实性。具体而言审计经济活动合法、合理性就是审计企业的内部控制制度，审计财务信息真实性就是审计财务报表和报表项目及认定。在实施审计时，审计报表的项目及认定称为分项审计，审计与财务报表有关的内部控制称为循环审计。那么，审计对应的项目、审计项目的内容是什么？这就是审计项目的“认定”。

（一）认定的含义及理解要点

认定是指管理层在财务报表中作出的明确或隐含的表达用于考虑可能发生的不同类型的潜在错报。那么，保证财务报表公允反映被审计单位的财务状况和经营情况等是管理层的责任。当管理层声明财务报表已按照适用的财务报告编制基础进行编制，在所有重大方面作出公允反映时，就意味着管理层对财务报表各组成要素的确认、计量、列报以及相关的披露作出了认定。所谓认定与审计目标密切相关，审计人员的职责就是确定被审计单位管理层对其财务报表的认定是否恰当。

（二）认定的类别

认定通常被分为三类：

1. 与期末账户余额相关的认定

（1）存在：记录的资产、负债和所有者权益是存在的。

（2）权利和义务：记录的资产由被审计单位拥有或控制，记录的负债是被审计单位应当履行的偿还义务。

（3）完整性：所有应当记录的资产、负债和所有者权益均已记录。

（4）计价和分摊：资产、负债和所有者权益以恰当的金额包括在财务报表中，与之相关的计价或分摊调整已恰当记录。

2. 与所审计期间各类交易和事项相关的认定

（1）发生：记录的交易或事项已发生，且与被审计单位有关。

（2）完整性：所有应当记录的交易和事项均已记录。

（3）准确性：与交易和事项有关的金额及其他数据已恰当记录。

（4）截止：交易和事项已记录于正确的会计期间。

（5）分类：交易和事项已记录于恰当的账户。

3. 与列报和披露相关的认定

（1）发生以及权利和义务：披露的交易、事项和其他情况已发生，且与被审计单位有关。

（2）完整性：所有应当包括在财务报表中的披露均已包括。

（3）分类和可理解性：财务信息已被恰当地列报和描述，且披露内容表述清楚。

（4）准确性和计价：财务信息和其他信息已公允披露，且金额恰当。

三、财务审计的目标

财务审计目标总的来说是促进企业财务活动的合法、合理、有效，保证财务信息的真实，促进管理者经济责任的履行。由于财务审计侧重于保证财务信息真实，主要进行财务报表审计，所以就财务报表审计而言其审计目标包括财务报表总体审计目标以及与各类交易、账户余额和披露相关的具体审计目标两个层次。

（一）财务报表审计总体目标

（1）对财务报表整体是否不存在由于舞弊或错误导致的重大错报获取合理保证，使得注册会计师能够对财务报表是否在所有重大方面按照适用的财务报告编制基础编制发表审计意见；

（2）按照审计准则的规定，根据审计结果对财务报表出具审计报告，并与管理层和治理层沟通。

（二）财务报表审计的具体目标

具体审计目标由认定来决定，各类认定与具体审计目标关系如下。

（1）与期末账户余额相关的认定和具体审计目标，如表 1 所示。

表 1　　与期末账户余额相关的认定和具体审计目标

认定分类	各类认定的含义	具体审计目标
(1) 存在	记录的资产、负债和所有者权益是存在的	取证证明记录的金额确实存在
(2) 权利和义务	记录的资产由被审计单位拥有或控制，记录的负债是被审计单位应当履行的偿还义务	取证证明资产归属于被审计单位，负债属于被审计单位的义务
(3) 完整性	所有应当记录的资产、负债和所有者权益均已记录	取证证明已存在的金额均已记录
(4) 计价和分摊	资产、负债和所有者权益以恰当的金额包括在财务报表中，与之相关的计价或分摊调整已恰当记录	取证证明资产、负债和所有者权益以恰当的金额包括在财务报表中，与之相关的计价或分摊调整已恰当记录

(2) 与各类交易和事项相关的认定和具体审计目标，如表 2 所示。

表 2　　与各类交易和事项相关的认定和具体审计目标

认定分类	各类认定的含义	具体审计目标
(1) 发生	记录的交易或事项已发生，且与被审计单位有关	取证证明已记录的交易是真实的
(2) 完整性	所有应当记录的交易和事项均已记录	取证证明已发生的交易确实已经记录
(3) 准确性	与交易和事项有关的金额及其他数据已恰当记录	已记录的交易是按正确金额反映的
(4) 截止	交易和事项已记录于正确的会计期间	取证证明接近于资产负债表日的交易记录于恰当的期间
(5) 分类	交易和事项已记录于恰当的账户	被审计单位记录的交易经过适当分类

财务报表审计的组织方式大致有两种：一是对财务报表的每个账户余额单独进行审计，这种方法称为账户法（account approach）。二是将财务报表分成几个循环进行审计，即把紧密联系的交易种类和账户余额归入同一循环中，按业务循环组织实施审计，这种方法称为循环法（cycle approach）。一般而言，账户法与多数被审计单位账户设置体系及财务报表格式相吻合，具有操作方便的优点，但它将紧密联系的相关账户（如存货和营业成本）人为分割，容易造成整个审计工作的脱节和重复，审计效率较低；而循环法则更符合被审计单位的业务流程和内部控制设计的实际情况，不仅可以增加审计人员对被审计单位经济业务的理解，而且将特定业务循环所涉及的财务报表项目分配给一个或数个审计人员，使审计人员分工更加合理，有助于提高审计工作的效率与效果。基于此，从第九章起至第十三章，本书将以财务报表审计为例，具体阐述循环审计和对循环中的重要报表项目的审计测试。

控制测试是在了解被审计单位内部控制、实施风险评估程序基础上进行的，与被审计单位的业务流程密切相关，因此，对控制测试通常应采用循环法实施。一般而言，在财务报表审计中可将被审计单位的所有交易和账户余额划分为 4 个、5 个、6 个甚至更多个业务循环。

由于各被审计单位的业务性质和规模不同，其业务循环的划分也有差异。即使是同一被审计企业，不同审计人员也可能有不同的循环划分方法。在本书中，我们将交易和账户余额划分为销售与收款循环、采购与付款循环、存货与仓储循环、投资与筹资循环，并以此为例阐述各业务循环的审计。由于货币资金与上述各个业务循环均密切相关，并且货币资金的业务和内部控制又有着不同于其他业务循环和其他财务报表项目的鲜明特征，因此，将货币资金审计单独安排在第十三章。

对交易和账户余额的实质性程序，既可采用账户法实施，也可采用循环法实施。但由于控制测试通常按循环法实施，为更好地衔接实质性程序与控制测试，提倡采用循环法。按照各财务报表项目与业务循环的相关程度，基本可以建立起各业务循环与其所涉及的主要财务报表项目（特殊行业的财务报表项目不涉及）之间的对应关系。

在财务报表审计中将被审计单位的所有交易和账户余额划分为多个业务循环，并不意味着各业务循环之间互不关联。事实上，各业务循环之间存在一定的联系，比如投资与筹资循环同采购与付款循环紧密联系，生产与存货循环则同其他所有业务循环均紧密联系。各业务循环之间与报表项目之间的关系如表3所示。

表3　业务循环与主要财务报表项目对照表

业务循环	资产负债表项目	利润表项目
销售与收款循环	应收票据、应收账款、长期应收款、预收款项、应交税费	营业收入、税金及附加、销售费用
采购与付款循环	预付款项、固定资产、在建工程、工程物资、固定资产清理、无形资产、开发支出、商誉、长期待摊费用、应付票据、应付账款、长期应付款	管理费用
生产与存货循环	存货（包括材料采购或在途物资、原材料、材料成本差异、库存商品、发出商品、商品进销差价、委托加工物资、委托代销商品、受托代销商品、周转材料、生产成本、制造费用、劳务成本、存货跌价准备、受托代销商品款等）、应付职工薪酬	营业成本、营业成本、销售费用、管理费用
投资与筹资循环	交易性金融资产、应收利息、应收股利、其他应收款、其他流动资产、可供出售金融资产、持有至到期投资、长期股权投资、投资性房地产、递延所得税资产、其他非流动资产、短期借款、交易性金融负债、应付利息、应付股利、其他应付款、其他流动负债、长期借款、应付债券、专项应付款、预计负债、递延所得税负债、其他非流动负债、实收资本（或股本）、资本公积、盈余公积、未分配利润	财务费用、资产减值损失、公允价值变动损益、投资收益、营业外收入、营业外支出、所得税费用

第九章

销售与收款循环审计

学习目标

根据项目、任务的需要查阅与销售与收款循环审计相关的资料；制定销售与收款循环审计的方案并组织实施；查阅、理解销售与收款的内部控制并进行控制测试及评价；明确销售与收款审计涉及的主要凭证和会计记录；掌握销售与收款的审计目标和主要实质性程序；重点掌握营业收入真实性审计和应收账款及坏账准备的审计；具有敬业精神、团队合作和良好的职业道德修养。

能力目标

要求学生掌握该循环的基本审计流程；掌握营业收入和应收账款的具体审计程序。

技能目标

掌握循环审计的基本原理及其应用。

案例导入

东方电子“盈利”案

东方电子是由烟台东方电子信息产业集团公司作为独家发起人，于1993年采用定向募集方式设立的。公司于1994年1月正式创立，总股本5 800万元，每股面值1元，发行价1.60元。其中国家股2 200万股，社会法人股150万股。1994年1月8~10日，3天向内部职工定向募集内部职工股3 450万股。

1996年12月17日，经中国证监会批准，东方电子向社会公开发行1 030万股，发行价7.88元，总股本变为6 830万股，其中国家股2 200万股，社会法人股150万股，社会公众股1 720万股（含原内部职工股690万股），内部职工股2 760万股。

一、股本扩张

1997年1月21日，公司1 720万股社会公众股在深交所挂牌上市，其余的内部职工股2 760万股，3年后上市交易。

根据东方电子公告的数字显示，自1997年1月21日上市以来，东方电子股本连年高速扩张，1996年度每10股送4股转增6股，1997年度每10股配1.667股，1998年中期每10股送8股，1999年中期和年终连续推出每10股送6股转增4股和每10股送2.5股转增3.5

股。而在股本大比例扩张的基础上，公司业绩与股本扩张保持了同步增长。

二、对优良业绩的质疑

伴随着东方电子的高速增长，出现了许多质疑声。

1. 不现实的收入与利润增长

东方电子对外称公司涉足电力、通信、计算机行业，但真正能够给东方电子带来丰厚利润的却是其主业——电网调度自动化。在调度自动化行业中，清华大学、电科院、南瑞、东方电子等几十家企业从事此项业务，东方电子根本不可能占有半壁江山。

1998 年以后，中国高压电网自动化改造业务的利润率一般在 10% ~30%，而农村电网自动化改造业务的一般利润率在 8% ~10%，但东方电子 1997 ~2000 年电网自动化改造业务的利润率在 48.65%。

2. 惊人的存款数额

东方电子从 1999 年配股完成后，存款数额一直很惊人：1999 年为 6 亿多元，2000 年为 8 亿多元，2001 年上半年存款余额还有 5.5 亿元。同时，其贷款和融资需求也很旺盛。

三、查证的事实

2001 年 7 月，中国证监会对东方电子展开调查，9 月 7 日，东方电子披露正在接受证监会检查。11 月 8 日，东方电子发布因重大会计差错可能导致经营业绩下滑的风险预警公告。

经查证，1997 年 4 月至 2001 年 6 月，东方电子先后利用公司购买的 1 044 万股内部职工股的股票收入和投入资金 6.8 亿元炒股的收益，共计 17.08 亿元，通过虚开销售发票，伪造销售合同等手段，将其中的 15.95 亿元计入“主营业务收入”，虚构业绩。

东方电子如何虚构收入呢?

东方电子上市后，每年初都制定了一个年增长速度在 50% 以上的发展计划和利润目标，而按公司的实际生产情况，是不可能完成的，于是在每年年中和年底，东方电子都会根据实际完成情况与计划目标的差异，由抛售股票收入来弥补。

1. 证券部负责抛售股票提供资金

公司从 1998 年开始抛售持有的内部职工股，直到 2001 年 8 月，每年抛售的时间大约都集中在中期财务报告和年度报告披露前，每次抛售的数量由公司业绩的需要而定。证券公司抛售股票，并将所得收入转入公司在银行的账户。

2. 公司经营部门负责伪造合同与发票。

销售部门人员采取修改客户合同、私刻客户印章、向客户索要空白合同、粘贴复印伪造合同四种手段，从 1997 年开始，先后伪造销售合同 1 242 份，合同金额 17.2968 亿元，虚开销售发票 2 079 张，金额 17.0823 亿元。同时为了应付审计，销售部门还伪造客户的函证。

3. 公司财务部负责拆分资金和做假账

为掩盖资金的真实来源，通过在烟台银行南大街分理处设立的东方电子户头、账户，在该行工作人员配合下，中转、拆分由证券公司所得的收入，并根据伪造的客户合同、发票，伪造了 1 509 份银行进账单，以及相应的对账单，金额共计 17.0475 亿元。

4. 销售部门人员与个别客户串通，通过向客户汇款，再由客户汇回的方式，虚增销售收入。

（资料来源：宋夏云：《东方电子失败案探析》，载《审计与理财》2004 年第 2 期。）

【基于案例的问题】

对于急速扩张的东方电子而言，有什么征兆显示其盈利模式有可疑之处？如何正确对待企业的快速发展？

第一节　销售与收款循环审计概述

一、销售与收款循环中的主要业务活动

了解企业在销售与收款循环中的典型活动，对该业务循环的审计非常必要。下面我们简单地介绍一下销售与收款循环中的主要业务活动。

（一）接受客户订购单

客户提出订货要求是整个销售与收款循环的起点，是购买某种货物或接受某种劳务的一项申请。客户订购单只有在符合企业管理层的授权标准时才能被接受。例如，管理层一般设有已批准销售的客户名单。销售单管理部门在决定是否同意接受某客户的订购单时，应追查该客户是否被列入这张名单。如果该客户未被列入，则通常需要由销售单管理部门的主管来决定是否同意销售。

很多企业在批准了客户订购单之后，下一步就是编制一式多联的销售单。销售单是证明销售交易的“发生”认定的凭据之一，也是此笔销售交易轨迹的起点之一。此外，由于客户订购单是来自外部的引发销售交易的文件之一，也可为销售交易的“发生”认定提供补充证据。

（二）批准赊销信用

对于赊销业务的批准是由信用管理部门根据管理层的赊销政策在每个客户的已授权的信用额度内进行的。信用管理部门的职员在收到销售单管理部门的销售单后，应将销售单与该客户已被授权的赊销信用额度以及至今尚欠的账款余额加以比较。执行人工赊销信用检查时，还应进行合理的职责划分，以避免销售人员为扩大销售而使企业承受不适当的信用风险。

企业的信用管理部门通常应对每个新客户进行信用调查，包括获取信用评审机构对客户信用等级的评定报告。无论是否批准赊销，都要求被授权的信用管理部门人员在销售单上签署意见，然后再将已签署意见的销售单送回销售单管理部门。

设计信用批准控制的目的是降低坏账风险，因此，这些控制与应收账款账面余额的“计价和分摊”认定有关。

（三）按销售单供货

企业管理层通常要求商品仓库只有在收到经过批准的销售单时才能供货。设立这项控制的目的是为了防止仓库在未经授权的情况下擅自发货。因此，已批准的销售单（一式多联）中的一联通常应送达仓库，作为仓库按销售单供货和发货给装运部门的授权凭据。

（四）按销售单装运货物

将按经批准的销售单供货与按销售单装运货物职责相分离，有助于避免负责装运货物的职员在未经授权的情况下装运产品。此外，装运部门职员在装运之前，还必须进行独立验证，以确定从仓库提取的商品都附有经批准的销售单，并且所提取商品的内容与销售单一致。

（五）向客户开具账单

开具账单是指开具并向客户寄送事先连续编号的销售发票。这项功能所针对的主要问题是：（1）是否对所有装运的货物都开具了账单（即“完整性”认定问题）；（2）是否只对实际装运的货物才开具账单，有无重复开具账单或虚构交易（即“发生”认定问题）；（3）是否按已授权批准的商品价目表所列价格计价开具账单（即“准确性”认定问题）。

为了降低开具账单过程中出现遗漏、重复、错误计价或其他差错的风险，应设立以下控制程序：

（1）开具账单部门职员在开具每张销售发票之前，独立检查是否存在装运凭证和相应的经批准的销售单；

（2）依据已授权批准的商品价目表确定销售价格，开具销售发票；

（3）独立检查销售发票计价和计算的正确性；

（4）将装运凭证上的商品总数与相对应的销售发票上的商品总数进行比较。

上述控制程序有助于保证用于记录销售交易的销售发票的正确性。因此，这些控制与销售交易的“发生”“完整性”以及“准确性”认定有关。销售发票副联通常由开具账单部门保管。

（六）记录销售

在手工会计系统中，记录销售的过程包括区分赊销、现销，按销售发票编制转账凭证或现金、银行存款收款凭证，再据以登记销售明细账和应收账款明细账或库存现金、银行存款日记账。记录销售的控制程序包括以下内容：

（1）只依据附有有效装运凭证和销售单的销售发票记录销售。这些装运凭证和销售单应能证明销售交易的发生及其发生的日期。

（2）控制所有事先连续编号的销售发票。

（3）独立检查已处理销售发票上的销售金额与会计记录金额的一致性。

（4）记录销售的职责应与处理销售交易的其他职能相分离。

（5）对记录过程中所涉及的有关记录的接触予以限制，以减少未经授权批准的记录发生。

（6）定期独立检查应收账款的明细账与总账的一致性。

（7）定期向客户寄送对账单，并要求客户将任何例外情况直接向指定的会计主管报告。

以上这些控制与“发生”“完整性”“准确性”以及“计价和分摊”认定有关。对记录销售的控制，审计人员主要关心的问题是销售发票是否记录正确，并归属适当的会计期间。

（七）办理和记录现金、银行存款收入

这项功能涉及的是有关货款收回，现金、银行存款增加以及应收账款减少的活动。在办理和记录现金、银行存款收入时，最应关心的是货币资金失窃的可能性。货币资金失窃可能发生在货币资金收入登记入账之前或登记入账之后。处理货币资金收入时最重要的是要保证全部货币资金都必须如数、及时地记入库存现金、银行存款日记账或应收账款明细账，并如数、及时地将现金存入银行。在这方面，汇款通知书起着很重要的作用。

（八）办理和记录销售退回、销售折扣与折让

客户如果对商品不满意，销售企业一般都会同意接受退货，或给予一定的销售折让；客户如果提前支付货款，销售企业则可能会给予一定的销售折扣。发生此类事项时，必须经授

权批准，并应确保与办理此事有关的部门和职员各司其职，分别控制实物流和会计处理。因此，贷项通知单的控制就很重要。

（九）提取坏账准备

坏账准备提取的数额必须能够抵补企业以后无法收回的销货款。

（十）注销坏账

不管赊销部门的工作如何主动，客户因经营不善、宣告破产、死亡等原因而无法支付货款的情形仍可能会发生。销售企业如果认为某项货款再也无法收回，就必须注销这笔货款。对这些坏账，正确的处理方法应该是获取货款无法收回的确凿证据，经适当审批后及时做会计调整。

销售与收款环节流程如图9－1所示。

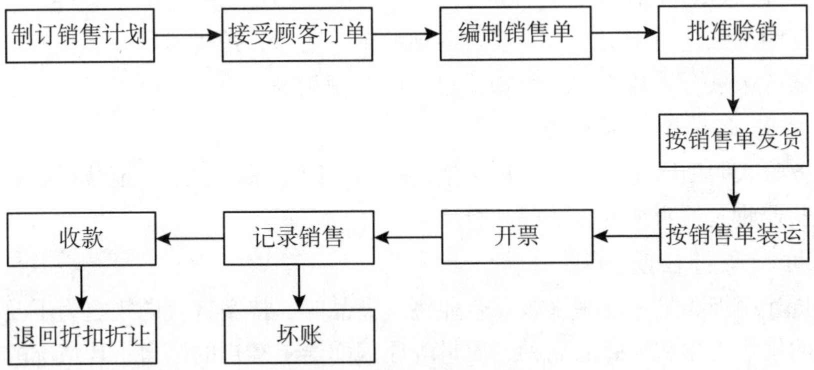

图9－1　销售与收款环节流程

二、销售与收款循环涉及的账户、凭证

在内部控制比较健全的企业，处理销售与收款业务通常会涉及很多凭证与会计记录。典型的销售与收款循环所涉及的主要凭证与会计记录有以下几种：

（一）客户订购单

客户订购单即客户提出的书面购货要求。企业可以通过销售人员或其他途径，如采用电话、信函和向现有的及潜在的客户发送订购单等方式接受订货，获取客户订购单。

（二）销售单

销售单是列示客户所订商品的名称、规格、数量以及其他与客户订购单有关信息的凭证，主要由销售部门填制，作为销售方内部处理客户订购单的凭据。

（三）发运凭证

发运凭证即在发运货物时编制的，用以反映发出商品的规格、数量和其他有关内容的凭据（也叫货运发票）。发运凭证的一联留给客户，其余联（一联或数联）由企业保留。该凭证可用做向客户开具账单的依据。

（四）销售发票

销售发票是一种用来表明已销售商品的名称、规格、数量、价格、销售金额、运费和保险费、开票日期、付款条件等内容的凭证。以增值税发票为例，销售发票的两联（抵扣联和记账联）寄送给客户，一联由企业保留。销售发票也是在会计账簿中登记销售交易的基本凭据之一。

（五）商品价目表

商品价目表是列示已经授权批准的、可供销售的各种商品的价格清单。

（六）贷项通知单

贷项通知单是一种用来表示由于销售退回或经批准的折让而引起的应收销货款减少的凭证。这种凭证的格式通常与销售发票的格式相同，主要用来证明应收账款的减少。

（七）应收账款账龄分析表

一般情况下，应收账款账龄分析表按月编制，反映月末尚未收回的应收账款总额的账龄，并详细反映每个客户月末尚未偿还的应收账款数额和账龄。

（八）应收账款明细账

应收账款明细账是用来记录每个客户各项赊销、还款、销售退回及折让的明细账。各应收账款明细账的余额合计数应与应收账款总账的余额相等。

（九）主营业务收入明细账

主营业务收入明细账是一种用来记录销售交易的明细账。它通常记载和反映不同类别商品或服务的营业收入的明细发生情况和总额。

（十）折扣与折让明细账

折扣与折让明细账是一种用来核算企业销售商品时，按销售合同规定为了及早收回货款而给予客户的销售折扣和因商品品种、质量等原因而给予客户的销售折让情况的明细账。当然，企业也可以不设置折扣与折让明细账，而将该类业务直接记录于主营业务收入明细账。

（十一）汇款通知书

汇款通知书是一种与销售发票一起寄给客户，由客户在付款时再寄回销售单位的凭证。这种凭证注明了客户的姓名、销售发票号码、销售单位开户银行账号以及金额等内容。

（十二）库存现金日记账和银行存款日记账

库存现金日记账和银行存款日记账是用来记录应收账款的收回或现销收入以及其他各种现金、银行存款收入和支出的日记账。

（十三）坏账审批表

坏账审批表是一种用来批准将某些应收款项注销为坏账，仅在企业内部使用的凭证。

（十四）客户月末对账单

客户月末对账单是一种按月定期寄送给客户的用于购销双方定期核对账目的凭证。客户月末对账单上应注明应收账款的月初余额、本月各项销售交易的金额、本月已收到的货款、各贷项通知单的数额以及月末余额等内容。

（十五）转账凭证

转账凭证是指记录转账业务的记账凭证。它是根据有关转账业务（即不涉及现金、银行存款收付的各项业务）的原始凭证编制的。

（十六）收款凭证

收款凭证是指用来记录现金和银行存款收入业务的记账凭证。

三、销售与收款循环的审计目标

确认是否登记入账的销售交易确系已经发货给真实的顾客（发生）；确认是否所有销售交易均已登记入账（完整性）；确认是否登记入账的销售数是已发货的数量，已正确开具账单并登记入账（计价和分摊）；确认是否销售交易的分类恰当（分类）；确认是否销售交易的记录及时（截止）；确认是否销售交易已经正确地记入明细账并经正确汇总（准确性、计价和分摊）。

第二节　销售与收款循环的内部控制和控制测试

一、销售交易的内部控制

（一）内部控制目标、内部控制与审计测试的关系

表9－1列示了销售交易的内部控制目标、关键内部控制和审计测试的关系。

表9－1　　销售交易的内部控制目标、关键内部控制和审计测试关系

内部控制目标	关键内部控制	常用的控制测试	常用的实质性程序
登记入账的销售交易确系已经发货给真实的客户（发生）	销售交易是以经过审核的发运凭证及经过批准的客户订购单为依据登记入账的。 在发货前，客户的赊购已经被授权批准。 每月向客户寄送对账单，对客户提出的意见作专门追查	检查销售发票副联是否附有发运凭证（或提货单）及销售单（或客户订购单） 检查客户的赊购是否经授权批准。 询问是否寄发对账单，并检查客户回函档案	复核主营业务收入总账、明细账以及应收账款明细账中的大额或异常项目。 追查主营业务收入明细账中的分录至销售单、销售发票副联及发运凭证。 将发运凭证与存货永续记录中的发运分录进行核对
所有销售交易均已登记入账（完整性）	发运凭证（或提货单）均经事先编号并已经登记入账。 销售发票均经事先编号，并已登记入账	检查发运凭证连续编号的完整性。 检查销售发票连续编号的完整性	将发运凭证与相关的销售发票和主营业务收入明细账及应收账款明细账中的分录进行核对
登记入账的销售数量确系已发货的数量，已正确开具账单并登记入账（计价和分摊）	销售有经批准的装运凭证和客户订购单支持将装运数量与开具账单的数量相比对。 从价格清单主文档获取销售单价	检查销售发票有无支持凭证。 检查比对留下的证据。 检查价格清单的准确性及是否经恰当批准	复算销售发票上的数据。 追查主营业务收入明细账中的记录至销售发票。 追查销售发票上的详细信息至发运凭证、经批准的商品价目表和客户订购单
销售交易的分类恰当（分类）	采用适当的会计科目表。 内部复核和核查	检查会计科目表是否适当。 检查有关凭证上内部复核和核查的标记	检查证明销售交易分类正确的原始证据
销售交易的记录及时（截止）	采用尽量能在销售发生时开具收款账单和登记入账的控制方法。 每月末由独立人员对销售部门的销售记录、发运部门的发运记录和财务部门的销售交易入账情况作内部核查	检查尚未开具收款账单的发货和尚未登记入账的销售交易。 检查有关凭证上内部核查的标记	比较核对销售交易登记入账的日期与发运凭证的日期

续表

内部控制目标	关键内部控制	常用的控制测试	常用的实质性程序
销售交易已经正确地记入明细账，并经正确汇总（准确性、计价和分摊）	每月定期给客户寄送对账单。由独立人员对应收账款明细账作内部核查。将应收款明细账余额合计数与其总账余额进行比较	检察对账单是否已经寄出。检查内部核查标记。检查将应收账款明细账余额合计数与其总账余额进行比较的标记	将主营业务收入明细账加总，追查至总账的过账

1. 内部控制目标

内部控制目标列示了企业设立销售交易内部控制的目标，也就是审计人员实施相应控制测试和实质性程序所要达到的审计目标。这些目标是依据审计原理建立的基本结构而来的，各种业务的基本目标是相同的，但其具体目标则有所不同；另外，某些控制固然可以实现几个目标，但分别考虑每一个目标更有助于增加对销售与收款循环审计全过程的了解。

2. 关键内部控制

关键内部控制列示了与上述各项内部控制目标相对应的一项或数项主要的内部控制。设计销售交易内部控制，应达到各项对应的控制目标。无论其他目标的控制如何有效，只要为实现某一项目标所必需的控制不健全，则与该目标有关的错误出现的可能性就随之增大，并且很有可能影响企业内部控制整体的有效性。

3. 常用的控制测试

常用的控制测试列示了审计人员针对上述关键内部控制所实施的测试程序。控制测试与内部控制之间存在直接联系，审计人员对每项关键控制至少要执行一项控制测试以核实其效果，并且控制测试需要有针对性地对应于某一具体的内部控制，否则就毫无意义。通常，根据内部控制的性质确定控制测试的性质大都比较容易。例如，内部控制如果是批准赊销后在客户订购单上签字，则控制测试就是检查客户订购单上有无恰当的签字。

4. 常用的实质性程序

常用的实质性程序列示了审计人员常用的实质性程序。实质性程序与第一列的内部控制目标有着直接的联系，实施实质性程序用于获取证明第一列中具体审计目标的证据，其目的在于确定交易业务中与该控制目标有关的金额是否有错误。实质性程序虽然与关键控制及控制测试没有必然的关系，但实施实质性程序的性质、时间安排和范围，在一定程度上取决于关键控制是否存在和控制测试的结果。在确定交易实质性程序时，有些程序不管环境如何，是每一项审计所共同采用的，而有些则应视内部控制的设计和控制测试的结果而定。当然，审计重要性、以前期间的审计结果等因素，对实质性程序的确定也有影响。

（二）销售交易的内部控制

1. 适当的职责分离

适当的职责分离有助于防止各种有意或无意的舞弊或错误。例如，主营业务收入账如果系由记录应收账款之外的职员独立登记，并由另一位不负责账簿记录的职员定期调节总账和明细账，就构成了一项内部牵制；规定负责主营业务收入和应收账款记账的职员不得经手货币资金，也是防止舞弊的一项重要控制。另外，销售人员通常有一种追求更大销售数量的自然倾向，而不问它是否将以巨额坏账损失为代价，赊销的审批则在一定程度上可以抑制这种倾向。因此，赊销批准职能与销售职能的分离，也是一种理想的控制。

为了确保办理销售与收款业务的不相容岗位相互分离、制约和监督，一个企业销售与收款业务相关职责适当分离的基本要求通常包括：企业应当分别设立办理销售、发货、收款三项业务的部门（或岗位）；企业在销售合同订立前，应当指定专门人员就销售价格、信用政策、发货及收款方式等具体事项与客户进行谈判。谈判人员至少应有两人以上，并与订立合同的人员相分离；编制销售发票通知单的人员与开具销售发票的人员应相互分离；销售人员应当避免接触销货现款；企业应收票据的取得和贴现必须经由保管票据以外的主管人员的书面批准。

2. 恰当的授权审批

对于授权审批问题，审计人员应当关注以下四个关键点上的审批程序：其一，在销售发生之前，赊销已经正确审批；其二，非经正当审批，不得发出货物；其三，销售价格、销售条件、运费、折扣等必须经过审批；其四，审批人应当根据销售与收款授权批准制度的规定，在授权范围内进行审批，不得超越审批权限。对于超过企业既定销售政策和信用政策规定范围的特殊销售交易，需要经过适当的授权。前两项控制的目的在于防止企业因向虚构的或者无力支付货款的客户发货而蒙受损失；价格审批控制的目的在于保证销售交易按照企业定价政策规定的价格开票收款；对授权审批范围设定权限的目的则在于防止因审批人决策失误而造成严重损失。

3. 充分的凭证和记录

要实现各项控制目标，就具备充分的记录手续。例如，企业在收到客户订购单后，就立即编制一份预先编号的一式多联的销售单，分别用于批准赊销、审批发货、记录发货数量以及向客户开具账单和销售发票等。在这种制度下，只要定期清点销售单和销售发票，漏开账单的情形就不太会发生。相反，有的企业只在发货以后才开具账单，如果没有其他控制措施，这种制度下漏开账单的情况就很可能会发生。

4. 凭证的预先编号

对凭证预先进行编号，旨在防止销售以后遗漏向客户开具账单或登记入账，也可防止重复开具账单或重复记账。当然，如果对凭证的编号不作清点，预先编号就会失去其控制意义。由收款员对每笔销售开具账单后，将发运凭证按顺序归档，而由另一位职员定期检查全部凭证的编号，并调查凭证缺号的原因，从而保证业务记录的完整性。

5. 按月寄出对账单

由不负责现金出纳和销售及应收账款记账的人员按月向客户寄发对账单，能促使客户在发现应付账款余额不正确后及时反馈有关信息。为了使这项控制更加有效，最好将账户余额中出现的所有核对不符的账项，指定一位既不掌管货币资金也不记录主营业务收入和应收账款账目的主管人员处理，然后由独立人员按月编制对账情况汇总报告并交管理层审阅。

6. 内部核查程序

由内部审计人员或其他独立人员核查销售交易的处理和记录，是实现内部控制目标必不可少的一项控制措施。

二、收款交易的内部控制

（一）内部控制目标、内部控制与审计测试关系

表9-2列示了收款交易的内部控制目标、关键内部控制和审计测试的关系。

表 9－2　　收款交易的内部控制目标、关键内部控制和审计测试的关系

内部控制目标	关键内部控制	常用的控制测试	常用的实质性程序
登记入账的现金收入确实为企业已经实际收到的现金（存在或发生）	现金折扣必须经过适当的审批手续。 定期盘点现金并与账面余额核对	观察。检查是否定期盘点，检查盘点记录。 检查现金折扣是否经过恰当的审批	盘点库存现金，如与账面数额存在差异，分析差异原因。 检查现金收入的日记账、总账和应收账款明细账的大额项目与异常项目
收到的现金收入已全部登记入账（完整性）	现金出纳与现金记账的职务分离。 每日及时记录现金收入。 定期盘点现金并与账面余额核对。 定期向客户寄送对账单。 现金收入记录的内部复核	观察。检查是否存在未入账的现金收入。 检查是否定期盘点，检查盘点记录。 检查是否向客户寄送对账单，了解是否定期进行。 检查复核标记	现金收入的截止测试。 盘点库存现金，如与账面数额存在差异，分析差异原因。 抽查客户对账单并与账面金额核对
存入银行并记录的现金收入确系实际收到的金额（准确性）	定期取得银行对账单。 编制银行存款余额调节表。 定期与客户对账	检查银行对账单。 检查银行存款余额调节表。 观察或检查是否每月寄送对账单	检查调节表中未达账项的真实性以及资产负债表日后的进账情况
现金收入在资产负债表中的披露正确（列报）	现金日记账与总账的登记职责分离	观察	

（二）收款交易的内部控制

由于每个企业的性质、所处行业、规模以及内部控制健全程度等不同，因而与收款交易相关的内部控制内容也会有所不同，但以下与收款交易相关的内部控制内容通常应当共同遵循：

（1）企业应当按照《现金管理暂行条例》《支付结算办法》等规定，及时办理销售收款业务。

（2）企业应将销售收入及时入账，不得账外设账，不得擅自坐支现金。销售人员应当避免接触销售现款。

（3）企业应当建立应收账款账龄分析制度和逾期应收账款催收制度。销售部门应当负责应收账款的催收，财会部门应当督促销售部门加紧催收。对催收无效的逾期应收账款可通过法律程序予以解决。

（4）企业应当按客户设置应收账款台账，及时登记每一客户应收账款余额增减变动情况和信用额度使用情况。对长期往来客户应当建立起完善的客户资料，并对客户资料实施动态管理，及时更新。

（5）企业对于可能成为坏账的应收账款应当报告有关决策机构，由其进行审查，确定是否确认为坏账。企业发生的各项坏账，应查明原因，明确责任，并在履行规定的审批程序后作出会计处理。

（6）企业注销的坏账应当进行备查登记，做到账销案存。已注销的坏账又收回时应当及时入账，防止形成账外资金。

（7）企业应收票据的取得和贴现必须经由保管票据以外的主管人员的书面批准。应有专人保管应收票据，对于即将到期的应收票据，应及时向付款人提示付款；已贴现票据应在备查簿中登记，以便日后追踪管理；并应制定逾期票据的冲销管理程序和逾期票据追踪监控制度。

（8）企业应当定期与往来客户通过函证等方式核对应收账款、应收票据、预收款项等往来款项。如有不符，应查明原因，及时处理。

三、评估重大错报风险

由于控制环境的不同以及复杂的合同安排，企业可能有各种各样的收入来源，这些情况对收入交易的会计核算可能存在诸多影响，比如不同交易安排下的收入确认的时间和依据可能不尽相同。

审计人员应当考虑影响收入交易的重大错报风险，并对被审计单位经营活动中可能发生的重大错报风险保持警觉。收入交易和余额存在的固有风险主要包括：

（1）收入的舞弊风险。收入是利润的来源，直接关系到企业的财务状况和经营成果。有些企业往往为了达到粉饰财务报表的目的而采用虚增或隐瞒收入等方式实施舞弊。在财务报表舞弊案件中，涉及收入确认的舞弊占有很大比例，收入确认已成为审计人员审计的高风险领域。我国的审计准则要求审计人员基于收入确认存在舞弊风险的假定，评价哪些类型的收入、收入交易或认定导致舞弊风险。

（2）收入的复杂性导致的错误。例如，被审计单位可能针对一些特定的产品或者服务提供一些特殊的交易安排（例如特殊的退货约定、特殊的服务期限安排等），但管理层可能对这些不同安排下所涉及的交易风险的判断缺乏经验，收入确认上就容易发生错误。

（3）期末收入交易和收款交易的截止错误。

（4）收款未及时入账或记入不正确的账户。

（5）应收账款坏账准备的计提不准确。

某些重大错报风险可能与财务报表整体广泛相关，进而影响多项认定，比如舞弊风险；某些重大错报风险可能与特定的某类交易、账户余额和披露的认定相关，比如会计期末的收入交易和收款交易的截止错误（截止），或应收账款坏账准备的计提（计价）。

四、控制测试

（一）概述

如果在评估认定层次重大错报风险时预期控制的运行是有效的，审计人员应当实施控制测试，以获取该控制在相关期间或时点运行有效的充分、适当的审计证据。在对被审计单位销售与收款交易实施控制测试时，还应注意以下几点：

（1）审计人员应把测试重点放在被审计单位是否设计了由人工执行或计算机系统运行的更高层次的调节和比对控制，是否生成例外报告，管理层是否及时调查所发现的问题并采取管理措施，而不是只测试员工在数据输入阶段是否执行了预防性控制。

（2）审计人员应当询问管理层用于监控销售与收款交易的关键业绩指标，例如销售额和毛利率预算、应收账款平均收款期等。

（3）审计人员应当通过执行分析程序和截止测试，可以对应收账款的存在、准确性和计价等认定能有多大程度的保证来获取一定数量的证据，如果能够获得充分而适当的审计证据，则意味着不需要执行大量的控制测试。

某些重大错报风险可能被审计人员评估为低水平，为了证实这一判断，审计人员需要获取相关证据来支撑。为此，审计人员通常需要对被审计单位重要的控制，尤其是对容易出现高舞弊风险的现金收款和存储的控制的有效运行进行测试。因为这些控制大多采取人工控制。审计人员主要的审计程序可能包括观察控制的执行，检查每日现金汇总表上是否留有执行比对控制的员工的签名，询问针对不一致的情况所采取的措施。

如果审计人员计划信赖的内部控制是由计算机执行的，那么需要就下列事项获取审计证据：（1）相关控制的设计和运行的有效性；（2）针对认定层次的控制，如收款折扣的计算；（3）人工跟进措施，如将打印输出的现金收入日记账与对应的由银行盖章的存款记录进行比对，以及根据银行存款对账单按月调节现金收入日记账。

在控制风险被评估为低时，审计人员需要考虑评估的控制要素的所有主要方面和控制测试的结果，以便能够得出这样的结论：控制能够有效运行，防止发现并纠正重大错误和舞弊。

如果将固有风险和控制风险评估为中或高，审计人员可能仅仅需要在对控制活动的处理情况进行询问并记录对控制活动的了解，并检查已实施控制的相关证据。

如果在期中实施了控制测试，审计人员应当在年末审计时选择项目测试控制在剩余期间的运行情况，以确定控制是否在整个会计期间持续有效运行。

控制测试所使用的审计程序的类型主要包括询问、观察、检查和重新执行等，审计人员应当根据特定控制的性质选择所需实施审计程序的类型。

上述有关实施销售与收款循环的控制测试时的基本要求，就其原理而言，对其他业务循环的控制测试同样适用，因此，在后面讨论其他业务循环的控制测试时将不再重复。

（二）以内部控制目标为起点的控制测试

内部控制程序和活动是企业针对需要实现的内部控制目标而设计和执行的，控制测试则是审计人员针对企业的内部控制程序和活动而实施的，因此，在审计实务中，审计人员可以考虑以被审计单位的内部控制目标为起点实施控制测试。

对于职责分离，审计人员通常通过观察被审计单位有关人员的活动，以及与这些人员进行讨论，来实施职责分离的控制测试。

对于授权审批，内部控制通常存在前述的四个关键点上的审批程序，审计人员主要通过检查凭证在这四个关键点上是否经过审批，可以很容易地测试出授权审批方面的内部控制效果。

对于充分的凭证和记录以及凭证预先编号这两项控制，常用的控制测试程序是清点各种凭证。比如从主营业务收入明细账中选取样本，追查至相应的销售发票存根，进而检查其编号是否连续，有无不正常的缺号发票和重号发票。视检查顺序和范围的不同，这种测试程序往往可同时提供有关发生和完整性目标的证据。

对于按月寄出对账单这项控制，观察指定人员寄送对账单，并检查客户复函档案和管理层的审阅记录，是审计人员十分有效的一项控制测试。

对于内部核查程序，审计人员可以通过检查内部审计人员的报告，或检查其他独立人员在他们核查的凭证上的签字等方法实施控制测试。

总之，销售与收款内部控制检查的主要内容包括：

（1）销售与收款交易相关岗位及人员的设置情况。重点检查是否存在销售与收款交易不相容职务混岗的现象。

（2）销售与收款交易授权批准制度的执行情况。重点检查授权批准手续是否健全，是否存在越权审批行为。

（3）销售的管理情况。重点检查信用政策、销售政策的执行是否符合规定。

（4）收款的管理情况。重点检查销售收入是否及时入账，应收账款的催收是否有效，坏账核销和应收票据的管理是否符合规定。

（5）销售退回的管理情况。重点检查销售退回手续是否齐全，退回货物是否及时入库。在确定被审计单位的内部控制中可能存在的薄弱环节，并且对其控制风险作出评价后，审计人员应当判断继续实施控制测试的成本是否会低于因此而减少对交易、账户余额实施实质性程序所需的成本。如果被审计单位的相关内部控制不存在，则审计人员不应再继续实施控制测试，而应直接实施实质性程序。

这说明，作为进一步审计程序的类型之一，控制测试并非在任何情况下都需要实施。但当存在下列情形之一时，审计人员应当实施控制测试：（1）在评估认定层次重大错报风险时，预期控制的运行是有效的；（2）仅实施实质性程序不足以提供认定层次充分、适当的审计证据。

第三节　销售与收款循环的实质性程序

一、销售与收款交易的实质性程序

（一）销售与收款交易的实质性分析程序

通常，审计人员在对交易和余额实施细节测试前实施实质性分析程序，符合成本效益原则。具体到销售与收款交易和相关余额，其应用包括：

1. 识别需要运用实质性分析程序的账户余额或交易

就销售与收款交易和相关余额而言，通常需要运用实质性分析程序的是销售交易、收款交易、营业收入项目和应收账款项目。

2. 确定期望值

基于审计人员对被审计单位的相关预算情况、行业发展状况、市场份额、可比的行业信息、经济形势和发展历程的了解，确定期望值。

3. 确定可接受的差异额

在确定可接受的差异额时，审计人员首先应考虑所涉及的重要性和计划的保证水平的影响。此外，根据拟进行实质性分析的具体指标的不同，可接受的差异额的确定有时与管理层使用的关键业绩指标相关，并需考虑这些指标的适当性和监督过程。

4. 识别需要进一步调查的差异并调查异常数据关系

审计人员应当计算实际和期望值之间的差异，主要是一些比率和比较，包括：

（1）分析月度（或每周）的销售记录趋势，与往年或预算或者同行业公司的销售情况相比较。任何异常波动都必须与管理层讨论，如果有必要的话还应作进一步的调查。

（2）将销售毛利率与以前年度或预算或者同行业公司的销售毛利率相比较。如果被审计单位各种产品的销售价格是不同的，那么就应当对每个产品或者相近毛利率的产品组进行分类比较。任何重大的差异都需要与管理层沟通。

（3）计算应收账款周转率和存货周转率，并与以前年度或预算或者同行业公司的相关指标相比较。非正常的差异可能由很多因素引起，包括未记录销售、虚构销售记录或截止问题。

（4）检查异常项目的销售，例如对大额销售以及未将销售记录记入销售总账的销售应予以调查。对临近年末的异常销售记录更应加以特别关注。

（5）调查重大差异并作出判断。审计人员在分析上述与预期相联系的指标后，如果认为存在非正常的重大差异，就可能需要对营业收入发生额和应收账款余额实施更加详细的细节测试。

5. 评价分析程序的结果

审计人员应当就收集的审计证据是否能支持其试图证实的审计目标和认定形成结论。

（二）销售交易的细节测试

有些交易细节测试程序与环境条件关系不大，适用于各审计项目，有些则不然，这主要取决于被审计单位内部控制的健全程度和审计人员实施控制测试的结果。接下来，我们按照表9-1中所列的顺序详细介绍销售交易常用的细节测试程序，有些程序在审计中常常被疏忽，而事实上它们恰恰需要审计人员给予重视并根据它们作出审计决策。需要说明的是：这些细节测试程序并未包含销售交易全部的细节测试程序。

1. 登记入账的销售交易是真实的

对这一目标，审计人员一般关心三类错误的可能性：一是未曾发货却已将销售交易登记入账；二是销售交易的重复入账；三是向虚构的客户发货，并作为销售交易登记入账。前两类错误可能是有意的，也可能是无意的，而第三类错误肯定是有意的。不难想象，将不真实的销售登记入账的情况虽然极少，但其后果却很严重，这会导致高估资产和收入。

鉴别高估销售究竟是有意还是无意的，这一点非常关键。尽管无意的高估也会导致应收账款明显增多，但审计人员通常可以通过函证发觉。对于有意的高估就不同了，由于作假者试图加以隐瞒，审计人员较难发现。在这种情况下，审计人员就有必要制定并实施适当的细节测试来发现这种有意的高估。

如何以适当的细节测试来发现不真实的销售，取决于审计人员认为可能在何处发生错报。对"发生"这一目标而言，审计人员通常只在认为内部控制存在薄弱环节时，才实施细节测试。因此，测试的性质取决于潜在的控制弱点的性质：

（1）针对未曾发货却已将销售交易登记入账这类错误的可能性，审计人员可以从主营业务收入明细账中抽取若干笔分录，追查有无发运凭证及其他佐证，借以查明有无事实上没有发货却已登记入账的销售交易。如果审计人员对发运凭证等的真实性也有怀疑，就可能有必要再进一步追查存货的永续盘存记录，测试存货余额有无减少，以及考虑是否检查更多涉及外部单位的单据，例如外部运输单位出具的运输单据、客户签发的订货单据和到货签收记录等。

（2）针对销售交易重复入账这类错误的可能性，审计人员可以通过检查企业的销售交易记录清单以确定是否存在重号、缺号。

（3）针对向虚构的客户发货并作为销售交易登记入账这类错误发生的可能性，审计人员应当检查主营业务收入明细账中与销售分录相应的销货单，以确定销售是否履行赊销审批手续和发货审批手续。如果审计人员认为被审计单位虚构客户和销售交易的风险较大，需要考虑是否对相关重要交易和客户的情况（例如相关客户的经营场所、财务状况和股东情况等）专门展开进一步的独立调查。

检查上述三类高估销售错误的可能性的另一有效的办法是追查应收账款明细账中贷方发生额的记录。如果应收账款最终得以收回货款或者由于合理的原因收到退货，则记录入账的销售交易一开始通常是真实的；如果贷方发生额是注销坏账，或者直到审计时所欠货款仍未收回而又没有合理的原因，就需要考虑详细追查相应的发运凭证和客户订购单等，因为这些迹象都说明可能存在虚构的销售交易。

当然，通常只有在审计人员认为由于缺乏足够的内部控制而可能出现舞弊时，才有必要实施上述细节测试。

2. 已发生的销售交易均已登记入账

从发货部门的档案中选取部分发运凭证，并追查至有关的销售发票副本和主营业务收入明细账，是测试未入账的发货的一种有效程序。为使这一程序成为一项有意义的测试，审计人员必须能够确信全部发运凭证均已归档，这一点一般可以通过检查发运凭证的顺序编号来查明。

由原始凭证追查至明细账与从明细账追查至原始凭证是有区别的：前者用来测试遗漏的交易（“完整性”目标），后者用来测试不真实的交易（“发生”目标）。

测试发生目标时，起点是明细账，即从主营业务收入明细账中抽取一个销售交易明细记录，追查至销售发票存根、发运凭证以及客户订购单；测试完整性目标时，起点应是发货凭证，即从发运凭证中选取样本，追查至销售发票存根和主营业务收入明细账，以确定是否存在遗漏事项。

设计发生目标和完整性目标的细节测试程序时，确定追查凭证的起点即测试的方向很重要。例如，审计人员如果关心的是发生目标，但弄错了追查的方向（即由发运凭证追查至明细账），就属于严重的审计缺陷。这一点在后面营业收入的实质性程序中还将进一步介绍。

在测试其他目标时，方向一般无关紧要。例如，测试交易业务计价的准确性时，可以由销售发票追查至发运凭证，也可以反向追查。

3. 登记入账的销售交易均经正确计价

销售交易计价的准确性包括：按发货数量和价格准确地开具账单，以及将账单上的数额准确地记入会计账簿。对这三个方面，每次审计中一般都要实施细节测试，以确保其准确无误。

典型的细节测试程序包括复算会计记录中的数据。通常的做法是，以主营业务收入明细账中的会计分录为起点，将所选择的交易业务的合计数与应收账款明细账和销售发票存根进行比较核对。销售发票存根上所列的单价，通常还要与经过批准的商品价目表进行比较核对，对其金额小计和合计数也要进行复算。发票中列出的商品的规格、数量和客户代码等，则应与发运凭证进行比较核对。另外，往往还要审核客户订购单和销售单中的同类数据。

内部控制如果有效，细节测试的样本量便可以减少，审计成本也因控制测试的成本较低而将大为下降。

4. 登记入账的销售交易分类恰当

如果销售分为现销和赊销两种，应注意不要在现销时借记应收账款，也不要在收回应收账款时贷记主营业务收入，同样不要将营业资产的转让（例如固定资产转让）混作正常销售。对那些采用不止一种销售分类的企业，正确的分类是极为重要的。

销售分类恰当的测试一般可与计价准确性测试一同进行。审计人员可以通过审核原始凭证确定具体交易业务的类别是否恰当，并以此与账簿的实际记录作比较。

5. 销售交易的记录及时

发货后应尽快开具账单并登记入账，以防止无意漏记销售交易，确保它们被记入正确的会计期间。在实施计价准确性细节测试的同时，一般要将所选取的提货单或其他发运凭证的日期与相应的销售发票存根、主营业务收入明细账和应收账款明细账上的日期作比较。如有重大差异，被审计单位就可能存在销售截止期限上的错误。

6. 销售交易已正确地记入明细账并正确地汇总

应收账款明细账的记录如果不正确，将影响被审计单位收回应收账款，因此，将全部赊销业务正确地记入应收账款明细账极为重要。同理，为保证财务报表准确，主营业务收入明细账必须正确地加总并过入总账。在多数审计中，通常都要加总主营业务收入明细账，并将加总数和一些具体内容分别追查至主营业务收入总账和应收账款明细账或库存现金、银行存款日记账，以检查在销售过程中是否存在有意或无意的错报问题。不过这一测试的样本量要受内部控制的影响。从主营业务收入明细账追查至应收账款明细账，一般与为实现其他审计目标所实施的测试一并进行；而将主营业务收入明细账加总，并追查、核对加总数至其总账，则应作为一项单独的测试程序来执行。

（三）收款交易的细节测试

与销售交易的细节测试一样，收款交易的细节测试范围在一定程度上要取决于关键控制是否存在以及控制测试的结果。由于销售与收款交易同属一个循环，在经济活动中密切相连，因此，收款交易的一部分测试可与销售交易的测试一并执行，但收款交易的特殊性又决定了其另一部分测试仍需单独实施。

二、营业收入的实质性程序

营业收入项目核算企业在销售商品、提供劳务等主营业务活动中所产生的收入，以及企业确认的除主营业务活动以外的其他经营活动实现的收入，包括出租固定资产、出租无形资产、出租包装物和商品、销售材料等实现的收入。其审计目标一般包括：确定利润表中记录的营业收入是否已发生，且与被审计单位有关；确定所有应当记录的营业收入是否均已记录；确定与营业收入有关的金额及其他数据是否已恰当记录，包括对销售退回、销售折扣与折让的处理是否适当；确定营业收入是否已记录于正确的会计期间；确定营业收入是否已按照企业会计准则的规定在财务报表中作出恰当的列报。

营业收入包括主营业务收入和其他业务收入，下面分别介绍这两部分的实质性程序。

（一）主营业务收入的实质性程序

主营业务收入的实质性程序一般包括以下内容：

（1）取得或编制主营业务收入明细表。

①复核加计是否正确，并与总账数和明细账合计数核对是否相符；结合其他业务收入科目与报表数核对是否相符。

②检查以非记账本位币结算的主营业务收入的折算汇率及折算是否正确。

（2）检查明主营业务收入的确认条件、方法，注意是否符合企业会计准则，前后期是否一致；关注周期性、偶然性的收入是否符合既定的收入确认原则、方法。按照《企业会计准则第 14 号——收入》的要求，企业销售商品收入，应在下列条件均满足时予以确认：①企业已将商品所有权上的主要风险和报酬转移给购货方；②企业既没有保留通常与所有权相联系的继续管理权，也没有对已售出的商品实施有效控制；③收入的金额能够可靠地计量；④相关的经济利益很可能流入企业；⑤相关的已发生或将发生的成本能够可靠地计量。因此对主营业务收入的实质性程序，主要测试企业是否依据上述五个条件确认产品销售收入。具体来说，被审计单位有关采取的销售方式不同，确认销售的时点也是不同的。

①采用交款提货销售方式，应于货款已收到或取得收取货款的权利，同时已将发票账单和提货单交给购货单位时确认收入的实现。对此，审计人员应重点检查被审计单位是否收到货款，或取得收取货款的权利，发票账单和提货单是否已交付购货单位。应注意有无扣压结算凭证，将当期收入转入下期入账，或者虚记收入、开假发票、虚列购货单位，将当期未实现的收入虚转为收入记账。在下期予以冲销的现象。

②采用预收账款销售方式，应于商品已经发出时，确认收入的实现。对此，审计人员应重点检查被审计单位是否收到了货款，商品是否已经发出。应注意是否存在对已收货款并已将商品发出的交易不入账、转为下期收入，或开具虚假出库凭证、虚增收入等现象。

③采用托收承付结算方式。应于商品已经发出，劳务已经提供，并已将发票账单提交银行、办妥收款手续时确认收入的实现。对此，审计人员应重点检查被审计单位是否发货，托收手续是否办妥，货物发运凭证是否真实，托收承付结算回单是否正确。

④委托其他单位代销商品的，如果代销单位采用视同买断方式，应于代销商品已经销售并收到代销单位代销清单时，按企业与代销单位确定的协议价确认收入的实现。对此，应注意查明有无商品未销售、编制虚假代销清单、虚增本期收入的现象；如果代销单位采用收取手续费方式，应在代销单位将商品销售、企业已收到代销单位代销清单时确认收入的实现。

⑤销售合同或协议明确销售价款的收取采用递延方式，实质上具有融资性质的，应当按照应收的合同或协议价款的公允价值确定销售商品收入金额。应收的合同或协议价款与其公允价值之间的差额，应当在合同或协议期间内采用实际利率法进行摊销，计入当期损益。

⑥长期工程合同收入，如果合同的结果能够可靠估计，应当根据完工百分比法确认合同收入。审计人员应重点检查收入的计算、确认方法是否合乎规定，并核对应计收入与实际收入是否一致，注意查明有无随意确认收入、虚增或虚减本期收入的情况。

⑦委托外贸企业代理出口、实行代理制方式的，应在收到外贸企业代办的发运凭证和银行交款凭证时确认收入。对此，审计人员应重点检查代办发运凭证和银行交款单是否真实，注意有无内外勾结，出具虚假发运凭证或虚假银行交款凭证的情况。

⑧对外转让土地使用权和销售商品房的，通常应在土地使用权和商品房已经移交并将

发票结算账单提交对方时确认收入。对此，审计人员应重点检查已办理的移交手续是否符合规定要求，发票账单是否已交对方。注意查明被审计单位有无编造虚假移交手续，采用“分层套写”、开具虚假发票的行为。防止其高价出售、低价入账，从中贪污货款。如果企业事先与买方签订了不可撤销合同，按合同要求开发房地产，则应按建造合同的处理原则处理。

（3）实施以下实质性分析程序，寻找差异并分析其产生的原因：

①针对已识别需要运用分析程序的有关项目，并基于对被审计单位及其环境的了解，通过进行以下比较，同时考虑有关数据间关系的影响，以建立有关数据的期望值。

第一，将本期的主营业务收入与上期的主营业务收入进行比较，分析产品销售的结构和价格变动是否异常，并分析异常变动的原因；

第二，计算本期重要产品的毛利率，与上期比较，检查是否存在异常，各期之间是否存在重大波动，查明原因；

第三，比较本期各月各类主营业务收入的波动情况，分析其变动趋势是否正常，是否符合被审计单位季节性、周期性的经营规律，查明异常现象和重大波动的原因；

第四，将本期重要产品的毛利率与同行业企业进行对比分析，检查是否存在异常；

第五，根据增值税发票申报表或普通发票，估算全年收入，与实际收入金额比较。

②确定可接受的差异额。

第一，将实际的情况与期望值相比较，识别需要进一步调查的差异；

第二，如果其差额超过可接受的差异额，调查并获取充分的解释和恰当的审计证据；

第三，评估分析程序的测试结果。

（4）获取产品价格目录，抽查售价是否符合定价政策，并注意销售给关联方或关系密切的重要客户的产品价格是否合理，有无低价或高价结算以转移收入和利润的现象。

（5）抽取本期一定数量的销售发票，检查开票、记账、发货日期是否相符，品名、数量、单价、金额等是否与发运凭证、销售合同或协议、记账凭证等一致。

（6）抽取本期一定数量的记账凭证，检查入账日期、品名、数量、单价、金额等是否与销售发票、发运凭证、销售合同或协议等一致。

（7）结合对应收账款的审计，选择主要客户函证本期销售额。

（8）对于出口销售，应当将销售记录与出口报关单、货运提单、销售发票等出口销售单据进行核对，必要时向海关函证。

（9）销售的截止测试。

①通过测试资产负债表日前后若干天且大于一定金额以上的发货单据，将应收账款和收入明细账进行核对；同时，从应收账款和收入明细账选取在资产负债表日前后若干天且大于一定金额以上的凭证，与发货单据核对，以确定销售是否存在跨期现象；

②复核资产负债表日前后销售和发货水平，确定业务活动水平是否异常（如与正常水平相比），并考虑是否有必要追加截止程序；

③取得资产负债表日后所有的销售退回记录，检查是否存在提前确认收入的情况；

④结合对资产负债表日应收账款的函证程序，检查有无未取得对方认可的大额销售；

⑤调整重大跨期销售。

对销售实施截止测试，其目的主要在于确定被审计单位主营业务收入的会计记录归属期是否正确：应记入本期或下期的主营业务收入有否被推延至下期或提前至本期。

我国《企业会计准则——基本准则》规定："企业对于已经发生的交易或者事项，应当及时进行会计确认、计量和报告，不得提前或者延后"，并规定"收入只有在经济利益很可能流入从而导致企业资产增加或者负债减少，且经济利益的流入能够可靠计量时才能予以确认"。据此，审计人员在审计中应该注意把握三个与主营业务收入确认有着密切关系的日期：一是发票开具日期或者收款日期；二是记账日期；三是发货日期（服务业则是提供劳务的日期）。这里的发票开具日期是指开具增值税专用发票或普通发票的日期；记账日期是指被审计单位确认主营业务收入实现并将该笔经济业务记入主营业务收入账户的日期；发货日期是指仓库开具出库单并发出库存商品的日期。检查三者是否归属于同一适当会计期间是主营业务收入截止测试的关键所在。

围绕上述三个重要日期，审计人员可以考虑选择三条审计路线实施主营业务收入的截止测试。

一是以账簿记录为起点。从资产负债表日前后若干天的账簿记录查至记账凭证，检查发票存根与发运凭证，目的是证实已入账收入是否在同一期间已开具发票并发货，有无多记收入。这种方法的优点是比较直观，容易追查至相关凭证记录，以确定其是否应在本期确认收入，特别是在连续审计两个以上会计期间时，检查跨期收入十分便捷，可以提高审计效率。缺点是缺乏全面性和连贯性，只能查多记，无法查漏记，尤其是当本期漏记收入推延至下期，而审计时被审计单位未及时登记入账时，不易发现应记入而未记入报告期收入的情况。因此，使用这种方法主要是为了防止多计收入。

二是以销售发票为起点。从资产负债表日前后若干天的发票存根追查至发运凭证与账簿记录，确定已开具发票的货物是否已发货并于同一会计期间确认收入。具体做法是抽取若干张在资产负债表日前后开具的销售发票的存根，追查至发运凭证和账簿记录，查明有无漏记收入现象。这种方法也有其优缺点，优点是较全面、连贯，容易发现漏记的收入；缺点是较费时费力，有时难以查找相应的发货及账簿记录，而且不易发现多记的收入。使用该方法时应注意两点：①相应的发运凭证是否齐全，特别应注意有无报告期内已作收入而下期初用红字冲回，并且无发货、收货记录，以此来调节前后期利润的情况；②被审计单位的发票存根是否已全部提供，有无隐瞒。为此，应查看被审计单位的发票领购簿，尤其应关注普通发票的领购和使用情况。因此。使用这种方法主要是为了防止少计收入。

三是以发运凭证为起点。从资产负债表日前后若干天的发运凭证查至发票开具情况与账簿记录，确定主营业务收入是否已记入恰当的会计期间。该方法的优缺点与方法二类似，具体操作中还应考虑被审计单位的会计政策才能做出恰如其分的处理。因此，使用这种方法主要也是为了防止少计收入。

上述三条审计路线在实务中均被广泛采用，它们并不是孤立的，审计人员可以考虑在同一被审计单位财务报表审计中并同时运用这三条路线，甚至可以在同一主营业务收入科目审计中并用。实际上，由于被审计单位的具体情况各异，管理层意图各不相同，有的为了想办法完成利润目标、承包指标，更多地享受税收等优惠政策，便于筹资等目的，可能会多计收入；有的则为了以丰补歉、留有余地、推迟缴税时间等目的而少计收入。因此，为提高审计效率，审计人员应当凭借专业经验和所掌握的信息、资料做出正确判断，选择其中的一条或两条审计路线实施更有效的收入截止测试。

（10）存在销货退回的，检查手续是否符合规定，结合原始销售凭证检查其会计处理是否正确。结合存货项目审计关注其真实性。

（11）检查销售折扣与折让。企业在销售交易中，往往会因产品品种不符、质量不符合要求以及结算方面的原因发生销售折扣、销售退回与折让。尽管引起销售折扣、退回与折让的原因不尽相同，其表现形式也不尽一致。但都是对收入的抵减，直接影响收入的确认和计量。因此，审计人员应重视折扣与折让的审计。销售折扣与折让的实质性程序主要包括：

①获取或编制折扣与折让明细表，复核加计正确，并与明细账合计数核对相符；

②取得被审计单位有关折扣与折让的具体规定和其他文件资料，并抽查较大的折扣与折让发生额的授权批准情况，与实际执行情况进行核对，检查其是否经授权批准，是否合法、真实；

③销售折让与折扣是否及时足额提交对方，有无虚设中介、转移收入、私设账外“小金库”等情况；

④检查折扣与折让的会计处理是否正确。

（12）检查有无特殊的销售行为，如附有销售退回条件的商品销售、委托代销、售后回购、以旧换新、商品需要安装和检验的销售、分期收款销售、出口销售、售后租回等，确定恰当的审计程序进行审核：

①附有销售退回条件的商品销售，如果对退货部分能作合理估计的，确定其是否按估计不会退货部分确认收入；如果对退货部分不能作合理估计的，确定其是否在退货期满时确认收入。

②售后回购，分析特定销售回购的实质，判断其是属于真正的销售交易，还是属于融资行为。

③以旧换新销售，确定销售的商品是否按照商品销售的方法确认收入，回收的商品是否作为购进商品处理。

④出口销售，确定其是否按离岸价格、到岸价格或成本加运费价格等不同的成交方式，确认收入的时点和金额。

⑤售后租回，如果售后租回形成一项融资租赁，检查是否对售价与资产账面价值之间的差额予以递延，并按该项租赁资产的折旧进度进行分摊，作为折旧费用的调整；如果售后租回形成一项经营租赁，检查是否也对售价与资产账面价值之间的差额予以递延，并在租赁期内按照与确认租金费用相一致的方法进行分摊，作为租金费用的调整。但对有确凿证据表明售后租回交易是按照公允价值达成的，则应检查对售价与资产账面价值之间的差额是否已经计入当期损益。

（13）调查向关联方销售的情况，记录其交易品种、价格、数量、金额和比例，并记录占总销售收入的比例。对于合并范围内的销售活动，记录应予合并抵消的金额。

（14）调查集团内部销售的情况，记录其交易价格、数量和金额，并追查在编制合并财务报表时是否已予以抵消。

（15）调查向关联方销售的情况，记录其交易品种、数量、价格、金额以及占主营业务收入总额的比例。

（16）检查主营业务收入的列报披露是否恰当。

（二）其他业务收入的实质性程序

其他业务收入的实质性程序一般包括以下内容：

（1）获取或编制其他业务收入明细表，复核加计是否正确，并与总账数和明细账合计数核对是否相符，结合主营业务收入科目与营业收入报表数核对是否相符。

（2）计算本期其他业务收入与其他业务成本的比率，并与上期该比率比较，检查是否有大幅波动，如果有，应该查明原因。

（3）检查其他业务收入内容是否真实、合法，收入确认原则及会计处理是否符合规定，择其重要内容，抽查其原始凭证予以核实。

（4）对发现异常项目，应该追查入账依据及有关法律文件是否充分。

（5）抽查资产负债表日前后一定数量的记账凭证，实施截止测试，追踪到销售发票、收据等，确定入账时间是否正确，对于重大跨期事项作必要的调整建议。

（6）确定其他业务收入在财务报表中的列报是否恰当。

三、应收账款的实质性程序

（一）取得或编制应收账款明细表

（1）复核加计是否正确，并与总账数和明细账合计数核对是否相符；结合坏账准备科目与报表数核对相符。应当注意，应收账款报表数反映企业因销售商品、提供劳务等应向购货单位收取的各种款项，减去已计提的坏账准备后的净额。因此，其报表数应同应收账款总账数和明细账数分别减去与应收账款相应的坏账准备总账数和明细账数后的余额核对相符。

（2）检查非记账本位币应收账款的折算汇率及折算是否正确。对用非记账本位币（通常为外币）结算的应收账款，审计人员应该检查被审计单位外币应收账款的增减变动是否采用交易发生日的即期汇率将外币金额折算为记账本位币金额，或者采用按照系统合理的方法确定的、与交易发生日即期汇率近似的汇率折算，选择采用汇率的方法前后各期是否相一致；期末外币应收账款余额是否采用期末即期汇率折合为记账本位币金额；折算差额的会计处理是否正确。

（3）分析有贷方余额的项目。查明其原因，如果有必要，建议做重分类调整。

（4）结合预收款项等往来项目的明细余额。查明有无重复的项目或与销售无关的其他款项，如果有，应该做出记录，必要时提出调整建议。

（5）标识重要的欠款单位，计算其欠款合计数占应收账款余额的比例。

（二）检查涉及应收账款的相关财务指标

（1）复核应收账款借方累计发生额与主营业务收入是否配比，并且将当期应收账款借方发生额占销售收入净额的百分比与管理层考核指标相比较，如果存在差异应该查明原因；

（2）计算应收账款周转率、应收账款周转天数等系列指标，并与被审计单位以前年度指标、同行业同期相关指标对比分析，检查是否存在重大异常。

（三）检查应收账款账龄分析是否正确

（1）取得或编制应收账款账龄分析表。审计人员可以通过取得或编制应收账款账龄分析表来分析应收账款的账龄，以利于了解应收账款的可收回性。应收账款账龄分析表参考格式如表 9 - 3 所示。

表 9－3 **应收账款账龄分析表**

年　月　日　　　　　货币单位：

顾客名称	期末余额	账龄			
		1 年以内	1～2 年	2～3 年	3 年以上
合计					

应收账款的账龄，指资产负债表中的应收账款从销售实现、产生应收账款之日起，至资产负债表日止所经历的时间。在编制应收账款账龄分析表时，可以考虑选择重要顾客及其余额列示，而将不重要的或余额较小的汇总列示。应收账款账龄分析表的合计数减去已计提的相应坏账准备后的净额，应该等于资产负债表中的应收账款项目余额。

（2）如果应收账款账龄分析表由被审计单位编制，测试计算的准确性。

（3）将应收账款账龄分析表中的合计与应收账款总分类账余额相比较，并且调查重大调节项目。

（4）检查原始凭证，如销售发票、运输记录等，测试账龄核算的准确性。

（5）请被审计单位协助，在应收账款明细表上标示出至审计时已收回的应收账款金额，对已经收回金额较大的款项进行常规检查，如核对收款凭证、银行对账单、销货发票等，并注意凭证发生日期的合理性，分析收款时间是否与合同相关要素一致。

（四）向债务人函证应收账款

函证指审计人员为了获取影响财务报表或相关披露认定的项目的信息，通过直接来自第三方对有关信息和现存状况的声明获取和评价审计证据的过程。函证应收账款目的在于证实应收账款账户余额的真实性、正确性，防止或发现被审计单位及其有关人员在销售交易中发生的错误或舞弊行为。通过函证应收账款，能够比较有效地证明被询证者（即债务人）的存在和被审计单位记录的可靠性。

审计人员应当考虑被审计单位的经营环境、内部控制的有效性、应收账款账户的性质、被询证者处理询证函的习惯做法及回函的可能性等，以确定应收账款函证的范围、对象、方式和时间。

1. 函证的范围和对象

除非有充分证据表明应收账款对被审计单位财务报表而言是不重要的，或者函证很可能是无效的，否则，审计人员应当对应收账款进行函证。如果审计人员不对应收账款进行函证，应当在工作底稿中说明理由。如果审计人员认为函证很可能是无效的，则应当实施替代审计程序，获取充分、适当的审计证据。函证数量的多少、范围的大小是由诸多因素决定的，主要有：

（1）应收账款在全部资产中的重要性。如果应收账款在全部资产中所占的比重比较大。

则函证的范围应相应大一些。

（2）被审计单位内部控制的强弱。如果内部控制制度较健全，则可以相应减少函证范围；反之，则应扩大函证范围。

（3）以前期间的函证结果。如果以前期间函证中发现过重大差异，或欠款纠纷较多，则函证范围应相应扩大一些。

（4）函证方式的选择。如果采用积极的函证方式，则可以相应减少函证数量；如果采用消极的函证方式，则要相应增加函证数量。

一般情况下，审计人员应选择以下项目作为函证对象：大额或账龄较长的项目；与债务人发生纠纷的项目；关联方项目；主要客户（包括关系密切的客户）项目；交易频繁但期末余额较小甚至余额为零的项目；可能产生重大错报或舞弊的非正常的项目。

2. 函证的方式

函证方式分为积极的函证方式和消极的函证方式。审计人员可采用积极的或消极的函证方式实施函证，亦可将两种方式结合使用。

（1）积极的函证方式。如果采用积极的函证方式，审计人员应当要求被询证者在所有情况下必须回函，确认询证函所列示信息是否正确，或填列询证函要求填列的信息。

积极的函证方式又分为两种：一种是在询证函中列明拟函证的账户余额或其他信息，要求被询证者确认所函证的款项是否正确。通常认为，对这种询证函的回复能够提供可靠的审计证据。但是，其缺点是被询证者可能对所列示信息根本不加以验证就回函确认。为了避免这种风险，审计人员可以采用另外一种询证函，即在询证函中不列明账户余额或其他信息。而要求被询证者填写有关信息或提供进一步信息。由于这种询证函要求被询证者做出更多的努力，可能会导致回函率降低，从而导致审计人员执行更多的替代程序。

在采用积极的函证方式时，只有审计人员收到回函，才能为财务报表认定提供审计证据。审计人员没有收到回函，可能是由于被询证者根本不存在，或是由于被询证者没有收到询证函，也可能是由于询证者没有理会询证函，因此，无法证明所函证信息的正确性。

以下是《（中国注册会计师审计准则第1312号——函证）指南》提供的两种积极式询证函的格式，供参考。

积极式询证函（格式一）：

企业询证函

编号：

××（公司）：

本公司聘请的××会计师事务所正在对本公司××年度财务报表进行审计，按照中国审计人员审计准则的要求，应当询证本公司与贵公司的往来账项等事项。下列数据出自本公司账簿记录，如与贵公司记录相符，请在本函下端“信息证明无误”处签章证明；如有不符，请在“信息不符”处列明不符金领。回函请直接寄至××会计师事务所。

回函地址：

邮编：　　　　电话：　　　　传真：　　　　联系人：

1. 本公司与贵公司的往来账项列示如下：

单位：元

截止日期	贵公司欠	欠贵公司	备　注

2. 其他事项。

本函仅为复核账目之用，并非催款结算。如果款项在上述日期之后已经付清，仍请及时函复为盼。

（公司盖章）
年　　月　　日

结论：1. 信息证明无误。

（公司盖章）
年　　月　　日
经办人：

2. 信息不符，请列明不符的详细情况：

（公司盖章）
年　　月　　日
经办人：

积极式询证函（格式二）：

企业询证函

编号：

××（公司）：

本公司聘请的××会计师事务所正在对本公司××年度财务报表进行审计，按照中国审计人员审计准则的要求，应当询证本公司与贵公司的往来账项等事项。请列示截止××年×月×日贵公司与本公司往来款项余额。回函请直接寄至××会计师事务所。

回函地址：

邮编：　　　　电话：　　　　传真：　　　　联系人：

本函仅为复核账目之用，并非催款结算。如果款项在上述日期之后已经付清，仍请及时函复为盼。

（公司盖章）
年　　月　　日

1. 贵公司与本公司的往来账项列示如下：

单位：元

截止日期	贵公司欠	欠贵公司	备　注

2. 其他事项。

（公司盖章）
年　　月　　日
经办人：

（2）消极的函证方式。如果采用消极的函证方式，审计人员只要求被询证者仅在不同意询证函列示信息的情况下才予以回函。

在采用消极的函证方式时，如果收到回函，就能够为财务报表认定提供说服力强的审计证据。未收到回函可能是因为被询证者已收到询证函且核对无误，也可能是因为被询证者根本就没有收到询证函。因此，积极的函证方式通常比消极的函证方式提供的审计证据可靠。因此在采用消极的方式函证时，审计人员通常还需辅之以其他审计程序。

当同时存在下列情况时，审计人员可考虑采用消极的函证方式：①重大错报风险评估为低水平；②涉及大量余额较小的账户；③预期不存在大量的错误；④没有理由相信被询证者不认真对待函证。

在审计实务中，审计人员也可将这两种方式结合使用。当应收账款的余额是由少量的大额应收账款和大量的小额应收账款构成时，审计人员可以对所有的或抽取的大额应收账款样本采用积极的函证方式，而对抽取的小额应收账款样本采用消极的函证方式。

以下系《（中国注册会计师审计准则第1312号——函证）指南》提供的消极式询证函的格式，供参考。

消极式询证函

企业询证函

编号：

××（公司）：

本公司聘请的××会计师事务所正在对本公司××年度财务报表进行审计，按照中国审计人员审计准则的要求，应当询证本公司与贵公司的往来账项等事项。下列数据出自本公司账簿记录，如与贵公司记录相符，则无须回复；如有不符，请直接通知会计师事务所，并请在空白处列明贵公司认为是正确的信息。回函请直接寄至××会计师事务所。

回函地址：

邮编：　　　　电话：　　　　传真：　　　　联系人：

1. 本公司与贵公司的往来账项列示如下：

单位：元

截止日期	贵公司欠	欠贵公司	备　注

2. 其他事项。

本函仅为复核账目之用，并非催款结算。如果款项在上述日期之后已经付清，仍请及时核对为盼。

（公司盖章）
年　　月　　日

××会计师事务所：

上面的信息不正确，差异如下：

（公司盖章）
年　　月　　日
经办人：

3. 函证时间的选择

为了充分发挥函证的作用，应恰当选择函证的实施时间。审计人员通常以资产负债表日为截止日，在资产负债表日后适当时间内实施函证。如果重大错报风险评估为低水平，审计人员可选择资产负债表日前适当日期为截止日实施函证，并对所函证项目自该截止日起至资产负债表日止发生的变动情况实施实质性程序。

4. 函证的控制

审计人员通常利用被审计单位提供的应收账款明细账账户名称及客户地址等资料据以编制询证函，但审计人员应当对选择被询证者、设计询证函以及发出和收回询证函保持控制。出于掩盖舞弊的目的，被审计单位可能千方百计拦截或更改询证函及回函的内容。如果审计人员对函证程序控制不严密，就可能给被审计单位造成可乘之机，导致函证结果发生偏差和函证程序失效。

审计人员应当采取以下措施对函证过程进行控制：

（1）将被询证者的名称、地址与被审计单位有关记录核对；

（2）将询证函中列示的账户余额或其他信息与被审计单位有关资料核对；

（3）在询证函中指明直接向接受审计业务委托的会计师事务所回函；

（4）询证函经被审计单位盖章后，由审计人员直接发出；

（5）将发出询证函的情况形成审计工作记录；

（6）将收到的回函形成审计工作记录，并汇总统计函证结果。

在审计实务中，审计人员经常会遇到被询证者以传真、电子邮件等方式回函的情况。这些方式虽然能使审计人员及时得到回函信息，但由于这些方式易被截留、篡改或难以确定回函者的真实身份，因此，审计人员应当直接接收，并要求被询证者及时寄回询证函原件。

在审计实务中，审计人员还经常会遇到采用积极的函证方式实施函证而未能收到回函的情况。对此，审计人员应当考虑与被询证者联系，要求对方做出回应或再次寄发询证函。如果未能得到被询证者的回应，审计人员应当实施替代审计程序。所实施的替代程序因所涉及的账户和认定而异，但替代审计程序应当能够提供与函证所能够提供的同样效果的审计证据。例如检查与销售有关的文件，包括销售合同或协议、销售订单、销售发票副本及发运凭证等，以验证这些应收账款的真实性。

审计人员可通过函证结果汇总表的方式对询证函的收回情况加以控制。

函证结果汇总表如表 9－4 所示。

表 9－4　　应收账款函证结果汇总表

被审计单位名称：　　制表：　　日期：
结账日：　年　月　日　　复核：　　日期：

询证函编号	债务人名称	债务人地址及联系方式	账面金额	函证方式	函证日期		回函日期	替代程序	确认余额	差异金额及说明	备注
					一次	二次					
合计											

5. 对不符事项的处理

收回的询证函如果出现差异，即函证出现了不符事项，审计人员应当首先提请被审计单位查明原因，并作进一步分析和核实。不符事项的原因可能是由于双方登记入账的时间不同，或是由于一方或双方记账错误，也可能是被审计单位的舞弊行为。对应收账款而言，登记入账的时间不同而产生的不符事项主要表现为：（1）询证函发出时，债务人已经付款，而被审计单位尚未收到货款；（2）询证函发出时，被审计单位的货物已经发出并已做销售记录，但货物仍在途中，债务人尚未收到货物；（3）债务人由于某种原因将货物退回，而被审计单位尚未收到；（4）债务人对收到的货物的数量、质量及价格等方面有异议而全部或部分拒付货款等。

如果不符事项构成错报，审计人员应当重新考虑所实施审计程序的性质、时间和范围。

6. 对函证结果的总结和评价

审计人员应将函证的过程和结果记录在工作底稿中，并据以评价函证的可靠性。在评价函证的可靠性时，审计人员应当考虑：（1）对询证函的设计、发出及收回的控制情况；（2）被询证者的胜任能力、独立性、授权回函情况、对函证项目的了解及其客观性；（3）被审计单位施加的限制或回函中的限制。

审计人员对函证结果可进行如下评价：

（1）审计人员应重新考虑：对内部控制的原有评价是否适当；控制测试的结果是否适当；分析程序的结果是否适当；相关的风险评价是否适当等。

（2）如果函证结果表明没有审计差异，则审计人员可以合理地推论，全部应收账款总体是正确的。

（3）如果函证结果表明存在审计差异，审计人员则应当重新估算应收账款。抽查有关原始凭据，如销售合同、销售订单、销售发票副本及发运凭证等，以验证与其相关的这些应收账款的真实性。

（五）确定已收回的应收账款金额

请被审计单位协助，在应收账款明细表上标出至审计时已收回的应收账款金额，对已收回金额较大的款项进行常规检查，如核对收款凭证、银行对账单、销货发票等，并注意凭证发生日期的合理性，分析收款时间是否与合同相关要素一致。

（六）对未函证应收账款实施替代审计程序

通常，审计人员不可能对所有应收账款进行函证，因此，对未函证应收账款，审计人员应抽查有关原始凭据，如销售合同、销售订单、销售发票副本、发运凭证及回款单据等，以验证与其相关的应收账款的真实性。

（七）检查坏账的确认和处理

首先，审计人员应检查有无债务人破产或者死亡的，以及破产或以遗产清偿后仍无法收回的，或者债务人长期未履行清偿义务的应收账款；其次，应检查被审计单位坏账的处理是否经授权批准，有关会计处理是否正确。

（八）抽查有无不属于结算业务的债权

不属于结算业务的债权，不应在应收账款中进行核算。因此，审计人员应抽查应收账款明细账，并追查有关原始凭证，查证被审计单位有无不属于结算业务的债权。如有，应作记录或建议被审计单位作适当调整。

（九）检查贴现、质押或出售

检查银行存款和银行贷款等询证函的回函、会议纪要、借款协议和其他文件，确定应收账款是否已被质押或出售，应收账款贴现业务属质押还是出售，其会计处理是否正确。

企业以其应收债权向银行等金融机构贴现，在进行会计核算时，应按照“实质重于形式”的原则，充分考虑交易的经济实质。对于有明确的证据表明有关交易事项满足销售确认条件的，应按照出售应收债权处理，并确认相关损益。否则，应作为以应收债权为质押取得的借款进行会计处理。

（十）对应收账款实施关联方及其交易审计程序

对标明应收关联方（包括持股5%以上（含5%）股东）的款项，实施关联方及其交易审计程序，并注明合并报表时应予抵消的金额；对关联企业、有密切关系的主要客户的交易事项作专门核查：

（1）了解交易事项目的、价格和条件，作比较分析；

（2）检查销售合同、销售发票、货运单证等相关文件资料；

（3）检查收款凭证等货款结算单据；

（4）向关联方、有密切关系的主要客户或其他审计人员函询，以确认交易的真实性、合理性。

（十一）确定应收账款的披露是否恰当

如果被审计单位为上市公司，则其财务报表附注通常应披露期初、期末余额的账龄分析，期末欠款金额较大的单位账款，以及持有5%以上（含5%）股份的股东单位账款等情况。

四、应收票据的实质性程序

（1）获取或编制应收票据明细表。

①复核加计是否正确，并与总账数和明细账合计数核对是否相符；结合坏账准备科目与报表数核对是否相符。

应收票据明细表通常包括出票人姓名、出票日、到期日、金额和利率等资料。在复核加计正确及与上述有关数额核对相符的基础上，审计人员应抽查部分票据，并追查至相关文件资料，判断其内容是否正确，有无应转应收账款的逾期应收票据，以及虽未逾期但有确凿证据表明不能够收回或收回可能性不大的应收票据。

②检查非记账本位币应收票据的折算汇率及折算是否正确。

③检查逾期票据是否已转为应收账款。

（2）取得被审计单位“应收票据备查簿”，核对其是否与账面记录一致。请被审计单位协助，在应收票据明细表上标出至审计时已兑现或已贴现的应收票据，作常规检查，如核对收款凭证等，以确认其在资产负债表日的真实性。

（3）监盘库存票据，注意票据的种类、号数、签收的日期、到期日、票面金额、合同交易号、付款人、承兑人、背书人姓名或单位名称，以及利率、贴现率、收款日期、收回金额等是否与应收票据登记簿的记录相符；关注是否对背书转让的票据负有连带责任；注意是否存在已作质押的票据和银行退回的票据。

（4）必要时选取其中部分票据（特别关注有疑问的商业承兑汇票）向出票人函证，证实其存在性和可收回性，并编制函证结果汇总表。

（5）对于大额票据，应取得相应销售合同或协议、销售发票和出库单等原始交易资料进行核对，以证实真实交易是否存在。

（6）复核带息票据的利息计算是否正确，注意逾期应收票据是否已按规定停止计提利息，并且检查其会计处理是否正确。

如果审计人员复算得出的应计利息金额与账面所列金额不符，应该对其加以分析，特别要对“财务费用——利息收入”账户中那些与应收票据账户中所列任何票据均不相关的贷方金额加以注意，因为这些贷项可能代表据以收取利息的票据有可能未入账。

（7）对贴现的应收票据，需要复核其贴现息计算是否正确，会计处理是否正确。编制已贴现和已转让但未到期的商业承兑汇票清单：并检查是否存在贴现保证金。

企业以应收票据向银行等金融机构贴现，应比照应收账款等应收债权贴现的有关规定。即根据实质重于形式的原则，如果与所贴现应收票据有关的风险和报酬并未转移，申请贴现的企业应按照以应收票据为质押取得借款的规定进行会计处理；如果有关的风险和报酬已经转移，应视同应收票据出售进行会计处理。

（8）请被审计单位协助，在应收票据明细表上标出至外勤审计时已兑现或已贴现的应收票据，核对收款凭证等资料，以确认其资产负债表日的真实性。

（9）对应收票据相关的坏账准备进行审计（审计程序参见与应收账款相关坏账准备的审计程序）。

（10）对应收票据实施关联方及其交易审计程序。标明应收关联方（包括持股5%以上（含5%）股东）的款项，执行关联方及其交易审计程序，并注明合并报表时应予抵消的金额；对关联企业、有密切关系的主要客户的交易事项作专门核查。

①了解交易事项目的、价格和条件，作比较分析；

②检查销售合同、销售发票、货运单证等相关文件资料；

③检查收款凭证等货款结算单据；

④向关联方、有密切关系的主要客户或其他审计人员函证，以确认交易的真实性、合理性。

（11）确定应收票据的披露是否恰当。审计人员应检查被审计单位资产负债表中应收票据项目的数额是否与审定数相符，是否剔除了有关的风险和报酬业已转移的已贴现票据。如果被审计单位是上市公司，其财务报表附注通常应披露贴现或用作抵押的应收票据的情况和原因说明，以及持有其5%以上（含5%）股份的股东单位欠款情况。

五、应交税费的实质性程序

（1）取得或编制应交税费明细表，并进行如下检查：

①复核加计是否正确，并与报表数、总账数和明细账合计数核对是否相符；

②注意印花税、耕地占用税以及其他不需要预计应缴数的税金有无误入应交税费项目；分析存在借方余额的项目，查明原因，判断是否由被审计单位预缴税款引起。

（2）首次接受委托时，取得被审计单位的纳税鉴定、纳税通知、减免税批准文件等，了解被审计单位适用的税种、附加税费、计税（费）基础、税（费）率，以及征、免、减税（费）的范围与期限。如果被审计单位适用特定的税基式优惠或税额式优惠或减低适用税率的，且该项税收优惠需办理规定的审批或备案手续的，应检查相关的手续是否完整、有效。连续接受委托时，关注其变化情况。

（3）核对期初未交税金与税务机关受理的纳税申报资料是否一致，检查缓期纳税及延期纳税事项是否经过税务机关批准。

（4）取得税务部门汇算清缴或其他确认文件、有关政府部门的专项检查报告、税务代理机构专业报告、被审计单位纳税申报资料等，分析其有效性，并与上述明细表及账面数据进行核对。对于超过法定缴纳期限的税费，应取得主管税务机关的批准文件。

（5）检查各个税项及代扣税项的计算是否正确，是否按规定进行了会计处理。

如果被审计单位是上市公司，在其财务报表附注中应按税费种类分项列示应交税费金额，并说明本期执行的法定税（费）率。对于超过法定交纳期限的应列示主管税务部门的批准文件。

（6）确定是否已在资产负债表中作出恰当披露。

六、税金及附加的实质性程序

（1）获取或编制税金及附加明细表，复核加计数是否正确，并核对其与报表数、总账数和明细账合计数是否相符；

（2）确定被审计单位的纳税范围与税种是否符合国家规定；

（3）检查税金及附加的计算及对应关系是否正确；

（4）确定被审计单位减免税的项目是否真实，理由是否充分，手续是否完备；

（5）确定税金及附加是否已在利润表上作恰当披露。

七、销售费用的实质性程序

销售费用是指企业在销售商品过程中发生的费用。

（一）销售费用的审计目标

销售费用的审计目标一般包括：确定利润表中记录的销售费用是否已发生，且与被审计单位有关；确定所有应当记录的销售费用是否都已经记录；确定与销售费用有关的金额及其他数据是否已恰当记录；确定销售费用是否已记录于正确的会计期间；确定销售费用是否已记录于恰当的账户；确定销售费用是否已按照企业会计准则的规定在财务报表中作出恰当的列报。

（二）销售费用的实质性程序

（1）获取或编制销售费用明细表。

①复核其加计数是否正确，并与报表数、总账数和明细账合计数核对是否相符；

②将销售费用中的工资、折旧等与相关的资产、负债科目核对，检查其钩稽关系的合理性。

（2）对销售费用进行分析。

①计算分析各个月份销售费用总额及主要项目金额占主营业务收入的比率，并与上一年度进行比较，判断变动的合理性；

②计算分析各个月份销售费用中主要项目发生额及占销售费用总额的比率，并与上一年度进行比较，判断其变动的合理性。

（3）检查各明细项目是否与被审计单位销售商品和材料、提供劳务以及专设的销售机构发生的各种费用有关，是否合规、合理，计算是否正确。注意需经外汇管理部门审批的费用项目，是否经过相应批准。

（4）检查销售佣金支出是否符合规定，审批手续是否健全，是否取得有效的原始凭证；如超过规定，是否按规定进行了纳税调整。

（5）检查业务招待费、广告费、宣传费的支出是否合理，审批手续是否健全，是否取得有效的原始凭证；如果超过规定限额，应在计算应纳税所得额时调整。

（6）检查因产品质量保证产生的预计负债，是否按确定的金额进行会计处理。

（7）选择重要或异常的销售费用，检查销售费用各项目开支标准是否符合有关规定，开支内容是否与被审计单位的产品销售或专设销售机构的经费有关，金额是否正确，原始凭证是否合法，会计处理是否正确。

（8）抽取资产负债表日前后一定数量的凭证，实施截止测试，如果存在异常迹象，应考虑是否有必要追加审计程序，对于重大跨期的项目应作必要调整。

（9）如果被审计单位系商品流通企业且已将管理费用科目的核算内容并入本科目核算，应同时实施管理费用审计程序。

（10）检查销售费用是否已按照企业会计准则在财务报表中作出恰当的列报。

案例分析结果

对于快速发展的东方电子而言，在远远高出行业的平均毛利率的情况下，还能不断高速增长，在没有产品绝对化创新的条件下，很有可能是高估收入，虚构利润，操纵股票价格，人造虚假繁荣，贻害无穷。

知识评价

在现代商业中，一般可以分为现销和赊销两种方式。其中赊销就是利用信誉作为抵押，期后付款。这种方式给企业带来了风险，也给审计人员的审计风险产生影响。在销售环节的审计中要求证明被审计公司在销售与收款循环相关业务的内部制度健全并有效，财务报表的表述正确性就是这个循环审计的重要内容。

思考题

1. 销售环节企业的风险是什么？审计的重大错报风险怎样评估？
2. 如何评价被审计单位销售与收款环节内部控制的强与弱？
3. 审计人员怎样实施销售的截止期测试？

第十章

采购与付款循环的审计

学习目标

本章的内容主要是采购与付款循环的内部控制及控制测试的内容，了解对应付账款的实质性程序，固定资产和累计折旧的实质性程序以及固定资产减值准备、在建工程减值准备等其他账户的实质性程序。

能力目标

了解和掌握购货与付款中所涉及的采购账户、固定资产账户、相关费用账户实质性测试，了解和掌握该循环审计的内容和方法。

技能目标

了解相关控制测试的内容，掌握实质性程序的基本思路。

案例导入

美国某零售公司是一家大型零售折扣商店，创建于1959年，总部设在马萨诸塞州的詹姆斯福特，公司在20年的时间内迅速发展，到1971年，已经拥有了112家零售批发商店。但就在那一年，公司的管理部门面临着历史上第一次重大经营损失。为了掩盖这一真相，它们决定篡改公司的会计记录，把1971年发生的250万美元的经营损失篡改为150万美元收益，并且提高与之相关的流动比率和周转率。

罗某会计师事务所担任该零售公司1972年年报审计工作，签发了无保留意见的审计报告。

1972年4月，该零售公司把经过审计的财务报表提交给美国证券交易委员会，申请并获准发行了300万美元的股票，并贷到了1 200万美元的流动资金。但1973年初，罗某会计师事务所撤回了其签发的无保留意见的审计报告，1973年8月，该零售公司向波士顿法院提交破产申请，两年后法院宣告公司破产。

根据法庭查证事实，该零售公司蓄意调整1972年1月结束的会计年度的应付账款余额的情况，如下表所示。

相关方	应付账款减少金额	应付账款减少的理由
1 100 家广告商	300 000	以前未入账的广告费
A 公司	257 000	（1）商品退回（2）总购折扣（3）折扣优惠
B 公司	130 000	商品退回
C 公司	170 000	以前购买货物索价过高
D 制造商	163 000	商品退回

（1）该零售公司的总裁和财务主管，在 1972 年 1 月底结束的会计年度中，命令下属广告部门的经理，准备了 14 页的备忘录，虚构了大约 1 100 家的广告商名单，记载着该零售公司以前曾向它们预付广告费用但并未入账。

（2）该零售公司的财务副总裁伪造了 28 个虚假的贷方通知单（红字发票），以此来抵减外发的应付给米尔布鲁克公司的账款 25.7 万美元。

（3）该零售公司通过发出 35 份假造的贷项通知单蓄意减少了 13 万美元的应付给另一个供应商罗斯盖尔公司的账款。

（4）该零售公司虚构几百个曾被供应商索价过高的赊购事项，减少应收账款 17 万美元。

（5）该零售公司假造了发给健美产品制造商的贷款通知单，用根本没被确认的 16.3 万美元的商品退回来减少应付账款。

（资料来源：本资料根据公开资料进行整理。）

【基于案例的问题】

如何审计应付账款？如何避免审计失败？

第一节　采购与付款循环审计概述

一、采购与付款循环中的主要业务活动和会计凭证

（一）采购与付款循环中的主要业务活动

企业应尽可能将各项职能活动分派给不同的部门完成，这样一来，每个部门或职员都可以独立检查其他部门和职员工作的正确性。下面以采购商品为例，分别阐述采购与付款循环所涉及的主要业务活动及其适当的控制程序和相关的认定（见图 10－1）。

1. 请购商品和劳务

仓库负责对需要购买的已列入存货清单的项目填写请购单，其他部门也可以对所需要购买的未列入存货清单的项目编制请购单。大多数企业对正常经营所需的物资的购买均作一般授权，比如，仓库在现有库存达到再订购点时就可直接提出采购申请，其他部门也可为正常的维修工作和类似工作直接申请采购有关物品。但对资本支出和租赁合同，企业通常要求作特别授权，只允许指定人员提出请购。请购单可由手工或计算机编制。由于企业内不少部门都可以填列请购单，不便事先编号，为加强控制，每张请购单必须经过对这类支出预算负责的主管人员签字批准。

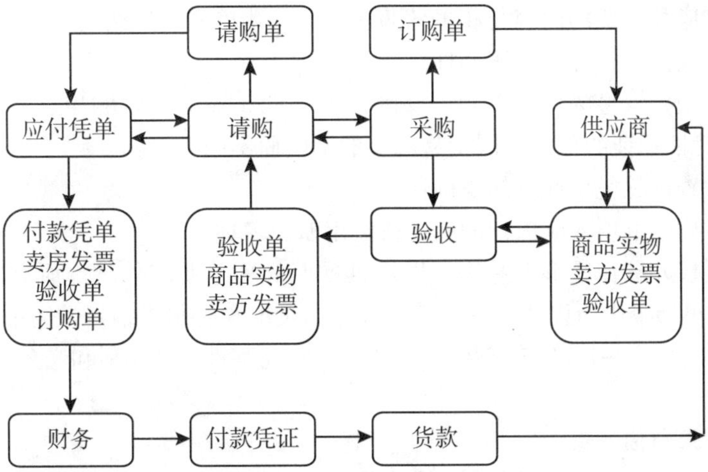

图 10－1　采购预付款流程

请购单是证明有关采购交易的“发生”认定的凭据之一，也是采购交易轨迹的起点。

2. 编制订购单

采购部门在收到请购单后，只能对经过批准的请购单发出订购单。对每张订购单，采购部门应确定最佳的供应来源。对一些大额、重要的采购项目，应采取竞价方式来确定供应商，以保证供货的质量、及时性和成本的低廉。

订购单应正确填写所需要的商品品名、数量、价格、厂商名称和地址等，预先予以编号并经过被授权的采购人员签名。其正联应送交供应商，副联则送至企业内部的验收部门、应付凭单部门和编制请购单的部门。随后，应独立检查订购单的处理，以确定是否确实收到商品并正确入账。这项检查与采购交易的“完整性”认定有关。

3. 验收商品

有效的订购单代表企业已授权验收部门接受供应商发运来的商品。验收部门首先应比较所收商品与订购单上的要求是否相符，如商品的品名、说明、数量、到货时间等，然后再盘点商品并检查商品有无损坏。

验收后，验收部门应对已收货的每张订购单编制一式多联、预先编号的验收单，作为验收和检验商品的依据。验收员将商品送交仓库或其他请购部门时，应取得经过签字的收据，或要求其在验收单的副联上签收，以确立他们所采购的资产应负有的保管责任。验收人员还应将其中的一联验收单送交应付凭单部门。

验收单是支持资产或费用以及与采购有关的负债的“存在或发生”认定的重要凭证。定期独立检查验收单的顺序以确定每笔采购交易都已编制凭单，则与采购交易的“完整性”认定有关。

4. 储存已验收的商品存货

将已验收商品的保管与采购的其他职责相分离，可减少未经授权的采购和盗用商品的风险。存放商品的仓储区应相对独立，限制无关人员接近。这些控制与商品的“存在”认定有关。

5. 编制付款凭单

记录采购交易之前，应付凭单部门应编制付款凭单。这项功能的控制包括：

（1）确定供应商发票的内容与相关的验收单、订购单的一致性。

（2）确定供应商发票计算的正确性。

（3）编制有预先编号的付款凭单，并附上支持性凭证（如订购单、验收单和供应商发票等）。这些支持性凭证的种类，因交易对象的不同而不同。

（4）独立检查付款凭单计算的正确性。

（5）在付款凭单上填入应借记的资产或费用账户名称。

（6）由被授权人员在凭单上签字，以示批准照此凭单要求付款。所有未付凭单的副联应保存在未付凭单档案中。以待日后付款。经适当批准和有预先编号的凭单为记录采购交易提供了依据，因此，这些控制与“存在”“发生”“完整性”“权利和义务”“计价和分摊”等认定有关。

6. 确认与记录负债

企业应该正确确认已验收货物和已接受劳务的债务，要求准确、及时地记录负债。该记录对企业财务报表反映和企业实际现金支出有重大影响。因此，必须特别注意，按正确的数额记载企业确实已发生的采购和已接受的劳务。

与应付账款的确认与记录相关的部门一般有责任核查购置的财产并在应付凭单登记簿或应付账款明细账中加以记录。在收到供应商发票时，应付账款部门应将发票上所记载的品名、规格、价格、数量、条件及运费与订货单上的有关资料核对，如有可能，还应与验收单上的内容进行比较。

应付账款确认与记录的一项重要控制是要求记录现金支出的人员不得经手现金、有价证券和其他资产。恰当的凭证、记录与恰当的记账手续，对业绩的独立考核和应付账款职能而言是必不可少的控制。

在手工系统下，应将已批准的未付款凭单送达会计部门，据以编制有关记账凭证和登记有关账簿。会计主管应监督为采购交易而编制的记账凭证中账户分类的适当性；通过定期核对编制记账凭证的日期与凭单副联的日期，监督入账的及时性。而独立检查会计人员则应核对所记录的凭单总数与应付凭单部门送来的每日凭单汇总表是否一致，并定期独立检查应付账款总账余额与应付凭单部门未付款凭单档案中的总金额是否一致。

7. 付款

通常是由应付凭单部门负责未付凭单在到期日付款。企业有多种款项结算方式，以支票结算方式为例，编制和签署支票的有关控制包括：

（1）独立检查已签发支票的总额与所处理的付款凭单的总额的一致性。

（2）应由被授权的财务部门的人员负责签署支票。

（3）被授权签署支票的人员应确定每张支票都附有一张已经适当批准的未付款凭单，并确定支票受款人姓名和金额与凭单内容的一致。

（4）支票一经签署就应在其凭单和支持性凭证上用加盖印戳或打洞等方式将其注销，以免重复付款。

（5）支票签署人不应签发无记名甚至空白的支票。

（6）支票应预先连续编号，保证支出支票存根的完整性和作废支票处理的恰当性。

（7）应确保只有被授权的人员才能接近未经使用的空白支票。

（8）记录现金、银行存款支出。

仍以支票结算方式为例，在手工系统下：会计部门应根据已签发的支票编制付款记账凭证，并据以登记银行存款日记账及其他相关账簿。以记录银行存款支出为例，有关控制包括：

①会计主管应独立检查记入银行存款日记账和应付账款明细账的金额的一致性，以及与支票汇总记录的一致性。

②通过定期比较银行存款日记账记录的日期与支票副本的日期，独立检查入账的及时性。

③独立编制银行存款余额调节表。

（二）采购与付款循环涉及的主要账户、凭证

采购与付款交易通常要经过请购—订货—验收—付款这样的程序，与销售与收款交易一样，在内部控制比较健全的企业，处理采购与付款业务通常需要使用很多凭证和会计记录。典型的采购与付款循环所涉及的主要凭证和会计记录有以下几种：

1. 请购单

请购单是由产品制造、资产使用等部门的有关人员填写，送交采购部门，申请购买商品，劳务或其他资产的书面凭证。

2. 订购单

订购单是由采购部门填写，向另一企业购买订购单上所指定商品、劳务或其他资产的书面凭证。

3. 验收单

验收单是收到商品、资产时所编制的凭证，列示从供应商处收到的商品、资产的种类和数量等内容。

4. 卖方发票

卖方发票是供应商开具的，交给买方以载明发运的货物或提供的劳务、应付款金额和付款条件等事项的凭证。

5. 付款凭单

付款凭单是采购方企业的应付凭单部门编制的，表明已收到商品、资产或接受劳务的厂商、应付款金额和付款日期的凭证。付款凭单是采购方企业内部记录和支付负债的授权证明文件。

6. 转账凭证

转账凭证是指记录转账交易的记账凭证；它是根据有关转账业务的原始凭证编制的。

7. 付款凭证

付款凭证包括现金付款凭证和银行存款付款凭证，是指用来记录库存现金和银行存款支出业务的记账凭证。

8. 应付账款明细账

9. 库存现金日记账和银行存款日记账

10. 卖方对账单

卖方对账单是由供货方按月编制的，标明期初余额、本期购买、本期支付给卖方的款项和期末余额的凭证。卖方对账单是供货方对有关交易的陈述，如果不考虑买卖双方在收发货物上可能存在的时间差等因素，其期末余额通常应与采购方相应的应付账款期末余额一致。

二、采购与付款循环的审计目标

采购与付款循环的审计目标具体包括：

1. 证实应付款项和预付账款总体合理性。
2. 证实采购业务形成的负债的真实性和完整性。
3. 证实分类正确性。
4. 证实采购与付款截止期的正确性。
5. 固定资产审计目标。

（1）证实固定资产的真实性。

（2）证实固定资产的完整性。

（3）确定固定资产的所有权、控制权。

（4）证实固定资产分类的正确性。

（5）证实固定资产计价正确性。

（6）证实固定资产交易事项的合法性。

（7）证实固定资产折旧方法选用的合规性及其计算的正确性。

6. 确定采购物资和相关负债在财务报表上披露的正确性。

第二节　采购与付款循环的内部控制和控制测试

一、采购与付款循环的内部控制

采购交易的内部控制目标、关键内部控制和审计测试的关系，如表 10 - 1 所示。

表 10 - 1　　采购与付款内部控制目标、关键内部控制和审计测试

内部控制目标	关键内部控制	常用的控制测试	常用的实质性程序
所记录的采购都确已收到商品或已接受劳务（发生）	请购单、订购单、验收单和卖方发票一应俱全，并附在付款凭单后。 采购经适当级别批准。 注销凭证以防止重复使用。对卖方发票、验收单、订购单和请购单作内部核查	查验付款凭单后是否附存完整的相关单据。 检查批准采购的标记。 检查注销凭证的标记。 检查内部核查的标记	复核采购明细账、总账及应付账款明细账，注意是否有大额或不正常的金额。 检查卖方发票、验收单、订购单和请购单的合理性和真实性。 追查存货的采购至存货永续盘存记录。 检查取得的固定资产采购合同、发票
已发生的采购交易均已记录（完整性）	订购单均经事先连续编号并将已完成的采购登记入账。 验收单均经事先连续编号并已登记入账。 应付凭单均经事先连续编号并已登记入账	检查订购单连续编号的完整性。 检查验收单连续编号的完整性。 检查应付凭单连续编号的完整性	从验收单追查至采购明细账。 从卖方发票追查至采购明细账

续表

内部控制目标	关键内部控制	常用的控制测试	常用的实质性程序
所记录的采购交易估价正确（准确性、计价和分摊）	对计算准确性进行内部核查。 采购价格和折扣的批准	检查内部核查的标记。 检查批准采购价格和折扣的标记	将采购明细账中记录的交易同卖方发票、验收单和其他证明文件比较。 复算包括折扣和运费在内的卖方发票填写金额的准确性

（一）采购交易的内部控制

1. 适当的职责分离

适当的职责分离有助于防止各种有意或无意的错误。与销售与收款交易一样，采购与付款交易也需要适当的职责分离。企业应当建立采购与付款业务的岗位责任制，明确相关部门和岗位的职责、权限，确保办理采购与付款业务的不相容岗位相互分离、制约和监督。采购与付款业务不相容岗位至少包括：请购与审批；询价与确定供应商；采购合同的订立与审批；采购与验收；采购、验收与相关会计记录；付款审批与付款执行。这些都是对企业提出的有关采购与付款业务相关职责适当分离的基本要求，以确保办理采购与付款业务的不相容岗位相互分离、制约和监督。

2. 内部核查程序

企业应当建立对采购与付款内部控制的监督检查制度，企业监督检查机构或人员应通过实施内控测试和实质性程序检查采购与付款业务内部控制制度是否健全，各项规定是否得到有效执行，而且明确采购与付款内部控制监督检查的主要内容，包括：

（1）采购与付款业务相关岗位及人员的设置情况。重点检查是否存在采购与付款业务不相容职务混岗的现象。

（2）采购与付款业务授权批准制度的执行情况。重点检查大宗采购与付款业务的授权批准手续是否健全，是否存在越权审批的行为。

（3）应付账款和预付账款的管理。重点审查应付账款和预付账款支付的正确性、时效性和合法性。

（4）有关单据、凭证和文件的使用和保管情况。重点检查凭证的登记、领用、传递、保管、注销手续是否健全，使用和保管制度是否存在漏洞。

（二）付款交易的内部控制

采购与付款循环包括采购和付款两个方面。在内部控制健全的企业，与采购相关的付款交易同样有其内部控制目标和内部控制，审计人员应针对每个具体的内部控制目标确定关键的内部控制，并对此实施相应的控制测试和交易的实质性程序。付款交易中的控制测试的性质取决于内部控制的性质。而付款交易的实质性程序的实施范围，在一定程度上取决于关键控制是否存在以及控制测试的结果。由于采购和付款交易同属一个交易循环，联系紧密，因此，对付款交易的部分测试可与测试采购交易一并实施。当然。另一些付款交易测试仍需单独实施。

由于每个企业而言，由于性质、所处行业、规模以及内部控制健全程度等不同，而使得其与付款交易相关的内部控制内容可能有所不同，但以下与付款交易相关的内部控制内容是应当共同遵循的：

（1）企业应当按照《现金管理暂行条例》《支付结算办法》和《内部会计控制规范——货币资金（试行）》等规定办理采购付款业务。

（2）企业财会部门在办理付款业务时，应当对采购发票、结算凭证、验收证明等相关凭证的真实性、完整性、合法性及合规性进行严格审核。

（3）企业应当建立预付账款和定金的授权批准制度，加强预付账款和定金的管理。

（4）企业应当加强应付账款和应付票据的管理，由专人按照约定的付款日期、折扣条件等管理应付款项。已到期的应付款项需经有关授权人员审批后方可办理结算与支付。

（5）企业应当建立退货管理制度。对退货条件、退货手续、货物出库、退货货款回收等做出明确规定。及时收回退货款。

（6）企业应当定期与供应商核对应付账款、应付票据、预付款项等往来款项。如有不符，应查明原因，及时处理。

商品存货与固定资产同属一个交易循环，在内部控制和控制测试问题上固然有许多共性的地方，但固定资产还存在不少特殊性，有必要对其单独加以说明。

就许多从事制造业的被审计单位而言，固定资产在其资产总额中占有很大的比重，固定资产的购建会影响其现金流量，而固定资产的折旧、维修等费用则是影响其损益的重要因素。固定资产管理一旦失控，所造成的损失将远远超过一般的商品存货等流动资产，所以，为了确保固定资产的真实、完整、安全和有效利用，被审计企业应当建立和健全固定资产的内部控制。下面结合企业常用的固定资产内部控制，讨论审计人员实施控制测试程序所应予以关注的地方。

（三）固定资产的内部控制

1. 固定资产的预算制度

预算制度是固定资产内部控制中最重要的部分。通常，大中型企业应编制旨在预测与控制固定资产增减和合理运用资金的年度预算；小规模企业即使没有正规的预算，对固定资产的购建也要事先加以计划。审计人员应注意检查固定资产的取得与处置是否依据预算，对实际支出与预算之间的差异以及未列入预算的特殊事项，检查其是否履行特别的审批手续。如果固定资产增减均能处于良好的经批准的预算控制之下，审计人员即可减少针对固定资产增加、减少实施的实质性程序的样本量。

2. 授权批准制度

完善的授权批准制度包括：企业的资本性支出预算只有经过董事会等高层管理机构批准方可生效；所有固定资产的取得和处置均需经企业管理当局的书面认可。审计人员不仅要检查授权批准制度本身是否完善，还要关注授权批准制度是否得到切实执行。

3. 账簿记录制度

除固定资产总账外，被审计企业还需设置固定资产明细分类账和固定资产登记卡，按固定资产类别、使用部门和每项固定资产进行明细分类核算。固定资产增减变化均有原始凭证。一套设置完善的固定资产进行明细分类账和登记卡，将为审计人员分析固定资产的取得和处置、复核折旧费用和修理支出的列支带来帮助。

4. 职责分工制度

对固定资产的取得、记录、保管、使用、维修、处置等，均应明确划分责任。由专门部门和专人负责。明确的职责分工制度，有利于防止舞弊，降低审计人员的审计风险。

5. 资本性支出和收益性支出的区分制度

企业应制定区分资本性支出和收益性支出的书面标准。通常需明确资本性支出的范围和最低金额，凡不属于资本性支出的范围、金额低于下限的任何支出，均应列作费用并抵减当期收益。

6. 固定资产的处置制度

固定资产的处置，包括投资转出、报废、出售等，均要有一定的申请报批程序。

7. 固定资产的定期盘点制度

对固定资产的定期盘点，是验证账面各项固定资产是否真实存在、了解固定资产放置地点和使用状况以及发现是否存在未入账固定资产的必要手段。审计人员应了解和评价企业固定资产盘点制度，并应注意查询盘盈、盘亏固定资产的处理情况。

8. 固定资产的维护保养制度

固定资产应有严密的维护保养制度，以防止其因各种自然和人为的因素而遭受损失，并应建立日常维护和定期检修制度，以延长其使用寿命。

严格地讲，固定资产的保险不属于企业固定资产的内部控制范围，但它对企业非常重要。因此。审计人员在检查、评价企业的内部控制时，应当了解企业对固定资产的保险情况。

（四）在建工程的内部控制

作为与固定资产密切相关的一个组成项目，在建工程项目有其特殊性。在建工程的内部控制包括以下内容。

1. 岗位分工与授权批准

（1）企业应当建立工程项目业务的岗位责任制，明确相关部门和岗位的职责、权限，确保办理工程项目业务的不相容岗位相互分离、制约和监督。工程项目业务不相容岗位一般包括：项目建议、可行性研究与项目决策；概预算编制与审核；项目实施与价款支付；竣工决算与竣工审计。

（2）企业应当对工程项目相关业务建立严格的授权批准制度，明确审批人的授权批准方式、权限、程序、责任及相关控制措施，规定经办人的职责范围和工作要求。审批人应当根据工程项目相关业务授权批准制度的规定，在授权范围内进行审批，不得超越审批权限。经办人应当在职责范围内，按照审批人的批准意见办理工程项目业务。对于审批人超越授权范围审批的工程项目业务，经办人有权拒绝办理，并及时向审批人的上级授权部门报告。

（3）企业应当制定工程项目业务流程，明确项目决策、概预算编制、价款支付、竣工决算等环节的控制要求，并设置相应的记录或凭证。如实记载各环节业务的开展情况，确保工程项目全过程得到有效控制。

2. 项目决策控制

企业应当建立工程项目决策环节的控制制度，对项目建议书和可行性研究报告的编制、项目决策程序等做出明确规定，确保项目决策科学、合理。

3. 概预算控制

企业应当建立工程项目概预算环节的控制制度，对概预算的编制、审核等做出明确规定，确保概预算编制科学、合理。

4. 价款支付控制

企业应当建立工程进度价款支付环节的控制制度，对价款支付的条件、方式以及会计核算程序做出明确规定，确保价款支付及时、正确。

5. 竣工决算控制

企业应当建立竣工决算环节的控制制度，对竣工清理、竣工决算、竣工审计、竣工验收等做出明确规定，确保竣工决算真实、完整、及时。

6. 监督检查

企业应当建立对工程项目内部控制的监督检查制度明确监督机构或人员的职责权限定期或不定期地进行检查。内容主要包括：

（1）工程项目业务岗位及人员的设置情况。重点检查是否存在不相容职务混岗的现象。

（2）工程项目业务授权批准制度的执行情况。重点检查重要业务的授权批准手续是否健全，是否存在越权审批行为。

（3）工程项目决策责任制的建立及执行情况。重点检查责任制度是否健全，奖惩措施是否落实到位。

（4）概预算控制制度的执行情况。重点检查概预算编制的依据是否真实、是否按规定对概预算进行审核。

（5）各类款项支付制度的执行情况。重点检查工程款、材料设备款及其他费用的支付是否符合相关法规、制度和合同的要求。

（6）竣工决算制度的执行情况。重点检查是否按规定办理竣工决算、实施决算审计。

二、评估重大错报风险

在实施控制测试和实质性程序之前，审计人员需要了解被审计单位采购与付款交易和相关余额的内部控制的审计、执行情况，评估认定层次的财务报表重大错报风险，并对被审计单位特殊的交易活动和可能影响财务报表真实反映的事项保持职业怀疑。这将影响到审计人员决定采取何种适当的审计方法。

影响采购与付款交易和余额的重大错报风险可能包括以下几方面。

（一）管理层错报费用支出的偏好和动因

被审计单位管理层可能为了完成预算，满足业绩考核要求，保证从银行获得资金，吸引潜在投资者，误导股东，影响公司股价，或通过把私人费用计入公司进行个人牟利而错报支出。常见的方法可能有：

（1）把通常应当及时计入损益的费用资本化，然后通过资产的逐步摊销予以消化。这对增加当年的利润和留存收益都将产生影响。

（2）平滑利润。通过多计准备或少计负债和准备，把损益控制在被审计单位管理层希望的程度。

（3）利用特别目的实体把负债从资产负债表中剥离，或利用关联方之间的费用定价优势制造虚假的收益增长趋势。

（4）通过复杂的税务安排推延或隐瞒所得税和增值税。

（5）被审计单位管理层把私人费用计入企业费用，把企业资金当做私人资金运作。

（二）费用支出的复杂性

例如，被审计单位以复杂的交易安排购买一定期间的多种服务，管理层对于涉及的服务受益与付款安排所涉及的复杂性缺乏足够的了解。这可能导致费用支出分配或计提的错误。

（三）管理层凌驾于控制之上和员工舞弊的风险

通过与第三方串通，把私人费用计入企业费用支出，或有意无意地重复付款。

（四）采用不正确的费用支出截止期

将本期采购收到的商品计入下一会计期间；或者将下一会计期间采购的商品提前计入本期；未及时计提尚未付款的已经购买的服务支出等。

（五）低估

在承受反映较高盈利水平和营运资本的压力下，被审计单位管理层可能试图低估准备和应付账款，包括低估对存货、应收账款应计提的减值以及对已售商品提供的担保（例如售后服务承诺）应计提的准备。

（六）不正确地记录外币交易

当被审计单位进口用于出售的商品时，可能由于采用不恰当的外币汇率而导致该项采购的记录出现差错。此外，还存在未能将诸如运费、保险费和关税等与存货相关的进口费用进行正确分摊的风险。

（七）舞弊和盗窃的固有风险

如果被审计单位经营大型零售业务，由于所采购商品和固定资产的数量及支付的款项庞大，交易复杂，容易造成商品发运错误，员工和客户发生舞弊和盗窃的风险较高。如果那些负责付款的会计人员有权接触应付账款主文档，并能够通过在应付账款主文档中擅自添加新的账户来虚构采购交易，风险也会增加。

（八）存货的采购成本没有按照适当的计量属性确认

结果可能导致存货成本和销售成本的核算不正确。

（九）存在未记录的权利和义务

这可能导致资产负债表分类错误以及财务报表附注不正确或披露不充分。

在计算机环境下，审计人员既应当考虑常用的控制活动的有效性，也应当考虑特殊的控制活动对于采购与付款交易的适用性。其中最为重要的控制应是计算机程序的更改和供应商主文档中重要数据的变动，因为这会对采购与付款、应付账款带来影响，也会影响对差错和例外事项的处理过程和结果。简言之，针对采购与付款的控制，需要关注：（1）遗失连续编号的验收单，这表明采购交易可能未予入账；（2）出现重复的验收单或发票；（3）供应商发票与订购单或验收单不符；（4）供应商名称及代码与供应商主文档信息中的名称及代码不符；（5）在处理供应商发票时出现计算错误；（6）采购或验收的商品的存货代码无效；（7）处理采购或付款的会计期间出现差错；（8）通过电子货币转账系统把货款转入供应商的银行账户，但该账户并非供应商支付文档指定的银行账户。

总之，当被审计单位管理层具有高估利润的动机时，审计人员应当主要关注费用支出和应付账款的低估。重大错报风险常常集中体现在遗漏交易，采用不正确的费用支出截止期，以及错误划分资本性支出和费用性支出。这些将对完整性、截止、发生、存在、准确性和分类认定产生影响。

如前所述，为评估重大错报风险，审计人员应详细了解有关交易或付款的内部控制，这些控制主要是为预防、检查和纠正前面所认定的重大错报的固有风险而设置的。审计人员可以通过审阅以前年度审计工作底稿、观察内部控制执行情况、询问管理层和员工、检查相关的文件和资料等方法加以了解。对相关文件和资料的检查可以提供审计证据，例如通过检查供应商对账表和银行对账单，能够发现差错并加以纠正。

在评估重大错报风险时，审计人员之所以需要充分了解被审计单位对采购与付款交易的控制活动，目的在于使计划实施的审计程序更加有效。也就是说，审计人员必须对被审计单位的重大错报风险有一定认识，在此基础上审计并实施进一步审计程序，才能有效果。

三、控制测试

本书主要论述以内部控制目标为起点的控制测试。下面我们讨论在实施采购与付款交易的控制测试时应当注意的一些内容。另外，鉴于固定资产和在建工程项目有着不同于一般商品的特殊性，对其控制测试问题也分别单独加以阐述。

（1）审计人员应当通过控制测试获取证据支持将被审计单位的控制风险评价为中或低。如果能够获取这些证据，审计人员就可能可以接受较高的检查风险，并在很大程度上可以通过实施实质性分析程序获取进一步的审计证据，同时减少对采购与付款交易和相关余额实施细节测试的依赖。

（2）考虑到采购与付款交易控制测试的重要性，审计人员通常对这一循环采用属性抽样审计方法。在测试该循环中的大多数属性时，审计人员通常选择相对较低的可容忍误差。

（3）采购与付款交易涉及的主要业务活动中，前三项分别是请购商品和劳务、编制订购单、验收商品。审计人员在实施控制测试时，应抽取请购单、订购单和商品验收单，检查请购单、订购单是否得到适当审批，验收单是否有相关人员的签名，订购单和验收单是否按顺序编号。

有些被审计单位的内部控制要求，应付账款记账员应定期汇总该期间生成的所有订购单并与请购单核对，编制采购信息报告。对此，审计人员在实施控制测试时，应抽取采购信息报告，检查其是否已复核，如有不符，是否已经及时调查和处理。

（4）对于编制付款凭单、确认与记录负债这两项主要业务活动，被审计单位的内部控制通常要求应付账款记账员将采购发票所载信息与验收单、订购单进行核对，核对相符应在发票上加盖“相符”印戳。对此，审计人员在实施控制测试时，应抽取订购单、验收单和采购发票，检查所载信息是否核对一致，发票上是否加盖了“相符”印戳。

有些被审计单位内部控制要求，每月末，应付账款主管应编制应付账款账龄分析报告，其内容还包括应付账款总额与应付账款明细账合计数以及应付账款明细账与供应商对账单的核对情况。如有差异，应付账款主管应立即进行调查，如调查结果表明需调整账务记录，则应编制应付账款调节表和调整建议。对此，审计人员在实施控制测试时，应抽取应付账款调节表，检查调节项目与有效的支持性文件是否相符，以及是否与应付账款明细账相符。

（5）对于付款这项主要业务活动，有些被审计单位内部控制要求，由应付账款记账员负责编制付款凭证，并附相关单证，提交会计主管审批。在完成对付款凭证及相关单证的复核后，会计主管在付款凭证上签字，作为复核证据，并在所有单证上加盖“核销”印戳。对此，审计人员在实施控制测试时，应抽取付款凭证，检查其是否经会计主管复核和审批，并检查款项支付是否得到适当人员的复核和审批。

（6）固定资产的内部控制测试。结合前面固定资产内部控制的讨论内容和顺序，审计人员在对被审计单位的固定资产实施控制测试时应注意：

①对于固定资产的预算制度，审计人员应选取固定资产投资预算和投资可行性项目论证报告，检查是否编制预算并进行论证，以及是否经适当层次审批；对实际支出与预算之间的差异以及未列入预算的特殊事项，应检查其是否履行特别的审批手续。如果固定资产增减均能处于良好的经批准的预算控制之下，审计人员即可适当减少针对固定资产增加、减少实施的实质性程序的样本量。

②对于固定资产的授权批准制度，审计人员不仅应检查被审计单位固定资产授权批准制度本身是否完善，还应选取固定资产请购单及相关采购合同，检查是否得到适当审批和签署，关注授权批准制度是否切实得到执行。

③对于固定资产的账簿记录制度，审计人员应当认识到，一套设置完善的固定资产明细分类账和登记卡，将为分析固定资产的取得和处置、复核折旧费用和修理支出的列支带来帮助。

④对于固定资产的职责分工制度，审计人员应当认识到，明确的职责分工制度，有利于防止舞弊，降低审计人员的审计风险。

⑤对于资本性支出和收益性支出的区分制度，审计人员应当检查该制度是否遵循企业会计准则的要求，是否适应被审计单位的行业特点和经营规模，并抽查实际发生与固定资产相关的支出时是否按照该制度进行恰当的会计处理。

⑥对于固定资产的处置制度，审计人员应当关注被审计单位是否建立了有关固定资产处置的分级申请报批制度和程序；抽取固定资产盘点明细表，检查账实之间的差异是否经审批后及时处理；抽取固定资产报废单，检查报废是否经适当批准和处理；抽取固定资产内部调拨单，检查调入、调出是否已进行适当处理；抽取固定资产增减变动情况分析报告，检查是否经复核。

⑦对于固定资产的定期盘点制度，审计人员应了解和评价企业固定资产盘点制度，并应注意查询盘盈、盘亏固定资产的处理情况。

⑧对于固定资产的保险情况，审计人员应抽取固定资产保险单盘点表，检查是否已办理商业保险。

（7）在建工程的内部控制测试。如果被审计单位的在建工程项目比较重要，占其资产总额的比重较大，则对在建工程项目的内部控制测试，审计人员应注意把握以下几点：

①对工程项目业务相关岗位及人员的设置情况，应重点检查是否存在不相容职务混岗的现象。对工程项目业务授权批准制度的执行情况，应重点检查重要业务的授权批准手续是否健全，是否存在越权审批行为。

②对工程项目决策责任制的建立及执行情况，应重点检查责任制度是否健全，奖惩措施是否落实到位。

③对概预算控制制度的执行情况，应重点检查概预算编制的依据是否真实，是否按规定对概预算进行审核。

④对各类款项支付制度的执行情况，应重点检查工程款、材料设备款及其他费用的支付是否符合相关法规、制度和合同的要求。

⑤对各类款项支付制度的执行情况，应重点检查工程款、材料设备款及其他费用的支付是否符合相关法规、制度和合同的要求。

⑥对竣工决算制度的执行情况，应重点检查是否按规定办理竣工决算、实施决算审计。在审计实务中，审计人员还可以以识别的重大错报风险为起点实施控制测试。

第三节 购货与付款循环的实质性程序

一、应付账款的实质性程序

应付账款是企业在正常经营过程中，因购买材料、商品和接受劳务等经营活动而应付给供应单位的款项。可见应付账款是随着企业赊购交易的发生而发生的。审计人员应结合赊购交易进行应付账款的审计。

（一）应付账款的审计目标

应付账款的审计目标一般包括：确定资产负债表中记录的应付账款是否存在；确定所有应当记录的应付账款是否均已记录；确定资产负债表中记录的应付账款是被审计单位应当履行的现实义务；确定应付账款期末余额是否正确，应付账款是否以恰当的金额包括在财务报表中，与之相关的计价调整已恰当记录；确定应付账款已按照企业会计准则的规定在财务报表中作出恰当的列报。

（二）应付账款的实质性程序

（1）获取或编制应付账款明细表。

①复核加计正确，并与报表数、总账数和明细账合计数核对是否相符；

②检查非记账本位币应付账款的折算汇率及折算是否正确；

③分析出现借方余额的项目，查明原因，必要时，作重分类调整；

④结合预付账款等往来项目的明细余额，调查有无乱挂的项目、异常余额或与购货无关的其他款项（如关联方账户或雇员账户），如有，应做出记录，必要时作调整。

（2）根据被审计单位实际情况，选择以下方法对应付账款执行实质性分析程序：

①将期末应付账款余额与期初余额进行比较，分析波动原因。

②分析长期挂账的应付账款，要求被审计单位做出解释，判断被审计单位是否缺乏偿债能力或利用应付账款隐瞒利润；并注意其是否可能无须支付，对确实无须支付的应付款的会计处理是否正确，依据是否充分；关注账龄超过3年的大额应付账款在资产负债表日后是否偿还，检查偿还记录，单据及披露情况。

③计算应付账款与存货的比率，应付账款与流动负债的比率，并与以前年度相关比率对比分析，评价应付账款整体的合理性。

④分析存货和营业成本等项目的增减变动判断应付账款增减变动的合理性。

（3）函证应付账款。一般情况下，函证并非应付账款的必需程序，这是因为函证不能保证查出未记录的应付账款，况且审计人员能够取得采购发票等外部凭证来证实应付账款的余额。但如果控制风险较高，某应付账款明细账户金额较大或被审计单位处于财务困难阶段，则应进行应付账款的函证。

在进行函证时，审计人员应选择较大金额的债权人，以及那些在资产负债表日金额不大，甚至为零，但为企业重要供货人的债权人，作为函证对象。函证最好采用积极函证方式，并具体说明应付金额。同应收账款的函证一样，审计人员必须对函证的过程进行控制，要求债权人直接回函，并根据回函情况编制与分析函证结果汇总表，对未回函的，应考虑是否再次函证。

如果存在未回函的重大项目，审计人员应采用替代审计程序。比如，可以检查决算日后应付账款明细账及库存现金和银行存款日记账，核实是否已支付，同时检查该笔债务的相关凭证资料，如合同、发票、验收单，核实应付账款的真实性。

（4）检查应付账款是否计入正确的会计期间，是否存在未入账的应付账款：

①检查债务形成的相关原始凭证，如供应商发票、验收报告或入库单等，查找有无未及时入账的应付账款，确定应付账款期末余额的完整性。

②检查资产负债表日后应付账款明细账贷方发生额的相应凭证，关注其购货发票的日期，确认其入账时间是否合理。

③获取被审计单位与其供应商之间的对账单（一般应从非财务部门，如采购部门获取），并将对账单和被审计单位财务记录之间的差异进行调节（如在途款项、在途货物、付款折扣、未记录的负债等），查找有无未入账的应付账款，确定应付账款金额的准确性。

④针对资产负债表日后付款项目，检查银行对账单及有关付款凭证（如银行划款通知、供应商收据等），询问被审计单位内部或外部的知情人员，查找有无未及时入账的应付账款。

⑤结合存货监盘程序，检查被审计单位在资产负债日前后的存货入库资料（验收报告或入库单），检查是否有大额料到单未到的情况，确认相关负债是否计入了正确的会计期间。

如果审计人员通过这些程序发现某些未入账的应付账款，应将有关情况详细记入工作底稿，然后根据其重要性确定是否需要建议被审计单位进行相应的调整。

（5）针对已偿付的应付账款，追查至银行对账单、银行付款单据和其他原始凭证，检查其是否在资产负债表日前真实偿付。

（6）针对异常或大额交易及重大调整事项（如大额的购货折扣或退回，会计处理异常的交易，未经授权的交易，或缺乏支持性凭证的交易等），检查相关原始凭证和会计记录，以分析交易的真实性、合理性。

（7）检查带有现金折扣的应付账款是否按发票上记载的全部应付金额入账，在实际获得现金折扣时再冲减财务费用。

（8）被审计单位与债权人进行债务重组的，检查不同债务重组方式下的会计处理是否正确。

（9）标明应付关联方（包括持5%以上（含5%）表决权股份的股东）的款项，执行关联方及其交易审计程序，并注明合并报表时应予抵消的金额。

（10）检查应付账款是否已按照企业会计准则的规定在财务报表中作出恰当列报。一般来说，“应付账款”项目应根据“应付账款”和“预付账款”科目所属明细科目的期末贷方余额的合计数填列。

如果被审计单位为上市公司，则通常在其财务报表附注中应说明有无欠持有5%以上（含5%）表决权股份的股东单位账款；说明账龄超过3年的大额应付账款尚未偿还的原因，并在期后事项中反映资产负债表日后是否偿还。

二、固定资产的实质性程序

固定资产是指同时具有下列两个特征的有形资产：（1）为生产商品、提供劳务、出租或经营管理而持有的；（2）使用寿命超过一个会计年度。这里的使用寿命是指企业使用固定资产的预计期间，或者该固定资产所能生产产品或提供劳务的数量。固定资产只有同时满足下列两个条件才能予以确认：（1）与该固定资产有关的经济利益很可能流入企业；（2）该固定资产的成本能够可靠地计量。

固定资产折旧则是指在固定资产的使用寿命内，按照确定的方法对应计折旧额进行系统分摊。

由于固定资产在企业资产总额中一般都占有较大的比例，固定资产的安全、完整对企业的生产经营影响极大，审计人员应对固定资产的审计予以高度重视。

固定资产审计的范围很广。固定资产科目余额反映企业所有固定资产的原价，累计折旧科目余额反映企业固定资产的累计折旧数额，固定资产减值准备科目余额反映企业对固定资产计提的减值准备数额，固定资产项目余额由固定资产科目余额扣除累计折旧科目余额和固定资产减值准备科目余额构成，这三项无疑属于固定资产的审计范围：除此之外，由于固定资产的增加包括购置、自行建造、投资者投入、融资租入、更新改造、以非现金资产抵偿债务方式取得或以应收债权换入、以非货币性资产交换方式换入、经批准无偿调入、接受捐赠和盘盈等多种途径，相应涉及货币资金、应付账款、预付款项、在建工程、股本、资本公积、长期应付款、递延所得税负债等项目；企业的固定资产又因出售、报废、投资转出、捐赠转出、抵债转出、以非货币性资产交换方式换出、无偿调出、毁损和盘亏等原因而减少，与固定资产清理、其他应收款、营业外收入和营业外支出等项目有关；另外，企业按月计提固定资产折旧，这又与制造费用、销售费用、管理费用等项目联系在一起。因此，在进行固定资产审计时，应当关注这些相关项目。广义的固定资产审计范围，自然也包括这些相关项目在内。

（一）固定资产的审计目标

固定资产的审计目标一般包括：确定资产负债表中记录的固定资产是否存在；确定所有应记录的固定资产是否均已记录；确定记录的固定资产是否由被审计单位所有或控制；确定固定资产的计价方法是否恰当；确定固定资产的折旧政策是否恰当；确定折旧费用的分摊是否合理、一贯；确定固定资产减值准备的计提是否充分、完整，方法是否恰当；确定固定资产、累计折旧和的期末余额是否正确；确定固定资产、累计折旧和固定资产减值准备是否已按照企业会计准则的规定在财务报表中作出恰当列报。

（二）固定资产——账面余额的实质性程序

（1）获取或编制固定资产和累计折旧分类汇总表，检查固定资产的分类是否正确并与总账数和明细账合计数核对是否相符，结合累计折旧、减值准备科目与报表数核对是否相符。

固定资产和累计折旧分类汇总表又称一览表或综合分析表，是审计固定资产和累计折旧的重要工作底稿，其参考格式如表 10－2 所示。

表 10－2 固定资产和累计折旧分类汇总表

年 月 日

编制人： 日期：

被审计单位： 复核人： 日期：

固定资产类别	固定资产				累计折旧					
	期初余额	本期增加	本期减少	期末余额	折旧方法	折旧率	期初余额	本期增加	本期减少	期末余额
合计										

汇总表包括固定资产与累计折旧两部分，应按照固定资产类别分别填列。需要解释的是期初余额栏，审计人员对其应分三种情况：一是在连续审计情况下，应注意与上期审计工作底稿中的固定资产和累计折旧的期末余额审定数核对相符；二是在变更会计师事务所时，后任审计人员应查阅前任审计人员有关工作底稿；三是如果被审计单位以往未经审计人员审计，即在首次接受审计情况下，审计人员应对期初余额进行较全面的审计。尤其是当被审计单位的固定资产数量多、价值大、占资产总额比重高时，最理想的方法是全面审计被审计单位设立以来“固定资产”和“累计折旧”账户中的所有重要的借贷记录。这样，既可核实期初余额的真实性，又可加深对被审计单位固定资产管理和会计核算工作的了解。

（2）对固定资产实施实质性分析程序：

第一，基于对被审计单位及其环境的了解，通过进行以下比较，并考虑有关数据间关系的影响，建立有关数据的期望值。

①分类计算本期计提折旧额与固定资产原值的比率，并与上期比较。

②计算固定资产修理及维护费用占固定资产原值的比例，并进行本期各月、本期与以前各期的比较。

第二，确定可接受的差异额。

第三，将实际情况与期望值相比较，识别需要进一步调查的差异。

第四，如果其差额超过可接受的差异额，调查并获取充分的解释和恰当的其他审计证据（例如：通过检查相关的凭证）。

第五，评估分析程序的测试结果。

（3）实地检查重要固定资产（如为首次接受审计，应适当扩大检查范围），确定其是否存在，关注是否存在已报废但仍未核销的固定资产。

实施实地检查审计程序时，审计人员可以以固定资产明细分类账为起点，进行实地追查，以证明会计记录中所列固定资产确实存在，并了解其目前的使用状况；也可以以实地为起点，追查至固定资产明细分类账，以获取实际存在的固定资产均已入账的证据。

当然，审计人员实地检查的重点是本期新增加的重要固定资产，有时，观察范围也会扩展到以前期间增加的重要固定资产。观察范围的确定需要依据被审计单位内部控制的强弱、固定资产的重要性和审计人员的经验来判断。如为首次接受审计，应适当扩大检查范围。

（4）检查固定资产的所有权或控制权。对各类固定资产，审计人员应获取、收集不同的证据以确定其是否确实归被审计单位所有：对外购的机器设备等固定资产，通常经审核采购发票、采购合同等予以确定；对于房地产类固定资产，尚需查阅有关的合同、产权证明、财产税单、抵押借款的还款凭据、保险单等书面文件；对融资租人的固定资产，应验证有关融资租赁合同，证实其并非经营租赁；对汽车等运输设备，应验证有关运营证件等；对受留置权限制的固定资产，通常还应审核被审计单位的有关负债项目等予以证实。

（5）检查本期固定资产的增加。被审计单位如果不正确核算固定资产的增加，将对资产负债表和利润表产生长期的影响。因此。审计固定资产的增加，是固定资产实质性程序中的重要内容。固定资产的增加有多种途径，审计中应注意：

第一，询问管理层当年固定资产的增加情况，并与获取或编制的固定资产明细表进行核对；

第二，检查本年度增加固定资产的计价是否正确，手续是否齐备，会计处理是否正确：

①对于外购固定资产，通过核对采购合同、发票、保险单、发运凭证等资料，抽查测试其入账价值是否正确，授权批准手续是否齐备，会计处理是否正确；如果购买的是房屋建筑物，还应检查契税的会计处理是否正确；检查分期付款购买固定资产入账价值及会计处理是否正确；

②对于在建工程转入的固定资产，应检查固定资产确认时点是否符合会计准则的规定，入账价值与在建工程的相关记录是否核对相符，是否与竣工决算、验收和移交报告等一致；对已经达到预定可使用状态，但尚未办理竣工决算手续的固定资产，检查其是否已按估计价值入账，并按规定计提折旧；

③对于投资者投入的固定资产，检查投资者投入的固定资产是否按投资各方确认的价值入账，并检查确认价值是否公允，交接手续是否齐全；涉及国有资产的，是否有评估报告并经国有资产管理部门评审备案或核准确认；

④对于更新改造增加的固定资产，检查通过更新改造而增加的固定资产，增加的原值是否符合资本化条件，是否真实，会计处理是否正确；重新确定的剩余折旧年限是否恰当；

⑤对于融资租赁增加的固定资产，获取融资租入固定资产的相关证明文件，检查融资租赁合同的主要内容，并结合长期应付款、未确认融资费用科目检查相关的会计处理是否正确；

⑥对于企业合并、债务重组和非货币性资产交换增加的固定资产，检查产权过户手续是否齐备，检查固定资产入账价值及确认的损益和负债是否符合规定；

⑦如果被审计单位为外商投资企业，检查其所采购的国产设备退还增值税的会计处理是否正确；

⑧对于通过其他途径增加的固定资产，应检查增加固定资产的原始凭证，核对其计价及会计处理是否正确，法律手续是否齐备。

第三，检查固定资产是否存在弃置费用，如果存在弃置费用，检查弃置费用的估价方法和弃置费用现值的计算是否合理，会计处理是否正确。

（6）检查本期固定资产的减少。固定资产的减少主要包括出售、投资转出、抵债转出、报废、毁损、盘亏等。有的被审计单位在全面清查固定资产时，常常会出现固定资产账存实亡现象，这可能是由于固定资产管理或使用部门不了解报废固定资产与会计核算两者间的关系，擅自报废固定资产而未及时通知财务部门作相应的会计核算所致，这样势必造成财务报表反映失真。审计固定资产减少的主要目的就在于查明业已减少的固定资产是否已做适当的会计处理。其审计要点如下：

①结合固定资产清理科目，抽查固定资产账面转销额是否正确。

②检查出售、盘亏、转让、报废或毁损的固定资产是否经授权批准，会计理是否正确。

③检查因修理、更新改造而停止使用的固定资产的会计处理是否正确。

④检查投资转出固定资产的会计处理是否正确。

⑤检查债务重组或非货币性资产交换转出固定资产的会计处理是否正确。

⑥检查转出的投资性房地产账面价值及会计处理是否正确。

⑦检查其他减少固定资产的会计处理是否正确。

（7）检查固定资产的后续支出，确定与固定资产有关的后续支出是否满足资产确认条件；如不满足，该支出是否在该后续支出发生时计入当期损益。

（8）检查固定资产的租赁。企业在生产经营过程中，有时可能有闲置的固定资产供其他单位租用；有时由于生产经营的需要，又需租用固定资产。租赁一般分为经营租赁和融资租赁两种。在经营租赁中，租入固定资产的企业按合同规定的时间，交付一定的租金，享有固定资产的使用权，而固定资产的所有权仍属出租单位。因此，租入固定资产的企业的固定资产价值并未因此而增加，企业对以经营性租赁方式租入的固定资产，不在“固定资产”账户内核算，只是另设备查簿进行登记。而租出固定资产的企业，仍继续提取折旧，同时取得租金收入。检查经营性租赁时。应查明：

①固定资产的租赁是否签订了合同、租约，手续是否完备，合同内容是否符合国家规定，是否经相关管理部门的审批。

②租入的固定资产是否确属企业必须，或出租的固定资产是否确属企业多余、闲置不用的，双方是否认真履行合同，其中是否存在不正当交易。

③租金收取是否签有合同，有无多收、少收现象。

④租入固定资产有无久占不用、浪费损坏的现象；租出的固定资产有无长期不收租金、无人过问，是否有变相馈送、转让等情况。

⑤租入固定资产是否已登入备查簿。

⑥必要时，向出租人函证租赁合同及执行情况。

⑦租入固定资产改良支出的核算是否符合规定。

在融资租赁中，租入单位向租赁公司借款购买固定资产，分期归还本息，付清全部本息后，就取得了固定资产的所有权。因此，融资租赁支付的租金，包括了固定资产的价值和利息，并且这种租赁的结果通常是固定资产所有权最终归属租入单位。故租入企业在租赁期间，对融资租入的固定资产应按企业自有固定资产一样管理，并计提折旧、进行维修。

如果被审计单位的固定资产中融资租赁占有相当大的比例，应当复核租赁协议，确定租赁是否符合融资租赁的条件，结合长期应付款、未确认融资费用等科目检查相关的会计处理是否正确（资产的入账价值、折旧、相关负债）。在审计融资租赁固定资产时，除可参照经营租赁固定资产检查要点以外，还应补充实施以下审计程序：

①复核租赁的折现率是否合理；

②检查租赁相关税费、保险费、维修费等费用的会计处理是否符合企业会计准则的规定；

③检查融资租入固定资产的折旧方法是否合理；

④检查租赁付款情况；

⑤检查租入固定资产的成新程度；

⑥检查融资租入固定资产发生的固定资产后续支出，其会计处理是否遵循自有固定资产发生的后续支出的处理原则予以处理。

（9）获取暂时闲置固定资产的相关证明文件，并观察其实际状况，检查是否已按规定计提折旧，相关的会计处理是否正确。

（10）获取已提足折旧仍继续使用固定资产的相关证明文件，并作相应记录。

（11）获取持有待售固定资产的相关证明文件，并作相应记录。检查对其预计净残值调整是否正确、会计处理是否正确。

（12）检查固定资产保险情况，复核保险范围是否足够。

（13）检查有无与关联方的固定资产购售活动，是否经适当授权，交易价格是否公允。对于合并范围内的购售活动，记录应予合并抵消的金额。

（14）对应计入固定资产的借款费用，应根据企业会计准则的规定，结合长短期借款、应付债券或长期应付款的审计，检查借款费用（借款利息、折溢价摊销、汇兑差额、辅助费用）资本化的计算方法和资本化金额，以及会计处理是否正确。

（15）检查购置固定资产时是否存在与资本性支出有关的财务承诺。

（16）检查固定资产的抵押、担保情况。结合对银行借款等的检查，了解固定资产是否存在重大的抵押、担保情况。如果存在，应取证并作相应的记录，同时提请被审计单位作恰当披露。

（17）检查固定资产是否已按照企业会计准则的规定在财务报表中作出恰当列报。

财务报表附注通常应说明固定资产的标准、分类、计价方法和折旧方法；融资租入固定资产的计价方法；固定资产的预计使用寿命和预计净残值；对固定资产所有权的限制及其金额（这一披露要求是指，企业因贷款或其他原因而以固定资产进行抵押、质押或担保的类别、金额、时间等情况）；已承诺将为购买固定资产支付的金额；暂时闲置的固定资产账面价值（这一披露要求是指，企业应披露暂时闲置的固定资产账面价值，导致固定资产暂时闲置的原因，如开工不足、自然灾害或其他情况等）；已提足折旧仍继续使用的固定资产账面价值；已报废和准备处置的固定资产账面价值。固定资产因使用磨损或其他原因而需报废时，企业应及时对其处置。如果其已处于处置状态而尚未转销时，企业应披露这些固定资产的账面价值。

如果被审计单位是上市公司，则通常应在其财务报表附注中按类别分项列示固定资产期初余额、本期增加额、本期减少额及期末余额；说明固定资产中存在的在建工程转入、出售、置换、抵押或担保等情况；披露通过融资租赁租入的固定资产每类租入资产的账面原值、累计折旧、账面净值；披露通过经营租赁租出的固定资产每类租出资产的账面价值。

（三）固定资产——累计折旧的实质性程序

固定资产可以长期参加生产经营而仍保持其原有实物形态，但其价值将随着固定资产的使用而逐渐转移到生产的产品上，或构成经营成本或费用。在固定资产使用寿命内，按照确定的方法对应计折旧额进行的系统分摊就是固定资产的折旧。

在不考虑固定资产减值准备的前提下。影响折旧的因素有折旧的基数（一般指固定资产的账面原价）、固定资产的残余价值和使用寿命三个方面。在考虑固定资产减值准备的前提下，影响折旧的因素则包括折旧的基数、累计折旧、固定资产减值准备、固定资产预计净残值和固定资产尚可使用年限五个方面。在计算折旧时，对固定资产的残余价值和清理费用只能人为估计；对固定资产的使用寿命，由于固定资产的有形和无形损耗难以准确计算，因而也只能估计；同样，对固定资产减值准备的计提也带有估计的成分。因此，固定资产折旧主要取决于企业根据其固定资产的特点制定相应折旧政策，在一定程度上具有主观性。

累计折旧的实质性程序通常包括：

（1）获取或编制累计折旧分类汇总表，复核加计是否正确，并与总账数和明细账合计数核对是否相符。

（2）检查被审计单位制定的折旧政策和方法是否符合相关会计准则的规定。确定其所采用的折旧方法能否在固定资产预计使用寿命内合理分摊其成本。前后期是否一致，预计使用寿命和预计净残值是否合理。

（3）复核本期折旧费用的计提和分配：

第一，了解被审计单位的折旧政策是否符合规定，计提折旧范围是否正确，确定的使用寿命、预计净残值和折旧方法是否合理；如采用加速折旧法，是否取得批准文件。

第二，检查被审计单位折旧政策前后期是否一致。

第三，复核本期折旧费用的计提是否正确。

①已计提部分减值准备的固定资产，计提的折旧是否正确。按照《企业会计准则第4号——固定资产》的规定，已计提减值准备的固定资产的应计折旧额应当扣除已计提的固定资产减值准备累计金额，按照该固定资产的账面价值以及尚可使用寿命重新计算确定折旧率和折旧额。

②已全额计提减值准备的固定资产，是否已停止计提折旧。

③因更新改造而停止使用的固定资产是否已停止计提折旧。因大修理而停止使用的固定资产是否仍提折旧。

④对按规定予以资本化的固定资产装修费用是否在两次装修期间与固定资产尚可使用年限两者中较短的期间内，采用合理的方法单独计提折旧，并在下次装修时将该项固定资产装修余额一次全部计入了当期营业外支出。

⑤对融资租入固定资产发生的、按规定可予以资本化的固定资产装修费用，是否在两次装修期间、剩余租赁期与固定资产尚可使用年限三者中较短的期间内，采用合理的方法单独计提折旧。

⑥对采用经营租赁方式租入的固定资产发生的改良支出，是否在剩余租赁期与租赁资产尚可使用年限两者中较短的期间内，采用合理的方法单独计提折旧。

⑦未使用、不需用和闲置的固定资产是否按规定计提折旧。

⑧持有待售的固定资产折旧计提是否符合规定。

第四，检查折旧费用的分配是否合理，是否与上期一致；分配计入各项目的金额占本期全部折旧计提额的比例与上期比较是否有重大差异。

第五，注意固定资产增减变动时，有关折旧的会计处理是否符合规定，查明通过更新改造、接受捐赠或融资租入而增加的固定资产折旧费用计算是否正确。

（4）将“累计折旧”账户贷方的本期计提折旧额与相应的成本费用中的折旧费用明细账户的借方相比较，检查本期所计提折旧金额是否已全部摊入本期产品成本或费用。若存在差异，应追查原因，并考虑是否应建议作适当调整。

（5）检查累计折旧的减少是否合理、会计处理是否正确。

（6）检查累计折旧的披露是否恰当。

如果被审计单位是上市公司，通常应在其财务报表附注中按固定资产类别分项列示累计折旧期初余额、本期计提额、本期减少额及期末余额。

（四）固定资产——固定资产减值准备的实质性程序

固定资产的可收回金额低于其账面价值称为固定资产减值。这里的可收回金额应当根据固定资产的公允价值减去处置费用后的净额与资产预计未来现金流量的现值两者之间的较高者确定。这里的处置费用包括与固定资产处置有关的法律费用、相关税费、搬运费以及为使固定资产达到可销售状态所发生的直接费用等。

（1）企业应当在资产负债表日判断固定资产是否存在可能发生减值的迹象。根据《企业会计准则第8号——资产减值》的规定，如存在下列迹象的，表明固定资产可能发生了减值：

①固定资产的市价当期大幅度下跌，其跌幅明显高于因时间的推移或正常使用而预计的下跌。

②企业经营所处的经济、技术或者法律等环境以及固定资产所处的市场在当期或者将在近期发生重大变化，从而对企业产生不利影响。

③市场利率或者其他市场投资回报率在当期已经提高，从而影响企业计算固定资产预计未来现金流量现值的折现率，导致固定资产可收回金额大幅度降低。

④有证据表明固定资产陈旧过时或者其实体已经损坏。

⑤固定资产已经或者将被闲置、终止使用或者计划提前处置。

⑥企业内部报告的证据表明固定资产的经济绩效已经低于或者将低于预期，如固定资产所创造的净现金流量或者实现的营业利润（或者损失）远远低于（或者高于）预计金额等。

⑦其他表明固定资产可能已经发生减值的迹象。

如果由于该固定资产存在上述迹象，导致其可收回金额低于账面价值的，应当将固定资产的账面金额减记至可收回金额，将减记的金额确认为固定资产减值损失，计入当期损益，同时计提相应的固定资产减值准备。

（2）固定资产减值准备的实质性程序一般包括：

①获取或编制固定资产减值准备明细表，复核加记是否正确，并与总账数和明细账合计数核对是否相符；

②检查被审计单位计提固定资产减值准备的依据是否充分，会计处理是否正确；

③检查资产组的认定是否恰当，计提固定资产减值准备的依据是否充分，会计处理是否正确；

④计算本期末固定资产减值准备占期末固定资产原值的比率，并与期初该比率比较，分析固定资产的质量状况；

⑤检查被审计单位处置固定资产时原计提的减值准备是否同时结转，会计处理是否正确；

⑥检查是否存在转回固定资产减值准备的情况，确定减值准备在以后会计期间没有转回；

⑦检查固定资产减值准备的披露是否恰当。

如果企业计提了固定资产减值准备，根据《企业会计准则第 8 号——资产减值》的规定，企业应当在财务报表附注中披露：①当期确认的固定资产减值损失金额；②企业提取的固定资产减值准备累计金额。如果发生重大固定资产减值损失的，还应当说明导致重大固定资产减值损失的原因，固定资产可收回金额的确定方法，以及当期确认的重大固定资产减值损失的金额。

如果被审计单位是上市公司，其财务报表附注中通常还应分项列示计提的固定资产减值准备金额、增减变动情况以及计提的原因。

三、预付款项实质性程序

预付款项是企业按采购合同的规定，预先支付给供货单位的货款，包括企业进行在建工程预付的工程价款，会计上通过“预付账款”或“应付账款”科目（借方）进行核算。预付款项是企业的一种流动资产，它是企业在采购环节中产生的。因此，预付款项的审计应结合采购与付款循环的审计进行。

（一）预付款项的审计目标

预付款项的审计目标一般包括：确定资产负债表中记录的预付款项是否存在；确定所有应当记录的预付账款是否均已记录；确定记录的预付账款是否由被审计单位拥有或控制；确定预付账款是否以恰当的金额包括在财务报表中，与之相关的计价调整是否已恰当记录；确定预付账款是否已按照企业会计准则的规定在财务报表中作出恰当列报。

（二）预付款项——账面余额的实质性审计程序

（1）获取或编制预付款项明细表：

①复核加计是否正确，并与总账数和明细账合计数核对是否相符，结合坏账准备科目与报表数核对是否相符；

②结合应付账款明细账审计，查核有无重复付款或将同一笔已付清的账款在预付账款和应付账款两个科目中同时挂账的情况；

③分析出现贷方余额的项目，查明原因，必要的建议进行重新分类调整；

④对期末预付账款余额与上期期末余额进行比较，解释其波动原因。

（2）分析预付账款账龄及余额构成，确定：

①该笔款项是否根据有关购货合同支付；

②检查一年以上预付账款未核销的原因及发生坏账的可能性，检查不符合预付账款性质的或因供货单位破产、撤销等原因无法再收到所购货物的是否已转入其他应收款。

（3）检查大额预付工程款增加或者结转是否有相应的审批手续，与相关合同、工程进度是否一致。

（4）选择大额或异常的预付款项重要项目（包括零账户），函证其余额是否正确，并根据回函情况编制函证结果汇总表；回函金额不符的，应查明原因做出记录或建议作适当调整；未回函的，可再次函证，也可采用替代审计程序进行检查，如检查该笔债权的相关凭证资料，或抽查资产负债表日后预付账款明细账及存货、在建工程明细账，核实是否已收到货物、转销预付账款，并根据替代检查结果判断其债权的真实性或出现坏账的可能性。

（5）检查资产负债表日后的预付账款、存货及在建工程明细账，并检查相关凭证，核实期后是否已收到实物并转销预付账款，分析资产负债表日预付账款的真实性和完整性。

（6）实施关联方及其交易的审计程序，检查对关联方的预付账款的真实性、合法性，检查其会计处理是否正确。

（7）检查预付账款是否已按照企业会计准则的规定在财务报表中作出恰当列报。

如果被审计单位是上市公司，通常应在其财务报表附注中按不同账龄段列示预付款项余额、各账龄段余额占预付款项总额的比例；说明账龄超过 1 年的预付款项未收回的原因，以及持有 5% 以上（含 5%）表决权股份的股东单位账款等情况。

（三）预付款项——坏账准备的实质性审计程序

（1）获取或编制坏账准备明细表，复核加记是否正确。与坏账准备总账数、明细账合计数核对是否相符。

（2）将预付款项坏账准备本期计提数与资产减值损失相应明细项目的发生额核对，是否核符。

（3）检查预付款项坏账准备计提和核销的批准程序，取得书面报告等证明文件。

（4）评价坏账准备所依据的资料、假设及计提方法。

（5）复核预付款项坏账准备是否按经股东（大）会或董事会批准的既定方法和比例提取，其计算和会计处理是否正确。

（6）实际发生坏账损失的，检查转销依据是否符合有关规定，会计处理是否正确。

（7）已经确认并转销的坏账重新收回的，检查其会计处理是否正确。

（8）通过比较前期坏账准备计提数和实际发生数，以及检查期后事项，评价预付款项坏账准备计提的合理性。

（9）检查预付款项坏账准备的披露是否恰当。

四、在建工程实质性程序

（一）在建工程的审计目标

在建工程的审计目标一般包括：确定资产负债表中记录的在建工程是否存在；确定所有应记录的在建工程是否均已记录；确定记录的在建工程是否由被审计单位拥有或控制；确定在建工程是否以恰当的金额包括在资产负债表中，与之相关的计价调整已恰当记录；确定在建工程是否已按照企业会计准则的规定在财务报告中作出恰当列报。

（二）在建工程——账面余额的实质性程序

（1）获取或编制在建工程明细表，复核加计是否正确。并与总账数和明细账合计数核对相符，结合减值准备科目与报表数核对是否相符。

应当注意，在建工程报表数反映企业期末各项未完工程的实际支出，包括交付安装的设备价值，未完建筑安装工程已经耗用的材料、工资和费用支出、预付发包工程的价款、已经建筑安装完毕但尚未交付使用的工程等的可收回金额，应根据在建工程科目的期末余额减去在建工程减值准备科目的期末余额后的金额填列。因此，其报表数应同在建工程总账数和明细账合计数分别减去各自相应的减值准备后的余额核对相符。

（2）实施分析程序。基于对被审计单位及其环境的了解，通过进行以下比较，并考虑有关数据间关系的影响，建立有关数据的期望值。

①依据借款和工程建设情况计算借款费用资本化金额，并与被审计单位实际的借款费用

资本化情况进行比较。

②确定可接受的差异额。

③将实际情况与期望值相比较，识别需要进一步调查的差异。

④如果其差额超过可接受的差异额，调查并获取充分的解释和恰当的审计证据（如检查相关的凭证）。

⑤评估分析程序的测试结果。

（3）检查本期在建工程的增加数。

①询问管理层当年在建工程的增加情况，并与获取或编制的在建工程的明细表进行核对。对于重大建设项目，取得有关工程项目的立项批文、预算总额和建设批准文件，以及施工承包合同、现场监理施工进度报告等业务资料。

②查阅公司资本支出预算、公司相关会议决议等，检查本年度增加的在建工程是否全部得到记录。

③对于支付的工程款，应抽查其是否按照合同、协议、工程进度或监理进度报告分期支付，付款授权批准手续是否齐备，会计处理是否正确；取得监理报告等资料检查估计的发包进度是否合理。

④对于领用的工程物资，抽查工程物资的领用是否有审批手续，会计处理是否正确。

⑤对于应负担的职工薪酬，结合应付职工薪酬的审计，检查应计入在建工程的职工薪酬范围、计量和会计处理是否正确。

⑥对于借款费用资本化。应结合长短期借款、应付债券或长期应付款的审计，检查借款费用（借款利息、折溢价摊销、汇兑差额、辅助费用）资本化的起讫日的界定是否合规，计算方法是否正确，资本化金额是否合理，会计处理是否正确。

⑦检查工程管理费、征地费、可行性研究费、临时设施费、公证费、监理费及应负担的税费等资本化的金额是否合理、真实和完整，会计处理是否正确。

（4）检查本期在建工程的减少数。

①了解在建工程结转固定资产的政策，并结合固定资产审计。检查在建工程结转是否正确，是否存在将已经达到预计可使用状态的固定资产挂列在建工程，少计折旧的情况。

②检查已完工程项目的竣工决算报告、验收交接单等相关凭证以及其他转出数的原始凭证，检查会计处理是否正确。

③取得因自然灾害等原因造成的单项工程或单位工程报废或毁损的相关资料，检查其会计处理是否正确。

（5）检查在建工程进行试车生产时发生的费用及试车生产形成的产品或副产品，在对外销售或转为库存时的会计处理是否正确。

（6）实施在建工程实地检查程序（全部或部分）。

①确定在建工程是否存在。

②观察工程项目的实际完工程度。

③检查是否存在已达到预计可使用状态，但未办理竣工决算手续、未及时进行会计处理的项目。

（7）函询在建工程项目保险情况，复核保险范围和金额是否足够。

（8）如果被审计单位为上市公司。应将与募集资金相关在建工程的增减变动情况与披露的募集资金使用情况进行核对。

（9）检查是否有长期挂账的在建工程；若有，应了解原因，并关注是否可能发生损失，检查减值准备计提是否正确。

（10）检查有无与关联方的工程建造或代开发业务是否经适当授权，交易价格是否公允。

（11）结合长、短期借款等项目，了解在建工程是否存在抵押、担保情况。若有，应取证记录，并提请被审计单位作必要披露。

（12）检查在建工程合同，确定是否存在与资本性支出有关的财务承诺。

（13）确定在建工程的列报是否恰当。

如果被审计单位是上市公司，其财务报表附注中通常应分项列示在建工程的名称、预算数、期初余额、本期增加额、本期转入固定资产额、其他减少数、期末余额、资金来源、工程投入占预算的比例；分项列示期初余额、本期增加额、本期转入固定资产、其他减少数和期末余额中所包含的借款费用资本化金额。其中，工程项目资金来源应区分募股资金、金融机构贷款和其他来源等，用于确定利息资本化金额的资本化率应单独披露。

（三）在建工程——减值准备的实质性程序

（1）获取或编制在建工程减值准备明细表，复核加计是否正确，与总账数和明细账合计数核对是否相符。

（2）检查在建工程减值准备计提和转销的批准程序，取得书面报告等证明文件。

（3）检查被审计单位计提在建工程减值准备的依据是否充分及会计处理是否正确。

（4）检查已计提减值准备的在建工程，关注其项目的进展及可行性，考虑是否需要提出审计调整建议。

（5）检查被审计单位处置在建工程时，原计提的减值准备是否同时结转，会计处理是否正确。

（6）检查是否存在转回在建工程减值准备的情况。按照企业会计准则规定。在建工程减值损失一经确认，在以后会计期间不得转回。

（7）确定在建工程减值准备的披露是否恰当。

如果企业计提了在建工程减值准备，根据《企业会计准则第 8 号——资产减值》的规定，企业应当在财务报表附注中披露：①当期确认的在建工程减值损失金额；②企业提取的在建工程减值准备累计金额。如果发生重大在建工程减值损失的，还应当说明导致重大在建工程减值损失的原因以及当期确认的重大在建工程减值损失的金额。

如果被审计单位为上市公司，通常还应分项列示在建工程减值准备金额、增减变动情况以及计提的原因。

五、工程物资的实质性程序

（一）工程物资的审计目标

工程物资的审计目标一般包括：确定资产负债表中记录的工程物资是否存在；确定所有应记录的工程物资是否均已记录；确定资产负债表中的工程物资是否由被审计单位拥有或控制；确定工程物资是否以恰当的金额包括在财务报表中，与之相关的计价调整是否已恰当记录；确定工程物资及减值准备的列报是否恰当。

（二）工程物资——账面余额的实质性程序

（1）获取或编制工程物资及减值准备明细表，复核加计是否正确，并与总账数和明细账合计数核对是否相符，结合减值准备科目与报表数核对是否相符。

（2）实地检查工程物资，确定其是否存在。并观察是否有呆滞、积压物资。

（3）检查若干工程物资采购合同、发票、货物验收单等原始凭证，检查其是否经过授权批准，会计处理是否正确。

（4）结合在建工程审计，检查工程物资的领用手续是否齐全，会计处理是否正确。

（5）检查工程完后剩余的工程物资转入存货时对所含的增值税进项税额的处理是否正确。

（6）检查被审计单位是否对工程物资定期盘点，对盘盈（亏）是否及时处理。处理是否符合规定，会计处理是否正确。

（7）检查有无与关联方的工程物资购销业务，是否经适当授权，交易价格是否公允。

（8）确定工程物资在资产负债表上的披露是否恰当。

如果被审计单位是上市公司，通常应在其财务报表附注中分项列示各类工程物资的期初、期末余额。

（三）工程物资——减值准备的实质性程序

（1）获取或编制工程物资减值准备明细表，复核加计是否正确。与总账数和明细账合计数核对是否相符。

（2）检查工程物资减值准备计提和转销的批准程序，取得书面报告等证明文件。

（3）检查被审计单位计提工程物资减值准备的依据是否充分，会计处理是否正确。

（4）检查已计提减值准备的工程物资，关注其原建设项目的进展及可行性必要时，做出调整。

（5）检查被审计单位处置工程物资时，原计提的减值准备是否同时结转会计处理是否正确。

（6）检查是否存在转回工程物资减值准备的情况。

（7）确定工程物资减值准备的披露是否恰当。

六、固定资产清理的实质性程序

（一）固定资产清理的审计目标

固定资产清理的审计目标一般包括：确定资产负债表中记录的固定资产清理是否实际存在；确定被审计单位的所有应当记录的固定资产清理是否均已记录；确定资产负债表中记录的固定资产清理是否为被审计单位拥有或控制；确定固定资产清理是否以恰当的金额包括在财务报表中，与之相关的计价调整是否已恰当记录；确定固定资产清理已按照企业会计准则的规定在财务报表中是否作出恰当列报。

（二）固定资产清理的实质性程序

（1）获取或编制固定资产清理明细表，复核加计是否正确，并与报表数、总账数和明细账合计数核对是否相符。

（2）检查固定资产清理的发生是否有正当理由，是否经有关技术部门鉴定，固定资产清理的发生和转销是否经授权批准，相应的会计处理是否正确。

①结合固定资产等账项的审计，检查固定资产、累计折旧和固定资产减值准备等账面转入额是否正确；

②检查固定资产清理收入和清理费用的发生是否真实，清理净损益的计算是否正确，会计处理是否正确。

（3）对外投资、非货币性资产交换、债务重组等原因转出产生固定资产清理的，检查相关的合同协议以及股东（大）会、董事会的决议，确定合同或协议约定的价值是否公允，检查其会计处理是否正确。

（4）检查固定资产清理是否长期挂账，如有，应作出记录，必要时建议作适当调整。

（5）检查固定资产清理是否已按照企业会计准则的规定在财务报表中作出恰当列报。

七、无形资产的实质性程序

无形资产是指企业拥有或者控制的没有实物形态的可辨认非货币性资产。包括专利权、非专利技术、商标权、著作权、土地使用权等。

（一）无形资产的审计目标

无形资产的审计目标一般包括：确定资产负债表中记录的无形资产是否存在；确定被审计单位所有应当记录的无形资产是否均已记录；确定资产负债表中记录的无形资产是否由被审计单位拥有或控制；确定无形资产是否以恰当的金额包括在财务报表中，与之相关的计价或分摊调整是否已恰当记录；确定无形资产是否已按照企业会计准则的规定在财务报表中作出恰当列报。

（二）无形资产——账面余额的实质性程序

（1）获取或编制无形资产明细表，复核加计是否正确，并与总账数和明细账合计数核对是否相符，结合累计摊销、无形资产减值准备科目与报表数核对是否相符。

（2）检查无形资产的权属证书原件、非专利技术的持有和保密状况等，并获取有关协议和董事会纪要等文件、资料，检查无形资产的性质、构成内容、计价依据、使用状况和受益期限，确定无形资产是否存在，并由被审计单位拥有或控制。

（3）检查无形资产的增加。

①检查投资者投入的无形资产是否按投资各方确认的价值入账，并检查确认价值是否公允，交接手续是否齐全；涉及国有资产的，是否有评估报告并经国有资产管理部门评审备案或核准确认；

②对自行研发取得、购入或接受捐赠的无形资产，检查其原始凭证，确认计价是否正确，法律程序是否完备（如依法登记、注册及变更登记的批准文件和有效期）；会计处理是否正确；

③对债务重组或非货币性资产交换取得的无形资产，检查有关协议等资料，确认其计价和会计处理是否正确；

④检查本期购入土地使用权相关税费计算清缴情况，与购入土地使用权相关的会计处理是否正确。

（4）检查无形资产的减少。

①取得无形资产处置的相关合同、协议，检查其会计处理是否正确；

②检查房地产开发企业取得的土地用于建造对外出售的房屋建筑物，相关的土地使用权

是否转入所建造房屋建筑物的成本。在土地上自行开发建造厂房等建筑物的，土地使用权和地上建筑物是否分别进行摊销和计提折旧；

③当土地使用权用于出租或增值目的时，检查其是否转为投资性房地产核算，会计处理是否正确。

（5）检查被审计单位确定无形资产使用寿命的依据，分析其合理性。

（6）检查无形资产的后续支出是否合理；会计处理是否正确。

（7）检查无形资产预计是否能为被审计单位带来经济利益，如果不能，检查是否将其账面价值予以转销，计入当期营业外支出。

（8）结合长、短期借款等项目的审计，了解是否存在用于债务担保的无形资产。如果有，应取证并记录，并提请被审计单位作恰当披露。

（9）检查无形资产是否已按照企业会计准则的规定在财务报表中作出恰当列报。

（三）无形资产——累计摊销的实质性程序

（1）获取或编制无形资产累计摊销明细表，复核加计是否正确，并与总账数和明细账合计数核对是否相符。

（2）检查无形资产各项目的摊销政策是否符合有关规定，是否与上期一致，若改变摊销政策，检查其依据是否充分。注意：使用期限不确定的无形资产不应摊销，但应当在每个会计期间对其使用寿命进行复核。

（3）检查被审计单位是否在年度终了，对使用寿命有限的无形资产的使用寿命和摊销方法进行复核，其复核结果是否合理。

（4）检查无形资产的应摊销金额是否为其成本扣除预计残值和减值准备后的余额。检查其预计残值的确定是否合理。

（5）复核本期摊销是否正确，与相关科目核对是否相符。

（6）确定累计摊销的披露是否恰当。

（四）无形资产——减值准备的实质性程序

（1）获取或编制无形资产减值准备明细表，复核加计是否正确，并与总账数和明细账合计数核对是否相符。

（2）检查无形资产减值准备计提和转销的批准程序，取得书面报告等证明文件。

（3）检查被审计单位计提无形资产减值准备的依据是否充分，计算和会计处理是否正确。

（4）检查无形资产转让时，相应的减值准备是否一并结转，会计处理是否正确。

（5）检查期后事项，以及比较前期无形资产减值准备数与实际发生数，评价无形资产减值准备的合理性。

（6）确定无形资产减值准备的披露是否恰当。

八、长期待摊费用的实质性程序

（一）长期待摊费用的审计目标

长期待摊费用的审计目标一般包括：确定资产负债表中记录的长期待摊费用是否存在；所确定有应当记录的长期待摊费用是否均已记录；记确定录的长期待摊费用是否由被审计单位拥有或控制；确定资产负债表中的长期待摊费用是否以恰当的金额包括在财务报表中，与之相关的计价或分摊调整是否已恰当记录；确定长期待摊费用是否已按照企业会计准则的规定在财务报表中作出恰当列报。

（二）长期待摊费用的实质性程序

（1）获取或编制长期待摊费用明细表，复核加计是否正确，并与总账数和明细账合计数核对是否相符，减去将于1年内（含1年）摊销的数额后与报表数核对是否相符。

（2）检查长期待摊费用的原始凭证，查阅有关合同、协议等资料，确定是否真实性，检查会计处理是否正确。

（3）检查摊销政策是否符合会计制度的规定，复核计算摊销额及相关的会计处理是否正确，前后期是否保持一致，是否存在随意调节利润的情况。

（4）检查被审计单位筹建期间发生的开办费是否在发生时直接计入管理费用。

（5）以经营租赁方式租入的固定资产发生的改良支出，检查相关的原始资料（如承租合同、装修合同和决算书等），确定改良支出金额是否正确，摊销期限是否合理，摊销额的计算及会计处理是否正确。

（6）检查被审计单位是否将预期不能为其带来经济利益的长期待摊费用项目的摊余价值予以转销。

（7）检查长期待摊费用是否已按照企业会计准则的规定在财务报表中作出恰当列报，注意剩余摊销期1年以内的长期待摊费用是否在资产负债表中的“1年内到期的非流动资产”项目反映。

九、应付票据的实质性程序

应付票据是指企业因购买材料、商品和接受劳务供应等开出、承兑的商业汇票，包括银行承兑汇票和商业承兑汇票。随着商业活动的票据化，企业票据业务将越来越多，应付票据也将成为一个重要的审计领域。并且，由于应付票据大多是指向供货单位购入材料、商品或劳务时所开出的商业承兑票据，因此，对应付票据的审计需结合采购与付款交易一起进行。

（一）应付票据的审计目标

应付票据的审计目标一般包括：确定资产负债表中记录的应付票据是否存在；所有应当记录的应付票据是否均已记录；确定记录的应付票据是否为被审计单位应当履行的现实义务；确定应付票据是否以恰当的金额包括在财务报表中，与之相关的计价调整是否已恰当记录；确定应付票据是否已按照企业会计准则的规定在财务报表中作出恰当的列报。

（二）应付票据的实质性程序

（1）获取或编制应付票据明细表。

①复核加计是否正确，并与报表数、总账数和明细账合计数核对是否相符；

②与应付票据备查簿的以下有关内容核对相符：商业汇票的种类、号数和出票日期、到期日、票面金额、交易合同号和收款人姓名或单位名称以及付款日期和金额等；

③检查非记账本位币应付票据的折算汇率及折算是否正确；

④标识重要项目。

（2）检查应付票据备查簿。

①检查债务的合同、发票和收货单等资料，核实交易、事项交易真实性，复核其应存入银行的承兑保证金，并与其他货币资金科目钩稽；

②抽查资产负债表日后已偿付的应付票据，检查有无未入账的应付票据，核实其是否已付款并转销；

③针对已注销的应付票据，确定是否已在资产负债表日前偿付；

④询问管理人员，审查有关文件并结合购货截止测试，检查应付票据的完整性；

⑤获取客户的贷款卡，打印贷款卡中全部信息，检查其中有关应付票据的信息与明细账合计数、总账数、报表数是否相符。

（3）选择应付票据的重要项目（包括零账户），函证其余额和交易条款，对未回函的再次发函或实施替代的检查程序（检查原始凭单，如合同、发票、验收单，核实票据的真实性）。

（4）查明逾期未兑付票据的原因，对于逾期的银行承兑汇票是否转入短期借款，对于逾期的商业承兑汇票是否已经转入应付账款，带息票据是否已经停止计息，是否存在抵押票据的情形。

（5）复核带息应付票据利息是否足额计提，其会计处理是否正确。

（6）检查与关联方的应付票据的真实性，执行关联方及其交易审计程序。通常，应了解关联交易事项的目的、价格和条件，检查采购合同，并通过向关联方或其他审计人员查询和函证等方法，以确认交易的真实性。

（7）检查应付票据是否已按照企业会计准则的规定在财务报表中作出恰当列报。

如果被审计单位是上市公司则其财务报表附注通常应披露持有5%以上（含5%）股份的股东单位的应付票据等内容，并按应付票据的种类分项列示其金额。

十、管理费用的实质性程序

（一）管理费用的审计目标

管理费用的审计目标一般包括：确定利润表中记录的管理费用是否已发生，且与被审计单位有关；确定所有应当记录的管理费用是否均已记录；确定与管理费用有关的金额及其他数据是否已恰当记录；确定管理费用是否已记录于正确的会计期间；确定管理费用是否已记录于恰当的账户；确定管理费用是否已按照企业会计准则的规定在财务报表中作出恰当的列报。

（二）管理费用的实质性程序

（1）获取或编制管理费用明细表，复核加计是否正确，与报表数、总账数及明细账数合计数核对是否相符。

（2）检查管理费用的明细项目的设置是否符合规定的核算内容与范围，结合成本费用的审计，检查是否存在费用分类错误，若有，应提请被审计单位调整。

（3）对管理费用进行分析。

①计算分析管理费用中各项目发生额及所占费用总额的比率，将本期、上期管理费用各主要明细项目作比较分析，判断其变动的合理性；

②将管理费用实际金额与预算金额进行比较；

③比较本期各月份管理费用，对有重大波动和异常情况的项目应查明原因，检查费用的开支是否符合有关规定，计算是否正确，原始凭证是否合法，会计处理是否正确，必要时作适当处理。

（4）管理费用中的职工薪酬、无形资产摊销、长期待摊费用摊销额等项目与各有关账户进行核对，分析其钩稽关系的合理性，并作出相应记录。

（5）选择管理费用中的重要明细项目作重点检查，并注意：

①公司经费（包括行政管理部门职工薪酬、物料消耗、低值易耗品摊销、办公费和差旅费）是否系经营管理中发生或应由公司统一负担，检查相关费用报销内部管理办法，是否有合法原始凭证支持。

②董事会费（包括董事会成员津贴、会议费和差旅费等），检查相关董事会及股东会决议，是否在合规范围内开支费用。

③业务招待费的支出是否合理，如超过规定限额，应在计算应纳税所得额时调整。

④差旅费支出是否符合企业开支标准及报销手续。

⑤中介机构费、咨询费（含顾问费），检查是否按合同规定支付费用，有无涉及诉讼及赔偿款项支出，并关注是否存在或有损失。

⑥检查诉讼费用并结合或有事项审计，检查涉及的相关重大诉讼事项是否已在附注中进行披露，还需进一步关注诉讼状态，判断有无或有负债，或是否存在损失已发生而未入账的事项。

⑦无形资产的摊销额和筹建期间内发生的开办费核算是否符合规定，筹建期间发生的开办费（包括人员工资、办公费、培训费、差旅费、印刷费、注册登记费以及不计入固定资产成本的借款费用等）是否直接计入管理费用。

⑧支付外资机构的特许权使用费支出是否超过规定限额，必要时应建议作纳税调整。

⑨上交母公司或其他关联方的管理费用是否有合法的单据及证明文件。

⑩复核本期发生的矿产资源补偿费、房产税、土地使用税、印花税等税费是否正确。

⑪对被审计单位行政管理部门等发生的大额固定资产修理费，关注其原因。

⑫检查库存现金、存货等流动资产盘盈盘亏处理是否符合规定。

⑬复核本期发生的车船使用税、印花税等税费是否正确。

⑭针对特殊行业，检查排污费等环保费用是否合理计提。

⑮检查大额支出、不均匀支出和有疑问支出的内容和审批手续、权限是否符合有关规定。

⑯对管理费用中的支出内容，关注有无不正常开支。

（6）抽取资产负债表日前后若干天的一定数量的凭证，实施截止性测试，对于重大跨期项目，应作必要调整。

（7）检查管理费用是否已按照企业会计准则的规定在财务报表中作出恰当的列报。

案例分析结果

审计人员不能偏听偏信，需要客户提供相关证据支持其所做的一切解释，审计人员还要对此进行有必要的函证。为避免审计失败，需要：(1) 扩大检查的样本规模；(2) 对于应付账款函证回函要分析评价，追加进一步测试；(3) 电话询问时应当保证不被客户所控制；(4) 口头答复要有书面文件支撑；(5) 检查原件，与附件相核对；(6) 要高度重视基层审计人员提出的质疑，并追加审计程序。对于未入账的应付账款的查找，需要：(1) 结合存货监盘，检查被审计单位在资产负债表日是否存在有材料入库凭证但未收到采购发票的经济业务；(2) 检查资产负债表日后收到的采购发票，关注采购发票的日期，确认其入账时间是否正确；(3) 检查资产负债表日后应付账款明细账贷方发生额的相应凭证，确认其入账时间是否正确；(4) 检查资产负债表日后若干天的付款事项，询问被审计单位内部或外部的知情人员，确定有无未及时入账的应付账款，检查相关记录或文件。检查时，审计人员还可以通过询问被审计单位的会计和采购人员，查阅资本预算、工作通知单和基建合同等来进行。

知识评价

购货一般是购买商品、材料等存货的购进活动，也包括固定资产购进入；购货与付款循环是企业资金周转的关键环节。审计工作也要把握该环节可能产生的各种问题，比如，被审计单位高价购入物资，对物资计价不正确，对固定资产折旧计算错误，人为调节报表等。审计时要关注被审计单位的相关重大错报风险，从而有效地实施审计程序。

思考题

1. 如何查找未入账的应付账款？
2. 对应付账款进行函证时应注意的问题？
3. 对美国该零售公司年报审计中无效的审计程序有哪些？

第十一章

存货与仓储循环审计

学习目标

本章的内容主要是了解存货与仓储循环的内部控制管理，分析重大错报风险，了解对存货和应付职工薪酬相关业务审计的实质性程序。重点分析对存货监盘的程序，结果的分析，应付职工薪酬等主要报表项目的审计。

能力目标

要求学生掌握存货与仓储循环的风险评估及实质性测试等。

技能目标

了解对存货和应付职工薪酬进行实质性程序以及存货监盘的审计程序。

案例导入

蓝田股份事件

著名的蓝田股份于1996年上市，曾被誉为“中国农业第一股”，创造了中国农业企业罕见的“蓝田神话”：上市后到2000年末总资产竟然增长了10倍，历年年报的业绩都在每股0.6元以上。对于蓝田股份的业绩，很多人一直都存在怀疑，证监会也曾经进行过调查，但都没有查到蓝田股份造假的直接证据。直到2001年10月，中央财经大学研究员刘某某在《金融内参》发表“应立即停止对蓝田股份发放贷款”的短文，将社会上对蓝田股份财务造假的怀疑一下推向高潮，从此后蓝田资金链断裂。2002年1月公司高管接受调查，2002年1月21日、22日，生态农业（原蓝田股份）股票突然被停牌，高管受到公安机关调查、资金链断裂以及受到中国证监会深入进行的稽查。生态农业（原蓝田股份）董事会发布公告说，2002年1月12日，该公司董事长、董事兼财务负责人、董事长秘书3名高管，以及包括公司财务部长在内的7名中层管理人员共10人被公安部门拘传，接受调查。生态农业董事会在公告中说，他们是因为“涉嫌制造虚假利润”而被拘传的。事实上，公司在资本市场上的形象就一直没有好过。尽管这几年其报表一直显示每股盈利很高，但是很难令人相信，据知情人士介绍，公司的会计资料也被查封用于办案。

据中国证监会公布的查处结果，蓝田股份在股票发行申报材料中，伪造有关批复和土地证，虚增公司无形资产1 100万元；伪造三个银行账户的银行对账单，虚增银行存款2 770万元；将公司公开发行前的总股本8 370万股改为6 696万股，对公司国家股、法人股和内部职工股的数额作相应缩减。资料显示，蓝田股份1996年股本为9 696万股，2000年底扩张到4.46亿股，股本扩张了360%；主营业务收入从4.68亿元大幅增长到18.4亿元，净利润从0.593亿元快速增长到令人难以置信的4.32亿元。而蓝田股份只是一家主要从事水产品开发的农业企业。

市场质疑之一：蓝田股份年报显示，公司的蓝田野藕汁、野莲汁饮料销售收入达5亿元之巨。但是全国很多地方并没有看到这种饮品，甚至在当地的市场都根本没有见到过野藕汁，看到的只是中央电视台的广告。

市场质疑之二：鱼塘放出来的是"高产卫星"。资料显示，蓝田股份有约20万亩大湖围养湖面及部分精养鱼池，仅水产品每年都卖几个亿，而且全都是现金交易。然而，渔网围着的20万亩水面到底装了多少鱼？没有人能说清楚，也就没有人知道有多少存货了。再与同样地处湖北的武昌鱼以及相距不远的湖南洞庭水产相比，其高出几倍的毛利率非常令人难以置信，而且蓝田股份只是以蓝田是高科技生态农业、利润就是高来解释。

（资料来源：宋夏云：《蓝田失败案例分析》，载《中国内部审计》2005年第3期。）

【基于案例的问题】

财务数据为何如此偏离常规？对于蓝田股份的"业绩神话"，近年来一直有很多投资者和研究人员在分析。比如，有人分析认为，2000年蓝田股份的流动资产占资产百分比是同业平均值的约1/3；而存货占流动资产百分比高于同业平均值约3倍；固定资产占资产百分比高于同业平均值1倍多；在产品占存货百分比高于同业平均值1倍。蓝田股份在产品占存货百分比和固定资产占资产百分比异常高于同业平均水平，蓝田股份在产品和固定资产的数据是虚假的。那么审计人员在生产—存货环节的审计，就显得尤为重要。

第一节　存货与仓储循环审计概述

企业存货与仓储循环和其他业务循环的联系非常密切，原材料经过采购与付款循环就进入了存货与仓储循环，而存货与仓储循环又随着销售与收款循环中产成品商品的销售环节而结束整个业务循环，起着加工成本核算、物料收集分配的重要作用。考虑到财务报表项目与业务循环的相关程度，该环节所涉及的资产负债表项目主要是存货、应付职工薪酬等；所涉及的利润表项目主要是营业成本等项目。一般来说，存货包括：材料采购或在途物资、原材料、材料成本差异、库存商品、发出商品、委托加工物资、委托代销商品、受托代销商品、周转材料、生产成本、制造费用、劳务成本、存货跌价准备等。而存货的计价和相关销售成本等都会对利润和财务状况产生重大的影响。审计人员应当确认在财务报表上列示的存货金额，例如，存货在财务报表日是否实际存在和归公司所有（即满足完整性、存在性、权利和义务认定），金额是否符合计价认定；期末库存价值是否高估虚增税前净利润，抑或低估虚减税前净利润；期末存货单位成本核算如果不准确，很有可能导致销售价格低于实际成本等。因此，审计人员要充分考虑存货环节对企业财务报表的影响，评估该影响是否对企业持续经营能力产生改变。

一、存货与仓储循环

存货与仓储循环所涉及的主要业务活动包括：计划和安排生产、发出原材料、生产产品、核算产品成本、储存产成品和发出产成品等。而这些业务活动通常涉及以下部门：生产计划部门、仓库部门、生产部门、人事部门、销售部门、会计部门等。

（一）制订和批准企业生产计划

首先，由计划部门根据客户订单或销售预测等制订生产计划，交由被授权的管理部门审批。由生产管理部门及领导部门分层审批决定授权生产后，签发预先编号的生产通知单，安排生产单位生产或执行。编制材料需求报告，计算出所需要的材料、零部件及其库存情况（同时考虑库存量是否足够）。

（二）申请和发出材料的审批及单据

生产单位根据生产通知单的内容，由专人填写领料单，再由部门经理批准后，由专人交仓库部门领料。一般在手工系统中，领料单通常一式三联，仓库发料后登记材料明细账留用一联，领料单位保存一联，财会部门进行材料收发核算、成本计算使用一联。

（三）生产加工产品的管理

生产部门在收到生产通知单及领取原材料后，便将生产任务分配到每一个生产工人，并将所领取的原材料分配给生产工人，据以执行生产任务。生产工人在完成生产任务后，将完成的产品首先交生产部门查点，然后转交检验员验收并办理相关入库手续；或是将所完成的产品移交下一个加工部门，作进一步加工。

（四）对存货成本进行核算

为了正确核算并有效控制产品成本，企业要求建立健全成本会计制度，将生产控制和成本核算有机结合在一起。一方面，生产过程中的各种记录、生产通知单、领料单、计工单等文件资料都要汇集到会计部门，由会计部门对其进行检查和核对，了解和控制生产过程中存货的实物流转情况；另一方面，会计部门要设置相应的会计账户，会同有关部门对生产过程中的成本进行核算和控制。成本会计制度是完善的标准成本制度，它应持续地记录所有材料处理、在产品和产成品，并形成对成本差异的分析报告。完善的成本会计制度应该提供原材料转为在产品，在产品转为产成品，以及按成本中心、分批生产任务通知单或生产周期所消耗的材料、人工和间接费用的分配与归集的详细资料。

（五）存货的相关管理

产成品入库，须由仓库部门先行点验和检查，然后签收。签收后，将实际入库数量（入库单）通知会计部门。据此，仓库部门确立了本身应承担的责任，并对验收部门的工作进行验证。除此之外，仓库部门还应根据产成品的品质特征分类存放，并填制标签。

（六）产成品销售出库的管理

销售部门接到客户订单后，商定品种、规格、数量质量、价格、交货期、结算方式后，报主管人员批准，再签订销售合同、开出销货单，交由相关的发运部门装运产品。根据经批准的发运通知单编制出库单，并根据出库单登记产成品永续盘存记录。出库单一般一式四联，第一联交给仓库；第二联发运部门留存；第三联送交顾客；第四联作为给顾客开具发票的依据。

（七）对存货的报废核销管理

存货因各种原因要报废处理的，首先经部门主管审批后交由财会部门、管理部门、存储部门、技术部门组成的“资产报废审核小组”审核，出具鉴定意见后，送被授权人批准核销（见图11-1）。

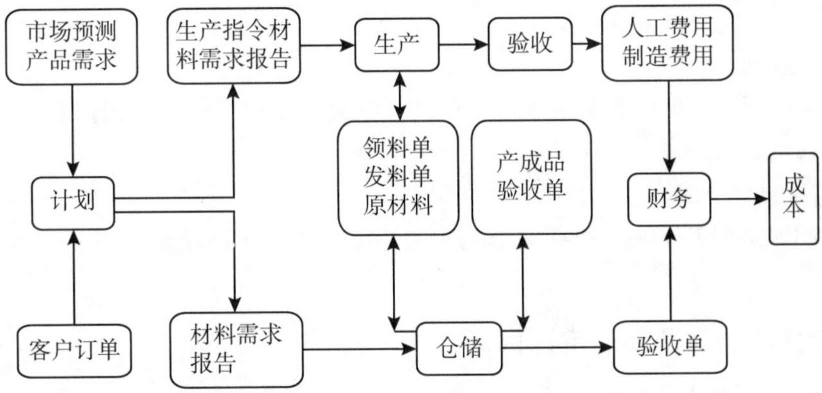

图 11-1　生产与存货流程

二、涉及的主要凭证

存货与仓储循环是由将原材料转化为产成品的有关活动组成。该循环包括制订生产计划、控制、保持存货水平以及与制造过程有关的交易和事项，涉及领料、生产加工、销售产成品等主要环节。存货与仓储循环所涉及的凭证和记录主要包括以下几个方面。

（一）生产指令（通知）

生产指令又称"生产任务通知单"，是企业下达制造产品等生产任务的书面文件，用以通知供应部门组织材料发放，生产车间组织产品制造，会计部门进行成本计算。

（二）领、发料凭证

领、发料凭证是企业为控制材料发出所使用的各种凭证，如材料发出汇总表、领料单、限额领料单、领料登记簿、退料单等。对物料的使用进行成本分类控制。

（三）产量和工时记录

产量和工时记录是登记工人或生产班组出勤内完成产品数量、质量和生产这些产品所耗费工时数量的原始记录，作用一般是两方面，一方面对成本进行控制分析、考量；另一方面用来核算工人工资。产量和工时记录的内容与格式是多种多样的，在不同的生产企业中，甚至在同一企业的不同生产车间中，由于生产类型不同也会采用不同格式的产量和工时记录。常见的产量和工时记录主要有工作通知单、工序进程单、工作班产量报告、生产通知单、产量明细表、废料物资（品）通知单等。

（四）工薪汇总表及工薪费用分配表

工薪汇总表是为了反映企业全部工薪的结算情况，并据以进行工薪结算总分类核算和汇总整个企业工薪费用而编制的，它是企业进行工薪费用分配的依据。工薪费用分配表反映了各生产车间各产品应负担的生产工人工薪等。

（五）材料费用分配表

材料费用分配表是用来汇总反映各生产车间各产品所耗费的材料费用的原始记录。据以确定材料费用的成本分配。

（六）制造费用分配汇总表

制造费用分配汇总表是用来汇总反映各生产车间各产品所应负担的制造费用的原始

记录。

（七）成本计算单

成本计算单是用来归集各种成本计算对象所应承担的生产费用，计算该成本计算对象的总成本和单位成本的记录。

（八）存货明细账

存货明细账是用来反映各种存货增减变动情况和期末库存数量及相关成本信息的会计记录。

三、存货与仓储循环的审计目标

存货的审计是指对存货增减变动及结存情况的真实性、合法性和正确性进行的审计。存货审计会直接影响着财务状况的客观反映，对于揭示存货业务中的差错弊端，保护存货的安全完整，降低产品成本和费用，提高企业经济效益等，都具有十分重要的意义。存货的审计目标一般有：

第一，证实存货的真实性、所有权与完整性。

第二，证实存货计价正确性。

第三，证实存货采购和销售业务的合法性。

第四，证实存货账务处理和存货记录截止期的正确性。

第五，证实财务报表中存货披露的正确性。

（一）存货的审计目标

审计目标与认定对应关系如表 11－1 所示。

表 11－1　　审计目标与认定对应关系表

审计目标	财务报表认定				
	存在	完整性	权利和义务	计价和分摊	列报
A. 资产负债表中记录的存货是存在的	√				
B. 所有应当记录的存货均已记录		√			
C. 记录的存货由被审计单位拥有或控制			√		
D. 存货以恰当的金额包括在财务报表中，与之相关的计价调整已恰当记录				√	
E. 存货已按照企业会计准则的规定在财务报表中做出恰当列报					√

（二）生产成本的审计目标

生产成本审计是指审计人员对企业生产费用核算和成本计算的真实性、合法性和正确性所进行的审计。对生产成本审计，可以维护财经法规和财经纪律；促使企业提高成本管理水平，健全成本核算制度；促使企业挖掘内部潜力，节约劳动消耗，不断降低产品成本，提高经济效益起到重要作用。那么，对生产成本的审计要达到的目标为：

（1）确定生产成本的内容构成是否合规、记录是否完整。

（2）确定生产成本的计算方法是否合理、相关计算是否正确。

（3）确定生产成本在会计报表中的披露是否充分恰当。

第二节　存货与仓储循环的控制风险评估

一、了解和描述内部控制

总体上看，生产与存货循环的内部控制主要包括存货的内部控制和成本会计制度的内部控制等内容。

由于生产与存货循环与其他业务循环的内在联系，生产与存货循环中某些审计测试，特别是对存货的审计测试，与其他相关业务循环的审计测试同时进行将更为有效（见表11－2）。

表11－2　　成本会计制度、存货的控制目标、内部控制及测试程序一览表

内部控制目标	关键控制程序	常用控制测试程序	常用的实质性测试程序
生产业务授权进行（发生）	生产指令的授权批准； 领料单的授权批准； 工薪的授权批准	检查凭证中是有这三个关键点的审批	检查生产指令、领料单、工薪表是否经过授权
记录的成本是否为实际发生的（发生）	成本的核算要用经过审核的生产通知单、领发料凭证、产量和工时记录、人工费用分配表、材料费用分配表、制造费用分配表等支持材料为依据的	检查关于成本的记账凭证是否附有生产通知单、领发料凭证等凭证，这些原始凭证的编号是否连续完整	对成本实施分析性程序； 将成本明细账与生产通知单、领发料凭证、产量和工时记录、费用分配表相核对
所有耗费和业务均已反映在成本中（完整性）	生产通知单、领发料凭证、产量和工时记录、人工费用分配表、材料费用分配表、制造费用分配表均事先编号并已经登记入账	检查生产通知单、领发料凭证、产量和工时记录、人工费用分配表、材料费用分配表、制造费用分配表的顺序编号是否完整	对成本实施分析程序； 将生产通知单、领发料凭证、产量和工时记录、人工费用分配表、材料费用分配表、制造费用分配表与成本明细账相核对

续表

内部控制目标	关键控制程序	常用控制测试程序	常用的实质性测试程序
成本以正确的金额，在恰当的会计期间及时记录于适当的账户（发生、完整性、准确性、计价和分摊）	采用适当的成本核算方法，费用分配方法，并且前后各期一致；成本核算流程和账务处理流程是否适当；内部核查	选取样本测试各种费用的归集和分配以及成本的计算；测试是否按照规定的成本核算流程和账务处理流程	对成本实施分析程序；测试成本计算的正确性
对存货实施保护措施，保管人员与记录、批准人员相互独立（完整性）	存货保管人员与记录、保管人员是否职务相分离	询问和观察存货和记录的接触、相应的批准程序是否完善	
账面存货与实际存货定期核对相符（存在、完整性、计价和分摊）	定期进行存货盘点	询问和观察存货盘点程序	对存货实施监盘程序

二、初步评估重大错报风险

审计人员应当清楚被审计单位管理层管理生产与存货交易的一些关键因素和关键性业绩指标，因为这些因素会为识别潜在的重大错报风险提供线索。当企业对生产控制严格时，审计人员就可以将重大错报风险评价为中或低，还可以了解到不同级别的管理层所获得的例外的控制失败信息，是否据此实施了不同的控制监督活动，以及是否有证据表明所选取的控制的设计和运行时是恰当的，能否保证管理层采取及时有效的内部控制来识别错误并处理舞弊。一般来说，影响生产与存货交易和余额的重大错报风险还可能包括以下几个方面。

（一）交易的数量和复杂性

一般企业交易的数量越多，业务就越复杂，这样就会增加和舞弊的风险。

（二）成本基础的复杂性

虽然企业原材料和直接人工等直接费用的分配比较简单，但间接费用的分配就较为复杂，行业中的不同企业也可能采用不同的认定和计量基础。

（三）员工变动或者电子信息的影响

这些可能导致在各个会计期间将费用分配至产品成本的方法、内容出现不一致的情况。

（四）产品的多元化

现代企业产品质量、状况、价值均影响到企业的发展和财务信息的确认。在审计人员无法自己确认存货的情况下，就要求审计人员聘请专家来验证器质量、状况或价值。

（五）某些存货项目的可变现净值难以确认

存货价格受市场经济、市场供求关系影响，由于其可变现净值难以确定，就会影响存货采购价格和销售价格的确定，并同时影响审计人员对与存货的计价认定的相关风险进行评估。

（六）销售附有担保条款的商品

企业出售附有担保条款的商品，就会面临换货或者销售退回的风险。出口到其他国家的商品也有途中毁损的风险。

（七）存货存放地点过多

有些企业可能将存货存放在很多地点，并且可以在不同地点之间配送存货，这将增加商品途中毁损或遗失的风险。

（八）寄存的存货

有时候存货虽然还存放在企业，但可能已经不归企业所有。反之，企业的存货也可能被寄存在其他企业。

所以，审计人员应当对上述风险先进行评估，了解被审计单位对生产与存货的管理程序。如果审计人员认为被审计单位的控制可能存在销售成本和存货的重大错报风险，就必须对已选取的控制活动的运行有效性进行测试，测试控制是否适当直接关乎其预防、发现和纠正错报的能力。审计人员就可以对企业该环节的重大错报风险进行初步评估。

三、控制测试

审计人员应当通过控制测试获取将被审计单位的控制风险评价为中或低的证据。要能够获取这些证据，审计人员就可以接受较高的检查风险，并在很大程度上可以通过实施实质性分析程序获取进一步的审计证据，同时减少对生产与存货交易和营业成本，存货等相关项目的实质性测试的依赖。

（1）对于计划和安排生产这项主要业务活动。被审计单位内部控制应该要求，根据经审批的生产计划书，由生产计划经理签发预先按顺序编号的生产通知单。对此，审计人员在实施控制测试时，应抽取生产通知单检查是否与生产计划书中内容一致。

（2）对于发出材料这项业务活动，有些被审计单位对内部控制有以下要求：

①仓库管理员应该把领料单上编号、领用数量、规格等信息与仓储部门台账核对确认；

②原材料仓库分别于每月、每季和年度终了，对原材料存货进行盘点，会计部门对盘点结果进行复算，财产清查人员要进行复盘。由仓库管理员编写原材料盘点明细表，出现的差异是否及时处理，经仓储经理、财务经理和生产经理复核后调整入账。

所以，审计人员在实施控制测试时应当：抽取出库单及相关的领料单，检查是否正确输入并经适当层次复核；抽取原材料盘点明细表并检查是否经适当层次复核，有关差异是否得到处理。

（3）对于储存产成品和发出产成品这两项主要业务活动，被审计单位内部控制应要求：

①产成品入库时，质量检查员应检查并签发预先按顺序编号的产成品验收单，由生产小组将产成品送交仓库。仓库管理员应检查产成品验收单，并清点产成品熟练，填写预先顺序编号的产成品入库单经质检经理、生产经理和仓储经理签字确认后，有仓库管理员将产成品入库单信息输入电子信息系统，电子信息系统自动更新产成品明细账与采购订单核对；

②产成品出库时，由仓库管理员填写预先顺序编号的出库单，并将产成品出库单信息输入电子信息系统，经仓储经理复核并以签名方式确认后，电子信息系统自动更新产成品明细账与发运通知单核对；

③产成品装运发出前，由运输管理部门独立检察出库单、销售订购单和发运通知单，确认从仓库提取的商品是经批准的销售订购单，并且，所提取商品的内容与销售订购单是一致的；

④每月末，生产成本记账员根据电子信息系统里状态为“已处理”的订购单数量，编制销售成本结转凭证，结转相应的销售成本，经会计主管审核批准后进行账务处理；

⑤产成品仓库分别于每月、每季和年终了，对产成品存货进行盘点，由会计部门对盘点结果进行复算，财产清查部门进行复盘。仓库管理员应编制产成品存货盘点明细表，发现差异及时处理，经仓储经理财务经理和生产经理复核后调整入账。

所以，审计人员实施控制测试时：①抽取部分产成品验收单、产成品入库单并检查输入信息是否准确；②抽取部分收发通知单、出库单，并检查是否一致；③抽取发运单和相关销售订购单，检查内容是否一致；④抽取销售成本结转凭证检查与相关文件是否一致，同时复核计算是否正确；⑤抽取产成品存货盘点报告并检查是否经适当管理层复核情况，有关差异是否已得到处理。

（4）对成本会计制度的测试，主要包括直接材料成本测试、直接人工成本测试、制造费用测试和生产成本在当期完工产品与在产品之间分配的测试的四项内容。

①直接材料成本测试。对采用定额单耗的企业，可选择并获取一种产品成本报告，若干种具有代表性的产品成本计算单，获取样本的生产通知和生产计划、产量统计记录、直接材料单位消耗定额等，根据材料明细账或采购业务测试工作底稿中其直接材料的单位实际成本，计算直接材料的总消耗量、总成本，再与该样本成本计算单中的直接材料成本核对。

注意以下事项：生产指令是否经过授权批准；单位消耗定额和材料成本计价方法是否适当，在当年度有何重大变更等。对非采用定额单耗的企业，可获取材料费用分配汇总表、材料发出汇总表（或领料单）、材料明细账（或采购业务测试工作底稿）中各种直接材料的单位成本，再进行检查：成本计算单中直接材料成本与材料费用分配汇总表中该产品负担的直接材料费用是否相符，分配标准是否合理；将抽取的材料发出汇总表或领料单中若干种直接材料的发出总量和其材料的实际单位成本，与材料费用分配汇总表中各该种材料费用进行比较，并注意领料单的签发是否经过授权批准，材料发出汇总表是否经过适当的人员复核材料单位成本计价方法是否适当，在本年度是否有重大变更。

对采用标准成本法的企业，获取样本的生产指令或产量统计记录、直接材料单位标准用量、直接材料标准单价及发出材料汇总表或领料单，检查下列事项：根据生产量、直接材料单位标准用量和标准单价计算的标准成本与成本计算单中的直接材料成本核对是否相符；直接材料的材料成本差异的计算及账务处理，考虑直接材料的标准成本在本年度内是否有重大变更。

②直接人工成本测试。对采用计时工资制的企业，获取样本的实际工时统计记录、职员分类表和职员工薪手册（工资率）及人工费用分配汇总表。进行检查：把样本的实际工时统计记录与人工费用分配汇总表中该样本的实际工时核对是否相符；抽取各生产部门若干天的工时考勤记录与实际工时统计记录核对是否相符；计算复核人工费用分配汇总表中的直接人工费用是否合理。

对采用计件工资制的企业，要获取样本的产量统计报告、个人（小组）产量记录和经批准的单位工薪标准或计件工资制度，检查：根据样本的统计产量、单位工薪标准计算的人工费用、成本计算单中直接人工成本三者核对是否相符；抽取部分直接人工（小组）的产量记录，检查是否与汇总计入产量统计报告相同。

对单位采用标准成本法的企业，则应获取样本的生产指令或产量统计报告、工时统计报告和经批准的单位标准工时、标准工时工资率、直接人工的工薪汇总等资料，进行审查。

③制造费用测试。应获取样本的制造费用分配汇总表、按项目分列的制造费用明细账、与制造费用分配标准有关的统计报告及其相关原始记录，检查：制造费用分配汇总表中，样本分担的制造费用与成本计算单中的制造费用核对是否相符；制造费用分配汇总表中的合计数与样本所属报告期的制造费用明细账总计数核对是否相符；等等。

如果企业采用标准成本法，就应检查样本中标准制造费用的确定是否合理。计入成本计算单的数额是否正确，制造费用差异的计算与账务处理是否正确，并考虑标准制造费用在当年度的重大变更。

④生产成本在当期完工产品与在产品之间分配的测试。检查成本计算单中在产品数量与生产统计报告或在产品盘存表中的数量是否一致；检查在产品约当产量计算或其他分配标准是否合理；复核计算样本的总成本和单位成本，最终对当年采用的成本会计制度做出评价。

四、进一步评估控制风险

审计人员对内部控制的测试结束以后，针对相关的控制风险进行分析研究，复核审计计划中的程序，再次评估重大错报风险。审计人员应考虑相关风险是否在可容忍范围之内，是否对继续的实质性测试程序产生影响，并修正审计计划。

第三节 存货与仓储循环的实质性程序

因为生产与存货交易的重大错报风险通常是影响存货存在性、完整性、权利和义务、计价和分摊等认定的存货的高估风险。所以，审计人员针对上述重大错报风险应实施实质性审计程序的目标在于获取关于存货存在、完整性、权利和义务、计价和分摊等多项认定的审计证据。

为实现审计目标，审计人员应当识别管理层分析生产与存货交易和余额的关键性的业绩指标；确定影响被审计单位核心业务的重要的内部、外部经营风险，并考虑其对生产与存货环节产生的影响；将有关存货项目的期初余额与以前年度底稿核对相符；以及原材料、在产品和产成品等余额的变动情况进行分析。首先审计人员应取得或编制存货明细表，复核计算是否正确，并与存货总账、明细账核对相符，检查异常的会计处理；并将有关存货项目的期末余额与总分类账核对相符。在此基础上，对生产与存货交易实施实质性程序。

一、分析性复核

审计人员通常运用存货周转率衡量销售能力、存货有无积压，分析存货余额存在错弊的可能性（存货周转率 = 销售成本/平均存货）。将被审计单位不同会计期间存货周转率与同行业其他企业比较，分析是否存在存货周转率的变动、存货成本项目变动、存货核算方法变动、存货储备是否减少、存货控制程序变动、存货跌价准备计提基础变动、销售变动等。分析如下：

（1）根据对被审计单位的经营活动、供应商的情况、贸易条件、行业惯例和行业的情况，确定营业收入、营业成本、毛利以及存货周转率等信息。

（2）根据本期存货余额组成、存货采购、生产水平与前期和预算进行比较，确认营业收入、营业成本和存货可接受的重大差异额。

（3）比较存货余额与预期周转率。

（4）询问管理层和员工，调查后的重大差异额是否表明存在重大错报风险，是否需要设计恰当的实质性测试程序以识别和应对重大错报风险。

（5）形成结论，即实质性分析程序能否能够提供充分、适当的审计证据，是否需要对交易和余额实施细节测试以获取进一步的审计证据。审计人员还要考虑各种风险的潜在性，并进行必要的评估。

二、对存货盘点并进行适当抽查并对生产与存货交易和相关余额进行细节测试

存货监盘是指审计人员现场观察被审计单位存货的盘点，并对已盘点的存货进行适当检查。存货监盘有两层含义：第一是审计人员师应亲临现场观察被审计单位存货的盘点；第二是在此基础上，审计人员应根据需要抽查已盘点的存货。存货监盘针对的是主要是存货的存在认定、完整性认定以及权利和义务的认定。

（一）观察程序

在被审计单位盘点存货前，审计人员应当观察盘点现场，确定应纳入盘点范围的存货是否已经全部整理和排列，并附有盘点的标识，防止遗漏或重复盘点。对未纳入盘点范围的存货，审计人员应当查明未纳入的原因。

而对所有权不属于被审计单位的存货，审计人员应当取得其规格、数量等有关资料。确定是否已分别存放、标明，且未被纳入盘点范围。即使在被审计单位声明不存在受托代存存货的情形下，审计人员在存货监盘时，也应当关注是否有存货不属于被审计单位的情况，以避免盘点范围不当。

审计人员在实施存货监盘过程中，应当注意观察被审计单位是否按照事先制定的存货盘点计划认真执行，盘点人员是否准确无误地记录了被盘点存货的数量、质量、其他状况。

（二）检查程序

审计人员应当对已盘点的存货进行适当检查，将检查结果与被审计单位盘点记录相核对，并形成相应记录。

检查的范围通常包括每个盘点小组盘点的存货，注意难以盘点或隐蔽性较强的存货重点检查。需要说明的是，审计人员应尽可能避免让被审计单位事先掌握将抽取检查的存货项目计划。

审计人员的监盘报告

一、盘点日期：　　年　　月　　日

二、盘点仓库名称：________________

仓库负责人：________；

仓库记账员：________；仓库保管员：________

仓库概况：（描述仓库共______间，各仓库的特点）

____

____

____

____

____

三、监盘参加人员：

监盘人员（______事务所）审计人员：________

监盘人员（______事务所）审计人员：________

监盘人员（S 公司财务处）：________

监盘人员（S 公司供销处）：________

被审计单位盘点负责人：________

被审计盘点人员：________

上述人员在监盘过程中，除______外，自始至终未离开现场。

四、监盘开始前的工作：

项目	是/否	工作底稿编号
1. 索取《期末存货盘点计划》		
2. 索取该仓库《存货收发存月报表》		
3. 索取存货的《盘点清单》		
4. 索取盘点前该仓库收料、发料的最后一张单证		
5. 存货是否一已停止流动		
6. 废品、毁损物品是否已分开堆放		
7. 货到单未到的存货是否已暂估入账		
8. 发票未开，客户已提走的存货是否已单独记录		
9. 发票已开，客户未提走的存货是否已单独记录（或单独堆放）		
10. 存货是否已按存货的型号、规格排放整齐		
11. 外单位寄存的货物是否已分开堆放		
12. 代外单位保管的货物是否已分开堆放		
13. 外单位代销的货物是否已分开堆放		
14. 其他非本公司的货物是否已分开堆放		
15. 委托外单位加工的存货、存放外单位的存货，是否收到外单位的书面确认书		

续表

项目	是/否	工作底稿编号
16. 最近一次盘点存货的日期		
17. 最近一次对计量用具（地秤、称量器和其他计量器）的校对		
18. 是否有存货的记录位置或存放图		

五、监盘进行中的工作：

1. 监盘从______点开始，共分________个监盘小组，每小组________人：

（1）一个点数并报出型号、规格；

（2）一人记录《盘点清单》；

（3）一人____。

2. 核对仓库报表结存数量与仓库存货账结存数量是否相符；仓库存货账结存数量与仓库存货卡数量是否相符；填制《存货表、账、卡核对记录表》。

3. 盘点结束，索取《盘点清单》及《存货盘盈、盘亏汇总表》。

六、复盘：

1. 盘点结束后，选择数额较大、收发频繁的存货项目进行盘点。

2. 复盘人员为：____

3. 复盘记录详见《存货监盘结果汇总表》（附后）。

4. 复盘统计：

品种、型号共______种，复盘______种，占________%；金额共____元，复盘达______元，占______%。

5. 计算复盘正确率：

复盘共______种，其中复盘正确的有________种，占________%；复盘金额共______元，其中复盘正确的有_________元，占_____________%。

6. 确定存货中属于残次、损毁、滞销积压的存货及其对当年损益的影响：

存货中属于残次、损毁、滞销积压的存货的金额：

其中：原材料：___________元；

在产品：___________元；

库存商品：__________元；

______：___________元；

合计：_____________元。

七、盘点结束后的工作：

1. 再次观察现场并检查盘点表单。

2. 复核盘点结果汇总记录。

3. 关注盘点日与资产负债表日之间存货的变动情况。

4. 关注存货盘点结果与永续盘存记录之间出现重大差异的处理。

5. 关注被审计单位盘点方式及其结果有无效时的处理，如果认为被审计单位的盘点方式及其结果无效，审计人员应当提请被审计单位重新盘点。

6. 请参加复盘人员填写\《存货监盘结果汇总表》上签字。

7. 索取由仓库人员填写的《复盘差异说明》(请用文字说明,并加盖单位公章)。

八、对盘点及复盘的评价:

1. 仓库管理人员对存货很(一般、不)熟悉。

2. 盘点工作及复盘工作很(一般、不)认真。

3. 对审计人员需要的资料很(一般、不)配合。

4. 监盘结果总体评价:……

监盘人员签字:________________

____

____

(三)存货监盘结束时的工作

在被审计单位存货盘点结束前,审计人员应当再次观察盘点现场,以确定所有应纳入盘点范围的存货是否均已进行了盘点;取得并检查已使用、作废及未使用盘点表单的记录,检查其是否连续编号;并对收回的盘点表与存货盘点的汇总记录进行核对。

如果存货盘点日并非资产负债表日,审计人员应当实施适当的审计程序,确定盘点日与资产负债表日之间存货的变动是否已作正确的记录。

如果被审计单位采用永续盘存制核算存货,审计人员应当关注永续盘存制下的期末存货记录与存货盘点结果之间是否一致。如果出现重大差异,审计人员应实施追加的审计程序,查明原因,并检查永续盘存记录是否已做出了适当调整。

(四)特殊情况的处理

由于存货的性质或位置而无法实施监盘程序。如果是由于被审计单位存货的性质或位置等原因导致无法实施存货监盘,审计人员应当考虑实施替代审计程序,获取有关期末存货数量和状况的充分、适当的审计证据。审计人员实施的替代审计程序主要包括:检查进货交易凭证或生产记录以及其他相关资料;检查资产负债表日后发生的销货交易凭证;向顾客或供应商函证等。

(五)委托其他单位保管或已作质押的存货

对被审计单位委托其他单位保管和或已作质押的存货,审计人员应当向保管人或债权人进行函证,如果此类存货的金额占流动资产或总资产的比例较大,审计人员还是应考虑实施存货监盘或请求其他审计人员协助工作。

三、对存货进行存货截止期的测试

所谓存货截止测试,就是检查截止到审计截止日,购入并已包括在审计截止日的存货盘点范围内的存货。存货正确截止的关键在于存货实物纳入盘点范围的时间与存货引起的会计账目的入账时间都处于同一会计期间。存货截止期审计需要关注以下内容:

(1)存货在验收部门验收后,由仓储部门填写相应的入库单办理入库,入库的存货是否都有验收单和入库单,验收记录和入库记录等,入库单和验收单数量、规格等是否核对相符,验收或仓储部门在月末是否将已验收入库的购进存货发票和验收记录及时交付财务部门入账;

（2）存货发出后是否及时结转成本；

（3）检查存货是否确属企业，在某一特定日期企业是否对企业内所有存货都拥有所有权，对与此相关的负债在期后几个月是否有相应的付款记录；

（4）企业是否存在他人寄存的存货或放在其他单位代销的存货。

遇到企业在当月已领未用，但下月继续使用的材料，是否办理了相应的假退库手续，填制交库凭证，仓储部门视同材料已入库等。

四、存货截止期审计的方法

在资产负债表上存货数字应当要包括当年最后一天所购入并验收入库的存货，而不能包括期后购入和入库的存货；同样，凡企业年终前销售的存货，符合收入确认条件的，不管存货是否发出，都不能包括在当年企业存货数量中。存货截止审计的主要方法是：

（1）抽查存货盘点日期前后的购货发票与验收报告或入库单，假如如果企业拥有对该存货的所有权，则档案中的每张发票应附有验收单据。比如，月底入账的发票如果附有31日或之前的验收报告，则货物肯定已经入库，应包括在本年的实地盘点存货范围内；而如果验收报告日期为下月份或之后的日期，则货物就不应列入年底实地盘点存货范围内；还有，如果仅有验收报告而没有购货发票，就应认真审核每一验收报告单上面是否是暂估入库，并以暂估价格记入当月存货账内，待下月月初用红字冲销。测试后发现以下情况：有发票，但无验收报告（货未到），属于在途物资，看在途物资是否纳入了盘点范围。而如果没有纳入盘点范围，则根据“期初 + 本期购入 - 期末结存 = 本期发出”，会导致本期发出存货成本虚增，利润虚减。

（2）审查验收部门的业务记录，凡是接近资产负债表日购入的货物，必须查明其对应的购货发票是否在同期入账，对于未收到购货发票的入库存货，是否将入库单分开存放并暂估入账。这种测试主要针对以下情况：年底有验收单据，但无发票（属于货到而单据未到），应暂估入账，审计时应看是否暂估入账，如果没有暂估入账，则根据“期初 + 本期购入 - 期末结存 = 本期发出”，导致本期发出存货成本会虚减，利润会虚增。

【例 11-1】审计人员对B工厂2015年的期末会计资料进行审计时，发现临近结账日前后所发生的业务事项如下：

（1）2016年1月2日收到价值为20 000元的货物，入账日期为1月4日，发票上注明由供应商负责运送，目的交货，开票日期为2015年12月26日。

（2）当实际盘点时，B工厂1包价值80 000元的产品已放在装运处，因包装纸上注明“有待发运”字样而未计入存货内。经调查发现，顾客的订单日期为2015年12月20日，顾客于2016年1月4日收到后付款。

（3）2016年1月6日收到价值为700元的物品，并于当天登记入账。该物品于2015年12月28日按供货商离厂交货条件运送，因2015年12月31日尚未收到，故未计入结账日存货。

（4）按顾客特殊订单制作的某产品，于2015年12月31日完工并送装运部门，顾客已于该日付款。该产品于2016年1月5日送出，但未包括在2015年12月31日存货内。

要求：请分析上述四种情况是否应包括在2015年12月31日的存货内，并说明理由。

案例分析：

第一种情况，货物不应包括在2015年12月31日的存货内。因为存货实物纳入盘点范围的时间应与存货引起的借贷双方会计科目的入账时间处在同一会计期间。既然企业确认存货的入账时间为2016年1月4日，则说明2015年12月31日盘点时没有包括这批在途存货，因此，它应归属于2015年的存货。

第二种情况，货物应包括在2015年12月31日的存货内。因为，在盘点日，货物并未发出，所有权并未转让，且有关的交易手续并未完结。2016年1月4日，顾客收到货物后才付款，企业此时才能确认收入，结转成本。因此，2015年12月31日该存货仍归企业所有。

第三种情况，可以不包括在12月31日的存货内。因为，只要入账时间与存货盘点时间在一个会计期间内，就不会影响会计报表的相关数据。

第四种情况，不应包括在12月31日的存货内。因为，顾客于12月31日付清货款，并送装运部门，交易手续已完结，存货所有权已经转移归买方。此时，存货尽管还在B工厂，但不应包括在期末存货范围内。

【例11-2】审计人员在对A公司年终决算报表中存货项目进行审计时，发现接近结账日时存在下列错误，请你逐一分析这些错误对本期财务报表所产生的影响。

（1）年终存货实地盘点时将其他单位寄存代销的物品误计；

（2）实际有1 000个单位，年终盘点时误计为100个单位；

（3）某项购货票到料未到，年末已依据发票入账，但未计入期末存货；

（4）某项购货料到票未到，年末未予入账但已计入期末存货中；

（5）某物品销售时，未作销售记录。因其实物尚存在仓库，已将其列入期末存货内；

（6）某物品销售时，未作销售记录，亦未包括在期末存货内。

案例分析：

如果被审计单位没有对这些错误加以调整更正，就可能对本期财务报表的有关项目产生以下影响：

第一项，由于其他单位寄存代销的物品误计入期末存货中，影响到存货项目高估，本期利润虚增。

第二项，由于盘点时存货少计，影响到存货项目低估和本期利润虚减。

第三项，由于仅依据发票入账并未收到货物，最终影响应付账款项目高估，本期利润低估。

第四项，由于收到货物时没有及时估价入账，影响应付账款项目低估，本期利润高估。

第五项，由于销售时未及时作销售收入和结转销售成本处理，并将所有权已转移的货物计入期末存货，最终影响应收账款项目低估、存货项目高估，销售收入、销售成本和本期利润虚减。

第六项，由于仅是结转了销售成本而未记录销售收入，最终影响应收账款项目低估，销售收入和本期利润同时虚减。

五、存货的计价和产品成本测试

存货的计价测试主要是针对被审计单位所使用的存货单位成本是否正确所做的测试。首先，要考虑样本的选择。计价审计的样本，应从存货数量已经盘点、单价和总金额已经计入存货汇总表的结存存货中进行选择。选择样本时应着重选择结存余额较大且价格变化比较频繁的项目，同时考虑所选样本的代表性，抽样规模要足以推断总体的情况。

其次，对计价方法的确认。存货的计价方法多种多样，被审计单位应结合企业会计准则的基本要求选择符合自身单位特点的方法。审计人员要了解掌握被审计单位的存货计价方法外，还要关注这种计价方法的合理性与一贯性。

最后，进行计价测试。在进行计价测试时，审计人员首先应对存货价格的组成内容予以审阅，然后按照所了解的计价方法对所选择的存货样本进行计价测试。测试时，要独立进行计价测试。测试结果出来后，与被审计单位账面记录相对比，编制对比分析表，分析形成差异的原因。如果差异过大，就应扩大测试范围，并根据审计的结果考虑是否应提出审计调整建议。

注意；在存货计价审计中由于被审计单位期末存货采用成本与可变现净值孰低的方法计价，所以审计人员应充分关注其对存货可变现净值的确定及存货跌价准备的计提。

【例 11－3】 2016 年 3 月 20 日审计人员对某厂 A 材料进行实地盘存，查明 A 材料实际盘存 1 000 公斤，计价 1 200 万元。该企业 2015 年 12 月 31 日账面结存 540 公斤，计价 648 万元。自 2016 年 1 月 1 日至 2016 年 3 月 20 日止，A 材料入库数为 800 公斤，计价 960 万元；出库数为 500 公斤，计价 600 万元。要求：调节计算确定 2015 年 12 月 31 日 A 材料应结存数。

案例分析：应结存数 = 盘点数 − 增加数 + 减少数

2015 年 12 月 31 日 A 材料应结存的数量：1 000 − 800 + 500 = 700（公斤）

2015 年 12 月 31 日 A 材料应结存的金额：1 200 − 960 + 600 = 840（万元）

六、检查存货跌价准备

根据谨慎性原则，被审计单位对存货可能的跌价损失进行备抵。存货成本高于其可变现净值的，应当计提存货跌价准备，计入当期损益。通过对存货跌价准备进行审查，查明存货跌价准备的真实性、转销的合理性、会计记录的完整性、期末跌价准备余额的正确性及披露的正确性。

（一）对存货跌价准备计提合法、合规性的审计

计提存货跌价准备的依据是存货成本与可变现净值的差异，而可变现净值的设定是否恰当，是审计其跌价准备计提的核心。审计时，应对以下几方面予以关注和审查。

（1）可变现净值的特征表现为存货的预计未来净现金流量，应为销售的现金流量扣除销售过程中可能发生的销售费用和相关税费，作为原材料的存货，还要扣除达到预计可销售状态可能发生的加工成本等相关的支出，扣除后的净现金流量就是可变现净值。

（2）存货可变现净值的确定。按照规定：企业通常按照单个的存货项目测试其可变现净值和计提跌价准备；如对于数量繁多、单价较低的存货，可以按照存货类别测试其可变现净值和计提跌价准备；而对于难以与其他项目分开计量的存货，才可以合并进行可变现净值测试和合并计提跌价准备。

原材料等为生产而持有的存货，材料价格下降并不表明其可变现净值已低于成本，只有当预计其加工成产成品的可变现净值低于其成本，该材料才可以按照可变现净值计量。

售价、合同价不是可变现净值，但是应作为可变现净值的计量基础。销售的存货，有销

售合同的，要按合同定价作为可变现净值的计量基础；而超过合同存量的存货，应以一般销售价为基础计算可变现净值。

综上所述，如果发现企业未按上述原则确定存货可变现净值，应建议其重新进行减值测试，或由审计人员在企业会计人员配合下进行减值测试。如果重新测试的结果应计提的跌价准备，与企业已计提的跌价准备有较大差异，就应建议企业进行调整更正。

（二）存货跌价准备计算方法正确性的审计

审计时，对于被审计单位第一次计提存货跌价准备时，可按照“应提数 = 存货成本 - 本项（类）存货可变现净值”这一公式计算的正值计提（负值不提）；以后期末再计提时，对于已经计提跌价准备的存货，则应按照“应提数 = 本项（类）存货的账面价值 - 期末该项（类）存货可变现净值”公式计算，如果该公式计算结果为正数的，则为应补提的准备，如果计算结果为负数的，则应按照该负数绝对值与已提跌价准备数两者中较低者冲回已提准备。审计人员要是对企业计提或冲回的存货跌价准备不符合上述原则，应建议做调整更正。

（三）对存货跌价准备转回的审计

已提跌价准备的存货如果以后价值又得以恢复，其恢复增长的价值应在原计提的限额内予以转回。各类会计制度都有与此相同或相类似的规定。例如，对平时发现具体项目（或单项）存货价值恢复时即转回相应的跌价准备的，应进行复核，即重新进行价值测试，以确定是否应予认可；也可以不进行测试和确认，而在审计年终企业调整存货跌价准备时，统一按年末测试结果确认；或者，对于年终一次进行存货减值测试、重新确定年末存货跌价准备应保留余额的，应结合对跌价准备计提适当性的审计，对存货中大额、疑虑的项目重新进行减值测试，发现其中已提跌价准备的具体项目可变现净值高于其账面价值时，即为跌价准备应转回的项目，当然各具体项目应以跌价准备余额转至零为限。因而，在此基础上，审计人员要审查企业转回存货跌价准备的金额是否符合要求。

七、确定存货在资产负债表上的表达与披露是否恰当

最后，审计人员根据对存货的分析，监盘，测试，证据的搜集，总结对其在资产负债表上的披露进行确认，得出存货项目审计的结论。

第四节 应付职工薪酬审计

职工薪酬包括：职工工资、奖金、津贴和补贴；职工福利费；医疗保险费、养老保险费、失业保险费、工伤保险费和生育保险费等社会保险费；住房公积金；工会经费和职工教育经费；非货币性福利；因解除与职工的劳动关系给予的补偿；其他与获得职工提供的服务相关的支出，包括以权益结算的股份支付换取职工提供的服务。职工薪酬主要核算方式一般有计时制和计件制两种。职工薪酬可以采用现金的形式支付，所以更容易发生错误或舞弊行为，如虚报冒领、重复支付和贪污等。同时，职工薪酬又是构成企业成本费用的重要项目，对利润表的影响较大，所以在审计中便显得十分重要。

一、人力资源与工薪循环的内部控制

目前，因为各种不同的原因，在有些单位还存在：虚报员工人数，虚增应付职工薪酬，

转移应付职工薪酬。例如，有的单位虚增调入员工，扩大应付工资；有的单位则不删除调出员工姓名，增加应付工资；有的单位故意不删除死亡职工，虚增应付工资；甚至有的单位干脆虚列员工姓名，无中生有，扩大应付工资。并将其金额转入“小金库”；冒领工资、贪污占用。例如，有的会计人员利用单位临时工的流动性特点，捏造临时工用工人数、多报加班天数、夜班费，串通舞弊扩大工资，然后冒领工资，侵占工资款项，贪污占用；工资计算不准确，扩大工资总额。例如，有的不该列入应付工资总额的独生子女补贴，职工调动工作的旅费和安家费、职工离退休支出、劳动保护费、纳税人负担的住房公积金、职工生活困难补助、探亲路费等列支于工资总额，扩大工资总额；有的虽然工资总额项目内容正确，却在工资加计总数时浑水摸鱼，扩大工资总额，借鸡生蛋，损公肥私。例如，有的会计人员将代扣款项瞒天过海，占为己有；有的单位将代扣款，如代垫的房租、家属药费、个人所得税根本不扣，而是作为福利分给职工；利用工资费用调节成本，调控利润。例如，有的单位为了调节当期损益，将不该列入工资费用的费用列入工资费用，将不该列入生产成本的工资列入了生产成本，在管理费用和制造费用之间进行调节；有的单位偏离工资分配的正确分配方法，在完工产品和在产品之间进行调节，在主要产品和在建工程之间进行调节，从而调节成本，达到调控利润的目的。以上种种，都要求审计人员在该环节给予关注。那么，对于人力资源与工薪循环的内部控制，审计人员就要观察以下几个方面。

（一）适当的职责分离

为了防止向员工过多支付薪酬，或向不存在的员工虚假支付薪酬，责任分离非常重要。人力资源部门应独立于工薪职能，负责确定员工的雇用、解雇、考勤及其支付薪酬总额和扣减额的变化。

（二）适当的授权

人力资源部门应当对员工的雇用与解雇负责。

（三）适当的凭证和记录

适当的凭证和记录依赖于工薪系统的特性。

（四）资产和记录的实物控制

应当限制接触未签字的工薪支票。支票应由有关专职人员签字，工薪应当由独立于工薪和考勤职能之外的人员发放。

（五）工作的独立检查

工薪的计算应当独立验证，包括将审批工薪总额与汇总报告进行比较。管理层成员或其他负责人应当复核工薪金额，以避免错报和异常的金额。

二、评估企业重大错报风险

对于固定薪水的员工，审计人员通过实施实质性分析程序和获取对期末余额的财务信息就能够对工薪交易和余额的完整性、截止、发生、准确性和分类认定获取比较高的保证水平，这种实质性分析程序还应包括每周或每月对支出进行的趋势分析。

工薪费用可能具有较高的舞弊风险，因为企业可能为不存在的员工支付工薪。此外，因为围绕员工福利问题存在广泛的监管，以及工薪交易和余额包含了重要的交易类别，企业常常会广泛采取预防性的控制活动。因此，剩余重大错报风险会降低。在这种情况下，审计人员应当确定控制设计和实施的适当性，以支持评估为中或低的认定层次剩余重大错报风险。

三、人力资源与工薪循环的控制测试

在测试工薪内部控制时，首先，应选择若干月份工薪汇总表，进行检查：计算复核每一份工薪汇总表；检查每一份工薪汇总表是否已经授权批准；检查应付工薪总额与人工费用分配汇总表中的合计数是否相符；检查其代扣款项的账务处理是否正确；检查实发工薪总额与银行付款凭单及银行存款对账单是否相符，并正确过入相关账户。其次，从工薪单中选取若干个样本（应包括各种不同类型人员），作如下检查：检查员工工薪卡或人事档案，确保工薪发放有依据；检查员工工薪率及实发工薪额的计算；检查实际工时统计记录（或产量统计报告）与员工工时卡（或产量记录）是否相符；检查员工加班记录与主管人员签名的月度加班费汇总表是否相符；检查员工扣款依据是否正确；检查员工的工薪签收证明；还有，要实地抽查部分员工，证明其确在本公司工作，如已经离开本企业，就需获得管理层证实，如表 11－3 所示。

表 11－3　　人力资源和工薪循环的风险、控制和控制测试

内部控制目标	关键的内部控制	常用的控制测试	常用的交易实质性程序
1. 工薪业务均经恰当的批准（发生）	批准工作； 工作时间，特别是加班时间； 工薪、薪金或佣金；代扣款项； 工薪结算表和工薪汇总表	检查人事档案； 检查工时卡的核准； 检查工薪记录中有关内部核查标记； 检查人事档案中的授权； 检查工薪记录中有关核准的标记	将工时卡与工时记录等分析比较
2. 记录的工薪为实际发生（发生）	工时卡经领班核准；用生产记录钟记录工时	检查工时卡的核准说明； 检查工时卡； 复核人事政策、组织结构图	（1）对本期工薪费用实施分析程序； （2）将有关费用明细账与工薪费用分配表、工薪汇总表、工薪结算表相核对
3. 所有已发生的工薪支出记录（完整性）	工薪分配表、工薪汇总表完整反映已发生的工薪支出	检查工薪分配表、工薪汇总表、工薪结算表，并核对员工工薪手册、员工手册等	（1）对本期工薪费用的发生情况实施分析程序； （2）将工薪费用分配表、工薪汇总表、工薪结算表与有关费用明细账相核对（“顺查”）
4. 工薪以正确的金额，在恰当的会计期间及时记录于适当的账户（发生、完整性、准确性、计价和分摊）	采用适当的工薪费用分配方法，并且前后各期一致； 采用适当的账务处理流程	选取样本测试工薪费用的归集和分配； 测试是否按照规定的账务处理流程进行账务处理	（1）对本期工薪费用实施分析程序； （2）检查工薪的计提、分配方法是否正确
5. 人事、考勤、工薪发放、记录之间相互分离（准确性）	人事、考勤、工薪发放、记录等职务相互分离	询问和观察各项职责执行情况	

四、资源与工薪循环实质性程序

（1）审计人员应获取或编制应付职工薪酬明细表。复核加计是否正确，并与报表数、总账数和明细账合计数核对是否相符。然后，针对已识别需要运用分析程序的有关项目，并基于对被审计单位及其环境的了解，通过进行以下比较，同时考虑有关数据间关系的影响。

①应比较被审计单位员工人数的变动情况，检查被审计单位各部门各月工资费用的发生额是否有异常波动，如果有异常波动，则查明波动原因是否合理；

②应比较本期与上期工资费用总额，并要求被审计单位解释其增减变动原因，或取得管理层关于员工工资标准的决议；

③应结合员工社会保险缴纳情况，明确被审计单位员工范围，检查是否与关联公司员工工资混淆列支；

④应核对一些相互独立部门的相关数据，例如，工资部门记录的工资支出与出纳记录的工资支付数；工资部门记录的工时与生产部门记录的工时等。

⑤比较本期应付职工薪酬余额与上期应付职工薪酬余额，观察是否有异常变动。

（2）检查工资、奖金、津贴和补贴。

①检查工资、奖金、津贴和补贴的计提是否正确，依据是否充分，将执行的工资标准与有关规定核对，并对工资总额进行测试。

②检查工资、奖金、津贴和补贴分配方法与上年是否一致，除因解除与职工的劳动关系给予的补偿直接计入管理费用外，被审计单位是否根据职工提供服务的受益对象，例如，应由生产产品、提供劳务负担的职工薪酬，应计入产品成本或劳务成本；应由在建工程、无形资产负担的职工薪酬，应计入建造固定资产或无形资产；等等。

（3）检查发放金额是否正确，代扣的款项及其金额是否正确；可以核查职工薪酬发放表，询问本单位员工，核对代扣款项的正确性。

（4）检查是否存在属于拖欠性质的职工薪酬，并了解拖欠的原因。分析企业出现拖欠职工薪酬的原因；是否存在财务压力，经营问题等。

（5）检查社会保险费（包括医疗、养老、失业、工伤、生育保险费）、住房公积金、工会经费和职工教育经费等计提（分配）和支付（或使用）的会计处理是否正确，依据是否充分。

（6）检查辞退福利下列项目。

①对于职工没有选择权的辞退计划，检查按辞退职工数量、辞退补偿标准计提辞退福利负债金额是否正确；

②对于自愿接受裁减的建议，检查按接受裁减建议的预计职工数量、辞退补偿标准（该标准确定）等计提辞退福利负债金额是否正确；

③检查实质性辞退工作在一年内完成，但付款时间超过一年的辞退福利，是否按折现后的金额计量，折现率选择是否合理；

④检查计提辞退福利负债的会计处理是否正确，检查辞退福利支付凭证是否真实正确。

（7）检查非货币性福利。

①检查以自产产品发放给职工的非货币性福利，检查是否根据受益对象，按照该产品的

公允价值，计入相关资产成本或当期损益，同时确认应付职工薪酬；特别考虑难以认定受益对象的非货币性福利，是否直接计入当期损益和应付职工薪酬；

②检查无偿向职工提供住房的非货币性福利，是否根据受益对象，将该住房每期应计提的折旧计入相关资产成本或当期损益，同时确认应付职工薪酬。特别考虑难以认定受益对象的非货币性福利，是否直接计入当期损益和应付职工薪酬；

③检查租赁住房等资产供职工无偿使用的非货币性福利，是否根据受益对象，将每期应付的租金计入相关资产成本或当期损益，并确认应付职工薪酬特别考虑难以认定受益对象的非货币性福利，是否直接计入当期损益和应付职工薪酬。

（8）检查以现金与职工结算的股份支付：检查授予后立即可行权的以现金结算的股份支付，是否在授予日以承担负债的公允价值计入相关成本或费用，等等。

还有，审计人员应关注，应付职工薪酬是否已按照企业会计准则的规定在财务报表中作出恰当的列报：例如，是否存在应当支付给职工的工资、奖金、津贴和补贴，及其期末应付未付金额；是否存在应当为职工缴纳的医疗保险费、养老保险费、失业保险费、工伤保险费和生育保险费等社会保险费，及其期末应付未付金额；是否存在应当为职工缴存的住房公积金，及其期末应付未付金额；是否存在为职工提供的非货币性福利，及其计算依据；是否存在应当支付的因解除劳动关系给予的补偿，及其期末应付未付金额，等等。对财务报表而言应披露而未披露的情况。

第五节　生产成本审计

存货的加工成本，包括直接材料、直接人工以及按照一定方法分配的制造费用等。首先审计人员应审查产品成本开支范围的合法性。证实企业是否严格地区分了应计入产品成本的费用与不应计入产品成本的费用的界限，查明有无乱挤乱摊成本或转移成本的问题。审查中对混淆成本支出的问题应予以特别注意，比如将购置固定资产、无形资产和其他资产的投资性支出列入产品成本支出；将对外投资支出列入产品成本支出的；将由职工福利费开支的费用列入产品成本支出；将由税后利润开支的各项税收滞纳金、罚款及被没收财物损失列入产品成本支出；将企业对外赞助、捐赠及各种非常损失、赔偿金、违约金等营业外支出列入产品成本支出；将国家有关法律、法规规定以外的各种付费及不属于成本开支范围的开支列入产品成本支出，等等。

一、审查直接材料费用

直接材料费作为产品成本的重要组成部分，其真实性、正确性程度对产品成本有重要的影响，是产品成本审查的重点。审计人员应分析比较同一产品不同期间的直接材料费，如果发现重大波动应查明原因。审查直接材料费用的要点包括以下几个方面。

（一）审查直接材料耗用量

对直接材料耗用量的审查，是以审查材料用途的方式进行的。企业产品生产、基本建设、生活福利部门往往都会因各自的工作任务领用材料。企业领发料制度规定，领用单位必须在领料单上写明用途，这样在编制“材料费用汇总表”时分类汇总，分别记入有关账户。审查时要考虑对耗用量大的原材料和价值昂贵的材料可用详查法，抽取部分“领料单”，检查其“用途”一项填写是否明确，经汇总后再与“材料费用汇总表”核对，验证其一致性。材料一经领出即作为消耗，车间已领未用的材料应于期末填写“退库单”办理退库，或填写红色“领料单”办理假退库。在审查中应注意，领料单是否经授权批准、材料耗用量是否真实、是否存在多领未用材料未办理上述手续而虚增本期材料耗用量的问题。或者生产中的废料、边角料也未办理退库，从本期材料消耗量中冲减的现象。

（二）审查直接材料计价

企业对原材料计价方法可选择实际成本计价法或计划成本计价法，审计人员在审查直接材料计价可分别实际成本计价法和计划成本计价法进行。

企业按照实际成本计价，可以选用先进先出法、加权平均法或个别计价法。审计人员首先应审查材料计价方法的合理性和前后期材料计价方法的一贯性，以防止企业利用计价方法的变化人为调节直接材料费，从而使产品成本失实。

在采用计划成本计价时，是否存在不依照规定按材料类别或品种计算成本差异率，而采用综合成本差异率；不依照规定按本月成本差异率计算分配成本差异而根据调节成本的需要任意分配成本差异等情况。

（三）审查直接材料费用分配

直接材料费分配正确性的审查，审计人员可通过审阅、复算、核对等方法，对“材料耗用分配表”、有关记账凭证、“生产成本明细账”等进行审查，证实其分配依据、分配方法和分配结果的正确性。

1. 审查直接材料费用分配依据

直接材料费用分配的依据是“材料费用分配表”。材料费用分配表是根据领料单按使用部门的用途和材料类别汇总编制而成，审计人员一般用抽查法，抽取消耗量大、价值高、多种用途共用且易出现问题的材料类别的领料单，审查其“用途”“单价”的真实性、完整性，进行汇总，并与分配表内有关数据相核对。

2. 审查直接材料费分配方法

审查直接材料费分配方法的核心是分配方法的合理性。用于产品生产的原料及主要材料通常按产品品种分别领用，可根据领料单直接计入各该产品的成本。如果一批材料为多种产品共用的，就要采用简单合理的方法，例如，按照定额消耗量比例、材料定额成本比例、产品重量比例等进行分配。审计人员在审查中应分析所选用方法是否符合材料消耗的内在规律性和企业的实际情况，分配方法在一定会计期间内是否有变动等情况。

3. 审查直接材料费分配结果

直接材料费的分配结果的正确性审查应一般考虑两方面内容，一方面在前面审查的基础上对“材料费用分配表”进行复算，验证计算结果的正确性；另一个方面将“材料费用分配表”与有关记账凭证、“生产成本”明细账等进行核对，证实其账务处理的正确性。

二、审查直接人工费用

直接人工费用是指直接从事产品生产人员的工资、奖金、津贴及补贴，以及按照工资总额的一定计提的职工福利费。直接人工费用的审查要点主要包括以下几个方面。

（1）抽查产品成本计算单，审查直接人工费计算的正确性，审查人工费的分配标准与计算方法的适当性，核对是否与工薪费用分配表中该产品分配的直接人工费用一致。

（2）分析比较各期的人工费用变动有无异常，如果发现有异常波动须查明原因。

（3）结合对工薪业务循环的审查，抽查直接人工费用会计记录及处理的正确性。

（4）采用定额成本或标准成本的企业，抽查直接人工费用差异的计算、分配及账务处理，同时审查直接人工标准成本在年度内有无变化。

三、审查制造费用

制造费用是由多种费用项目组成的综合费用项目，容易与管理费用和其他费用等项目混淆，故应在审查中予以重视。审查制造费用的主要内容包括以下几个方面。

（一）审查制造费用的真实性

制造费用是各生产单位为组织和管理生产所发生的费用。审查工作要有针对性地对数额较大、易与其他费用支出混淆的项目，例如折旧费、修理费、工资及福利费、水电费等。重点审查其是否实际发生，支出或提取的标准是否符合有关规定。

（二）审查制造费用项目的合规性

审查时应以企业会计准则中关于制造费用的项目组成的规定为依据，通过审阅“制造费用”明细账和记账凭证，有无非本部门、单位的制造费用混淆，是否存在本应属于管理费用等期间费用、福利性支出、其他业务支出、营业外支出的费用混入。

（三）审查制造费用会计处理的正确性及合理性

审计人员审查时取得或编制制造费用明细表，并与明细账、总账核对相符。

审查中可有针对性地审阅“制造费用”明细账并与记账凭证、原始凭证核对，查核有无错记、重记、漏记的账项，复核其本期发生额，验证制造费用总额的正确性。

审查制造费用分配合理性。包括审查是否根据本企业具体情况，选用科学、合理的分配方法，有无因选择方法不当而导致制造费用分配不合理的现象；审查分配方法在本会计期间有无变动，有无用变动分配方法人为调节产品成本的问题；审查选作分配标准选用资料是否真实、正确，有无以计划数或估计数代替实际数进行分配的情况，等等。

（四）审查制造费用分配账务处理的正确性

通过将“制造费用分配表”与有关记账凭证、相关明细账核对，确认其分配方法、分配金额及账务处理正确无误。

四、审查辅助生产费用

根据辅助生产费用，发生后先在“生产成本—辅助生产成本”归集，月末选取一定分配方法计入各受益对象的特点，审查的内容和方法包括审查辅助生产费用归集和分配两个方面。

（一）审查辅助生产费用归集

审阅各辅助车间的“生产成本—辅助生产成本”并与有关费用分配表、记账凭证核对，确认“辅助生产成本”中所列直接材料费、直接人工费及其他各项费用是否属本车间为基本生产车间和企业管理部门提供产品或劳务而发生。

（二）审查辅助生产费用分配

审查辅助生产费用分配的重点包括：

（1）审查所选择的辅助生产费用分配方法是否符合企业及各该辅助生产车间生产特点，在本会计期间内有无人为调节产品成本而任意改变分配方法。

（2）审查辅助生产费用分配依据是否可靠，分配结果是否正确。

（3）审查辅助生产费用分配账务处理的正确性。审阅“生产成本—辅助生产成本”并与“生产成本—基本生产”明细账、“管理费用”明细账等有关明细账核对，证实账务处理的正确性。

（4）审查时还应注意是否存在将辅助生产车间为福利部门、基建部门提供的产品和劳务混入基本生产车间和管理部门，或者不参加分配，而直接冲减辅助生产费用的问题。

五、审查在产品和产成品成本

（一）审查在产品成本

因为企业在产品成本的真实性和正确性对产成品成本的真实、正确有着直接影响，所以审计在产成品成本的主要因素是在产品数量及其计价，因此对在产品成本的审查就可以从以下两个方面进行。

1. 审查在产品的结存量

在产品是指企业已经投入生产过程，但尚未全部完工入库的产品，反映在月末“生产成本”科目的借方。所以在产品的真实性与正确性，不仅影响企业的资产，而且直接影响产品成本与当期利润。工业产品的结构一般比较复杂，在产品的种类也较多，全面审查的工作量很大，所以一般采用抽查法进行审查。

审查时，审计人员应深入生产车间了解在产品盘存情况，检查盘存记录是否完整、正确，核实盘存数量，查明有无多盘、漏盘，以估计数代替盘点，以及其他弄虚作假的情况。由于审计期与在产品盘点期的不一致，在产品的数量在盘点时已发生了变化。为了确认在产品盘存的数量是否真实、正确，应作如下调整计算：

$$\text{盘存期在产品应存数量}=\text{审计期在产品实存数量}+\text{盘存期至审计期产品完工数量}-\text{盘存期至审计期产品投产数量}$$

然后将计算出的盘存期在产品应存数量同期末计算在产品成本时的盘存记录进行比较，如果基本一致，就可以可确认盘存期在产品数量基本正确；如果不一致，即可推断存在一定错误或弊端。

2. 审查在产品的计价方法

在产品的计价方法有多种，计价方法选用不当或任意改变都会影响在产品成本和完工产品成本。所以审查的重点在于计价方法的合理性。

（1）如果对采用按年初在产品成本固定计算在产品成本的，应着重审查企业在产品数量是否较多，期初期末在产品数量是否较均衡；到年终是否对在产品数量进行实地盘点和重新计算成本，调整本年完工产品的成本，是否存在长期不调整从而影响成本计算正确性的情况。

（2）如果对采用按耗用材料费用计算在产品成本的，应审查产品成本中直接材料费比重是否较大，材料是否一次投入。

（3）如果对采用约当产量法计算在产品成本的，应审查是否符合使用这种方法的条件，是否可以根据在产品的数量按其完工程度计算约当产量，完工程度的确定是否合理。

（4）如果对采用按定额成本法计算在产品成本的，应审查每个工序的在产品是否制定有定额成本，定额成本是否合理，实际成本与定额成本的差异是否及时进行了调整，有无不调整而任意多计或少计在产品成本的情况。

当然，除审查在产品计价方法外，还应当审查计价方法在一定期间有无变化。

（二）审查产成品成本

产成品是指企业已经完成全部生产过程并已验收入库，合乎标准规格和技术条件，可以按照合同规定的条件送交订货单位，或者可以作为商品对外销售的产品。

1. 审查产成品数量

审阅生产部门提供的“产量统计表”和财会部门提供的“产品成本计算单”并进行核对，确认产品数量的一致性。审阅“库存商品”明细账，并与“产品成本计算单”相核对，验证其中产品数量是否相符。将成品库的“产品入库单”与生产车间的完工产品记录进行核对，查明产品完工数与入库数是否一致。审查中是否存在：无视产品质量标准或产品质量检验不严格，将不合格产品混入合格产品；有意将废品充当合格产品虚报产量或隐瞒不报等。

审查产成品时，也要进行实物监盘。监盘的方法和要点与材料的监盘相同。在监盘时，应注意以下问题：

（1）产成品的所有权。审计人员要验证有无已办理了销售手续，但未提货、暂存在企业的产成品。

（2）产成品的等级与质量。审计人员要进行鉴定，必要时请专家鉴定库存产成品的等级和质量与账面记录是否一致，有无以次充好，出现产成品陈旧、失效、腐烂变质的情况。

（3）账实是否相符。对于产成品盘盈与盘亏，等级与质量等问题是否调整账面记录。

2. 审查产品成本计算

审查产品成本计算应从选用计算方法的合理性和成本计算的正确性两个方面进行。

（1）审查所选用计算方法的合理性。审查时应以企业生产特点和管理要求为依据，判明企业产品成本计算方法的合理性。

对于采用品种法核算的，应了解和确认该种产品是否为大量大批单步骤生产，或虽系多步骤生产，但因生产规模较小，不要求按生产步骤计算成本；对采用分步法核算的，应了解并确认该种产品是否为大量多步骤生产。对采用分批法核算的，应了解并确认该种产品是否为按订单组织。审查中还应注意查明有无任意改变成本计算方法的情况。

（2）审查产品成本计算的正确性。审查产品成本计算的正确性可综合采用审阅、核对、复算、函证等方法进行。主要有品种法、分批法、分步法等，审计人员应用不同的方法复核验算审查产品成本计算的正确性。

案例分析结果

企业的生存、发展，在于谨慎投资和合法经营。分析蓝田股份的失败，究其原因，主要是公司管理高层的法制观念极其淡薄，经营管理存在诸多问题，他们在公司业绩不佳的困难时期，不是从强化公司管理着手想办法、想对策，而是公然造假，知法犯法，炮制了所谓“金鸭子”、“野莲汁野藕汁”和“无氧鱼”的故事，靠骗取贷款来过日子。这样的报表经不起推敲，同样，这样的审计人员让人唏嘘。

知识评价

生产加工形成存货是企业生产经营的重要环节，对期末财务报表也有着重大的影响，是资产中最大的项目，流动性也很强。在审计过程中要保持应有的职业谨慎态度，以减少审计失当的风险。

思考题

1. 对生产环节的成本归集应该怎样审计?
2. 企业使用什么管理办法对存货进行保管?
3. 怎样对存货的账面金额进行调节复核?

第十二章

筹资与投资循环审计

学习目标

了解筹资与投资业务的基本内容和该业务循环内部控制的特点，了解相关内部控制的测试方法；掌握借款、投资等主要项目的审计目标和审计程序。

能力目标

通过教学使学生能独立进行筹资、投资业务的一般会计报表审计业务；并了解审计具体目标、选择实质性测试程序，达到形成审计工作底稿的程序内容目标。

技能目标

运用所学知识对筹资和投资的审计框架和思路能理解并正确运用。

案例导入

春都的投资

河南洛阳春都集团公司曾在中国火腿肠市场占有率最高达70%以上，资产达29亿元。但是，仅仅几年，这家明星企业便跌入低谷。后来的春都上百条生产线全线告停，企业亏损高达6亿元，并且欠下13亿元的巨额债务。这是怎么了？

一个重要的原因就是盲目投资、盲目扩张。春都集团的前身是洛阳肉联厂，主要从事生猪收购和屠宰。在企业负责人高某的果断决策下，1987年8月，中国第一根被命名为“春都”的火腿肠在这里诞生，并迅速受到市场青睐，销售额从最初的2亿多元猛增到20多亿元，年创利润2亿多元。成功来得太容易，春都的经营者头脑开始膨胀发热，许多当地领导也要求春都尽快“做大做强”，起到推波助澜的作用。于是洛阳当地制革厂、饮料厂、药厂、木材厂等一大堆负债累累、与肉食加工不相干的亏损企业被一股脑归于春都名下。

春都集团先后兼并了洛阳食品公司等11家企业，全资收购郑州群康制药厂等6家企业，与此同时，先后对河南思达科技集团等24家企业进行参股或控股，使集团员工从1 000多人很快突破1万人。在金融机构的鼎力支持下，数亿元资金像胡椒面一样被春都撒向这些企业。

通过几年的扩张，春都资产平均每年以近6倍的速度递增，由1987年的3 950万元迅速膨胀到29.69亿元。然而，这样的扩张并没有为春都带来多少收益，还使企业背上了沉重的包袱。由于战线过长，春都兼并和收购的17家企业中，半数以上亏损，近半数关门停产；

对20多家企业参股和控股的巨大投资也有去无回。

春都的败落，表面上看是经营者头脑发热，实则有更深层次的原因。

一是春都如此大面积的收购、控股、参股，如此迅捷的投资扩张，而又导致如此近乎凄惨的结局，那么，这些投资是否经过立项、评估、集体决策？都有哪些人应对投资失败负责，有无受到追究？

二是当地政府有关部门在其中扮演了什么角色？近年来，不断有媒体披露这样一种倾向：有的企业，一旦有较快发展，企业负责人的个人崇拜和绝对权威就逐渐滋长、蔓延，任何重大决策，经不得、也往往根本就不经过集体研究、论证就私自拍板。任何一个人的知识、经验、视野毕竟都是有限的，不搞可行性研究，不做调查论证，光凭一腔热情，注定是要失败的。

（资料来源：孙天福：《从中国两大集团看企业盛衰的轨迹——春都集团和双汇集团盛衰案例分析》，载《沪港经济》2004年第3期。）

【基于案例的问题】

春都火腿肠为什么会败落？它留给我们怎样的启示？在进行投资前企业应该做哪些风险规避？

第一节　筹资与投资循环审计概述

一、筹资与投资循环中的主要业务活动

筹资与投资循环由筹资活动和投资活动两部分的交易事项构成。筹资活动是指企业为满足生存和发展的需要，通过改变企业资本及债务规模和构成而筹集资金的活动。筹资活动主要由借款和股东权益交易组成。投资活动是指企业为通过分配来增加财富，或为谋求其他利益，将资产让渡给其他单位而获得另一项资产的活动。投资活动主要由权益性投资交易和债权性投资交易组成。在实际的经济活动中，筹资与投资循环具有以下特征：

第一，审计年度内筹资与投资循环的交易数量较少，而每笔交易的金额通常较大。

第二，漏记或不恰当地对一笔业务进行会计处理，将会导致重大错误，从而对企业会计报表的公允反映产生较大的影响。

第三，筹资与投资循环交易必须遵守国家法律、法规和相关契约的规定。

筹资与投资业务循环审计涉及投资活动和筹资活动两大项目。

（一）投资所涉及的主要业务活动

投资活动主要由权益性投资交易和债权性投资交易组成。对一般企业而言，投资涉及的交易数量较少，而每笔交易的金额通常较大。如果对一笔投资业务进行的控制不恰当，对会计处理的管理不善，将会导致重大的舞弊和错误，从而对企业财务报表的公允反映产生较大的影响。权益性投资所涉及的业务活动主要包括以下几个方面。

1. 投资交易的发生

企业如果要通过借款筹集资金就必须经管理当局的审批，比如债券的发行每次均要由董事会授权；企业发行股票必须依据国家有关法规或企业章程的规定，报经企业最高权力机构

（股东大会）及国家有关管理部门的批准。对上市公司的投资买入应当有交易人员持有的买入公告，对非上市公司的投资应当由相关合同。两者都应当由董事会纪要（或其他授权文件）批准购买文件。在执行时，应当在结算买价之前核对相关文件。

2. 必须签订合同或协议

企业向投资企业及其他金融机构融资须签订投资合同，购买债券，必须签订债券契约和合同。

3. 有价证券的收取和保存

企业投资收到的凭证及有价证券应当保存在相关经纪人处或由企业的代管银行保存在保管箱里。审计人员应对这些凭证和有价证券的真实性的风险保持警惕。如果审计人员怀疑可能存在异常情况，应当向被投资企业询证以确定投资企业是否对被审计单位真正投资。

4. 投资收益的取得

企业收到股利和利息支票时应当予以记录并追查至银行存款单。如果企业发生了大量的投资活动，企业应当设立单独的银行账户，所有的投资收益都应当存入该账户。如果企业的经纪人保管着其上市股票凭证，应当由经纪人直接收取股利并存入企业的银行账户。企业应当针对相关银行账户定期编制调节表。

股利收据应当在投资账户中记录，包括股利的金额和日期（宣告日期、最后行权日和支付日期）。这应由高级员工定期复核，以确保所收取和记录的股利收入的完整性。

利息收入一般应当与债务性投资合同和支付安排一致。高级员工应当确保所收到的利息计算正确且已存入。应当考虑确保利息在财务期间内截止和分摊的正确性。

5. 管理层应该定期进行复核

（1）定期检查持有股票凭证或有价证券的月度报表，并与投资账户余额（提供有价证券存在性的证据）相比较；

（2）检查所有的购买和销售交易，如果交易的数量有限则检查授权的证据；如果企业作为经纪人拥有大量的交易，则在测试的基础上检查有价证券完整性和发生的证据；

（3）检查经纪人的买入和卖出公告，如果交易的数量有限则可作为所有买入和卖出交易的支持性信息，如果企业作为经纪人拥有大量的交易，则在测试的基础上将投资清单的详细信息同总分类账相核对，以获取有价证券完整性、发生和估价的审计证据；

（4）将所收到的现金或所付出的支票与相关买入、卖出交易和收益的收据的授权信息相核对；

（5）针对实际业绩定期制定关键业绩指标并监控，以识别不佳的业绩或回报。

（二）筹资所涉及的主要业务活动

1. 审批授权

企业通过借款筹集资金需经管理层的审批，其中债券的发行每次均要由董事会授权；企业发行股票必须依据国家相关法规或企业章程的规定，报经企业最高权力机构（如董事会）及国家有关管理部门批准。

2. 签订合同或协议

向银行或其他金融机构融资须签订借款合同，发行债券须签订债券契约和债券承销或包销合同。

3. 取得资金

企业实际取得银行或金融机构划入的款项或债券、股票的融入资金。

4. 计算利息或股利

企业应按有关合同或协议的规定，及时计算利息或股利。

5. 偿还本息或发放股利

银行借款或发行债券应按有关合同或协议的规定偿还本息，对融入的股本根据股东大会的决定发放股利。

二、筹资与投资循环涉及的账户、凭证

（一）投资活动的凭证和会计记录

1. 债券投资凭证

载明债券持有人与发行企业双方所拥有的权利与义务的法律性文件，其内容一般包括：债券发行的标准、债券的明确表述、利息或利息率、受托管理人证书、登记和背书。

2. 股票投资凭证

买入凭证记载股票投资购买业务，包括购买股票数量、被投资公司、股票买价、交易成本、购买日期、结算日期、结算日应付金额合计。卖出凭证记载股票投资卖出业务，包括卖出股票数量、被投资公司、股票卖价、交易成本、卖出日期、结算日期、结算日的金额合计。

3. 股票证书

载明股东所有权的证据，记录所有者持有被投资公司所有股票数量。如果被投资公司发行了多种类型的股票，也反映股票的类型，如普通股、优先股。

4. 股利收取凭证

向所有股东分发股利的文件，标明股东、股利数额、每股股利、被审计单位在交易最终日期持有的总股利金额。

5. 长期股权投资协议

6. 投资总分类账

对被投资单位所持有的投资，记录所有的详细信息，包括所获得或收取的投资收益。总分类账中的投资账户记录初始购买成本和之后的账面价值。

7. 投资明细分类账

由投资单位保存，以用来记录所有的非现金性投资交易，如期末的市场对市场调整、公允价值的反映，以及记录与处置投资相关的损益。

（二）筹资活动的凭证和会计记录

1. 公司债券

公司依据法定程序发行、约定在一定期限内还本付息的有价证券。

2. 股本凭证

公司签发的证明股东所持股份的凭证。

3. 债券契约

载明债券持有人与发行企业双方所拥有的权利与义务的法律性文件，内容包括：债券发行的标准；债券的明确表述；利息或利息率；受托管理人证书；登记和背书；如系抵押债券，其所担保的财产；债券发生拖欠情况如何处理，以及对偿债基金、利息支付、本金返还等的处理。

4. 股东名册

发行记名股票的公司记载股东的凭证，内容包括：股东的姓名或者名称及住所；股东所持股份数；股东所持股票的编号；股东取得其股份的日期。发行无记名股票的，公司应当记载其股票数量、编号及发行日期。

5. 公司债券存根簿

发行记名公司债券时记载债券持有人的凭证，内容包括：债券持有人的名称及住所；债券持有人取得债券的日期及债券的编号：债券总额、债券的票面金额、债券的利率、债券还本付息的期限和方式；债券的发行日期。发行无记名债券的应当在公司的债券存根簿上记载债券总额、利率、偿还期限和方式、发行日期和债券编号。

6. 承销或包销协议

公司向社会公开发行股票或债券时，应当由依法设立的证券经营机构承销或包销，公司应与其签订承销或包销协议。

7. 借款合同或协议

公司向银行或其他金融机构借入款项时与其签订的合同或协议。

第二节 筹资与投资循环的内部控制和控制测试

筹资与投资循环涉及货币资金的收付，有关的内部控制已分别在销售与收款循环、采购与付款循环阐述，这里侧重阐述筹资与投资循环其他的内部控制。

一、筹资活动的内部控制和控制测试

筹资活动主要由借款交易和股东权益交易组成。股东权益增减变动的业务较少而金额较大，审计人员在审计中一般直接进行实质性程序。企业的借款交易涉及短期借款、长期借款和应付债券，这些内部控制基本类似。无论是否依赖内部控制，审计人员均应对筹资活动的内部控制获得足够的了解，以识别错报的类型、方式及发生的可能性。具体活动如表 12－1 所示。

表 12－1　筹资活动的控制目标、内部控制和测试一览表

内部控制目标	关键内部控制程序	内部控制测试	交易实质性测试
借款和所有者权益账面余额在资产负债表日确定存在，借款利息费用和已支付的股利是由被审计期间真实事项引起的（存在或发生）	借款或发行股票经过授权审批 签订借款合同或协议、债券契约、承销或包销协议等相关法律性文件	索取借款或发行股票的授权批准文件，检查权限恰当否，手续齐全否； 索取借款合同或协议、债券契约、承销或包销协议	获取或编制借款和股本明细表，复核加计正确，并与报表数、总账数和明细账合计数核对相符； 检查与借款或股票发行有关的原始凭证，确认其真实性，并与会计记录核对； 检查利息计算的依据，复核应计利息的正确性，并确认全部利息计入相关账户

续表

内部控制目标	关键内部控制程序	内部控制测试	交易实质性测试
借款和所有者权益的增减变动及其利息和股利已登记入账（完整性）	筹资业务的会计记录、授权和执行等方面明确职责分工； 借款合同或协议由专人保管；如保存债券持有人的明细资料，应同总分类账核对相符；如由如外部机构保存，需定期同外部机构核对	观察并描述其职责分工； 了解债券持有人明细资料的保管制度，检查被审计单位是否将其与总账或外部机构核对	检查年度内借款和所有者权益增减变动原始凭证，核实变动的真实性、合规性，检查授权批准手续是否完备、入账是否及时准确
借款均为被审计单位承担的债务，所有者权益代表所有者的法定求偿权（权利与义务）			向银行或其他金融机构、债券包销人函证，并与账面余额核对； 检查股东是否已按合同、协议、章程约定时间缴付出资额，其出资是否经审计人员审验
借款和所有者权益的期末余额正确（计价和分摊）	建立严密完善的账簿体系和记录制度； 核算方法符合会计准则和会计制度的规定	抽查筹资业务的会计记录，从明细账抽取部分会计记录，按原始凭证到明细账、总账顺序核对有关数据和情况，判断其会计处理过程是否合规完整	
借款和所有者权益在资产负债表上披露正确（列报）	筹资业务明细账与总账的登记职务分离； 筹资披露符合会计准则和会计制度的要求	观察职务是否分离	确定借款和所有者权益的披露是否恰当，注意一年内到期的借款是否列入流动负债

注：本表以获得初始借款交易为例，不包括偿还的利息和本息交易。

二、投资活动的内部控制和控制测试

一般来讲，投资内部控制的主要内容包括以下几个方面。

（一）合理的职责分工

这是指合法的投资业务，应在业务的授权、业务的执行、业务的会计记录以及投资资产的保管等方面都有明确的分工，不得由一人同时负责上述任何两项工作。例如，投资业务在企业高层管理机构核准后，可由高层负责人员授权签批，由财务经理办理具体的股票或债券的买卖业务，由会计部门负责进行会计记录和财务处理，并由专人保管股票或债券。这种合理的分工所形成的相互牵制机制有利于避免或减少投资业务中发生错误或舞弊的可能性。

（二）健全的资产保管制度

企业对投资资产（指股票和债券资产）一般有两种保管方式：一种是由独立的专门机

构保管，如在企业拥有较大的投资资产的情况下，委托银行、证券公司、信托投资公司等机构进行保管。这些机构拥有专门的保存和防护措施，可以防止各种证券及单据的失窃或毁损，并且由于它与投资业务的会计记录工作完全分离，可以大大降低舞弊的可能性；另一种方式是由企业自行保管，在这种方式下，必须建立严格的联合控制制度，即至少要由两名以上人员共同控制，不得一人单独接触证券。对于任何证券的存入或取出，都要将债券名称、数量、价值及存取的日期、数量等详细记录于证券登记簿内，并由所有在场的经手人员签名。

（三）详尽的会计核算制度

企业的投资资产无论是自行保管还是由他人保管，都要进行完整的会计记录，并对其增减变动及投资收益进行相关会计核算。具体而言，应对每一种股票或债券分别设立明细分类账，并详细记录其名称、面值、证书编号、数量、取得日期、经纪人（证券商）名称、购入成本、收取的股息或利息等；对于联营投资类的其他投资，也应设置明细分类账，核算其他投资的投出及其投资收益和投资收回等业务，并对投资的形式（如流动资产、固定资产、无形资产等）、投向（即接受投资单位）、投资的计价以及投资收益等做出详细的记录。

（四）严格的记名登记制度

除无记名证券外，企业在购入股票或债券时应在购入的当日尽快登记于企业名下，切忌登记于经办人员名下，防止冒名转移并借其他名义牟取私利的舞弊行为发生。

（五）完善的定期盘点制度

对于企业所拥有的投资资产，应由内部审计人员或不参与投资业务的其他人员进行定期盘点，检查是否确实存在，并将盘点记录与账面记录相互核对以确认账实的一致性。

投资的控制测试一般包括以下内容：

（1）检查控制执行留下的轨迹。审计人员应抽查投资业务的会计记录和原始凭证，确定各项控制程序运行情况。

（2）审阅内部盘核报告。审计人员应审阅内部审计人员或其他授权人员对投资资产进行定期盘核的报告。应审阅其盘点方法是否恰当、盘点结果与会计记录相核对情况以及出现差异的处理是否合规。如果各期盘核报告的结果未发现账实之间存在差异（或差异不大），说明投资资产的内部控制得到了有效执行。

（3）分析企业投资业务管理报告。对于企业的长期投资，审计人员应对照有关投资方面的文件和凭证，分析企业的投资业务管理报告。在做出长期投资决策之前，企业最高管理层（如董事会）需要对投资进行可行性研究和论证，并形成一定的纪要，如证券投资的各类证券，联营投资中的投资协议、合同及章程等。负责投资业务的财务经理须定期向企业最高管理层报告有关投资业务的开展情况（包括投资业务内容和投资收益实现情况及未来发展预测），即提交投资业务管理报告书，供最高管理层决策和控制。审计人员应认真分析这些投资业务管理报告的具体内容，并对照前述的文件和凭证资料，从而判断企业长期投资的管理情况，等等。具体内部控制的测试如表 12 - 2 所示。

表 12 – 2　　投资活动的控制目标、内部控制和测试一览表

内部控制目标	关键内部控制程序	内部控制测试	交易实质性测试
投资账面余额为资产负债表日确实存在的投资，投资收益（或损失）是由被审期间实际事项引起（存在与发生）	投资业务经过授权审批与被投资单位签订合同、协议，并获取被投资单位出具的投资证明	索取投资的授权批文，检查权限恰当否，手续齐全否； 索取投资合同或协议，检查是否合理有效； 索取被投资单位的投资证明，检查其是否合理有效	获取或编制投资明细表，复核加计正确，并与报表数、总账数和明细账合计数核对相符； 向被投资单位函证投资金额、持股比例及发放股利情况
投资增减变动及其收益损失均已登记入账（完整性）	投资业务的会计记录与授权，执行和保管等方面明确职责分工； 健全证券投资资产的保管制度，或者委托专门机构保管，或者在内部建立至少两名人员以上的联合控制制度，证券的存取均需详细记录和签名	观察并描述业务的职责分工了解证券资产的保管制度，检查被审计单位自行保管时，存取证券是否进行详细的记录并由所有经手人员签字	检查年度内增减变动的原始凭证，对于增加项目要核实其入账基础符合有关规定否，会计处理正确否；对于减少的项目要核实其变动原因及授权批准手续
投资均为被审计单位所有（权利与义务）	内部审计人员或其他不参与投资业务的人员定期盘点证券投资资产，检查是否为企业实际拥有	了解企业是否定期进行证券投资资产的盘点/审阅盘核报告； 审阅盘核报告，检查盘点方法是否恰当、盘点结果与会计记录核对情况以及出现差异的处理是否符合规定	盘点证券投资资产； 向委托的专门保管机构函证，以证实投资证券的真实存在
投资的计价方法正确，期末余额正确（计价和分摊）	建立详尽的会计核算制度，按每一种证券分别设立明细账，详细记录相关资料； 核算方法符合准则的规定； 期末成本与市价孰低，并正确记录投资跌价准备	抽查投资业务的会计记录，从明细账抽取部分会计记录，按顺查顺序核对有关数据和情况，判断其会计处理过程是否合规完整	检查投资的入账价值是否符合投资合同、协议的规定，会计处理是否正确，重大投资项目，应查阅董事会有关决议，并取证； 检查长期股权投资的核算是否符合会计准则的规定检查长期债券投资的溢价或折价，是否按有关规定摊销
投资在资产负债上的披露正确（列报）	投资明细账与总账的登记职务分离 投资披露符合会计准则的要求	观察职务是否分离	验明投资的披露是否恰当，注意 1 年内到期的长期投资是否列入流动资产

注：本表以获得初始投资交易为例，不包括收到的投资收益、收回或变现投资、期末对投资计价进行调整等交易。

第三节 筹资与投资循环的实质性程序

一、筹资循环的实质性程序

在大型公司中，董事会下设的战略委员会负责处理借款合同的谈判，为其资本性购置筹集资金，然后由董事会批准该合同。在这种情况下，审计人员可能决定对应付利息和股利的计算主要实施实质性分析程序，而对新股和债券的发行、股票回购、可赎回优先股及可赎回债券的赎回、期间内贷款的偿还情况以及所欠余额和权利与义务实施有限的细节测试程序。

（一）短期借款的审计

1. 短期借款的审计目标

短期借款的审计目标一般包括：确定资产负债表中记录的短期借款是否存在；确定所有应当记录的短期借款是否均已记录；确定记录的短期借款是否为被审计单位应当履行的现时义务；确定短期借款是否以恰当的金额包括在财务报表中，与之相关的计价调整是否已恰当记录；确定短期借款是否已按照企业会计准则的规定在财务报表中作出恰当列报。

2. 短期借款的实质性程序

短期借款的实质性程序通常包括：

（1）获取或编制短期借款明细表。审计人员应首先获取或编制短期借款明细表，复核其加计数是否正确，并与明细账和总账核对相符。

（2）函证短期借款的实有数。审计人员应在期末短期借款余额较大或认为必要时向银行或其他债权人函证短期借款。

（3）检查短期借款的增加。对年度内增加的短期借款，审计人员应检查借款合同和授权批准，了解借款数额、借款条件、借款日期、还款期限、借款利率，并与相关会计记录相核对。

（4）检查短期借款的减少。对年度内减少的短期借款，审计人员应检查相关记录和原始凭证，核实还款数额。

（5）检查有无到期未偿还的短期借款。审计人员应检查相关记录和原始凭证，检查被审计单位有无到期未偿还的短期借款，如有，则应查明是否已向银行提出申请并经同意后办理延期手续。

（6）复核短期借款利息。审计人员应根据短期借款的利率和期限，复核被审计单位短期借款的利息计算是否正确，有无多算或少算利息的情况如有未计利息和多计利息，应做出记录，必要时进行调整。

（7）检查外币借款的折算。如果被审计单位有外币短期借款，审计人员应检查外币短期借款的增减变动是否按业务发生时的市场汇率或期初市场汇率折合为记账本位币金额；期末是否按市场汇率将外币短期借款余额折合为记账本位币金额；折算差额是否按规定进行会计处理；折算方法是否前后期一致。

（8）检查短期借款在资产负债表上的列报是否恰当。企业的短期借款在资产负债表上通常设“短期借款”项目单独列示，对于因抵押而取得的短期借款，应在资产负债表附注中揭示。审计人员应注意被审计单位对短期借款项目的披露是否充分。

（二）长期借款的审计

1. 长期借款的审计目标

长期借款的审计目标一般包括：确定资产负债表中记录的长期借款是否存在；确定所有应当记录的长期借款是否均已记录；确定记录的长期借款是否为被审计单位应当履行的现时义务；确定长期借款是否以恰当的金额包括在财务报表中，与之相关的计价调整是否已恰当记录；确定长期借款是否已按照企业会计准则的规定在财务报表中作出恰当列报。

2. 长期借款的实质性程序

长期借款同短期借款一样都是企业向银行或其他金融机构借入的款项，因此，长期借款的实质性程序同短期借款的实质性程序较为相似。长期借款的实质性程序通常包括：

（1）获取或编制长期借款明细表，复核其加计数是否正确，并与明细账和总账核对相符。

（2）了解金融机构对被审计单位的授信情况以及被审计单位的信用等级评估情况，了解被审计单位获得短期借款和长期借款的抵押和担保情况，评估被审计单位的信誉和融资能力。

（3）对本年度增加的长期借款，应检查借款合同和授权批准，了解借款数额、借款条件、借款日期、还款期限、借款利率，并与相关会计记录相核对。

（4）检查长期借款的使用是否符合借款合同的规定，重点检查长期借款使用的合理性。

（5）向银行或其他债权人函证重大的长期借款。

（6）对年度内减少的长期借款，审计人员应检查相关记录和原始凭证，核实还款数额。

（7）检查年末有无到期未偿还的借款，逾期借款是否办理了延期手续，分析计算逾期借款的金额、比率和期限，判断被审计单位的资信程度和偿债能力。

（8）计算短期借款、长期借款在各个月份的平均余额，选取适用的利率匡算利息支出总额，并与财务费用的相关记录核对，判断被审计单位是否高估或低估利息支出，必要时进行适当调整。

（9）检查非记账本位币折合记账本位币时采用的折算汇率，折算差额是否按规定进行会计处理。

（10）检查借款费用的会计处理是否正确。借款费用，指企业因借款而发生的利息及其他相关成本，包括折价或溢价的摊销、辅助费用以及因外币借款而发生的汇兑差额。按照《企业会计准则第17号——借款费用》的规定，企业发生的借款费用，可直接归属于符合资本化条件的资产的购建或生产的，应当予以资本化，计入相关资产成本；其他借款费用，应当在发生时根据其发生额确认费用，计入当期损益。

（11）检查企业抵押长期借款的抵押资产的所有权是否属于企业，其价值和实际状况是否与抵押契约中的规定相一致。

（12）检查企业重大的资产租赁合同，判断被审计单位是否存在资产负债表外融资的现象。

（13）检查长期借款是否已在资产负债表上充分披露。

长期借款在资产负债表上列示于长期负债类下，该项目应根据“长期借款”科目的期末余额扣减将于一年内到期的长期借款后的数额填列，该项扣除数应当填列在流动负债类下的“一年内到期的长期负债”项目单独反映。审计人员应根据审计结果，确定被审计单位长期借款在资产负债表上的列示是否充分，并注意长期借款的抵押和担保是否已在财务报表附注中作了充分的说明。

（三）应付债券的审计

1. 应付债券的审计目标

应付债券的审计目标一般包括：确定资产负债表中记录的应付债券是否存在；确定所有应当记录的应付债券是否均已记录；确定记录的应付债券是否为被审计单位应当履行的现时义务；确定应付债券是否以恰当的金额包括在财务报表中，与之相关的计价调整是否已恰当记录；确定应付债券是否已按照企业会计准则的规定在财务报表中作出恰当列报。

2. 应付债券的实质性程序

应付债券的实质性程序一般包括：

（1）取得或编制应付债券明细表。同其他负债项目的实质性程序一样。审计人员应首先取得或编制应付债券明细表，并同有关的明细分类账和总分类账核对相符。应付债券明细账通常都包括债券名称、承销机构、发行日、到期日、债券总额（面值）、实收金额、折价和溢价及其摊销、应付利息、担保情况等内容。

（2）检查债券交易的有关原始凭证。检查债券交易的各项原始凭证，是确定应付债券金额及其合法性的重要程序，审计人员应作好以下工作：

①检查企业现有债券副本，确定其发行是否合法，各项内容是否同相关的会计记录相一致。

②检查企业发行债券所收入现金的收据、汇款通知单、送款登记簿及相关的银行对账单。

③检查用以偿还债券的支票存根，并检查利息费用的计算。

④检查已偿还债券数额同应付债券借方发生额是否相符。

⑤如果企业发行债券时已作抵押或担保，审计人员还应检查相关契约的履行情况。

（3）检查应计利息、债券折（溢）价摊销及其会计处理是否正确。此项工作一般可通过检查债券利息、溢价、折价等账户分析表来进行。该表可让企业代为编制，审计人员加以检查，也可由审计人员自己编制。

（4）函证“应付债券”账户期末余额。为了确定“应付债券”账户期末余额的真实性，审计人员如果认为必要，可以直接向债权人及债券的承销人或包销人进行函证。函证内容应包括应付债券的名称、发行日、到期日、利率、已付利息期间、年内偿还的债券、资产负债表日尚未偿还的债权及审计人员认为应包括的其他重要事项。

（5）检查到期债券的偿还。对到期债券的偿还，审计人员应检查相关会计记录，检查其会计处理是否正确。对可转换公司债券持有人行使转换权利，将其持有的债券转换为股票，则应检查其转股的会计处理是否正确。

（6）检查借款费用的会计处理是否正确。

（7）检查应付债券是否已恰当列报。应付债券在资产负债表中列示于长期负债类下，该项目应根据“应付债券”科目的期末余额扣除将于一年内到期的应付债券后的数额填列，该扣除数应当填列在流动负债类下的“一年到期的长期负债”项目单独反映。审计人员应根据审计结果，确定被审计单位应付债券在财务报表上的披露是否充分，应注意有关应付债券的类别是否已在财务报表附注中作了充分的说明。

（四）财务费用的审计

1. 财务费用的审计目标

财务费用的审计目标一般包括：确定利润表中记录的财务费用是否已发生，且与被审计单位有关；确定所有应当记录的财务费用是否均已记录；确定与财务费用有关的金额及其他数据是否已恰当记录；确定财务费用是否已记录于正确的会计期间；确定财务费用是否已记录于恰当的账户；确定财务费用是否已按照企业会计准则的规定在财务报表中作出恰当的列报。

2. 财务费用的实质性程序

财务费用的实质性程序通常包括：

（1）获取或编制财务费用明细表，复核加计是否正确，与报表数、总账数和明细账合计数核对是否相符。

（2）将本期、上期财务费用各明细项目作比较分析，必要时比较本期各月的财务费用，如有重大波动和异常情况，应查明原因，扩大审计范围或增加测试量。

（3）检查利息支出明细账，确认利息支出的真实性及正确性，检查各项借款期末应计利息有无预计入账，注意检查现金折扣的会计处理是否正确。

（4）检查汇兑损失明细账，检查汇兑损益计算方法是否正确，核对所用汇率是否正确，前后期是否一致。

（5）检查“财务费用—其他”明细账，注意检查大额金融机构手续费的真实性与正确性。

（6）审阅下期期初的财务费用明细账，检查财务费用各项目有无跨期入账的现象，对于重大跨期项目，应作必要调整。

（7）检查从其他企业或非银行金融机构取得的利息收入是否按规定计缴营业税。

（8）检查财务费用的列报是否恰当。

（五）实收资本（股本）的审计

1. 实收资本（股本）的审计目标

实收资本（股本）的审计目标一般包括：确定资产负债表中记录的实收资本（股本）是否存在；确定所有应当记录的实收资本（股本）是否均已记录；确定实收资本（股本）是否以恰当的金额包括在财务报表中；实收资本（股本）是否已按照企业会计准则的规定在财务报表中作出恰当列报。

2. 实收资本（股本）的实质性程序

实收资本（股本）的实质性程序通常包括：

（1）获取或编制实收资本（股本）增减变动情况明细表，复核加计是否正确，与报表数、总账数和明细账合计数核对是否相符。

（2）查阅公司章程、股东大会、董事会会议记录中有关实收资本（股本）的规定。收集与实收资本（股本）变动有关的董事会会议纪要、合同、协议、公司章程及营业执照。公司设立批文、验资报告等法律性文件，并更新永久性档案。

（3）检查实收资本（股本）增减变动的原因，查阅其是否与董事会纪要、补充合同、协议及其他有关法律性文件的规定一致，逐笔追查至原始凭证，检查其会计处理是否正确。注意有无抽资或变相抽资的情况，如有，应取证核实，作恰当处理。对首次接受委托的客户，除取得验资报告外，还应检查并复印记账凭证及进账单。

（4）对于以资本公积、盈余公积和未分配利润转增资本的，应取得股东（大）会等资料，并审核是否符合国家有关规定。

（5）以权益结算的股份支付，取得相关资料，检查是否符合相关规定。

（6）中外合作企业根据合同规定在合作期间归还投资的，检查以下内容：

①如系直接归还投资，检查是否符合有关的决议与公司章程和投资协议的规定，款项是否已付出，会计处理是否正确；

②如系以利润归还投资，还需检查是否与利润分配的决议相符，并检查与利润分配有大会计处理是否正确。

（7）根据证券登记公司提供的股东名录，检查被审计单位及其子公司、合营企业与联营企业是否有违反规定的持股情况。

（8）以非记账本位币出资的，检查其折算汇率是否符合规定。

（9）检查认股权证及其有关交易，确定委托人及认股人是否遵守认股合约或认股权证中的有关规定。

（10）检查实收资本（股本）的列报是否恰当。

（六）资本公积的审计

资本公积是非经营性因素形成的不能计入实收资本的所有者权益，主要包括投资者实际缴付的出资额超过其资本份额的差额（如股本溢价、资本溢价）和其他资本公积等。

1. 资本公积的审计目标

资本公积的审计目标一般包括：确定资产负债表中记录的资本公积是否存在；确定所有应当记录的资本公积是否均已记录，资本公积的增减变动是否符合法律、法规和合同、章程的规定；确定资本公积是否以恰当的金额包括在财务报表中；确定资本公积是否已按照企业会计准则的规定在财务报表中作出恰当列报。

2. 资本公积的实质性程序

资本公积的实质性程序通常包括：

（1）获取或编制资本公积明细表，复核加计正确，并与报表数、总账数和明细账合计数核对相符。

（2）收集与资本公积变动有关的股东（大）会决议，董事会会议纪要、资产评估报告等文件资料，更新永久性档案。首次接受委托的，应检查期初资本公积的原始发生依据。

（3）根据资本公积明细账，对股本溢价、其他资本公积各明细的发生额逐项进行审查。

①对于股本溢价，应取得董事会会议纪要、股东（大）会决议、有关合同、政府批文，追查至银行收款等原始凭证，结合相关科目的审计，检查会计处理是否正确，注意发行股票溢价收入的计算是否已扣除股票发行费用。

②检查以权益法核算的被投资单位除净损益以外所有者权益的变动，被审计单位是否已按其享有的份额入账，会计处理是否正确；处置该项投资时，应注意是否已转销与其相关的资本公积。

③对拨款转入，审阅有关的拨款批文，检查拨款项目的完成情况，结合专项应付款的审计，检查会计处理是否正确。

④以权益结算的股份支付，取得相关资料，检查在权益工具授予日期和行权日的会计处

理是否正确。

⑤对自用房地产或存货转换为采用公允价值计量的投资性房地产，若转换日公允价值大于账面价值，差额是否正确记入本科目，若转换日公允价值小于账面价值，检查差额是否正确计入公允价值变动损益；处置投资性房地产，检查相关的资本公积是否已转销。

⑥对可供出售金融资产形成的资本公积，结合相关科目检查金额和相关会计处理是否正确：当可供出售金融资产转为采用成本或摊余成本计量时，已记入本科目的公允价值变动是否按规定进行了会计处理；当可供出售金融资产发生减值时，已记入本科目的公允价值变动是否转入资产减值损失：当已减值的可供出售金融资产公允价值回升时，区分权益工具和债务工具分别确定其会计处理是否正确。

⑦若有同一控制下企业合并，应结合长期股权投资科目，检查被审计单位（合并方）取得的被合并方所有者权益账面价值的份额与支付的合并对价账面价值的差额计算是否正确。是否依次调整本科目、盈余公积和未分配利润。

⑧被审计单位将回购的本单位股票予以注销、用于奖励职工或转让，其会计处理是否正确。

⑨对于在资产负债表日，满足运用套期会计方法条件的现金流量套期和境外经营净投资套期产生的利得和损失是否进行了正确的会计处理。

⑩对资本公积转增资本，应取得股东（大）会决议、董事会会议纪要和政府批文等，检查资本公积转增资本是否符合有关规定，会计处理是否正确。

（4）检查资本公积各项目，考虑对所得税的影响。

（5）记录资本公积中不能转增资本的项目。

（6）确定资本公积的列报是否恰当。

（七）盈余公积的审计

盈余公积是企业按照规定从税后利润中提取的积累资金，是具有特定用途的留存收益，主要用于弥补亏损和转增资本，也可以按规定用于分配股利。盈余公积包括法定盈余公积和任意盈余公积。

1. 盈余公积的审计目标

盈余公积的审计目标一般包括：确定资产负债表中记录的盈余公积是否存在；确定被审计单位所有应当记录的盈余公积是否均已记录，盈余公积的增减变动是否符合法律、法规和合同、章程的规定；确定盈余公积是否以恰当金额包括在财务报表中，与之相关的计价调整是否已恰当记录；确定盈余公积是否已按照企业会计准则的规定在财务报表中作出恰当列报。

2. 盈余公积的实质性程序

盈余公积的实质性程序通常包括：

（1）取得或编制盈余公积明细表，复核加计正确，并与报表数、总账数和明细账合计数核对相符。

（2）收集与盈余公积变动有关的董事会会议纪要、股东（大）会决议以及政府主管部门、财政部门批复等文件资料，进行审阅，并更新永久性档案。

（3）对法定盈余公积和任意盈余公积的发生额逐项审查至原始凭证。

①审查法定盈余公积和任意盈余公积的计提顺序、计提基数、计提比例是否符合有关规

定，会计处理是否正确。

②审查盈余公积的减少是否符合有关规定，取得董事会会议纪要、股东（大）会决议，予以核实，检查有关会计处理是否正确。

（4）如系外商投资企业，应对储备基金、企业发展基金的发生额逐项审查至原始凭证。

（5）如系中外合作经营企业，应对利润归还投资的发生额审查至原始凭证，并与“实收资本—已归还投资”科目的发生金额核对。

（6）确定盈余公积的列报是否恰当。

（八）未分配利润的审计

未分配利润是指未作分配的净利润，即这部分利润没有分配给投资者，也未指定用途。未分配利润是企业当年税后利润在弥补以前年度亏损、提取公积金和公益金以后加上上年末未分配利润，再扣除向所有者分配的利润后的结余额，是企业留于以后年度分配的利润。它是企业历年积存的利润分配后的余额，也是所有者权益的一个重要组成部分。企业的未分配利润通过“利润分配——未分配利润”明细科目核算，其年末余额反映历年积存的未分配利润（或未弥补亏损）。

1. 未分配利润的审计目标

未分配利润的审计目标一般包括：确定资产负债表中记录的未分配利润是否存在；确定被审计单位所有应当记录的未分配利润是否均已记录，未分配利润增减变动是否符合法律、法规和章程的规定；确定未分配利润是否以恰当的金额包括在财务报表中，与之相关的计价调整是否已恰当记录；确定未分配利润是否已按照企业会计准则的规定在财务报表中作出恰当列报。

2. 未分配利润的实质性程序

未分配利润的实质性程序通常包括：

（1）获取或编制利润分配明细表。复核加计是否正确，与报表数、总账数及明细账合计数核对是否相符。

（2）检查未分配利润期初数与上期审定数是否相符，涉及损益的上期审计调整是否正确入账。

（3）收集和检查与利润分配有关的董事会会议纪要、股东（大）会决议、政府部门批文及有关合同、协议、公司章程等文件资料更新永久性档案。对照有关规定确认利润分配的合法性。检查对资产负债表日后至财务报告批准报出日之间由董事会或类似机构所制订利润分配方案中拟分配的股利，是否在财务报表附注中单独披露。注意当境内与境外会计师事务所审定的可供分配利润不同时，被审计单位进行利润分配的基数是否正确。

（4）检查本期未分配利润变动除净利润转人以外的全部相关凭证，结合所获取的文件资料，确定其会计处理是否正确。

（5）了解本年利润弥补以前年度亏损的情况，如果已超过弥补期限，且已因为抵扣亏损而确认递延所得税资产的，应当进行调整。

（6）结合以前年度损益调整科目的审计检查以前年度损益调整的内容是否真实、合理，注意对以前年度所得税的影响。对重大调整事项应逐项核实其发生原因、依据和有关资料、复核数据的正确性。

（7）确定未分配利润的列报是否恰当。

（九）应付股利审计

1. 应付股利的审计目标

应付股利的审计目标一般包括：确定资产负债表中记录的应付股利是否存在；确定所有应当记录的应付股利是否均已记录；确定记录的应付股利是否为被审计单位应当履行的现时义务；确定应付股利是否以恰当的金额包括在财务报表中，与之相关的计价调整是否已恰当记录；确定应付股利是否已按照企业会计准则的规定在财务报表中作出恰当列报。

2. 应付股利的实质性程序

（1）获取或编制应付股利明细表，复核加计是否正确，并与报表数、总账数和明细账合计数核对是否相符。

（2）审阅公司章程和股东（大）会决议中有关股利的规定，了解股利分配标准和发放方式是否符合有关规定并经法定程序批准。若被审计单位董事会或类似机构通过利润分配方案拟分配现金股利或利润的注意是否披露。

（3）检查应付股利的发生额。是否根据股东（大）会决定的利润分配方案，从可供分配利润中计算确定。并复核应付股利计算和会计处理的正确性。

（4）检查股利支付的原始凭证的内容、金额和会计处理是否正确。

（5）现金股利是否按公告规定的时间、金额予以发放结算，非标准手之零星股东股利有否采用适当方法结算，对无法结算及委托发放而长期未结的股利是否做出适当处理。

（6）确定应付股利的列报是否恰当。

二、投资循环的实质性程序

与投资相关项目包括：交易性金融资产、可供出售金融资产、持有至到期投资、长期股权投资、投资性房地产、应收利息、投资收益审计、应收股利、交易性金融负债等。下面介绍这些项目的审计。

（一）交易性金融资产审计

交易性金融资产，是指企业为了近期出售而持有的金融资产。在会计科目设置上，企业持有的直接指定为以公允价值计量且其变动计入当期损益的金融资产，也通过该科目核算。

1. 交易性金融资产的审计目标

交易性金融资产的审计目标一般包括：确定资产负债表中记录的交易性金融资产是否存在；确定所有应当记录的交易性金融资产是否均已记录；确定记录的交易性金融资产是否由被审计单位拥有或控制；确定交易性金融资产是否以恰当的金额包括在财务报表中，与之相关的计价调整是否已恰当记录；确定交易性金融资产是否已按照企业会计准则的规定在财务报表中作出恰当列报。

2. 交易性金融资产的实质性程序

交易性金融资产的实质性程序通常包括：

（1）获取或编制交易性金融资产明细表，复核加计是否正确，并与报表数、总账数和明细账合计数核对是否相符。

（2）对期末结存的相关交易性金融资产，向被审计单位核实其持有目的，检查本科目核算范围是否恰当。

（3）获取股票、债券及基金等交易流水单及被审计单位证券投资部门的交易记录。与明细账核对，检查会计记录是否完整、会计处理是否正确。

（4）监盘库存交易性金融资产，并与相关账户余额进行核对，如有差异，应查明原因，并做出记录或进行适当调整。

（5）向相关金融机构发函询证交易性金融资产期末数量以及是否存在变现限制（与存入投资款一并函证），并记录函证过程。取得回函时应检查相关签章是否符合要求。

（6）抽取交易性金融资产增减变动的相关凭证，检查其原始凭证是否完整合法，会计处理是否正确。

①抽取交易性金融资产增加的记账凭证，注意其原始凭证是否完整合法，成本、交易费用和相关利息或股利的会计处理是否符合规定。

②抽取交易性金融资产减少的记账凭证，检查其原始凭证是否完整合法，会计处理是否正确；注意出售交易性金融资产时其成本结转是否正确，原计入的公允价值变动损益有无调整至投资收益。

（7）复核与交易性金融资产相关的损益计算是否准确，并与公允价值变动损益及投资收益等有关数据核对。

（8）复核股票、债券及基金等交易性金融资产的期末公允价值是否合理，相关会计处理是否正确。

（9）关注交易性金融资产是否存在重大的变现限制。

（10）确定交易性金融资产的列报是否恰当。

（二）可供出售金融资产审计

可供出售金融资产，是指初始确认时即被指定为可供出售的非衍生金融资产，以及除下列各类资产以外的金融资产：（1）贷款和应收款项；（2）持有至到期投资；（3）以公允价值计量且其变动计入当期损益的金融资产。

1. 可供出售金融资产的审计目标

可供出售金融资产的审计目标一般包括：确定资产负债表中记录的可供出售金融资产是否存在；确定所有应当记录的可供出售金融资产是否均已记录；确定记录的可供出售金融资产是否由被审计单位拥有或控制；确定可供出售金融资产是否以恰当的金额包括在财务报表中，与之相关的计价调整是否已恰当记录；确定可供出售金融资产是否已按照企业会计准则的规定在财务报表中作出恰当列报。

2. 供出售金融资产的实质性程序

可供出售金融资产的实质性程序通常包括：

（1）获取或编制可供出售金融资产资产明细表，复核加计是否正确，并与报表数、总账数和明细账合计数核对是否相符。

（2）获取可供出售金融资产对账单，与明细账核对，并检查其会计处理是否正确。

（3）检查库存可供出售金融资产，并与相关账户余额进行核对，如有差异，应查明原因，并做出记录或进行适当调整。

（4）向相关金融机构发函询证可供出售金融资产期末数量，并记录函证过程。取得回函时应检查相关签章是否符合要求。

（5）对期末结存的可供出售金融资产，向被审计单位核实其持有目的。检查本科目核对范围是否恰当。

（6）抽取可供出售金融资产增减变动的相关凭证，检查其原始凭证是否完整合法，会计处理是否正确。

①抽取可供出售金融资产增加的记账凭证，注意其原始凭证是否完整合法，成本、交易费用和相关利息或股利的会计处理是否符合规定。

②抽取可供出售金融资产减少的记账凭证，检查其原始凭证是否完整合法，会计处理是否正确。注意出售可供出售金融资产时相应的资本公积有无调整。

（7）复核可供出售金融资产的期末公允价值是否合理，检查会计处理是否正确。

（8）如果可供出售金融资产的公允价值发生较大幅度下降，并且预期这种下降趋势属于非暂时性的，应当检查被审计单位是否计提资产减值准备，计提金额和相关会计处理是否正确。

（9）已确认减值损失的可供出售金融资产。当公允价值回升时应检查其相关会计处理是否正确。注意债券等债务工具应从资产减值损失科目转回；股票等权益工具则应从资本公积转回，不得从当期损益转回。

（10）若债券等债务工具类可供出售金融资产发生减值，检查相关利息的计算和会计处理是否正确。

（11）检查可供出售金融资产出售时，其相关损益计算及会计处理是否正确，已计入资本公积的公允价值累计变动额是否转入投资收益科目。

（12）复核可供出售金融资产划转为持有至到期投资的依据是否充分，会计处理是否正确。

（13）检查债券投资计入损益的利息收入计算所采用的利率是否正确。

（14）结合银行借款等科目，了解是否存在已用于债务担保的可供出售金融资产。如有，则应取证并作相应的记录。同时提请被审计单位作恰当披露。

（15）确定可供出售金融资产的列报是否恰当。

（三）持有至到期投资审计

持有至到期投资，是指到期日固定、回收金额固定或可确定，且企业有明确意图和能力持有至到期的非衍生金融资产。

1. 持有至到期投资的审计目标

持有至到期投资的审计目标一般包括：确定资产负债表中记录的持有至到期投资是否存在；确定所有应当记录的持有至到期投资是否均已记录；确定记录的持有至到期投资是否由被审计单位拥有或控制；确定持有至到期投资是否以恰当的金额包括在财务报表中，与之相关的计价调整是否已恰当记录；确定持有至到期投资是否已按照企业会计准则的规定在财务报表中作出恰当列报。

2. 持有至到期投资的实质性程序

持有至到期投资的实质性程序通常包括：

（1）获取或编制持有至到期投资明细表，复核加计是否正确，并与总账数和明细账合计数核对是否相符。

（2）获取持有至到期投资对账单，与明细账核对，并检查其会计处理是否正确。

（3）检查库存持有至到期投资并与账面余额进行核对，如有差异，应查明原因，并做出记录或进行适当调整。

（4）向相关金融机构发函询证持有至到期投资期末数量，并记录函证过程。取得回函时应检查相关签章是否符合要求。

（5）对期末结存的持有至到期投资资产，核实被审计单位持有的目的和能力检查本科目核算范围是否恰当。

（6）抽取持有至到期投资增加的记账凭证，注意其原始凭证是否完整合法，成本、交易费用和相关利息的会计处理是否符合规定。

（7）抽取持有至到期投资减少的记账凭证，检查其原始凭证是否完整合法。会计处理是否正确。

（8）根据相关资料，确定证券投资的计息类型。结合投资收益科目，复核计算利息采用的利率是否恰当，相关会计处理是否正确，检查持有至到期投资持有期间收到的利息会计处理是否正确。检查债券投资票面利率和实际利率有较大差异时被审计单位采用的利率及其计算方法是否正确。

（9）结合投资收益科目，复核处置持有至到期投资的损益计算是否准确，已计提的减值准备是否同时结转。

（10）检查当持有目的改变时，持有至到期投资划转为可供出售金融资产的会计处理是否正确。

（11）结合银行借款等科目，了解是否存在已用于债务担保的持有至到期投资。如有，则应取证并作相应的记录，同时提请被审计单位作恰当披露。

（12）当有客观证据表明持有至到期投资发生减值的，应当复核相关资产项目的预计未来现金流量现值，并与其账面价值进行比较，检查相关准备计提是否充分。

（13）若发生减值，检查相关利息的计算及处理是否正确。

（14）确定持有至到期投资的列报是否恰当，注意一年内到期的持有至到期投资是否已重分类至一年内到期的非流动资产。

（四）长期股权投资审计

长期股权投资核算企业持有的采用权益法或成本法核算的长期股权投资，具体包括：（1）企业持有的能够对被投资单位实施控制的权益性投资，即对子公司的投资；（2）企业持有的能够与其他合营方一同对被投资单位实施共同控制的权益性投资，即对合营企业的投资；（3）企业持有的能够对被投资单位施加重大影响的权益性投资，即对联营企业的投资；（4）企业对被投资单位不具有控制、共同控制或重大影响，且在活跃市场中没有报价、公允价值不能可靠计量的权益性投资。

1. 长期股权投资的审计目标

长期股权投资的审计目标一般包括：确定资产负债表中记录的长期股权投资是否存在；确定所有应当记录的长期股权投资是否均已记录；确定记录的长期股权投资是否由被审计单位拥有或控制；确定长期股权投资是否以恰当的金额包括在财务报表中，与之相关的计价调整是否已恰当记录；确定长期股权投资是否已按照企业会计准则的规定在财务报表中作出恰当列报。

2. 长期股权投资的实质性程序

长期股权投资的实质性程序通常包括：

（1）获取或编制长期股权投资明细表，复核加计正确，并与总账数和明细账合计数核对相符；结合长期股权投资减值准备科目与报表数核对相符。

（2）根据有关合同和文件。确认股权投资的股权比例和持有时间，检查股权投资核算方法是否正确。

（3）对于重大的投资，向被投资单位函证被审计单位的投资额、持股比例及被投资单位发放股利等情况。

（4）对于应采用权益法核算的长期股权投资，获取被投资单位已经审计人员审计的年度财务报表，如果未经审计人员审计，则应考虑对被投资单位的财务报表实施适当的审计或审阅程序。

①复核投资收益时，应以取得投资时被投资单位各项可辨认资产等的公允价值为基础，对被投资单位的净利润进行调整后加以确认；被投资单位采用的会计政策及会计期间与被审计单位不一致的，应当按照被审计单位的会计政策及会计期间对被投资单位的财务报表进行调整，据此确认投资损益。

②将重新计算的投资收益与被审计单位所计算的投资收益相核对，如有重大差异，则查明原因，并做适当调整。

③检查被审计单位按权益法核算长期股权投资，在确认应分担被投资单位发生的净亏损时，应首先冲减长期股权投资的账面价值，其次冲减其他实质上构成对被投资单位净投资的长期权益账面价值（如长期应收款等）；如果按照投资合同和协议约定被审计单位仍需承担额外损失义务的，应按预计承担的义务确认预计负债，并与预计负债中的相应数字核对无误；被投资单位以后期间实现盈利的，被审计单位在其收益分享额弥补未确认的亏损分担额后，恢复确认收益分享额。审计时，应检查被审计单位会计处理是否正确。

④检查除净损益以外被投资单位所有者权益的其他变动，是否调整计入所有者权益。

（5）对于采用成本法核算的长期股权投资，检查股利分配的原始凭证及分配决议等资料确定会计处理是否正确；对被审计单位实施控制而采用成本法核算的长期股权投资，比照权益法编制变动明细表，以备合并报表使用。

（6）对于成本法和权益法相互转换的，检查其投资成本的确定是否正确。

（7）确定长期股权投资的增减变动的记录是否完整。

①检查本期增加的长期股权投资，追查至原始凭证及相关的文件或决议及被投资单位验资报告或财务资料等，确认长期股权投资是否符合投资合同、协议的规定，并已确实投资，会计处理是否正确。

②检查本期减少的长期股权投资，追查至原始凭证，确认长期股权投资的收回有合理的理由及授权批准手续，并已确实收回投资，会计处理是否正确。

（8）期末对长期股权投资进行逐项检查，以确定长期股权投资是否已经发生减值。

①核对长期股权投资减值准备本期与以前年度计提方法是否一致，如有差异，查明政策调整的原因，并确定政策改变对本期损益的影响，提请被审计单位做适当披露。

②对长期股权投资逐项进行检查，根据被投资单位经营政策、法律环境的变化，市场需求的变化、行业的变化、盈利能力等各种情形予以判断长期股权投资是否存在减值迹象。确有出现导致长期股权投资可收回金额低于账面价值的，将可收回金额低于账面价值的差额作为长期股权投资减值准备予以计提。并与被审计单位已计提数相核对。如有差异，查明原因。

③将本期减值准备计提金额与利润表资产减值损失中的相应数字核对无误。

④长期股权投资减值准备按单项资产计提，计提依据充分，得到适当批准。减值损失一经确认，在以后会计期间不得转回。

（9）结合银行借款等的检查，了解长期股权投资是否存在质押、担保情况。如有，则应详细记录，并提请被审计单位进行充分披露。

（10）确定长期股权投资在资产负债表上已恰当列报。与被审计单位人员讨论确定是否存在被投资单位由于所在国家和地区及其他方面的影响，其向被审计单位转移资金的能力受到限制的情况，如存在，应详细记录受限情况，并提请被审计单位进行充分披露。

（五）投资性房地产审计

投资性房地产是指为赚取租金或资本增值，或两者兼有而持有的房地产。

1. 投资性房地产的审计目标

投资性房地产的审计目标一般包括：确定资产负债表中记录的投资性房地产是否存在；确定所有应当记录的投资性房地产是否均已记录；确定记录的投资性房地产是否由被审计单位拥有或控制；确定投资性房地产是否以恰当的金额包括在财务报表中，与之相关的计价调整是否已恰当记录；确定投资性房地产是否已按照企业会计准则的规定在财务报表中作出恰当列报。

2. 投资性房地产的实质性程序

投资性房地产的实质性程序通常包括：

（1）获取或编制投资性房地产明细表，复核加计正确，并与总账数和明细账合计数核对相符；结合累计摊销（折旧）、投资性房地产减值准备科目与报表数核对相符。

（2）检查纳入投资性房地产范围的建筑物和土地使用权是否符合会计准则的规定。

（3）检查投资性房地产后续计量模式选用的依据是否充分。与上年政策进行比较，确定后续计量模式的一致性。如不一致，则详细记录变动原因。

（4）确定投资性房地产后续计量选用公允价值模式政策恰当，计算复核期末计价正确：

①询问并获取相关资料，评价被审计单位确定公允价值采用方法的适当性，公允价值选用的合理性，包括公司的决策程序、公允价值的确定方法、估值模型的选择、披露的充分性等。

②被审计单位投资性房地产的后续计量采用公允价值模式计价的，期末，应逐项检查公允价值的确定依据是否充分。公允价值变动损益计算是否正确，会计处理是否正确并与公允价值变动损益项目中的相应数字核对相符。

③如果需利用专家等的工作，应对专家的执业资格和胜任能力、工作结果等进行评价。

（5）投资性房地产后续计量选用成本计量模式，确定投资性房地产累计摊销（折旧）政策恰当，计算复核本年度摊销（折旧）的计提是否正确。

①了解被审计单位所使用的建筑物折旧率和土地使用权摊销率，确定其是否恰当。

②确认被审计单位除已提足折旧的建筑物外，其他投资性房地产已计提折旧和摊销。

③根据投资性房地产的平均水平测算全年的摊销（折旧）额，并与投资性房地产中的累计折旧和摊销本期增加数相核对，如有差异，查明原因。

④将本期累计折旧和摊销金额与利润表其他业务支出中的相应数字核对无误。

（6）期末对成本计量的投资性房地产进行如下逐项检查，以确定投资性房地产是否已经发生减值。

①核对投资性房地产减值准备本期与以前年度计提方法是否一致，如有差异，查明政策调整的原因，并确定政策改变对本期损益的影响，提请被审计单位做适当披露。

②确有出现导致其可收回金额低于账面价值的情况，将可收回金额低于账面价值的差额作为投资性房地产减值准备予以计提，并与投资性房地产中的减值准备本期增加数相核对，如有差异，查明原因。

③将本期减值准备计提金额与利润表资产减值损失中的相应数字核对无误。

④检查投资性房地产减值准备是否按单项资产（或资产组）计提，计提依据是否充分，得到适当批准，减值损失是否没有转回。

（7）确定投资性房地产后续计量模式的转换恰当。

①检查董事会等决议文件，确定后续计量模式改变的适当性，会计处理的正确性，并提请被审计单位进行充分披露。

②审查投资性房地产成本计量模式转为公允价值计量模式是否作为会计政策变更进行追溯调整期初留存收益处理；采用公允价值计量模式的投资性房地产不得从公允价值计量模式转为成本计量模式。

（8）如被审计单位投资性房地产与其他资产发生相互转换的，应审查转换依据是否充分是否经过有效批准，转换日房地产成本计量是否正确，会计处理是否正确。

①复核在成本模式下，是否将房地产转换前的账面价值作为转换后的入账价值；

②复核采用公允价值模式计量的投资性房地产转换为自用房地产时，是否以其转换当日的公允价值作为自用房地产的账面价值，公允价值与原账面价值的差额计入当期损益；

③自用房地产或存货转换为采用公允价值模式计量的投资性房地产时，投资性房地产按照转换当日的公允价值计价，转换当日的公允价值小于原账面价值的，其差额计入当期损益；转换当日的公允价值大于原账面价值的，其差额计入资本公积。

（9）获取租赁合同等文件，重新计算租金收入，并与利润表其他业务收入中的相应数字核对无误。

（10）检查本期对投资性房地产进行改良或装修的会计处理是否正确。

（11）检查有无与关联方的投资性房地产购售活动，是否经适当授权，交易价格是否公允。

（12）结合银行借款等项目的审计，了解建筑物、土地使用权是否存在抵押、担保情况。如有，则应详细记录，检查投资性房地产的保险情况。

（13）检查投资性房地产已恰当列报。

（六）应收利息审计

1. 应收利息的审计目标

应收利息的审计目标一般包括：确定资产负债表中记录的应付利息是否存在；确定所有应当记录的应付利息均已记录；确定记录的应付利息是被审计单位应当履行的现时义务；确定应付利息以恰当的金额包括在财务报表中，与之相关的计价调整已恰当记录；确定应付利息已按照企业会计准则的规定在财务报表中作出恰当列报。

2. 应收利息的实质性程序

应收利息的实质性程序通常包括：

（1）获取或编制应收利息明细表，复核加计正确，并与总账数和明细账合计数核对相符，结合坏账准备科目与报表数核对相符。

（2）实质性分析程序。按照不同借款类别，将借款平均余额与平均利率的乘积，与账面利息收入相比较，确定两者差异额是否合理。

（3）与长期股权投资、交易性金融资产、可供出售金融资产、持有至到期投资等相关项目的审计结合，验证确定应收利息的计算是否充分、正确，检查会计处理是否正确。

（4）对于重大的应收利息项目，审阅相关文件，复核其计算的准确性。必要时，向有关单位函证并记录。

（5）检查应收利息减少有无异常。

（6）检查期后收款情况，对至审计时已收回金额较大的款项进行常规检查，如核对收款凭证、银行对账单、发票等。

（7）关注长期未收回及金额较大的应收利息，询问被审计单位管理人员及相关职员，确定应收利息的可收回性。必要时，向被投资单位函证利息支付情况，复核并记录函证结果。

（8）确定应收利息已恰当列报。

（七）投资收益审计

1. 投资收益的审计目标

投资收益的审计目标一般包括：确定利润表中记录的投资收益是否已发生，且与被审计单位有关；所有应当记录的投资收益是否均已记录；确定与投资收益有关的金额及其他数据已恰当记录；确定投资收益已记录于正确的会计期间；确定投资收益已按照企业会计准则的规定在财务报表中作出恰当列报。

2. 投资收益的实质性程序

投资收益的实质性程序通常包括：

（1）获取或编制投资收益分类明细表，复核加计正确并与总账数和明细账合计数核对相符，与报表数核对相符。

（2）与以前年度投资收益比较，结合投资本期的变动情况，分析本期投资收益是否存在异常现象。如有，应查明原因，并做出适当的调整。

（3）与长期股权投资、交易性金融资产、交易性金融负债、可供出售金融资产、持有到期投资等相关项目的审计结合，验证确定投资收益的记录是否正确，确定投资收益被计入正确的会计期间。

（4）确定投资收益已恰当列报。检查投资协议等文件，确定国外投资收益汇回是否存在重大限制，若存在重大限制，应说明原因，并做出恰当披露。

（八）应收股利审计

1. 应收股利的审计目标

应收股利的审计目标一般包括：确定资产负债表中记录的应收股利是存在的；确定所有应当记录的应收股利均已记录；确定记录的应收股利由被审计单位拥有或控制；确定应收股利以恰当的金额包括在财务报表中，与之相关的计价调整已恰当记录；确定应收股利已按照企业会计准则的规定在财务报表中作出恰当列报。

2. 应收股利的实质性程序

应收股利的实质性程序通常包括：

（1）获取或编制应收股利明细表，复核加计正确，并与总账数和明细账合计数核对相符，结合坏账准备科目与报表数核对相符。

（2）与长期股权投资、交易性金融资产、可供出售金融资产等项目的审计结合，验证确定应收股利的计算是否正确，检查会计处理是否正确。

（3）对于重大的应收股利项目，审阅相关文件，测试其计算的准确性。必要时，向被投资单位函证并记录。

（4）检查应收股利减少有无异常。

（5）检查期后收款情况，对至审计时已收回金额较大的款项进行常规检查，如核对收款凭证、银行对账单、股利分配方案等。

（6）关注长期未收回且金额较大的应收股利，询问被审计单位管理人员及相关职员或者查询被投资单位的情况，确定应收股利的可收回性。必要时，向被投资单位函证股利支付情况，复核并记录函证结果。

（7）检查应收股利是否恰当列报，确定境外投资应收股利汇回是否存在重大限制，如果存在，是否已充分披露。

（九）交易性金融负债审计

交易性金融负债，是指企业为了近期回购而持有的金融负债。在会计科目设置上，企业持有的直接指定为以公允价值计量且其变动计入当期损益的金融负债，也通过该科目核算。

1. 交易性金融负债的审计目标

交易性金融负债的审计目标一般包括：确定资产负债表中记录的交易性金融负债是存在的；确定所有应当记录的交易性金融负债均已记录；确定记录的交易性金融负债是被审计单位应当履行的现时义务；确定交易性金融负债以恰当的金额包括在财务报表中，与之相关的计价调整已恰当记录；确定交易性金融负债已按照企业会计准则的规定在财务报表中作出恰当列报。

2. 交易性金融负债的实质性程序

交易性金融负债的实质性程序通常包括：

（1）获取或编制应收股利明细表，复核加计正确，并与总账数和明细账合计数核对相符。

（2）根据相关的债券交易资料，审查交易性金融负债内容的真实性和完整性。

（3）必要时向对方单位函证。

（4）审查交易性金融负债的会计处理是否正确，特别注意公允价值的合理性，是否存在低估公允价值调增利润的情况。

（5）检查交易性金融负债的披露是否恰当。

（十）应付股利的审计

1. 应付股利的审计目标

应付股利的审计目标一般包括：确定资产负债表中记录的应付股利是否存在；确定所有应当记录的应付股利是否均已记录；确定记录的应付股利是否为被审计单位应当履行的现时义务；确定应付股利是否以恰当的金额包括在财务报表中，与之相关的计价调整是否已恰当记录；确定应付股利是否已按照企业会计准则的规定在财务报表中作出恰当列报。

2. 应付股利的实质性程序

应付股利的实质性程序通常包括：

（1）获取或编制应付股利明细表，复核加计是否正确，并与报表数、总账数和明细账合计数核对是否相符。

（2）审阅公司章程和股东（大）会决议中有关股利的规定，了解股利分配标准和发放方式是否符合有关规定并经法定程序批准。若被审计单位董事会或类似机构通过利润分配方案拟分配现金股利或利润的注意是否披露。

（3）检查应付股利的发生额。是否根据股东（大）会决定的利润分配方案，从可供分配利润中计算确定。并复核应付股利计算和会计处理的正确性。

（4）检查股利支付的原始凭证的内容、金额和会计处理是否正确。

（5）现金股利是否按公告规定的时间、金额予以发放结算，非标准手之零星股东股利有否采用适当方法结算，对无法结算及委托发放而长期未结的股利是否做出适当处理。

（6）确定应付股利的列报是否恰当。

三、其他项目的实质性程序

（一）长期应付款的审计

1. 长期应付款的审计目标

长期应付款的审计目标一般包括：确定资产负债表中记录的长期应付款是否存在；确定所有应当记录的长期应付款是否均已记录；确定记录的长期应付款是否为被审计单位应当履行的现时义务；确定长期应付款是否以恰当的金额包括在财务报表中，与之相关的计价调整是否已恰当记录；确定长期应付款是否已按照企业会计准则的规定在财务报表中作出恰当列报。

2. 长期应付款——账面余额的实质性程序

（1）获取或编制长期应付款明细表：

①复核加计是否正确，并与报表数、总账数和明细账合计数核对是否相符；

②检查非记账本位币长期应付款的折算汇率及折算是否正确；

③检查长期应付款的内容是否符合企业会计准则的规定（主要包括应付融资租入固定资产的租赁费、以分期付款方式购入固定资产等发生的应付款项等）。

（2）检查应付融资租入固定资产的租赁费：

①重点关注企业融资租入的固定资产，检查企业融资租入的固定资产是否经授权批准，在租赁期开始日，长期应付款的金额是否按最低租赁付款额确认；

②合同的审查，是否按合约规定的付款条件按期支付租金；

③检查会计处理是否正确。

（3）检查以分期付款方式购入固定资产等发生的应付款项：

①检查购入超过信用条件延期支付价款、实质上具有融资性质的资产，长期应付款是否按应支付的金额确认；

②结合合同的审查，是否按合约规定的付款条件按期支付价款；

③检查会计处理是否正确。

（4）必要时，现场查看交易涉及的资产，并向债权人函证长期应付款。

（5）结合固定资产的审计，检查有无未入账的长期应付款。

（6）检查各项长期应付款本息的计算是否准确，会计处理是否正确。

（7）标明应付关联方（包括持股5%以上（含5%）股东）的款项，执行关联方及其交易审计程序，并注明合并报表时应予抵消的金额；对关联企业、有密切关系的主要被审计单位的交易事项应作专门核查：

①了解交易事项的目的及应付款项的原因、检查相关合同等相关文件资料；

②向关联方、有密切关系的主要被审计单位或其他审计人员函询，以确认交易的真实性、合理性。

（8）检查长期应付款是否已按照企业会计准则的规定在财务报表中作出恰当的列报：

①长期应付款是否按减去未确认融资费用后的余额列示；

②1年内到期的长期应付款是否列入1年内到期的非流动负债。

（二）营业外收入的审计

1. 营业外收入的审计目标

营业外收入的审计目标一般包括：确定利润表中记录的营业外收入是否已发生，且与被审计单位有关；确定所有应当记录的营业外收入是否均已记录；确定与营业外收入有关的金额及其他数据是否已恰当记录；确定营业外收入是否已记录于正确的会计期间；确定营业外收入是否已记录于恰当的账户；确定营业外收入是否已按照企业会计准则的规定在财务报表中作出恰当的列报。

2. 营业外收入的实质性程序

营业外收入的实质性程序通常包括：

（1）获取或编制营业外收入明细表，复核加计是否正确，并与报表数、总账数及明细账合计数核对是否相符。

（2）检查营业外收入的核算内容是否符合会计准则的规定。

（3）抽查营业外收入中金额较大或性质特殊的项目，审核其内容的真实性和依据的充分性。

（4）对营业外收入中各项目，包括非流动资产处理利得、非货币性资产交换利得、债务重组利得、政府补助、盘盈利得、接受捐赠利得等相关账户记录核对相符，并追查至相关原始凭证。

（5）检查营业外收入的列报是否恰当。

（三）营业外支出的审计

1. 营业外支出的审计目标

营业外支出的审计目标一般包括：确定利润表中记录的营业外支出是否已发生，且与被审计单位有关；确定所有应当记录的营业外支出是否均已记录；确定与营业外支出有关的金额及其他数据是否已恰当记录；确定营业外支出是否已记录于正确的会计期间；确定营业外支出是否已记录于恰当的账户；确定营业外支出是否已按照企业会计准则的规定在财务报表中作出恰当的列报。

2. 营业外支出的实质性程序

营业外支出的实质性程序通常包括：

（1）获取或编制营业外支出明细表，复核加计是否正确，并与报表数、总账数及明细账合计数核对是否相符。

（2）检查营业外支出内容是否符合会计准则的规定。

（3）对营业外支出的各项目，包括非流动资产处理损失、非货币性资产交换损失、债务重组损失、盘亏损失、公益性捐赠支出等，与固定资产、无形资产等相关账户记录核对相符，并追查至相关原始凭证。

（4）检查是否存在非公益性捐赠支出、税收滞纳金、罚金、罚款支出、各种赞助会费支出，必要时进行应纳税所得额调整。

（5）对非常损失应详细检查有关资料、被审计单位实际损失和保险理赔情况及审批文件检查有关会计处理是否正确。

（6）检查营业外支出的列报是否恰当。

（四）所得税费用的审计

随着会计理论和实务的进步，会计准则要求所得税的会计处理实行权责发生制，采用纳税影响会计法。在纳税影响会计法下，需要将一笔经济业务和其对纳税的影响一并考虑，本期应纳所得税额不一定就是本期利润表上的所得税费用金额，需要引入递延所得税资产和递延所得税负债账户。记录因资产负债的账面价值与纳税基数之间存在差异引起的未来少交（多交）所得税的权利（义务）。因此，需要将所得税费用、递延所得税资产、递延所得税负债及应交税金——应交所得税四个科目的审计结合起来。

所得税领域容易发生错报的几个方面：一是根据税法，将会计利润调整为应纳税所得额（包括永久性差异引起的调整）；二是根据资产负债的账面价值与纳税基数之间存在的差异，确定或调整递延所得税资产和递延所得税负债，并结合当期应纳所得税额，倒轧出所得税费用；三是递延所得税负债确认的完整性和递延所得税资产的可实现性。审计时，应当重点围绕这几个问题进行。

1. 所得税费用的审计目标

所得税费用的审计目标一般包括：确定利润表中记录的所得税费用是否已发生，且与被审计单位有关；确定所有应当记录的所得税费用是否均已记录；确定与所得税费用有关的金额及其他数据是否已恰当记录；确定所得税费用是否已记录于正确的会计期间；确定被审计单位记录的所得税费用是否已记录于恰当的账户；确定所得税费用是否已按照企业会计准则的规定在财务报表中作出恰当列报。

2. 所得税费用的实质性程序

所得税费用的实质性程序通常包括：

（1）获取或编制所得税费用明细表、递延所得税资产明细表、递延所得税负债明细表，核对与明细账合计数、总账及报表数是否相符。

（2）根据审计结果和税法规定，核实当期的纳税调整事项，确定应纳税所得额，计算当期所得税费用。

（3）根据期末资产及负债的账面价值与其计税基础之间的差异，以及未作为资产和负债确认的项目的账面价值与按照税法的规定确定的计税基础的差异，计算递延所得税资产、递延所得税负债期末应有余额，并根据递延所得税资产、递延所得税负债期初余额，倒轧出递延所得税费用（收益）。

（4）将当期所得税费用与递延所得税费用之和与利润表上的“所得税”项目金额相

核对。

（5）确定所得税费用、递延所得税资产、递延所得税负债是否已在财务报表中恰当列报。

（五）递延所得税资产审计

1. 递延所得税资产的审计目标

递延所得税资产的审计目标一般包括：确定资产负债表中记录的递延所得税资产是否存在；确定所有应当记录的递延所得税资产是否均已记录；确定记录的递延所得税资产是否由被审计单位拥有或控制；确定递延所得税资产是否以恰当的金额包括在财务报表中，与之相关的计价调整是否已恰当记录；确定递延所得税资产是否已按照企业会计准则的规定在财务报表中作出恰当列报。

2. 递延所得税资产的实质性程序

递延所得税资产的实质性程序通常包括：

（1）获取或编制递延所得税资产明细表，复核加计是否正确，并与报表数、总账数和明细账合计数核对是否相符。

（2）检查被审计单位采用的会计政策是否恰当，前后期是否一致。

（3）检查被审计单位用于确认递延所得税资产的税率是否正确。

（4）检查递延所得税资产增减变动记录，以及可抵扣暂时性差异的形成原因，确定是否符合有关规定、计算是否正确，预计转销期是否适当，并特别关注以下事项：

①对根据税法规定可用以后年度税前利润弥补的亏损及税款抵减所形成的递延所得税资产。检查其计算及会计处理是否正确；

②对非同一控制下企业合并中取得资产、负债的入账价值与其计税基础不同形成的可抵扣暂时性差异，检查其计算及会计处理是否正确；

③检查是否存在同时具有下列特征的交易＋因资产或负债的初始确认而产生的递延所得税资产不应予以确认而被审计单位予以确认的情况：第一，该项交易不是企业合并；第二，交易发生时既不影响会计利润也不影响应纳税所得额（或可抵扣亏损）。

④检查被审计单位对子公司、联营企业及合营企业投资相关的可抵扣暂时性差异。在同时满足下列条件时，是否确认相应的递延所得税资产：第一，暂时性差异在可预见的未来很可能转回；第二，未来很可能获得用来抵扣可抵扣暂时性差异的应纳税所得额。

（5）检查被审计单位是否在资产负债表日对递延所得税资产的账面价值进行复核，如果预计未来期间很可能无法获得足够的应纳税所得额用以抵扣递延所得税资产。应当减记递延所得税资产的账面价值。

（6）当适用税率发生变化时，检查被审计单位是否对递延所得税资产进行重新计量，对其影响数的会计处理是否正确。

（7）检查递延所得税资产的列报是否恰当。

（六）递延所得税负债审计

1. 递延所得税负债的审计目标

递延所得税负债的审计目标一般包括：确定资产负债表中记录的递延所得税负债是否存在；确定所有应当记录的递延所得税负债是否均已记录；确定资产负债表中记录的递延所得税负债是否为被审计单位应当履行的偿还义务；确定递延所得税负债是否以恰当的金额包括

在财务报表中，与之相关的计价调整是否已恰当记录；确定递延所得税负债是否已按照企业会计准则的规定在财务报表中作出恰当列报。

2. 递延所得税负债的实质性程序

递延所得税负债的实质性程序通常包括：

（1）获取或编制递延所得税负债明细表，复核加计正确。并与报表数、总账数和明细账合计数核对相符。

（2）检查被审计单位采用的会计政策是否恰当，前后期是否一致。

（3）检查被审计单位用于确认递延所得税负债的税率是否正确。

（4）检查递延所得税负债增减变动记录，以及应纳税暂时性差异的形成原因确定是否符合有关规定，计算是否正确，预计转销期是否适当，并特别关注以下事项：

①对非同一控制下企业合并中取得资产、负债的入账价值与其计税基础不同形成的应纳税暂时性差异，检查其计算及会计处理是否正确。

②检查是否存在下列交易中产生的递延所得税负债不应予以确认，而被审计单位予以确认的情况：第一，商誉的初始确认；第二，同时具有下列特征的交易中产生的资产或负债的初始确认：该项交易不是企业合并；交易发生时既不影响会计利润也不影响应纳税所得额（或可抵扣亏损）。

③检查是否存在被审计单位对子公司、联营企业及合营企业投资相关的应纳税暂时性差异，在同时满足下列条件时，不应确认相应的递延所得税负债而被审计单位予以确认的情况：第一，被审计单位能够控制暂时性差异的转回时间；第二，该暂时性差异在可预见的未来很可能不会转回。

（5）当适用税率发生变化时，检查被审计单位是否对递延所得税负债进行重新计量，对其影响数的会计处理是否正确。

（6）列报递延所得税负债的披露是否恰当。

案例分析结果

春都火腿肠的教训是惨痛的，投资者对投资对象的分析，除了要认真分析与企业投资收益有关的资料，如利润表中的相关项目，要对投资业绩有清楚的认识，如审阅被投资单位的公告，三大主要报表的相关项目，如现金流量表中的投资活动的现金流，资产负债表中的应收股利以及金融资产自身的变化等，只有这样全面综合的分析，才有可能减少自己被蒙蔽的可能。

知识评价

与销售与收款循环、采购与付款循环相比，企业每年筹资与投资循环涉及的交易数量比较少，但是每笔交易的金额通常较大。所以，投资与筹资循环对企业会计报表的公允性反映产生较大影响，是审计业务的关键点。审计人员应当考虑重大错报风险对投资、筹资活动的影响，并对被审计单位可能发生的特定风险保持警惕。运用合理的审计分析和合理怀疑进行这一环节的审计。

思考题

1. 对筹资与投资环节的审计，怎样评估其重大错报风险？
2. 和筹资相关的财务表项目应怎样审查？
3. 怎样对长期股权投资进行审计？

第十三章

货币资金审计

学习目标

通过货币资金业务审计的学习，掌握库存现金、银行存款及其他货币资金审计的方法和要点。

能力目标

能对库存现金、银行存款及其他货币资金的内部控制有所认识，运用有关审计方法获取审计证据，编写货币资金审计方面的底稿。

技能目标

能对库存现金、银行存款及其他货币资金简单的审计业务进行审核。

案例导入

审计人员小吴和小张在组长老李的带领下。对某公司2015年度的会计报表实施审计，审计中对该公司的货币资金内部控制进行了解和测试，小吴和小张发现了这样的情况：

（1）公司货币资金开支均由总经理王某某“一支笔”审核批准，其他人员无权审批（该公司规模较大）。

（2）公司设立现金出纳员和银行出纳员。银行出纳员负责到银行办理与银行存款有关的业务，并登记银行存款日记账。月底，银行出纳员取得银行对账单并编制银行存款余额调节表；公司出纳员兼任会计档案的保管员。

（3）公司为了遵守现金库存限额管理规定，超过库存限额的现金，不在保险柜中存放，也不送存银行，而是由出纳员另外存放。

（4）公司大多采用分散收款方式。各部门所收款项每隔10天向财务部门出纳员汇总解交一次。

（5）公司空白支票由出纳员保管，支票印鉴由会计主管专门保管，如果会计主管临时出差，则由出纳员临时保管支票印鉴。

（6）公司小额残料、废料变卖收入，无须在公司会计记录中反映，只以各部门负责人的名义在银行开户保管。

看到这些情况，小吴和小张马上找到了组长老李，他们认为被审计单位存在很多问题，老李笑呵呵地说："那我们应该采取哪些行动呢？"小吴和小张都不知从何下手了。

（资料来源：本资料根据公开资料进行整理。）

【基于案例的问题】

货币资金作为单位重要的资产，从内部控制的角度看已经有很多问题了，审计人员应该怎样入手解决存在的问题呢？

第一节 货币资金审计概述

一、企业货币资金的特点

货币资金是指可以立即投入流通，用以购买商品或劳务，或用以偿还债务的交换媒介。是资产负债表的第一个流动资产项目，包括库存现金、银行存款和其他货币资金三个总账账户的期末余额。

它是企业中最活跃的资金，流动性强，是企业的重要支付手段和流通手段，因而是流动资产的审查重点。其他货币资金包括外埠存款、银行汇票存款、银行本票存款、信用证保证金存款、信用卡存款、存出投资款等。

任何企业进行生产经营活动都必须拥有一定数额的货币资金，持有货币资金是企业生产经营活动的基本条件，货币资金在企业的会计核算中占有重要的位置。在企业生产经营活动中，很多经济事项都会涉及货币资金收付。如材料的采购、工薪的发放、税金的解缴以及股利的发放等。由于企业的全部经营活动都可看作是将各种资源转换成货币资金，并以货币资金支付各种费用和债务，因此，在资产负债表日，货币资金的余额可能并不大，甚至很可能低于审计人员确定的重要性水平。但是，货币资金同销售与收款循环、采购与付款循环、存货与仓储循环、筹资与投资循环等都有着密切的业务对应关系，在有关账户特别是"银行存款"账户上，发生额会较为频繁出现。

而且，企业发生的舞弊事件大多与货币资金有关。由于货币资金的收付较频繁，比较容易出现错、漏等情况，也比其他资产更容易被盗窃、挪用和贪污，它往往成为不法分子进行舞弊的首选对象，企业发生的各种舞弊现象也主要涉及货币资金。所以，无论在资产负债表日货币资金的余额是否很多，审计人员都应对货币资金进行认真的审计。

加强货币资金审计，评价被审计单位货币资金内部控制制度的健全性和有效性，审查货币资金结存数额的真实性和货币资金收付业务的合法性，对于保护被审计单位货币资金的安全完整，抵制违法犯罪行为，维护财经法纪，都有非常重要的意义。

二、货币资金与业务循环

货币资金业务主要有处理单据、受理结算凭证、办理结算、收付款项和账务处理等，各个岗位工作如图 13 - 1 所示。

因为货币资金是企业流动性最强的资产，企业必须加强对货币资金的管理，建立良好的货币资金内部控制制度，以确保全部货币资金及时正确地予以记录；全部货币资金支出是按照授权经批准的用途进行的，并及时正确地予以记录；库存现金、银行存款在财务报表上正确披露，并保证财产物资恰当的保管。

货币资金内部管理有明确规定，一般包括岗位分工控制管理，授权批准控制管理，现金控制管理，银行存款控制管理，票据控制管理，印章控制管理和监督检查管理等。

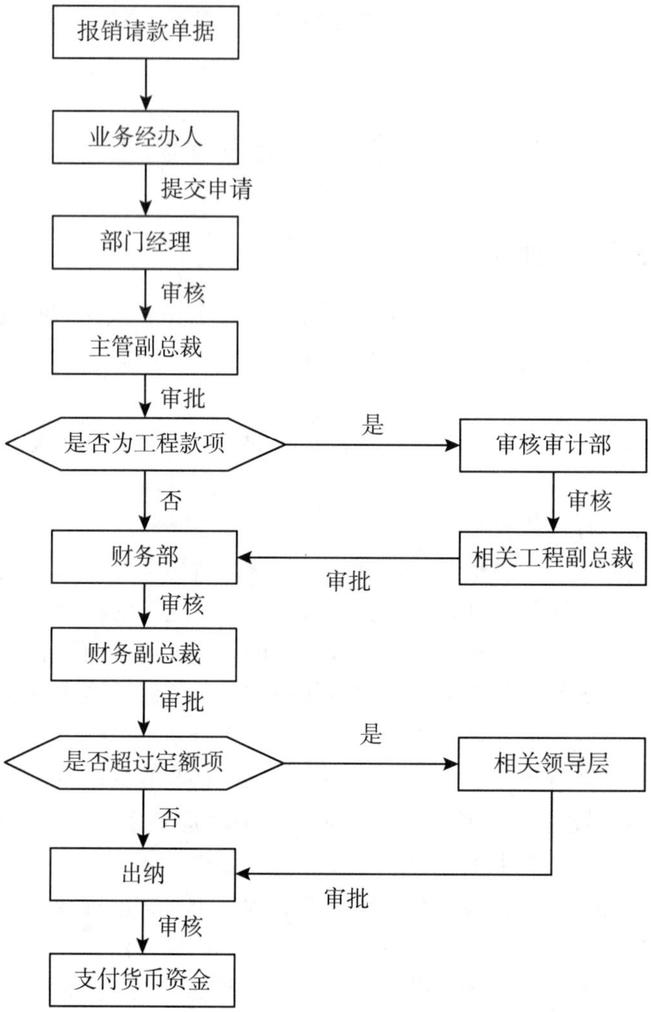

图13－1　货币资金业务流程图

（一）岗位分工及授权批准管理

（1）出纳员的职责。作为出纳员应担负现金收付、银行结算及货币资金的日记账核算等职责，不得兼任稽核、会计档案保管和收入、支出、费用、债权债务账目的登记工作。

（2）付款程序。

①支付申请。企业有关部门或个人使用款项时，应当提前向审批人提交货币资金支付申请，注明款项的用途、金额、预算、支付方式等内容，并附有效经济合同或相关证明。财务部门才能办理相关业务。

②支付审批。审批人员应根据其职责、权限和相应程序对支付申请进行审核，确定批准事项。如遇到不符合规定的货币资金支付申请，审批人应当拒绝批准。

③支付复核。复核人应当对批准后的货币资金支付申请进行复核，复核货币资金支付申请的批准范围、权限、程序是否正确，相关手续及相关单据是否齐备，金额的计算是否准确，支付方式、支付企业都是否妥当等。复核无误后，交由出纳人员办理支付手续。

④办理支付。出纳人员应当根据复核无误的支付申请，按照规定办理货币资金支付手续，及时登记库存现金和银行存款日记账，在当天工作结束时，核对账目。

（3）对于重要货币资金支付，还应当实行集体决策和审批（如投资、筹资等重要事项），并建立责任追究制度，防范贪污、侵占、挪用货币资金等行为。

（4）在日常工作中，要严禁未经授权的机构或人员办理货币资金业务、文件或直接接触货币资金。

（二）货币资金的授权批准制度

（1）要明确审批人对货币资金业务的授权批准方式、权限、程序、责任和相关控制措施，作为审批人员应当在授权范围内进行审批，不得超越审批权限。

（2）规定经办人办理货币资金业务的职责范围和工作要求，经办人应当在职责范围内按照单位相关制度和审批人的批准意见办理货币资金业务。如果审批人超越授权范围审批的货币资金业务，经办人有权拒绝办理，并且及时向审批人的上级授权部门报告。

（三）库存现金和银行存款的管理

（1）对库存现金的管理。

①库存现金的限额管理：如公司的库存现金限额原则上以满足公司3～5天日常零星开支为标准。

②明确开支范围：如工资、薪金及津贴性补助；个人的劳务报酬；根据国家规定，颁发给个人的科学、技术、文化、艺术、体育等各种奖金；等等。

③不坐支；公司在库存现金如不足限额时，可向银行提取现金，不得在未经准许的情况下“坐支”现金等。

④不允许设立小金库。

（2）遵守银行结算纪律：专人定期核对银行账户，每月至少核对一次。

（四）票据及有关印章的管理

（1）单位应当加强与货币资金相关的票据的管理，明确各种票据的购买、保管、领用、背书转让、注销等环节的职责权限及程序，还应专门设登记簿进行记录，以防止空白票据的遗失和被盗用；

（2）企业还要加强银行预留印鉴的管理。财务专用章应由专人保管，财务人员个人名章必须由本人或其授权人员保管。严禁一人保管支付款项所需的全部印章。

（五）货币资金环节相关的资料

货币资金业务环节审计一般涉及的文件比较多，主要的凭证和记录有：收款凭证与付款凭证；现金盘点表；银行对账单；银行存款余额调节表；现金日记账；银行存款日记账；现金总账；银行存款总账及其他有关账户等。

三、货币资金的审计目标

货币资金是资产负债表的一个重要项目，它的具体审计目标主要有以下几点：

第一，确定货币资金的内部控制制度是否存在、有效并一贯被执行。

第二，确定会计报表所列金额是否真实，是否被审计单位所拥有。

第三，确定货币资金的会计记录是否正确无误，金额是否正确，明细账和总账是否一致，是否有被贪污或挪用现象。

第四，确定货币资金的收支是否真实，货币计价是否正确，是否符合规定。

第五，确定货币资金在会计报表上的披露是否恰当。

第二节 货币资金的控制风险评估

一、了解和描述货币资金的内部控制

货币资金是企业资产中流动性最强，且携带方便，出现舞弊失误的可能性是比较大的，所以企业必须加强对货币资金的管理，建立良好的货币资金内部控制，从而确保关于资金的业务及时准确地予以记录；不应该支出的货币资金都能够及时予以防范制止。审计人员对被审计单位的货币资金的管理办法、审批权限等都要做深入的了解和分析。审计人员可以通过走访、询问、实地观察、阅读文件等方式了解被审计单位内部控制情况并加以描述，对中小企业内部控制可以采用文字说明，而对规模较大的企业可采用流程图或调查表形式描述。还要关注企业是否建立货币资金内部控制并严格执行。

二、初步评估控制风险及重大错报风险

货币资金业务的重大错报风险主要有：现金和存款比其他资产更易被偷盗或挪用；货币资金余额的增减变动的数额往往超过其他的账户，出错的可能性也较大；各种货币资金收入容易被截留，比如现销和应收账款的收现；还容易被挪用和虚报冒领等。审计人员在识别和评估了货币资金的重大错报风险后，应将识别的风险与认定层次可能发生错报的领域相联系。

审计人员还要初步评估控制风险，主要要从单位内部控制体系设计的健全性和合理性与执行的有效性三个方面来进行评估。

（一）评价内部控制的健全性

（1）考虑根据生产经营的需要应该设置的内部控制是否都已设置。

（2）考虑对企业的生产经营活动全过程是否进行自始至终的控制。

（二）评价内部控制的合理性

（1）评价被审计单位内部控制设计和执行时的适用性。

（2）评价被审计单位内部控制设计和执行时的经济性。

（三）评价内部控制的有效性

（1）企业制订的政策和措施与国家法律法规是否有相抵触的地方。

（2）在企业的生产经营过程中，内部控制能否得到贯彻执行并发挥作用。

企业应从以上三个方面进行风险初步评估，确定控制测试的工作程序，范围，重点等。那么审计人员进行初步风险评估，在进行了内部控制的初步观察评估后，就要对内部控制缺陷进行分析研究。从而得出关于风险控制的初步评估。

三、控制测试

审计人员应当结合风险评估结果，通过被审计单位的手工控制和自动控制、预防性控制

和发现性控制是否运行有效，从而运用相应的控制措施，分析风险控制是否在可承受度之内。主要测试的内容一般包括：调查了解货币资金内部控制；抽查收款凭证；抽验付款凭证；抽验付款凭证抽查一定期间现金、银行存款日记账并与总账核对；抽查银行存款余额调节表与库存现金盘点表等。

（一）根据初步调查了解货币资金内部控制，确定审计范围

通过走访、询问、实地观察、阅读文件等方式了解被审计单位内部控制情况并加以描述，从而确定审计工作的控制测试目标、范围等。

（二）抽查收款凭证

（1）审计人员要求选择一定数量收款凭证，核对收款凭证与账户记录日期和金额是否相符；再核对收款凭证与银行对账单是否相符；还要核对收款凭证与应收账款等相关明细账的有关记录是否相符；以及核对收到金额与销售发票等相关凭证的一致性等。

（2）审计人员还要抽取一部分现金送款单，结合现金日记账与银行存款日记账的一致性加以验证，同时核对金额与日期，从而验证企业是否将当日所有现金收入如数、及时地送存银行，如果发现收入现金未能如数、及时送存银行的，应追查原因，考虑分析有无挪用和盗窃现金的行为。还要检查收入支票、汇票登记簿，与送款单和银行存款日记账核对，验证当日收到支票、汇款单的款项是否及时解缴银行。

（三）抽验付款凭证

审计人员测试付款业务内部控制时，应抽查部分货币资金付款凭证，验证各项货币资金的付款业务是否经过适当的审批、授权与审核。

（1）检查有无审批授权人的签章。

（2）验证签章人是否符合授权的层次与范围。

（3）核对现金或银行存款日记账记录的付款金额是否正确。

（4）核对付款凭证与银行对账单的一致性。

（5）核对付款凭证与购货发票、应付账款明细账的一致性。

同时，对重要的货币资金付款业务，审计人员有必要检查其控制功能执行效果，如查验付款业务的合法性。

（四）抽查一定期间现金、银行存款日记账并与总账核对

抽查一定期间现金、银行存款日记账，检查现金日记账和银行存货日记账记录的正确性，并与相应的总账核对，检查其每月金额的一致性，如有账账不一致的情况有无调整与说明。

（五）抽查银行存款余额调节表与库存现金盘点表

（1）审计人员应该抽查企业是否定期编制银行存款余额调节表，至少抽查两个月的银行存款收支记录，逐笔核对银行对账单，从而验证企业银行存款余额调节表编制的正确性。

（2）观察、抽查银行存款余额调节表是否由独立人员及时编制、企业是否及时调节差异。

关注是否存在出租、出借银行账户的情况。抽查库存现金盘点表，与现金日记账核对，验证一致性，核实溢缺现金的处理是否符合规定。

（六）评价货币资金业务内部控制

审计人员通过检查现金收入处理程序；评价被审计单位先进标准衡量并评价现金管理、

现金预算方法的效率；观察检查企业与金融机构签署的协议，识别存在的风险，确定是否与管理层或董事会授权一致；评价与资金业务有关的风险。

四、进一步评估风险

在熟悉评价单位基本情况和主要业务流程后，审计人员已经了解公司内外部环境，确定关键风险区域，了解单位相关内部控制的设计和制定及执行情况，也已经选择选择了一些具有代表性的交易和事项进行必要的测试工作，确定了各项内部控制评价工作方案；评价了内部控制设计的健全性和合理性，评估控制风险的高低及货币资金对单位运行经营等各方面的影响。得出测试和评价内部控制执行的是否有效性的结论，从而确定了对实质性测试的影响，为下一步审计工作做好铺垫。

第三节　货币资金的实质性程序

一、库存现金审计

库存现金审计是指存放在企业的现钞，包括人民币现钞和外币现钞。库存现金流动性大，虽然在企业资产总额中所占的比重不大，但容易发生弊端，因此，审计人员应重视对企业单位现金收入、支出和结存情况以及现金管理制度的遵守情况所进行的审查（见表 13－1）。

表 13－1　　审计目标与认定对应关系表

审计目标	财务报表认定				
	存在	完整性	权利和义务	计价和分摊	列报和披露
A. 资产负债表中记录的库存现金是存在的	√				
B. 应当记录的库存现金均已记录		√			
C. 记录的库存现金由被审计单位拥有或控制			√		
D. 库存现金以恰当的金额包括在财务报表中，与之相关的计价调整已恰当记录				√	
E. 库存现金已按照企业会计准则的规定在财务报表中作出恰当列报					√

二、库存现金的实质性测试

审计人员对库存现金进行实质性测试，一般会使用以下几种方法：分析法、审阅法、监督盘点法来验证库存现金的真实性。

（一）分析法

审计人员要对不同期间的现金余额进行趋势分析，检查所有的财务报告和内部审计报告，并以此为基础了解现金可能发生的潜在变化和风险。考虑这些异常变动对财务报表的影响。

库存现金审计中常见的舞弊形式主要有以下三类：贪污现金、挪用现金和坐支现金。

（1）贪污现金，主要表现有六种形式：一是隐瞒收入，比如采取的方法是收到现金后撕毁票据不入账或收到现金后不开票据不入账；二是利用单位财务管理上的漏洞或工作上的便利采用篡改、刮擦和消退等手段涂改凭证金额，这样就将收入数额改小或将支出数额改大；三是一证多报，比如将已入账的支出原始凭证抽出重复报销；四是索取大头小尾票据，利用假复写的办法使得发票联的金额超过存根记账联的金额；五是向对方出具空白发票或收据，将收入据为己有；六是冒充领导签字，在原始凭单上冒充领导签字进行费用报销。

（2）挪用现金，主要表现为：有意错列现金总额，出纳将现金日记账中收入合计数少列，支出多列；白条抵库，利用白条借出现金为自己或他人谋取私利；收入暂不入账，将收到的现金暂不入账挪作他用等。

（3）坐支现金，主要表现形式为收到现金不存入银行专户，直接支付使用。

（二）审阅法

如果审计人员观察出的关于库存现金异常变动，那么就应该首先抽查至少 1 ~2 个月的现金日记账记录，审核的主要内容包括：

1. 审阅现金日记账

（1）审阅现金日记账先观察摘要栏，看其现金收付业务是否合法，有无超出规定的结算范围。对于摘要栏记录不清、违反有关规定的，要进一步追查。

（2）然后审阅现金日记账金额栏，看其现金收付金额是否过大，有无超过了国家规定的限额。

（3）审阅对应科目栏，检查各项现金收付业务的账务处理、会计科目的使用是否正确。

（4）审阅库存现金的每日余额，观察余额是否超过了规定的限额，对于超出部分，是否及时解缴银行。

（5）审查有无坐支现象。审计人员可通过若干笔序时经济业务的审查。揭示有无收入现金未解缴银行而直接用于支付的现象。

（6）审查现金日记账是否序时登记。审计人员要审查现金日记账是否按日期序时登记，检查是否存在前后日期颠倒、故意调剂，以掩饰错弊的情况。

2. 审阅原始凭证

根据现金日记账的抽查结果，有针对性地对金额大的原始凭证加以审查。审查原始凭证所反映的现金收、付业务的是否合法，凭证本身有无被涂改或伪造的情况。审计人员在对收款付款原始凭证审查时，要随时与记账凭证核对，包括内容、金额的一致性，所附原始凭证张数的正确性等，注意审查贪污舞弊现象。

3. 核对法

审计人员要认真核对现金明细账与总账、对应账目的金额是否相符，如果不相符，应查明原因，并进行记录或适当调整。

4. 监督盘点法

审计人员对库存现金进行监督盘点，从而确定库存现金的真实存在性和库存现金管理的有效性，通常包括对已收到但尚未存入银行的现金、零用金、找换金等的盘点。盘点时主要考虑以下几个方面：

（1）在人员上采取三方共同盘点监督的方式。即盘点时被审计单位财会负责人、出纳人员和至少两名审计人员要始终在盘点现场，相互监督，防止出现违规操作。在盘点中不放过任何疑点。在盘点结束后，出纳人员根据盘点情况填制的“库存现金盘点表”要由上述三方共同签字，作为审计的工作底稿。

（2）方法上应采取突击盘点方式。事先不通知出纳员，以防止其盘点前采取措施掩盖弊端，从而达不到盘点的目的。实施突击性检查，应选择审计期间的任意时间（自定），这样出其不意，以达到审计目的。

（3）在时间地点上采取同时全面盘点方式。一般来说，被审计单位的库存现金只有一个保险柜存放，一次盘点就能完成，但有的单位现金存放在单位不同地点的保险柜，如果出现这种情况，就要在现金清点时安排几个小组同时展开现金盘点。同时，盘点的时间宜安排在营业前或营业后，避免现金收支的高峰时间。

（4）操作上采取出纳员盘点、审计人员监督的方式。审计人员进行现金审计时，在库存现金清点工作之前，首先要求出纳取出保险柜中属于出纳私人的钱款和物品，然后，要求出纳将保险柜外所有属于单位的公款全部放入保险柜，封存保险柜，这样做是避免因单位钱款和出纳个人钱款混淆，影响盘点结果数额认定。

审计人员不直接盘点现金，只是监督盘点，如果在盘点时发现了库存现金短缺或溢余，审计人员应要求再次盘点，并要求被审计单位确认盘点数据的正确性；同时在盘点时注意要检查保险箱中的所有物品，确认有无利用白条或者账外账的情况。

（5）盘点结果的及时性。盘点库存现金是为了验证被审计单位的现金是否真实存在、是否账实相符、计量准确，盘点的结果是账实相符或账实不符两种结果，不论是那种结果，审计人员应在库存现金清点工作结束后，都要要求被审计单位出纳及时填制“库存现金盘点表”，由参与盘点的审计人员、被审计单位会计主管及出纳三方共同签字认证，增强审计证据的可靠性。对账实不符出现的现金溢余或现金短缺两种情况，要求被审计单位按照会计制度的规定进行会计处理，并查明产生溢余或短缺的原因。

【例 13－1】 2015 年红星公司出纳张立辞职后，公司便没有再招聘新的出纳员，而由负责应收账款、应收票据登记工作的李红兼任。审计过程中发现：无发票报销的事项达 240 万元。以复印发票报销的有 60 万元，以不合格发票报销的有 300 万元，以白条入库的有 40 万元。

【例 13－2】 2015 年 2 月 10 日下午 4 时，审计人员对某公司的库存现金进行突击盘点，盘点结果如下：

（1）100 元币 5 张，50 元币 8 张，10 元币 30 张，5 元币 40 张，1 元币 58 张，5 角币 60 张，1 角币 30 张。

（2）现金日记账余额1 827元。

（3）2月9日已办理收款手续，尚未入账的收款凭证金额920元，2月10日已办理付款手续，尚未入账的付款凭证金额为890元。

（4）2月6日出纳员以白条借给某职工现金400元。

（5）银行核定该公司库存现金限额1 000元。

审计人员编制的库存现金盘点表如表13－2所示。

表13－2　　现金盘点表

单位名称：某公司　　盘点日期：　　2015年2月4日

现金清点情况			账目核对		
面额	张数	金额（元）	项目	金额	说明
100元	5	500	盘点日账户余额	账面实际余额：1 827.00	
50元	8	400	加：收入未入账	920	
20元			加：		
10元	30	300	加：未填凭证收款据		
5元	40	200	加：		
2元			加：		
1元	58	58	减：付出凭证未入账	890	
5角	60	30	减：未填凭证付款据		
2角			减：白条借款	400	
1角	30	3	减：		
5分			调整后现金余额	1 457	
2分			实点现金	1 491	
1分			长款	34	
合计		1 491.00	短款		
差异分析问题： 1. 现金账与实际现金不符，相差34元； 2. 现金支用手续不完善，如白条抵库； 3. 现金余额超过银行核定限额。					

盘点人：张××　　监盘人：李××　　复核：吴××

三、银行存款的审计

银行存款是企业存入银行和其他金融机构的各种存款。凡是企业收入的款项，除国家另有规定外，都应于当日解缴银行。企业一切支出，除按规定可以用现金支付的以外，都必须用非现金结算方式，通过银行办理转账结算。银行存款是货币资金中的重要部分，也具有收支频繁、流动性强的特点。而且银行存款与现金相比，其业务涉及的面广，内容复杂，金额较大，收付款凭证数量较多，审计人员在审查时应核对银行存款日记账与总账余额的一致性，如果发现不符应查明原因。还要分析定期存款占银行存款的比例、存放在非银行金融机构的存款占银行存款的比例，判断有无非法集资问题及存款的安全性。

四、银行存款的实质性程序

审计人员对银行存款实施实质性程序，要从以下几方面进行审查：

（1）获取明细表并核对。审计人员首先要核对银行存款日记账与总账的余额是否相符。获取或编制银行存款余额明细表，复核加计是否正确，并与总账数和日记账合计数核对是否相符；计算银行存款累计余额与应收利息的收入，分析比较其与实际利息收入的差异是否合理，检查被审计单位是否存在高息资金拆借的情况。

（2）检查银行定期（活期）存单。编制银行存单检查表，检查其是否与账面记录金额相一致，是否已被质押或限制使用，财务报表是否披露，存单是否为被审计单位所拥有。

①对已质押的定期存款，应检查定期存单，并与相应的质押合同核对，被审计单位是否关注对应的质押借款入账情况；

②对于未质押的定期存款，要检查开户证书原件、银行对账单等；

③对审计工作结束日前已提取的定期存款，应核对相应的兑付凭证、银行对账单等。

（3）取得并检查银行存款余额对账单和银行存款余额调节表。审计人员应取得银行存款余额调节表，检查调节表中未达账项的真实性，以及资产负债表日后的入账情况，如果在资产负债表日之前的进账，是否作相应的调整。其测试程序包括：将被审计单位资产负债表日的银行存款余额对账单，与银行的询证函回函核对，确认是否一致，核对账面记录的已付票据金额及存款金额是否与对账单记录一致；检查资产负债表日的银行存款余额调节中加计数是否正确，调节后银行存款日记账余额与银行对账单余额是否一致；检查调节事项的性质和范围是否合理；检查是否存在未入账的利息收入和利息支出。还应考虑检查是否存在其他跨期收支事项。如果被审计单位未经授权或授权不清就支付货币资金的现象比较多，检查银行存款余额调节表中支付给异常的领款、签字不全、收款地址不清、金额较大票据的调整事项，从而确认是否存在舞弊。

（4）函证银行存款余额。审计人员函证银行存款余额是证实资产负债表所列银行存款是否存在的重要程序。通过向往来银行的函证，审计人员不仅可了解企业资产的存在，同时，还可用于发现企业未登记的银行借款和未披露的或有负债。

函证对象：函证的对象是向被审计单位在本年存过款（含外埠存款、银行汇票存款、银行本票存款、信用卡存款、信用证保证金存款）的所有银行发函，其中包括企业存款账户已结清的银行。

函证方式：在银行存款的审计中，一般使用积极式函证。

函证时间：一般需在资产负债表日后。

获取银行对账单是审计银行存款时一项基本的取证程序，审计人员为了保证对银行存款余额函证的有效性，防止企业篡改、变造、伪造银行对账单等单据，应当在企业的配合支持下，对函证的过程（包括发函、收函）进行有效的监控，必要时亲自前往银行询证；如果回函中存在异常情况，应进行二次函证或执行替代程序来排除差错与疑问。

一般来说，审计人员仅仅对期末仍有余额的银行发函询证，这样极有可能使银行存款存在遗漏。所以，审计人员在对银行存款进行函证前，要先向企业全面了解企业在银行开户的详细情况；函证时，审计人员应向企业开过户、存过款与贷过款的所有银行发函，还包括企业银行账户已结清的银行。

（5）检查银行存款账户存款人是否为被审计单位，若发现存款人并非被审计单位，就应获取该账户户主和被审计单位的书面声明，确认资产负债表日是否需要调整。

（6）审计人员关注是否存在质押、冻结等对变现有限制或存在境外的款项。被审计单位是否已做必要的调整和披露。

（7）审计人员还应抽查大额银行存款收支的原始凭证，检查原始凭证是否齐全、凭证之间对应的经济业务是否相符、账务处理是否正确、是否记录于恰当的会计期间等项内容。

（8）检查银行存款收支的正确截止。选取资产负债表日前后若干天的银行存款收支凭证实施截止测试，关注业务内容及对应项目。按照会计准则的有关规定：资产负债表所反映的银行存款余额，应当包括期末最后一天所收到的所有存放在银行账户的款项，以及所支出的所有从银行账户中划出的款项；因此，审计时如果存在未达账项，银行存款余额应根据余额调节表中调节后的余额来反映，而不是企业日记账或银行对账单的余额。对期末未达账项，审计时应考虑审计计划阶段所设定的重要性水平、银行存款项目性质、采取不同的审计策略等。如果期末未达账项金额超过重要性水平，依据银行存款日记账余额来编制会计报表在一定程度上改变影响了企业的财务状况、经营成果、现金流量，审计人员则应对“银行已收（付），企业尚未入账金额”这类未达账项进行相应的审计调整，以审计调整后余额为期末银行存款项目的余额。

五、审查其他货币资金

由于经济业务的需要，企业也拥有一定数量的其他货币资金，它们具有单独的存放地点和专门用途的特点，其流动性较强。所以也应重视对其审查。

（一）其他货币资金审计概述

其他货币资金是指企业现金、银行存款以外的外埠存款、银行汇票存款、银行本票存款、国际信用证存款、在途货币资金等。它们具有单独的存放地点和专门用途的特点。所以按有关规定单独设置科目进行核算，在管理上提出了不同的要求。

（二）其他货币资金的控制测试

被审计单位其他货币资金收支与记账的岗位是否分离；其他货币资金收支是否有合理，合法的凭据；全部收入是否及时准确入账，支出是否有核准手续；是否加强了对其他货币资金收支业务的内部审计。控制测试包括：

（1）了解并记录其他货币资金内部控制。通过询问，观察等调查手段收集必需的资料，也可通过编制其他货币资金内部控制制度调查表法。

（2）抽取并检查付款凭证：为测试其他货币资金的内部控制，审计人员应选取适当的样本量，进行检查：

①检查收付款的授权批准手续是否符合规定。

②核对其他货币资金金额是否正确。

③检查其他货币资金的记账依据是否充分、恰当。

④核对其他货币资金入账是否及时。

（3）抽取一定期间的其明细账与总账核对，检查有无计算错误，并对其他货币资金总额分类核对。

（4）评价其他货币资金的内部控制。首先确定其他货币资金内控制度的可信赖程度以及存在的薄弱环节和失控点，然后据以确定在实质性测试中对哪些环节可以适当减少审计程序，哪些环节应增加审计程序作重点审查，从而减少。如果被审单位的其他货币资金业务很少，审计人员也可直接进行实质性测试。

（三）其他货币资金的实质性测试

其他货币资金的实质性测试程序主要包括：

1. 审查外埠存款

外埠存款是企业到外地采购时，汇到外地银行开立采购专户的款项。其审查要点是：

（1）开立的账户是否专门为了采购业务需要，有无代其他单位或个人办理结算事项。

（2）审查支付的商品、材料采购价款和必要的运杂费时，注意是否存在不正当的开支。

（3）审查账户余额是否真实，通过函证或索取对账单查证核实。

（4）审查商品、材料价款是否及时办理了结算；采购任务完成后是否能及时将外埠存款余额转入结算户内。

2. 审查银行汇票存款

银行汇票存款是企业为取得银行汇票按照规定存入银行的款项，其审查要点是：

（1）审查办理此项存款时，是否向银行提交了“银行汇票委托书”，是否已取得相应金额的银行汇票。

（2）审查企业使用银行汇票，是否符合规定用途。

（3）审查多余的存款或超过付款期的银行汇票，是否能及时转回“银行存款”账户。

（4）审查“其他货币资金——银行汇票”存款余额，是否与银行对账单所列金额核对相符，如果核对不符，就应函证期末存款余额。

3. 审查银行本票存款

银行本票存款是企业为取得银行本票按照规定存入银行的款项，其审查要点是：

（1）审查办理此项存款时，是否向银行提交了“银行本票申请书”，是否已取得相应金额的银行本票。

（2）审查企业使用银行本票是否符合规定用途。

（3）审查企业对因超过付款期及其他原因未使用的本票，是否及时办理了退款并转入“银行存款”科目。

（4）审查银行本票存款是否与银行的账目相符，根据对账单、凭证，确认其存在性，必要时函证期末余额。

4. 审查国际信用证存款

国际信用证存款是企业采用国际信用证结算方式，同境外销货单位办理结算时，存入开户银行信用证保证金专户的款项。其审查要点是：

（1）审查开立国际信用证账户是否符合银行结算制度和经济合同的相关规定，是否按照规定付款期限结算货款；是否存在违反财经法规的事项。

（2）审查国际信用证存款的账面余额是否与银行对账单经调整后的余额相符，确认其是否存在，如果有不符应查明原因。

（3）国际信用证存款专户余额，在结算完毕后，是否及时收回，转入银行存款账户。

5. 审查在途货币资金

在途货币资金是指企业同所属单位之间和上下级之间相互汇解，而在月终未到达的款项。其审查要点是：

（1）审查在途货币资金的结存额是否做到账表、账账相符；有无汇解单位的通知书，检查是否真实存在。

（2）审查在途货币资金到达后，是否及时入账，是否存在长期未到的在途资金，应查明原因。

案例分析结果

在本章案例中虽然“一支笔”审批有利于控制支出，但在规模较大的单位，其缺陷也是显而易见的，一是影响工作效率；二是可能导致领导人权力过大，滋生腐败现象。建议该公司按授权控制的要求，合理划分一般授权和特殊授权的范围。为了证实以上错弊的可能性，审计人员小吴和小张应抽查足够规模的费用支出凭证，检查凭证的签字授权以及费用支出的合理性，判断有无乱花、乱支现象。

同时，因为银行出纳职务和编制银行存款余额调节表职务是不相容的，两个职务由一人兼任，可能使得凭证和记录失去恰当控制，出现虚列未达账项、挪用银行存款等舞弊行为。建议该公司将两个职务分离。为了证实以上错弊的可能性，审计人员小吴和小张应获取银行对账单，检查企业日记账有无漏记事项，同时复核银行存款余额调节表，检查未达账项的真实、合理性并判断有无挪用款项或出租、出借银行账户现象。

在货币资金的内部控制上要求企业严格遵守库存限额规定，超限额部分应及时送存银行，而不应由出纳员另外存放。否则，会影响现金的安全。为了证实以上错弊的可能性，审计人员应抽查部分日记账记录，盘点现金，进行账实核对。

还有，单位应尽量采用集中收款方式，如果有必要采取分散收款方式，也应该由各部门每天将所收款项交给出纳，再由出纳及时送存银行。该公司的这种做法给各部门经手人挪用现金、侵吞公款提供了便利条件。为了证实以上错弊的可能性，审计人员小吴和小张应对各部门经管的现金进行突击盘点核对，检查有无挪用、短缺或侵吞现金行为。

对于空白支票保管职务和印鉴保管职务是不相容的，两个职务由一人兼任，将严重影响货币资金的安全性。若会计主管临时出差，应授权出纳以外的会计人员专门保管并明确保管责任。为了证实货币资金的安全性，审计人员小吴和小张应抽查支票存根，检查开出支票的用途和收款单位，再结合银行对账单，判断有无私自划转银行存款的行为。

小额现金收入也应纳入公司财务部门的管理范围，而不应由各部门负责人代为保管，该公司的这种作法属于私设“小金库”行为，严重违反现金管理规定。为了证实以上错弊发生的可能性，审计人员小吴和小张应对出纳人员和各部门负责人单独管理的现金进行盘点核对，检查有无现金短缺和从小金库乱支、乱花的行为。

知识评价

货币资金是企业中最活跃的资金，流动性强，是企业的重要支付手段和流通手段，因而是流动资产的审查重点。企业发生的舞弊事件大多与货币资金有关。加强货币资金审计，评价被审计单位货币资金内部控制制度的健全性和有效性，审查货币资金结存数额的真实性和货币资金收付业务的合法性，对于保护被审计单位货币资金的安全完整，抵制违法犯罪行为，维护财经法纪，都有非常重要的意义。

思考题

1. 库存现金审计中常见的问题用那些？
2. 如何对银行存款进行控制性测试？
3. 对银行存款的实质性测试方法有哪些？
4. 如何函证银行存款？

第十四章

审计报告

学习目标

本章为全书的总结部分，是审计工作完成的标志。通过本章的教学，使学生了解和掌握审计报告的作用、内容、种类和撰写要求，为将来工作奠定一定的理论基础。为此，要求学生必须掌握审计终结阶段的工作程序及审计报告的范式和撰写要求。

能力目标

了解审计报告的含义和种类；了解审计报告的编制步骤；掌握民间审计报告的内容与要求；掌握民间审计报告的编制方法。

技能目标

民间审计报告的编制方法。

案例导入

我国上市公司第一份否定意见的审计报告

1998 年 4 月 29 日，重庆渝港钛白粉有限公司（以下简称渝钛白）公布了 1997 年年度报告，其中在财务报告部分，刊登了重庆会计师事务所于 1998 年 3 月 8 日出具的否定意见审计报告。这是我国证券市场中有关上市公司的首份否定意见的审计报告。该份审计报告一经宣布，立即在平静的中国证券市场上掀起了一场“风暴”。

1998 年 4 月 29 日，由于否定意见的审计报告的签发，公司被监管部门确认为连续两个会计年度的净资产均为负值，且其股东权益低于注册资本，按照《深圳证券交易所股票上市规则》的有关规定，公司股票于 1998 年 4 月 30 日开始实行特别处理。

一般来说，在注册会计师出具的审计报告中，无保留意见的审计报告或保留意见的审计报告较为常见，发表否定意见的审计报告则不经常遇到，无论是注册会计师还是被审计单位，都不希望发表此类意见的审计报告。与无保留意见审计报告不同，审计报告表示否定意见就意味着会计报表的表达是不公允、不客观的，会计报表的可靠性是不值得信赖的。

那么重庆会计师事务所为什么会对渝钛白公司签发否定意见审计报告呢？首先来看一看审计报告中所指出的问题。报告指出：“1997 年度应计入财务费用的应付债券利息 8 064 万元，贵公司将其资本化计入了钛白粉工程成本；欠付中国银行重庆市分行的美元借款利息

89.8 万元（折人民币 743 万元），贵公司未计提入账，两项共影响利润 8 807 万元。”

“我们认为，由于上述事项的重大影响，贵公司 1997 年 12 月 31 日资产负债表、1997 年度利润及利润分配表、财务状况变动表未能公允地反映贵公司 1997 年 12 月 31 日财务状况和 1997 年年度经营成果及资金变动情况。”

（资料来源：http：//www. docin. com/p－159211529. html. ）

【基于案例的问题】

从上述内容来看，导致注册会计师出具否定意见审计报告的仅仅只有两个会计事项。那么，这两个会计事项是否足以导致注册会计师出具这样的审计报告呢？

第一节　审计报告概述

一、审计报告的含义

审计报告是指审计人员在审计结束后，将审计经过及结果向审计委托人或授权人所作的书面文件。

编写审计报告是审计人员向审计委托人或授权人及有关单位传达审计结果及其意见，解脱审计人员审计责任的一种手段。审计报告集中反映审计工作的水平和质量，如果审计人员做了很多工作，查出了重要问题，却写不出有分量的审计报告，就会使审计工作失去价值，难以发挥应有的作用。因此，审计人员在审计实施阶段结束后，必须认真整理审计工作底稿，编写出有价值的审计报告。

二、审计报告的作用

审计报告、主要具有鉴证、保护和证明三个方面的作用。

（一）鉴证作用

民间注册会计师签发的审计报告，不同于政府审计和内部审计的审计报告，是以超然独立的第三者身份，对被审计单位财务报表合法性、公允性发表意见。这种审计意见，具有鉴证作用，得到了政府及其各部门和社会各界的普遍认可。政府有关部门，如财政部门、税务部门等了解、掌握企业的财务状况和经营成果的主要依据是企业提供的财务报表。财务报表是否合法、公允，主要依据注册会计师的审计报告做出判断。股份制企业的股东主要依据注册会计师的审计报告来判断被投资企业的财务报表是否公允地反映了财务状况和经营成果，以进行投资决策等。

（二）保护作用

审计人员通过审计，可以对被审计单位财务报表出具不同类型审计意见的审计报告，以提高或降低财务报表信息使用者对财务报表的信赖程度，能够在一定程度上对被审计单位的财产、债权人和股东的权益及企业利害关系人的利益起到保护作用。如投资者为了减少投资风险，在进行投资之前，必须要查阅被投资企业的财务报表和注册会计师的审计报告，了解被投资企业的经营情况和财务状况。投资者根据注册会计师的审计报告做出投资决策，可以降低其投资风险。

（三）证明作用

审计报告是对审计人员审计任务完成情况及其结果所做的总结，它可以表明审计工作的质量并明确审计人员的审计责任。因此，审计报告可以对审计工作质量和审计人员的审计责任起证明作用。通过审计报告，可以证明审计人员在审计过程中是否实施了必要的审计程序，是否以审计工作底稿为依据发表审计意见，发表的审计意见是否与被审计单位的实际情况相一致，审计工作的质量是否符合要求。通过审计报告，可以证明审计人员审计责任的履行情况。

三、审计报告的种类

审计报告按不同的标准进行不同的分类。审计人员掌握了审计报告的种类、特点、目的、作用和要求，在审计实践中，可以根据不同的情况编写出适当的审计报告。

（一）按内容和目的不同，可以将审计报告分为财政财务审计报告、财经法纪审计报告和经济效益审计报告

（1）财政财务审计报告，是反映被审计单位财政财务收支活动真实性的审计报告，主要适用于对企业、行政事业单位财政财务收支的审计项目。

（2）财经法纪审计报告，是反映被审计单位经济活动合法性和合规性的审计报告，主要适用于审查和鉴证涉及违反财经法规和专案审计事项。

（3）经济效益审计报告，是反映被审计单位经济活动经济性、效率性和效果性的审计报告，主要适用于审查和评价经济效益高低的审计事项。

（二）按撰写主体不同，可以将审计报告分为国家审计报告、民间审计报告和内部审计报告

（1）国家审计报告也称为政府审计报告，是由国家审计人员对被审计单位进行审计后签发的、供与被审计单位有关的各方参考和执行的书面文件。国家审计报告是审计机关的内部文件，无法律效力。审计报告一般采用书面形式。

（2）民间审计报告也称为注册会计师审计报告，是指注册会计师根据中国注册会计师审计准则的规定，在实施审计工作的基础上对被审计单位财务报表发表审计意见的书面文件。民间审计报告是注册会计师审计工作的最终成果，具有法定证明效力。

（3）内部审计报告是指内部审计机构签发的、向本部门或本单位的主要负责人出具的、证明被审计事项的书面文件，内部审计报告无法律效力。

（三）按详略程度不同，可以将审计报告分为简式审计报告和详式审计报告

（1）简式审计报告，也称短式审计报告，是指简要说明审计范围、审计意见以及例外事项的审计报告。这种审计报告简明扼要，短小精悍，主要适用于公布目的的审计事项，民间审计报告一般适用于此种类型。

（2）详式审计报告，是指对审查的事实和结果都要进行详细叙述、分析和评价，并提出处理意见或建议的审计报告。报告的详细程度，取决于所发现问题的重要性和解决问题的必要性，以及审计委托人要求的详细程度和内容的多少。主要适用于非公布目的的审计事项。国家审计报告和内部审计报告一般适用于此种类型。

（四）按照使用目的的不同，可以将审计报告分为公布目的的审计报告和非公布目的的审计报告

（1）公布目的的审计报告，一般适用于对企业股东、债权人等非特定利益关系者公布的附送会计报表的审计报告。

（2）非公布目的的审计报告，一般适用于经营管理、合并或业务转让、融通资金等特定目的的审计报告。这类审计报告是分发给特定使用者的。

（五）按照审计工作的范围和性质可分为标准审计报告和非标准审计报告

（1）标准审计报告是指格式和措辞基本统一的审计报告，一般适用于对外公布。

（2）非标准审计报告是指格式和措辞不统一，可以根据具体审计项目的问题来决定的审计报告。一般适用于非对外公布。

四、审计报告的内容

审计报告的基本内容根据撰写主体的不同而不同，下面以民间审计为例解析：

根据中国注册会计师协会 2016 年 12 月 23 日修订的《中国注册会计师审计准则第 1501 号——对财务报表形成审计意见和出具审计报告》的规定，我国民间审计报告应当包括下列内容：（1）标题；（2）收件人；（3）审计意见；（4）形成审计意见的基础；（5）管理层对财务报表的责任；（6）注册会计师对财务报表审计的责任；（7）按照相关法律法规的要求报告的事项（如适用）；（8）注册会计师的签名和盖章；（9）会计师事务所的名称、地址和盖章；（10）报告日期。

（一）标题

审计报告的标题应当统一规范为“审计报告”。

（二）收件人

审计报告的收件人是指注册会计师按照业务约定书的要求致送审计报告的对象，审计报告的收件人是指审计业务的委托人。审计报告应当载明收件人的全称。一般而言，对于股份有限公司，抬头为“××股份有限公司全体股东”；有限责任公司，抬头应为“××有限责任公司董事会”；合作企业或独资企业，抬头为“××公司董事会”，如果未设董事会，则为“某某公司”；国有企业、内部联营企业或集体企业，抬头为“××公司董事会”，如果未设董事会，则为“某某公司”或“某某厂”；对于筹建或重组中的企业，抬头为“某某筹备委员会”或“某某筹备小组”；由客户一方的股东或部分股东或其政府主管部门、控股公司委托的，抬头应为委托人名称或姓名。

（三）审计意见

审计意见段应当说明：财务报表是否在所有重大方面按照适用的财务报告编制基础编制，是否公允反映了被审计单位的财务状况、经营成果和现金流量。

审计意见由两部分构成，第一部分指出已审计财务报表应当包括下列内容：（1）指出被审计单位的名称；（2）说明财务报表已经审计；（3）指出构成整套财务报表的每一财务报表的名称；（4）提及财务报表附注，包括重大会计政策和会计估计；（5）指明构成整套财务报表的每一财务报表的日期或涵盖的期间。根据企业会计准则规定，一份完整的财务报表包括资产负债表、利润表、所有者（股东）权益变动表和现金流量表及其必不可少的附

注。财务报表须指明每张表的日期和所涵盖的会计期间，其中资产负债表反映的是时点，而利润表、所有者（股东）权益变动表和现金流量表反映的是时期。

第二部分应当说明注册会计师发表的审计意见。注册会计师根据审计结果和被审计单位对有关问题的处理情况，发表不同的审计意见，出具四种类型审计意见的审计报告，即无保留审计报告、保留审计报告、否定意见的审计报告和无法表示意见的审计报告。

我们以出具的无保留审计报告为例，我们审计了 ABC 股份有限公司（以下简称贵公司）财务报表，包括 2018 年 12 月 31 日的资产负债表，2018 年度利润表、现金流量表、股东权益变动表以及相关财务报表附注。我们认为，后附的财务报表在所有重大方面按照企业会计准则的规定编制，公允反映了贵公司 2018 年 12 月 31 日的财务状况以及 2018 年度的经营成果和现金流量。

（四）形成审计意见的基础

审计报告应当包含标题为“形成审计意见的基础”的部分。该部分应当紧接在审计意见部分之后，并包括下列方面：（1）说明注册会计师按照审计准则的规定执行了审计工作；（2）提及审计报告中用于描述审计准则规定的注册会计师责任的部分；（3）声明注册会计师按照与审计相关的职业道德要求独立于被审计单位，并履行了职业道德方面的其他责任。声明中应当指明适用的职业道德要求，如中国注册会计师职业道德守则；（4）说明注册会计师是否相信获取的审计证据是充分、适当的，为发表审计意见提供了基础。

（五）管理层对财务报表的责任

管理层对财务报表的责任部分应当说明管理层负责下列方面：（1）按照适用的财务报告编制基础的规定编制财务报表，使其实现公允反映，并设计、执行和维护必要的内部控制，以使财务报表不存在由于舞弊或错误导致的重大错报；（2）评估被审计单位的持续经营能力和使用持续经营假设是否适当，并披露与持续经营相关的事项（如适用）。对管理层评估责任的说明应当包括描述在何种情况下使用持续经营假设是适当的。

当对财务报告过程负有监督责任的人员与履行上述责任的人员不同时，管理层对财务报表的责任部分还应当提及对财务报告过程负有监督责任的人员。在这种情况下，该部分的标题还应当提及“治理层”或者特定国家或地区法律框架中的恰当术语。

（六）注册会计师的责任段

注册会计师的责任段应当说明以下内容：

（1）注册会计师的责任是在实施审计工作的基础上对财务报表发表审计意见。注册会计师按照中国注册会计师审计准则的规定执行了审计工作。中国注册会计师审计准则要求注册会计师遵守职业道德规范，计划和实施审计工作以对财务报表是否不存在重大错报获取合理保证。

（2）审计工作涉及实施审计程序，以获取有关财务报表金额和披露的审计证据。选择的审计程序取决于注册会计师的判断，包括对由于舞弊或错误导致的财务报表重大错报风险的评估。在进行风险评估时，注册会计师考虑与财务报表编制相关的内部控制，以设计恰当的审计程序，但目的并非对内部控制的有效性发表意见。审计工作还包括评价管理层选用会计政策的恰当性和作出会计估计的合理性，以及评价财务报表的总体列报。

（3）注册会计师相信已获取的审计证据是充分、适当的，为其发表审计意见提供了基础。

如果接受委托，结合财务报表审计对内部控制有效性发表意见，注册会计师应当省略本条第2项中“但目的并非对内部控制的有效性发表意见”的术语。

理解注册会计师的责任段内容时，应当注意以下几点：

第一段内容阐明注册会计师的责任、注册会计师执行审计业务的标准以及审计准则对注册会计师提出的核心要求。同时向财务报表使用者说明，注册会计师应当计划和实施审计工作以对财务报表是否不存在重大错报获取合理保证。不存在重大错报，是指注册会计师认为已审计的财务报表不存在影响财务报表使用者决策的错报。合理保证是指注册会计师通过不断修正的、系统的执业过程，获取充分、适当的审计证据，对财务报表整体发表审计意见，提供的是一种高水平但非百分之百的保证。

第二段内容阐明注册会计师执行审计工作的主要过程，包括运用职业判断实施风险评估程序、控制测试（必要时或决定测试时）以及实质性程序。同时向财务报表使用者说明，注册会计师的审计是建立在风险导向审计基础上的。在进行风险评估时，注册会计师考虑与财务报表编制相关的内部控制，以设计恰当的审计程序，但目的并非对内部控制的有效性发表意见。因此，审计报告对内部控制不提供任何保证。

第三段内容阐明注册会计师通过实施审计工作，获取了充分、适当的审计证据，具备了发表审计意见的基础。

（七）按照相关法律法规的要求报告的事项（如适用）

除审计准则规定的注册会计师对财务报表出具审计报告外，如果注册会计师在对财务报表履行其他报告责任，应当在审计报告中将其单独作为一部分，并以“按照相关法律法规的要求报告的事项”为标题，或使用适合于该部分内容的其他标题。这些责任是注册会计师按照审计准则对财务报表出具审计报告的责任的补充。例如，如果注册会计师在财务报表审计中注意到某些事项，可能被要求对这些事项予以报告。此部分，应当置于“对财务报表出具的审计报告”标题下。

如果涉及相同的事项，其他报告责任可以在审计准则规定的同一报告要素部分列示。如果将其他报告责任在审计准则要求的同一报告要素部分列示，审计报告应当清楚区分其他报告责任和审计准则要求的报告责任，以便明确责任。此部分置于“对财务报表出具的审计报告”之后。

（八）注册会计师的签名和盖章

审计报告应当由注册会计师签名并盖章。

注册会计师在审计报告上签名并盖章，有利于明确法律责任。《财政部关于注册会计师在审计报告上签名盖章有关问题的通知》明确规定：

（1）会计师事务所应当建立健全全面质量控制政策与程序以及各审计项目的质量控制程序，严格按照有关规定和本通知的要求在审计报告上签名盖章。

（2）审计报告应当由两名具备相关业务资格的注册会计师签名盖章并经会计师事务所盖章方为有效。

①合伙会计师事务所出具的审计报告，应当由一名对审计项目负最终复核责任的合伙人和一名负责该项目的注册会计师签名盖章。

②有限责任会计师事务所出具的审计报告，应当由会计师事务所主任会计师或其授权的副主任会计师和一名负责该项目的注册会计师签名盖章。

（九）会计师事务所的名称、地址及盖章

审计报告应当载明会计师事务所的名称和地址，并加盖会计师事务所公章。

根据《中华人民共和国注册会计师法》的规定，注册会计师承办业务，由其所在的会计师事务所统一受理并与委托人签订委托合同。因此，审计报告除了应由注册会计师签名并盖章外，还应载明会计师事务所的名称和地址，并加盖会计师事务所公章。

注册会计师在审计报告中载明会计师事务所地址时，标明会计师事务所所在的城市即可。在实务中，审计报告通常载于会计师事务所统一印刷的、标有该所详细通信地址的信笺上，因此，无须在审计报告中注明详细地址。此外，根据国家工商行政管理部门的有关规定，在主管登记机关管辖区内，已登记注册的企业名称不得相同。因此在同一地区内不会出现重名的会计师事务所。

（十）报告日期

审计报告应当注明报告日期。审计报告的日期不应早于注册会计师获取充分、适当的审计证据（包括管理层认可对财务报表的责任且已批准财务报表的证据），并在此基础上对财务报表形成审计意见的日期。

注册会计师在确定审计报告日期时，应当考虑：

（1）应当实施的审计程序已经完成；

（2）应当提请被审计单位调整的事项已经提出，被审计单位已经做出调整或拒绝做出调整；

（3）管理层已经正式签署财务报表。

审计报告的日期非常重要。注册会计师对不同时段的资产负债表日后事项有着不同的责任，而审计报告的日期是划分时段的关键时点。在实务中，注册会计师在正式签署审计报告前，通常把审计报告草稿和已审计财务报表草稿一同提交给管理层。如果管理层批准并签署已审计财务报表，注册会计师即可签署审计报告。注册会计师签署审计报告的日期通常与管理层签署已审计财务报表的日期为同一天，或晚于管理层签署已审计财务报表的日期。在审计报告日期晚于管理层签署已审计财务报表日期时，注册会计师应当获取自管理层声明书日到审计报告日之间的进一步审计证据，如补充的管理层声明书。

第二节 审计报告的基本类型

一、国家审计的审计报告

（一）国家审计报告的概念

国家审计报告是指审计机关实施审计后，依法对被审计单位的财政收支、财务收支的真实、合法、效益发表审计意见的书面文件，是审计机关向被审计单位出具的审计意见书、作出审计决定、进行审计结果公告的基础和依据。

（二）国家审计报告的内容及编写

1. 审计报告标题

国家审计报告的标题一般拟为：××审计厅（局）××年度××审计的报告；并与年度审计项目计划名称一致。

2. 审计报告的引言段

一般将审计报告的第一段称为审计报告的引言段。引言段包括“审计的范围、内容、方式、起止时间”段，它主要是为审计报告提供一个总揽全局的引言。这一段的内容应当包括：

审计任务的依据——审计通知书的字、号；

审计的执行者——我们/本审计组；审计工作的起止时间（应与审计通知书规定的时间相一致）；

被审计单位的规范名称（应与被审计单位的营业执照或批准成立文件上的单位名称相一致）；

被审计的时间范围，如××年度；审计内容，如预算执行情况、财政收支情况、财务收支情况等（应与审计通知书规定的审计内容相符）；

审计的空间范围——延伸审计情况（未进行延伸审计的，可不作说明）；

审计的方式——就地审计还是送达审计（也应与审计通知书要求相一致）；

审计工作开展的总体情况；

提出审计报告的依据。

3. 被审计单位的基本情况

撰写被审计单位基本情况段的主要目的是：为审计机关领导审查审计组确定的审计重点、程序和方法是否符合实际，能否保证质量提供依据；为审计机关审定审计报告，作出审计处理、处罚决定，确定审计决定抄送的机关或部门提供依据。基于这样的目的，这一段应当陈述以下内容：被审计单位的性质——国有还是国有控股，企业、事业、机关还是团体；主管机关、机构或部门及其历史沿革；机构设置及人员编制，特别是会计机构设置及核算组织情况；业务范围或工作职责；财政、财务隶属关系——全额拨款、差额拨款、自收自支还是独立核算；财务、经营状况或财政、财务收支状况；授权审批等内部控制情况；其他与上述内容有关的情况，如所处行业发展状况及国家政策导向与变化等。

4. 反映被审计单位承诺情况段的规范性研究

在审计报告中对被审计单位提供承诺的情况进行报告，目的是为审计机关审定审计报告中的处理、处罚建议提供重要的情节依据。如果被审计单位按照审计人员要求提供了承诺书，则表明被审计单位能够积极配合审计工作，审计机关在审定处理、处罚建议时，可作为依法从轻处理、处罚的情节依据。反之，如果被审计单位不按照审计人员要求提供承诺书，则表明被审计单位有不配合或阻挠审计工作的问题，审计机关在审定处理、处罚建议时，可作为依法从重处理、处罚的情节依据。

5. 实施审计的基本情况

实施审计有关情况的目的是为审计机关检查、监督审计组的审计质量，审定审计报告提供依据。基于这样的目的，这一段应当包括以下内容：审计机关何时发出审计通知书，审计组何时进驻被审计单位或接受被审计单位送来的会计资料，何时发布审计公告，何时进行预备性调查；在审计方案中，审计重点及其审计方法确定的依据与结果以及审计分工情况；实施审计的步骤和时间安排；进行延伸审计的原因、内容和结果；被审计单位对提供的会计资料真实性和完整性的承诺情况和配合审计的情况；被审计单位没有及时提出书面意见的原因或被审计单位提出书面意见后审计组作进一步研究、核实的内容方法与结果；审计的实际进展情况或受到主、客观原因阻碍而难以审计或难以获得充分、适当的审计证据的情况；审计中遇到的没有明确、有效的评价、定性、处理、处罚标准而难以得出评价意见或提出定性、处理、处罚建议的问题；其他与上述审计目的有关的情况。

6. 审计评价意见

审计评价意见是审计组在完成审查工作后，对被审计单位财政收支、财务收支的真实性、合法性、有效性以及内部控制的健全性和有效性所作的综合评价。它是审计组工作的主要成果之一，是审计报告质量的主要决定因素。审计组进行审计事项评价，提出审计评价意见，不但应当严格遵守《审计机关审计报告编审准则》，而且应当严格遵循《审计机关审计事项评价准则》。

7. 定性、处理、处罚建议

审计定性就是确定审计所查明的违反财经法规问题的性质，即确定审计所查明问题是违规、违纪、违法还是犯罪问题。定性是处理、处罚的前提和依据。审计处理是指审计机关对违反国家规定的财政收支、财务收支行为采取的纠正措施，包括：责令限期缴纳、上缴应当缴纳或上缴的财政收入；责令限期退还违法所得；责令限期退还被侵占的国有资产；冲转或调整有关账目；依法采取其他处理措施。审计处罚是指审计机关对违反国家规定的财政收支、财务收支行为采取的行政制裁措施，包括：警告、通报批评；罚款；没收违法所得；依法进行的其他处罚。

审计定性、处理、处罚建议是审计组在审计报告中向派出其进行审计的审计机关提出的，对其查明的被审计单位的违反财经法规问题进行定性、处理、处罚的建议，是审计机关提出审计意见，做出审计决定的主要依据。它是审计报告中最能体现审计权威性、最能发挥审计监督作用的一部分内容，也是最能展现审计人员才能，考验审计人员独立、客观、公正、廉洁品质的内容，还是被审计单位最为重视、最容易引发审计风险的内容。因此，审计组在审计报告中规范地进行定性和提出处理、处罚建议，有着十分重要的意义。审计人员必须以规范实施的审计及其结果为基础，以充分的证据、具体而明确的法律法规和真实的情节为依据，以独立、客观、公正、公开、适度为原则，提出明确的定性、处理、处罚建议，即要明确说明审计所查明的问题的性质，应当从轻或从重处理、处罚的具体情节，以及给予被审计单位或人员处理、处罚的具体种类及其金额。要按照审计发现问题的严重性排序报告，每一项问题都要按照事实陈述、定性依据及定性建议、处理处罚的法律法规依据、处理处罚建议的顺序进行报告。建议必须在法律法规规定的权限内，以建议的口气提出。

（三）国家审计报告的编制、复核和审定程序

（1）审计组实施审计后，撰写审计组的审计报告。

（2）审计组的审计报告经审计组组长审核后，送达被审计对象征求意见（10 天的日期限制）。

（3）审计组认真核实被审计对象的书面意见并作出书面说明，必要时修改审计报告，并将审计组的审计报告、被审计对象的书面意见、审计组的书面说明、审计实施方案、审计工作底稿、审计证据以及其他有关材料，报送审计组所在部门。

（4）审计组所在部门接收并复核审计组的审计报告，复核的事项包括：

①审计实施方案确定的审计目标是否实现；

②事实是否清楚；

③审计证据是否充分；

④适用法律、法规、规章是否正确；

⑤评价、定性、处理、处罚和移送处理是否恰当；

⑥其他需要复核的事项。

复核后，审计组所在部门代拟审计机关的审计报告。对被审计单位违反国家规定的财政收支、财务收支行为需要依法进行处理、处罚的，审计组所在部门应当代拟审计决定书，对审计发现的依法应当由其他有关部门纠正、处理、处罚或者追究有关责任人员行政责任、刑事责任的问题，审计组所在部门应当代拟审计移送处理书。

（5）审计机关复核机构或者专职复核人员复核审计组所在部门代拟的审计报告、审计决定书和审计移送处理书。复核的主要事项包括：

①主要事实的表述是否清楚；

②适用法律、法规、规章是否正确；

③评价、定性、处理、处罚和移送处理是否恰当；

④审计程序是否符合规定；

⑤其他需要复核的事项。

（6）审计报告等经过复核后，由审计机关审定。一般审计事项的审计报告，可以由审计机关主管领导审定；重大事项的审计报告，应由审计机关审计业务会议审定。审计机关对审计报告进行审定的事项包括：

①与审计事项有关的事实是否清楚，证据是否确凿；

②被审计单位对审计报告的意见和复核机构或者复核人员提出的复核意见是否正确；

③审计评价意见是否恰当；

④定性、处理、处罚意见是否准确、合法、适当。

（7）对被审计单位和有关责任人员违反国家规定的财政收支、财务收支行为作出较大数额罚款的审计决定前，告知其有要求举行听证的权利，并按照规定组织听证。

（8）审计机关分管领导或者主要负责人签发审计机关的审计报告、审计决定书、审计移送处理书等审计法律文书。

（9）审计机关将审计机关的审计报告、审计决定书送达被审计单位和有关主管机关、单位，将审计移送处理书送达有关主管机关。

（10）审计机关依照有关规定向社会公告审计机关的审计报告。

（四）国家审计报告的一般格式

根据《审计机关审计报告编审准则》的规定，国家审计报告的总体格式规范主要有以下几点：

（1）审计报告的标题应当包括被审计单位名称、审计事项的主要内容和时间；

（2）审计报告的主送单位是派出审计组的审计机关；

（3）审计报告的主要内容包括审计的范围、内容、方式和时间，被审计单位的基本情况和承诺情况，实施审计的有关情况及审计评价意见，审计定性、处理、处罚建议，对被审计单位改进管理的意见和建议等；

（4）审计组组长签名；

（5）审计报告签发日期。

（五）国家审计报告的撰写要求

撰写审计报告是一项严肃而细致的工作，为确保审计报告的质量，审计人员应掌握撰写审计报告的基本要求。这些要求主要包括：

（1）在形式结构方面，应达到形式清晰、结构合理、逻辑严谨的要求；

（2）在表达内容方面，应达到证据确凿、内容完整、评价公正的要求；

（3）在行文用语方面，应达到行文简练、概念准确、措辞适当的要求。

审计署的审计报告的一般格式如下例：

中国石油天然气集团公司2012年度财务收支审计报告

根据《中华人民共和国审计法》的规定，审计署2013年对中国石油天然气集团公司（以下简称中石油集团）2012年度财务收支进行了审计，重点审计了中石油集团总部及西南油气田分公司、抚顺石化分公司、东北销售分公司、中油资产管理有限公司等20个所属企业，并对有关事项进行了延伸审计。

一、基本情况及审计评价意见

中石油集团成立于1998年7月，注册资本3 799亿元，拥有二级全资和控股子公司72家、事业单位8家、社会团体1家，主要从事原油、天然气勘探开发、开采；石油炼制、石油化工及其他化工产品的生产、储运及贸易，石油、天然气管道运输及贸易；相关工程技术研究与服务等。

据中石油集团合并财务报表反映，其2012年底资产总额34 094.2亿元、负债总额15 453.1亿元、所有者权益总额18 641.1亿元；当年实现营业收入26 692.53亿元，净利润1 391.75亿元，资产负债率45.32%、净资产收益率7.29%。

立信会计师事务所审计了该集团2012年度合并财务报表并出具了标准无保留意见的审计报告。审计署审计结果表明，中石油集团基本能贯彻执行国家宏观经济政策，2012年度财务报表总体上比较真实地反映了企业财务状况和经营成果。审计也发现，中石油集团在生产经营、内部管理等方面存在一些问题，有的管理人员还涉嫌严重违法违纪。

二、审计发现的主要问题

（一）会计核算和财务管理存在的问题

1. 2012年，中石油集团所属10家单位存在当期天然气销售收入计入次年、盘盈成品油未冲减管理费用等问题，由此造成收入少计0.32亿元，成本费用多计5.91亿元、少计0.2亿元，导致2012年少计利润6.03亿元。

2. 2012年，所属辽河油田设备安装工程公司等5家公司未按规定纳入合并报表范围，导致少计资产5.13亿元、负债2.2亿元、所有者权益2.93亿元。

3. 至2012年底，中石油集团未按规定将3.52亿元国拨资本性财政资金，转为对中国石油天然气股份有限公司（以下简称中石油股份公司）的委托贷款。

（二）执行国家经济政策和企业重大经济决策中存在的问题

1. 2012年4月至12月，所属西南油气田分公司违反国家关于禁止以大、中型气田所产天然气为原料建设LNG（液化天然气）项目的规定，向华油天然气广安有限公司LNG项目供应天然气。

2. 至2012年底，所属四川销售分公司2006年以来收购的55座加油站、吉林销售分公司2011年9月租入的8座加油站证照不齐全。

3. 2012年至2013年4月底，所属烟台等130家销售分公司超过发展改革委最高限价销售成品油18.38万吨，价差总计0.36亿元。

4. 2010年至2012年，所属抚顺石化分公司投资22.35亿元的热电厂扩建项目未经核准，且使用工艺不成熟导致8 751万元国有资产面临损失。

5. 截至2013年5月，辽河油田分公司未经核准于2011年10月开工建设的“双6地下储气库”项目完成投资21.3亿元。该项目2013年11月才获得核准。

6. 所属西南油气田分公司龙岗天然气试采工程未按规定程序实施，并在无法达到预期目标的情况下继续追加投资，该项目2006年至2013年6月间产气量持续下降。

7. 中石油股份公司于2007年12月与外方合作开发的川东北高含硫天然气项目至2013年6月仍未完工投产，一直未能实现2009年天然气首次投产的预期目标。

（三）内部管理存在的问题

1. 工程项目管理方面。

（1）2011年6月，所属中石油北燃（锦州）燃气有限公司未按规定报经上级公司批准，即开工建设龙栖湾燃气工程，至2013年6月已完成投资686.42万元。

（2）至2012年底，所属四川销售分公司有9座由外单位代建的加油站，未按照中石油股份公司规定解除代建协议。

（3）2006年11月至2013年7月，所属抚顺石化分公司等9家单位部分工程建设和物资采购未按规定公开招标，涉及合同金额260.35亿元，其中工程建设238.51亿元、物资采购21.84亿元。

（4）2009年至2012年，所属辽河油田分公司和吉林油田分公司有1.34万亩新增建设用地未取得正式用地手续。

（5）2009年至2012年，所属吉林油田分公司下属新木采油厂和松原采气厂对施工监管不到位，其安全生产科与民营施工方套用较高标准的土方工程定额，多支付工程款155.25万元。

（6）2009年至2012年11月，所属抚顺石化房地产综合开发股份有限公司超资质开发房地产项目，并用已被政府收回的土地使用权作抵押违规融资2.5亿元。

（7）至2013年6月，所属抚顺石化分公司已建成的石油二厂天然气利用改造和洗化厂天然气利用改造项目，由于配套管道建设进度慢等无法投用，涉及投资1.38亿元；西北销售分公司2011年接管的11个储油罐（容量26万立方米）一直闲置。

2. 资金和金融业务管理方面。

（1）1999年至2011年，所属吉化集团公司未经中石油集团批准向其控股公司出借资金，2012年5月形成损失1.52亿元。

（2）所属昆仑银行股份有限公司克拉玛依分行因贷前审核不严、贷后管理不到位，发放给新疆天盛实业有限公司的贷款本息5.7亿元，至2013年7月全部面临损失风险。

3. 资产、产权、股权管理方面。

（1）2010年至2013年，所属昆仑信托有限责任公司对其与有关自然人和企业共同设立的合伙企业的财务支出监管不到位，致使合伙企业的执行合伙人虚列咨询费支出2 700万元。

（2）2011 年和 2012 年，所属昆仑信托有限责任公司和中油资产管理有限公司在信托计划所投资企业持续亏损的情况下，按原值受让了其中由 15 个自然人认购的信托计划，代为承担了 784.83 万元投资损失风险。

（3）2009 年 11 月，所属中石油昆仑燃气有限公司未报经批准与沈阳德源新能源科技有限公司设立的合资企业，至 2013 年 6 月累计亏损 1 164 万元。

（4）2012 年 10 月，所属长春销售分公司在其所收购加油站的出让方未按合同约定变更加油站用地性质、将土地使用权变更至本公司名下的情况下，支付收购尾款 2 400 万元，至 2013 年 7 月该土地仍在租赁经营。

（5）至 2012 年底，所属西南油气田分公司未按规定清退职工持股企业的个人股份，涉及金额 1 418.34 万元。

4. 油气销售方面。

（1）2007 年至 2012 年，所属兰州石化分公司违反中石油股份公司油品统销管理规定，销售油浆和重油等 46.47 万吨；计划外销售成品油 4.05 万吨。

（2）2010 年至 2013 年 4 月，所属北京销售分公司等企业低于成本价或向无成品油批发资格的企业销售成品油 125.73 万吨，吉林油田分公司所属吉港天然气公司将工业用气按民用气低价销售天然气 541.62 万立方米。

（3）2012 年，因产销管理脱节，所属大连海运分公司装载油品的船舶滞港 336 航次、总运量 240.96 万吨，为此支付船舶滞期费 1 408.54 万元。

5. 油田对外合作及职工持股企业方面。

（1）2008 年至 2013 年 5 月，所属吉林油田分公司在油田区块合作开发主体性质已变化的情况下未及时相应变更油田区块合作项目分成方式、辽河油田分公司油田区块合作项目未按合同约定向合作方收取未到位出资利息等，造成国有收益流失 3 761.07 万元、面临流失 698.91 万元。

（2）2010 年至 2013 年 3 月，所属吉林石化分公司动力二厂和辽河油田分公司欢喜岭采油厂将粉煤灰、凝析油等，无偿交由职工持股的集体企业或多种经营企业回收销售，涉及金额 5 013.3 万元。

（3）至 2013 年 6 月，所属辽河石油勘探局有 2 万亩农用地由辽海集团泰兴农业公司等 8 家职工持股的多种经营企业无偿使用，用于种植水稻、养鱼等。

（4）2012 年至 2013 年 5 月，所属兰州润滑油研究开发中心和东北销售抚顺分公司的职工持股企业或关联单位，将所获利润 3 032.73 万元以奖金、集体福利等名义发放给上述 2 家单位的职工或相关人员。

6. 信息化建设管理方面。

（1）至 2012 年，所属吉林销售分公司使用的销售 ERP 系统和加油站管理系统共有 33 个系统用户权限不符合职责分离要求。

（2）由于加油站管理系统允许为个人记名加油卡的油品消费开具增值税专用发票，至 2012 年 8 月中石油股份公司九台经营处共为员工记名加油卡开具 433.55 万元的增值税专用发票，最终去向不明。

（3）2011 年至 2012 年，对两个个体工商户短期内以现金进行加油卡充值 3.67 亿元的异常行为，中石油集团加油站管理系统未实现有效监控。

7. 2012年，所属吉林销售分公司和吉林石化分公司以租赁方式超标准配置23辆公务用车。

三、审计处理及整改情况

对审计发现的问题，审计署已依法出具了审计报告、下达了审计决定书。中石油集团具体整改情况由其向社会公告。审计发现的相关人员涉嫌经济违法违纪线索，移送有关部门进一步调查处理。

二、内部审计的审计报告

（一）内部审计报告的概念

内部审计报告是指内部审计人员，根据审计计划对被审计单位实施必要的审计程序后，就被审计单位经营活动和内部控制的适当性、合法性和有效性出具的书面文件。

（二）内部审计报告的结构和主要内容

内部审计报告没有固定的项目要求。基本的项目应该包括以下几方面内容。

1. 审计报告的标题

审计报告的标题因审计项目和审计内容的不同而不同。例如：关于对××公司财务收支的审计报告；关于对××公司（××期间）经营（目标）结果的审计报告；关于对××任期经济责任的审计报告；关于对××公司经理××离任的审计报告；关于对××公司××问题的中期审计报告；关于对项目的专项审计调查报告；关于对拟并购××公司资产情况的审计报告；尽职调查报告；关于对××公司内部控制制度的审计报告……

2. 审计报告的报送人

根据内部审计机构隶属关系的不同而有区别：财务总监；主管总裁（经理）；总审计师（审计总监）；董事长；审计委员会等。

3. 审计依据、审计目标、审计范围、审计内容、审计人员、审计时间

在审计报告中应表明根据什么进行审计？本次审计要解决什么问题？审计何时间内、何范围内、何内容？审计工作人员及审计所耗时间。

4. 审计出的主要问题及问题形成的原因

审计出的主要问题要根据重要性（金额大小、性质、影响程度等）原则，对问题进行排序。如重大偏离审计目标的违法问题、违规问题、高风险问题、做假账、上报虚假的财务报告、资产不实风险等。对所有问题都要先定性质后量化。如虚增××年度利润300万元；职务侵占公款300万元；现金短款300元；违反投资决策程序造成投资损失300万元；私设小金库300万元等。然后逐项描述。

问题形成的原因可以单独写也可写在报告里，但一定要实事求是，符合客观实际。问题的原因应该明确界定出主观原因和客观原因。主观原因的表现是：明知故犯；先犯后改、改了再犯；屡查屡犯。客观原因的表现是：业务流程中设为非控制重点环节；内部控制点制度空白；非常情况下发生；企业发展中的新问题。所有原因均应引申其对公司发展的影响。

5. 被审计对象在审计期间就已经审计出的问题的整改行动及纠正措施

在审计期间（审计通知书发出之日起到部门审计报告定稿前）对审计发现的问题，公司已经或正在进行整改，有实际纠正行动和结果的，应该在审计报告中进行描述。肯定被审计对象对制度的维护和对审计问题的态度所做出的努力。

6. 审计结论与审计评价

每份审计报告都要给出审计结论和审计评价。这不仅是对被审计对象履行的义务，也是体现审计独立性、权威性、客观性、决策可参照性的必要前提。也是企业设立内部审计机构的主要目标之一。内部审计不参与经营，与经营者没有直接的利益冲突关系，审计结论和审计评价必须确保独立性和权威性。

7. 审计建议

国家审计这个位置是要写“审计意见”或“审计结论和处理意见”的，内部审计无执法权，如无公司文件明确规定，则没必要写成“审计意见”。“审计建议”要具备可操作性，基本要求是能够解决审计发现的问题。内部审计存在的前提是能够发现问题，内部审计的价值是如何解决已经发现了的问题，最低要求是同样的问题不能再在同一个管理中心或利润中心重复发生。

8. 审计报告出具人

审计组的“审计报告”要手书审计组全体人员的名字；审计部的“审计报告”要手书审计经理的名字。这和国家审计机关的审计报告有明显的区别。

9. 审计报告出具日期

打印审计报告形成日期。

10. 审计报告抄送人员和部门及报告总份数及存档要求

内部审计机构的审计报告，是要按公司规定发送很多既定的领导和部门的，在审计报告最后一页的页角，按规定写清楚抄送人员和部门及需存档案的份数及总发出份数。

（三）内部审计报告的编制、复核与分发

审计项目负责人应在实施必要的审计程序后，编制审计报告，并向被审计单位征求反馈意见。

被审计单位对审计报告持有异议的，审计项目负责人及相关人员应进行研究、核实，必要时应修改审计报告。内部审计机构应该建立健全审计报告分级复核制度，明确规定各级复核的要求和责任。

内部审计机构应将审计报告提交被审计单位和组织适当管理层，并要求被审计单位在规定的期限内落实纠正措施。

三、民间审计的审计报告的类型

民间审计报告是指注册会计师根据中国注册会计师审计准则的规定，在实施审计工作的基础上对被审计单位财务报表发表审计意见的书面文件。

审计意见是指注册会计师在完成审计工作后，对于鉴证对象是否符合鉴证标准而发表的意见。对于财务报表审计而言，则是对财务报表是否已按照适用的会计准则编制，以及财务报表是否在所有重大方面公允的反映了被审计者的财务状况、经营成果和现金流量发表意见。注册会计师的审计意见分为无保留意见报告、保留意见报告、否定意见报告和无法表示意见报告。

（一）无保留意见审计报告的内容格式

1. 无保留意见审计报告

当注册会计师出具的无保留意见的审计报告不附加说明段、强调事项段或任何修饰性用

语时，该报告称为标准审计报告。

不带附加的无保留意见，也称肯定意见。它是审计人员在对其所查的全部具体项目都感到满意的审计意见，并且有充分资料作为依据，所提供的各项财务报表公允表达的条件下表示的审计意见。发表不带附加的无保留意见应符合下列条件：

第一，财务报表已经按照适用的会计准则和相关会计制度的规定编制，在所有重大方面公允反映了被审计单位的财务状况、经营成果和现金流量。

在评价财务报表是否按照适用的会计准则和相关会计制度的规定编制时，注册会计师应当考虑下列内容：

选择和运用的会计政策是否符合适用的会计准则和相关会计制度，并适合被审计单位的具体情况；管理层作出的会计估计是否合理；财务报表反映的信息是否具有相关性、可靠性、可比性和可理解性；财务报表是否作出充分披露，使财务报表使用者能够理解重大交易和事项对被审计单位财务状况、经营成果和现金流量的影响。

在评价财务报表是否作出公允反映时，注册会计师应当考虑下列内容：

经营管理层调整后的财务报表，是否与注册会计师对被审计单位及其环境的了解一致；财务报表的列报、结构和内容是否合理；财务报表是否真实地反映了交易和事项的经济实质。

第二，注册会计师已经按照中国注册会计师审计准则的规定计划和实施审计工作，在审计过程中未受到限制。

第三，不存在应调整或披露而被审计单位未予调整或披露的重要事项。

不带强调事项段的肯定意见的审计报告（标准审计报告）：

审 计 报 告

××股份有限公司全体股东：

一、审计意见

我们审计了××股份有限公司（以下简称贵公司）财务报表，包括2017年12月31日的资产负债表，2017年度的利润表、现金流量表、股东权益变动表以及相关财务报表附注。

我们认为，后附的财务报表在所有重大方面按照企业会计准则的规定编制，公允反映了贵公司2017年12月31日的财务状况以及2017年度的经营成果和现金流量。

二、形成审计意见的基础

我们按照中国注册会计师审计准则的规定执行了审计工作。审计报告的“注册会计师对财务报表审计的责任”部分进一步阐述了我们在这些准则下的责任。按照中国注册会计师职业道德守则，我们独立于贵公司，并履行了职业道德方面的其他责任。我们相信，我们获取的审计证据是充分、适当的，为发表审计意见提供了基础。

三、关键审计事项

关键审计事项是我们根据职业判断，认为对本期财务报表审计最为重要的事项。这些事项的应对以对财务报表整体进行审计并形成审计意见为背景，我们不对这些事项单独发表意见。

我们在审计中识别出的关键审计事项为收入确认。

（一）事项描述

由于国内宏观经济环境以及煤炭行业去产能影响，公司2017年营业收入××亿元，与上年相比增长××%，营业收入主要来源于煤炭销售收入。公司煤炭销售收入在商品所有权上主要风险和报酬已转移给购货方时予以确认，煤炭产品已发运给购货方并取得证明购货方收到发运煤炭产品的相关凭据作为收入确认条件。

营业收入作为合并利润表的重要组成项目，影响关键业绩指标，因此将营业收入确认作为关键审计事项。

（二）审计应对

我们针对营业收入的真实性、完整性执行的主要审计程序包括：

1. 通过与公司管理层访谈，了解公司销售模式以及收入确认的会计政策；

2. 了解、测试与收入确认相关的关键内部控制；

3. 对收入成本执行分析性程序，对各月度销售收入、成本、毛利变动进行原因分析；

4. 对照企业收入实现模式，以及产销存报表、相关协议、发货单据、装运凭据等，检查已确认收入的真实性、完整性；

5. 结合应收款项函证程序，关注期末收入的确认及发货情况、期后回款及结算情况，对次月及次年冲销的收入给予充分关注，以合理确认收入列报不存在重大风险。

四、其他信息

贵公司管理层（以下简称管理层）对其他信息负责。其他信息包括贵公司 2017 年年度报告中涵盖的信息，但不包括财务报表和我们的审计报告。

我们对财务报表发表审计意见并不涵盖其他信息，我们也不对其他信息发表任何形式的鉴证结论。

结合我们对财务报表的审计，我们的责任是阅读其他信息，在此过程中，考虑其他信息是否与财务报表或我们在审计过程中了解到的情况存在重大不一致或者似乎存在重大错报。基于我们已经执行的工作，如果我们确定其他信息存在重大错报，我们应该报告该事项。在这方面，我们无任何事项需要报告。

五、管理层和治理层对财务报表的责任

贵公司管理层负责按照企业会计准则的规定编制财务报表，使其实现公允反映，并设计、执行和维护必要的内部控制，以使财务报表不存在由于舞弊或错误导致的重大错报。

在编制财务报表时，管理层负责评估贵公司的持续经营能力，披露与持续经营相关的事项（如适用），并运用持续经营假设，除非管理层计划清算贵公司、终止运营或别无其他现实的选择。

治理层负责监督贵公司的财务报告过程。

六、注册会计师对财务报表审计的责任

我们的目标是对财务报表整体是否不存在由于舞弊或错误导致的重大错报获取合理保证，并出具包含审计意见的审计报告。合理保证是高水平的保证，但并不能保证按照审计准则执行的审计在某一重大错报存在时总能发现。错报可能由于舞弊或错误导致，如果合理预期错报单独或汇总起来可能影响财务报表使用者依据财务报表作出的经济决策，则通常认为错报是重大的。

在按照审计准则执行审计工作的过程中，我们运用职业判断，并保持职业怀疑。同时，我们也执行以下工作：

（一）识别和评估由于舞弊或错误导致的财务报表重大错报风险，设计和实施审计程序以应对这些风险，并获取充分、适当的审计证据，作为发表审计意见的基础。由于舞弊可能涉及串通、伪造、故意遗漏、虚假陈述或凌驾于内部控制之上，未能发现由于舞弊导致的重大错报的风险高于未能发现由于错误导致的重大错报的风险。

（二）了解与审计相关的内部控制，以设计恰当的审计程序。

（三）评价管理层选用会计政策的恰当性和作出会计估计及相关披露的合理性。

（四）对管理层使用持续经营假设的恰当性得出结论。同时，根据获取的审计证据，就可能导致对贵公司持续经营能力产生重大疑虑的事项或情况是否存在重大不确定性得出结论。如果我们得出结论认为存在重大不确定性，审计准则要求我们在审计报告中提请报表使用者注意财务报表中的相关披露；如果披露不充分，我们应当发表非无保留意见。我们的结论基于截至审计报告日可获得的信息。然而，未来的事项或情况可能导致贵公司不能持续经营。

（五）评价财务报表的总体列报、结构和内容（包括披露），并评价财务报表是否公允反映相关交易和事项。

（六）就贵公司中实体或业务活动的财务信息获取充分、适当的审计证据，以对财务报表发表审计意见。我们负责指导、监督和执行集团审计，并对审计意见承担全部责任。

我们与治理层就计划的审计范围、时间安排和重大审计发现等事项进行沟通，包括沟通我们在审计中识别出的值得关注的内部控制缺陷。

我们还就已遵守与独立性相关的职业道德要求向治理层提供声明，并与治理层沟通可能被合理认为影响我们独立性的所有关系和其他事项，以及相关的防范措施（如适用）。

从与治理层沟通过的事项中，我们确定哪些事项对本期财务报表审计最为重要，因而构成关键审计事项。我们在审计报告中描述这些事项，除非法律法规禁止公开披露这些事项，或在极少数情形下，如果合理预期在审计报告中沟通某事项造成的负面后果超过在公众利益方面产生的益处，我们确定不应在审计报告中沟通该事项。

××会计师事务所　　　　　　　　中国注册会计师：×××（项目合伙人）
（盖章）　　　　　　　　　　　　（签字并盖章）
中国××市　　　　　　　　　　　中国注册会计师：×××
　　　　　　　　　　　　　　　　（签字并盖章）

二〇×八年×月×日

2. 带强调事项段的无保留审计报告

审计报告的强调事项段是指注册会计师在审计意见段之后增加的对重大事项予以强调的段落。强调事项应当同时符合下列条件：

第一，可能对财务报表产生重大影响，但被审计单位进行了恰当的会计处理，且在财务报表中作出充分披露；

第二，不影响注册会计师发表的审计意见。

当存在可能导致对持续经营能力产生重大疑虑的事项或情况、但不影响已发表的审计意见时，注册会计师应当在审计意见段之后增加强调事项段对此予以强调。

当存在可能对财务报表产生重大影响的不确定事项（持续经营问题除外）、但不影响已发表的审计意见时，注册会计师应当考虑在审计意见段之后增加强调事项段对此予以强调。

不确定事项是指其结果依赖于未来行动或事项，不受被审计单位的直接控制，但可能影响财务报表的事项。

除以上规定的两种情形以及其他审计准则规定的增加强调事项段的情形外，注册会计师不应在审计报告的审计意见段之后增加强调事项段或任何解释性段落，以免财务报表使用者产生误解。

注册会计师应当在强调事项段中指明，该段内容仅用于提醒财务报表使用者关注，并不影响已发表的审计意见。

带强调事项段的无保留意见的审计报告参考格式如下：

审计报告

A股份有限公司全体股东：

一、审计意见

我们审计了A股份有限公司（以下简称A公司）财务报表，包括2017年12月31日的资产负债表，2017年度的利润表、现金流量表、股东权益变动表以及财务报表附注。

我们认为，后附的财务报表在所有重大方面按照企业会计准则的规定编制，公允反映了A公司2017年12月31日的财务状况以及2017年度的经营成果和现金流量。

二、形成审计意见的基础

我们按照中国注册会计师审计准则的规定执行了审计工作。审计报告的“注册会计师对财务报表审计的责任”部分进一步阐述了我们在这些准则下的责任。按照中国注册会计师职业道德守则，我们独立于A公司，并履行了职业道德方面的其他责任。我们相信，我们获取的审计证据是充分、适当的，为发表审计意见提供了基础。

三、强调事项

我们提醒财务报表使用者关注，如财务报表附注×所述：根据A公司与关联方B有限公司签署的借款协议，2017年度A公司累计为其提供借款××亿元，借款年利率××%。该借款已于2017年12月全部收回；2017年度A公司对此计提2 403 821.92元利息，该利息已于2018年3月13日全部收回。本段内容不影响已发表的审计意见。

四、关键审计事项

关键审计事项是根据我们的职业判断，认为对本期财务报表审计最为重要的事项。

这些事项的应对以对财务报表整体进行审计并形成审计意见为背景，我们不对这些事项单独发表意见。我们确定下列事项是需要在审计报告中沟通的关键审计事项。

1. 事项描述

2017年度A公司实现营业收入××亿元，较2016年度增加××%，为A公司利润表的重要组成项目，营业收入的真实性及完整性存在潜在错报风险，为此我们将营业收入确定为关键审计事项。

2. 审计应对

我们执行的主要审计程序如下：

(1) 通过与管理层访谈和检查销售合同等相关程序文件，了解、评估并测试了与收入确认相关的内部控制设计和运行的有效性；

(2) 区别销售业务类型执行了分析性复核程序，判断销售收入和毛利及毛利率变动的合理性；

（3）区别销售业务类型对重要客户执行了交易测试，检查了相关程序文件，包括销售合同或入户安装委托合同、抄表单或完工验收单及交割单和银行收款记录等业务资料；

（4）区别销售业务类型对重要客户执行了函证程序，以确认本期销售金额及期末应收账款余额；对重要的入户安装工程执行了实地走访程序；

（5）区别销售业务类型分别对民用气、车用气和入户安装工程执行了截止测试程序。

五、其他信息

A公司管理层（以下简称管理层）对其他信息负责。其他信息包括2017年年度报告中涵盖的信息，但不包括财务报表和我们的审计报告。

我们对财务报表发表的审计意见不涵盖其他信息，我们也不对其他信息发表任何形式的鉴证结论。

结合我们对财务报表的审计，我们的责任是阅读其他信息，在此过程中，考虑其他信息是否与财务报表或我们在审计过程中了解到的情况存在重大不一致或者似乎存在重大错报。

基于我们已执行的工作，如果我们确定其他信息存在重大错报，我们应当报告该事实。在这方面，我们无任何事项需要报告。

六、管理层和治理层对财务报表的责任

管理层负责按照企业会计准则的规定编制财务报表，使其实现公允反映，并设计、执行和维护必要的内部控制，以使财务报表不存在由于舞弊或错误导致的重大错报。

在编制财务报表时，管理层负责评估A公司的持续经营能力，披露与持续经营相关的事项（如适用），并运用持续经营假设，除非管理层计划清算A公司、终止运营或别无其他现实的选择。

治理层负责监督A公司的财务报告过程。

七、注册会计师对财务报表审计的责任

我们的目标是对财务报表整体是否不存在由于舞弊或错误导致的重大错报获取合理保证，并出具包含审计意见的审计报告。合理保证是高水平的保证，但并不能保证按照审计准则执行的审计在某一重大错报存在时总能发现。错报可能由于舞弊或错误导致，如果合理预期错报单独或汇总起来可能影响财务报表使用者依据财务报表作出的经济决策，则通常认为错报是重大的。

在按照审计准则执行审计工作的过程中，我们运用职业判断，并保持职业怀疑。同时，我们也执行以下工作：

（1）识别和评估由于舞弊或错误导致的财务报表重大错报风险，设计和实施审计程序以应对这些风险，并获取充分、适当的审计证据，作为发表审计意见的基础。由于舞弊可能涉及串通、伪造、故意遗漏、虚假陈述或凌驾于内部控制之上，未能发现由于舞弊导致的重大错报的风险高于未能发现由于错误导致的重大错报的风险。

（2）了解与审计相关的内部控制，以设计恰当的审计程序。

（3）评价管理层选用会计政策的恰当性和作出会计估计及相关披露的合理性。

（4）对管理层使用持续经营假设的恰当性得出结论。同时，根据获取的审计证据，就可能导致对A公司持续经营能力产生重大疑虑的事项或情况是否存在重大不确定性得出结论。如果我们得出结论认为存在重大不确定性，审计准则要求我们在审计报告中提请报表使用者注意财务报表中的相关披露；如果披露不充分，我们应当发表非无保留意见。我们的结论基于截至审计报告日可获得的信息。然而，未来的事项或情况可能导致 A 公司不能持续经营。

（5）评价财务报表的总体列报、结构和内容（包括披露），并评价财务报表是否公允反映相关交易和事项。

（6）就 A 公司中实体或业务活动的财务信息获取充分、适当的审计证据，以对财务报表发表审计意见。我们负责指导、监督和执行集团审计，并对审计意见承担全部责任。

我们与治理层就计划的审计范围、时间安排和重大审计发现等事项进行沟通，包括沟通我们在审计中识别出的值得关注的内部控制缺陷。

我们还就已遵守与独立性相关的职业道德要求向治理层提供声明，并与治理层沟通可能被合理认为影响我们独立性的所有关系和其他事项，以及相关的防范措施。

从与治理层沟通过的事项中，我们确定哪些事项对本期财务报表审计最为重要，因而构成关键审计事项。我们在审计报告中描述这些事项，除非法律法规禁止公开披露这些事项，或在极少数情形下，如果合理预期在审计报告中沟通某事项造成的负面后果超过在公众利益方面产生的益处，我们确定不应在审计报告中沟通该事项。

××会计师事务所	中国注册会计师：×××（项目合伙人）
（盖章）	（签字并盖章）
中国××市	中国注册会计师：×××
	（签字并盖章）

二〇×八年×月×日

（二）保留意见审计报告的内容与格式

1. 发表保留意见的条件

保留意见说明注册会计师认为财务报表整体是公允的，但是存在影响重大的错报。当存在下列情形之一时，注册会计师应当出具保留意见的审计报告：

（1）会计政策的选用、会计估计的确定或会计报表的披露不符合企业会计准则和企业会计制度的规定，虽影响重大，但不至于出具否定意见的审计报告；

（2）因审计范围受到限制，无法获取充分、适当的审计证据，虽影响重大，但不至于出具无法表示意见的审计报告。

如果被审计单位会计政策的选用、会计估计的确定或会计报表的披露不符合企业会计准则和企业会计制度的规定，注册会计师在确定其影响是否重大时，应当考虑该影响所涉及的金额或性质、相关项目对被审计单位的重大程度以及会计报表错报的总体影响。

审计范围受到限制可能是由被审计单位或客观环境造成的。这些限制包括工作时间的限制，无法获取充分、适当的审计证据，或会计记录不充分等。

注册会计师因审计范围受到限制而出具保留意见的审计报告，取决于注册会计师就未实施的审计程序对形成审计意见的重要性所做的估计。这种估计可能受到有关事项可能造成的潜在影响的性质和范围以及它们对会计报表重要性的影响。

审计范围的限制通常涉及存货监盘的限制、应收账款函证的限制以及审计长期投资时无法获取被投资企业的已审计会计报表等。

当注册会计师因审计范围受到限制而出具保留意见的审计报告时，意见段的措辞应当表明保留意见是关于对会计报表的可能影响而不是关于范围限制本身的。

当发表保留意见时，注册会计师应当在意见段之前增加说明段，说明发表保留意见的主要原因，并尽可能说明保留事项对被审计单位财务状况、经营成果和现金流量的影响。

2. 所使用的专业术语及含义

当出具保留意见的审计报告时，注册会计师应当在审计意见段中使用“除……的影响外”等术语。还应当将“形成审计意见的基础”这一标题修改为“形成保留意见的基础”，在该部分包含对导致发表保留意见的事项的描述。如果因审计范围受到限制，注册会计师还应当在注册会计师的责任段中提及这一情况。

保留意见的审计报告的参考格式如下：

审 计 报 告

A 股份有限公司全体股东：

一、保留意见

（一）我们审计的内容

我们审计了 A 股份有限公司（以下简称 A 公司）的财务报表，包括 2017 年 12 月 31 日的资产负债表，2017 年度的利润表、现金流量表、股东权益变动表以及财务报表附注。

（二）保留意见

我们认为，除“形成保留意见的基础”部分所述事项产生的影响外，后附的财务报表在所有重大方面按照企业会计准则的规定编制，公允反映了 A 公司 2017 年 12 月 31 日的财务状况以及 2017 年度的经营成果和现金流量。

二、形成保留意见的基础

如财务报表附注七所述，A 股份有限公司于 2017 年 12 月 27 日公告对其控股子公司 B 有限公司（以下简称 B 公司）失去控制，未将 B 公司纳入 2017 年合并范围，致使 A 公司 2017 年度财务报表所反映的经营成果未包含对 B 公司的投资损益，同时也影响了财务报表中长期股权投资的准确计价。

我们按照中国注册会计师审计准则的规定执行了审计工作。审计报告的“注册会计师对财务报表审计的责任”部分进一步阐述了我们在这些准则下的责任。按照中国注册会计师职业道德守则，我们独立于 A 公司，并履行了职业道德方面的其他责任。我们相信，我们获取的审计证据是充分、适当的，为发表保留意见提供了基础。

三、关键审计事项

关键审计事项是我们根据职业判断，认为对本期财务报表审计最为重要的事项。这些事项的应对以对财务报表整体进行审计并形成审计意见为背景，我们不对这些事项单独发表意见。除“形成保留意见的基础”部分所述事项外，我们确定下列事项是需要在审计报告中沟通的关键审计事项。

金属制品业务剥离会计处理风险	
关键审计事项	审计中的应对
A公司本年将金属制品相关业务资产与负债出售给关联方C公司。资产与负债出售差价的会计处理涉及判断，若会计处理发生错报将对财务报表产生重大影响，因此我们将金属制品业务剥离会计处理视为关键审计事项	我们针对金属制品业务剥离会计处理风险执行的审计程序包括： (1) 获取评估公司出具的金属制品剥离业务评估报告，复核评估机构的独立性、评估人员专业胜任能力、评估范围和目标、评估假设、评估方法、评估参数、评估依据、评估结果等合理性； (2) 检查此次交易董事会、股东会相关决议； (3) 取得管理层关于本次重大资产出售会计处理的相关说明，包括业务背景的介绍、交易的商业实质及交易对价的公允性分析； (4) 复核A公司本次出售资产业务的会计处理的合规性。

四、其他信息

A公司管理层（以下简称管理层）对其他信息负责。其他信息包括A公司2017年度报告中涵盖的信息，但不包括财务报表和我们的审计报告。

我们对财务报表发表的审计意见不涵盖其他信息，我们也不对其他信息发表任何形式的鉴证结论。

结合我们对财务报表的审计，我们的责任是阅读其他信息，在此过程中，考虑其他信息是否与财务报表或我们在审计过程中了解到的情况存在重大不一致或者似乎存在重大错报。

基于我们已执行的工作，如果我们确定其他信息存在重大错报，我们应当报告该事实。如上述"形成保留意见的基础"部分所述，A公司2017年财务报表未包含B公司的投资损益，同时也影响了财务报表中长期股权投资的准确计价。因此，我们认为年度报告中的相关金额披露不完整，其他信息存在重大错报。

五、管理层和治理层对财务报表的责任

管理层负责按照企业会计准则的规定编制财务报表，使其实现公允反映，并设计、执行和维护必要的内部控制，以使财务报表不存在由于舞弊或错误导致的重大错报。在编制财务报表时，管理层负责评估A公司的持续经营能力，披露与持续经营相关的事项（如适用），并运用持续经营假设，除非管理层计划清算A公司、终止运营或别无其他现实的选择。治理层负责监督A公司的财务报告过程。

六、注册会计师对财务报表审计的责任

我们的目标是对财务报表整体是否不存在由于舞弊或错误导致的重大错报获取合理保证，并出具包含审计意见的审计报告。合理保证是高水平的保证，但并不能保证按照审计准则执行的审计在某一重大错报存在时总能发现。错报可能由于舞弊或错误导致，如果合理预期错报单独或汇总起来可能影响财务报表使用者依据财务报表作出的经济决策，则通常认为错报是重大的。

在按照审计准则执行审计工作的过程中，我们运用职业判断，并保持职业怀疑。同时，我们也执行以下工作：

(1) 识别和评估由于舞弊或错误导致的财务报表重大错报风险，设计和实施审计程序以应对这些风险，并获取充分、适当的审计证据，作为发表审计意见的基础。由于舞弊可能涉及串通、伪造、故意遗漏、虚假陈述或凌驾于内部控制之上，未能发现由于舞弊导致的重大错报的风险高于未能发现由于错误导致的重大错报的风险。

（2）了解与审计相关的内部控制，以设计恰当的审计程序。

（3）评价管理层选用会计政策的恰当性和作出会计估计及相关披露的合理性。

（4）对管理层使用持续经营假设的恰当性得出结论。同时，根据获取的审计证据，就可能导致对公司持续经营能力产生重大疑虑的事项或情况是否存在重大不确定性得出结论。如果我们得出结论认为存在重大不确定性，审计准则要求我们在审计报告中提请报表使用者注意财务报表中的相关披露；如果披露不充分，我们应当发表非无保留意见。我们的结论基于截至审计报告日可获得的信息。然而，未来的事项或情况可能导致公司不能持续经营。

（5）评价财务报表的总体列报、结构和内容（包括披露），并评价财务报表是否公允反映相关交易和事项。

（6）就公司中实体或业务活动的财务信息获取充分、适当的审计证据，以对财务报表发表审计意见。我们负责指导、监督和执行集团审计，并对审计意见承担全部责任。

我们与治理层就计划的审计范围、时间安排和重大审计发现等事项进行沟通，包括沟通我们在审计中识别出的值得关注的内部控制缺陷。

我们还就已遵守与独立性相关的职业道德要求向治理层提供声明，并与治理层沟通可能被合理认为影响我们独立性的所有关系和其他事项，以及相关的防范措施（如适用）。

从与治理层沟通过的事项中，我们确定哪些事项对本期财务报表审计最为重要，因而构成关键审计事项。我们在审计报告中描述这些事项，除非法律法规禁止公开披露这些事项，或在极少数情形下，如果合理预期在审计报告中沟通某事项造成的负面后果超过在公众利益方面产生的益处，我们确定不应在审计报告中沟通该事项。

××会计师事务所　　　　中国注册会计师：×××（项目合伙人）
（盖章）　　　　　　　　（签字并盖章）
中国××市　　　　　　　中国注册会计师：×××
　　　　　　　　　　　　（签字并盖章）

二〇××年×月×日

（三）否定意见审计报告的内容与格式

1. 发表否定意见的条件

否定意见说明审计师认为财务报表整体是不公允的或没有按照适用的会计准则的规定编制。

如果认为被审计单位会计报表整体没有按照企业会计准则和企业会计制度的规定公允地反映被审计单位的财务状况、经营成果和现金流量，注册会计师应当出具否定意见的审计报告。

2. 所使用的专业术语及含义

当出具否定意见的审计报告时，注册会计师应当在审计意见段中使用“由于上述问题造成的重大影响”“由于受到前段所述事项的重大影响”等术语。

否定意见的审计报告参考格式如下：

审计报告

ABC股份有限公司全体股东：

我们审计了ABC股份有限公司及其子公司（以下简称集团）的合并财务报表，包括20×6年12月31日的合并资产负债表，20×6年度的合并利润表、合并现金流量表、合并股东权益变动表以及合并财务报表附注（包括重大会计政策和会计估计）。

我们认为，由于“形成否定意见的基础”部分所述事项的重要性，后附的集团合并财务报表没有在所有重大方面按照企业会计准则的规定编制，未能公允反映集团20×6年12月31日的合并财务状况以及20×6年度的合并经营成果和合并现金流量。

一、形成否定意见的基础的

如财务报表附注X所述，20×6年集团通过非同一控制下的企业合并获得对XYZ公司的控制权，因未能取得购买日XYZ公司某些重要资产和负债的公允价值，故未将XYZ公司纳入合并财务报表的范围。按照企业会计准则的规定，该集团应将这一子公司纳入合并范围，并以暂估金额为基础核算该项收购。如果将XYZ公司纳入合并财务报表的范围，后附的集团合并财务报表的多个报表项目将受到重大影响。但我们无法确定未将XYZ公司纳入合并范围对合并财务报表产生的影响。

我们按照中国注册会计师审计准则的规定执行了审计工作。审计报告的“注册会计师对合并财务报表审计的责任”部分进一步阐述了我们在这些准则下的责任。按照中国注册会计师职业道德守则，我们独立于集团，并履行了职业道德方面的其他责任。我们相信我们获取的审计证据是充分、适当的，为发表否定意见提供了基础。

二、关键审计事项

除“形成否定意见的基础”部分所述事项外，我们认为，没有其他需要在我们的报告中沟通的关键审计事项。

三、管理层和治理层对财务报表的责任

管理层负责按照企业会计准则的规定编制财务报表，使其实现公允反映，并设计、执行和维护必要的内部控制，以使财务报表不存在由于舞弊或错误导致的重大错报。

在编制财务报表时，管理层负责评估公司的持续经营能力，披露与持续经营相关的事项（如适用），并运用持续经营假设，除非管理层计划清算公司、停止营运或别无其他现实的选择。

治理层负责监督公司的财务报告过程

四、注册会计师对财务报表审计的责任

我们的目标是对财务报表整体是否不存在由于舞弊或错误导致的重大错报获取合理保证，并出具包含审计意见的审计报告。合理保证是高水平的保证，但并不能保证按照审计准则执行的审计在某一重大错报存在时总能发现。错报可能由舞弊或错误所导致，如果合理预期错报单独或汇总起来可能影响财务报表使用者依据财务报表作出的经济决策，则错报是重大的。

在按照审计准则执行审计的过程中，我们运用了职业判断，保持了职业怀疑。我们同时：

（1）识别和评估由于舞弊或错误导致的财务报表重大错报风险；对这些风险有针对性地设计和实施审计程序；获取充分、适当的审计证据，作为发表审计意见的基础。由于舞弊可能涉及串通、伪造、故意遗漏、虚假陈述或凌驾于内部控制之上，未能发现由于舞弊导致的重大错报的风险高于未能发现由于错误导致的重大错报的风险。

（2）了解与审计相关的内部控制，以设计恰当的审计程序，但目的并非对内部控制的有效性发表意见。

（3）评价管理层选用会计政策的恰当性和作出会计估计及相关披露的合理性。

（4）对管理层使用持续经营假设的恰当性得出结论。同时，基于所获取的审计证据，对是否存在与事项或情况相关的重大不确定性，从而可能导致对公司的持续经营能力产生重大疑虑得出结论。如果我们得出结论认为存在重大不确定性，审计准则要求我们在审计报告中提请报告使用者注意财务报表中的相关披露；如果披露不充分。我们应当发表非无保留意见。我们的结论基于审计报告日可获得的信息。然而，未来的事项或情况可能导致公司不能持续经营。

（5）评价财务报表的总体列报、结构和内容（包括披露）并评价财务报表是否公允反映交易和事项。

除其他事项外，我们与治理层就计划的审计范围、时间安排和重大审计发现（包括我们在审计中识别的值得关注的内部控制缺陷）进行了沟通。

我们还就遵守关于独立性的相关职业道德要求向治理层提供声明，并就可能被合理认为影响我们独立性的所有关系和其他事项，以及相关的防范措施（如适用）与治理层进行了沟通。

从与治理层沟通的事项中，我们确定哪些事项对当期财务报表审计最为重要，因而构成关键审计事项。我们在审计报告中描述这些事项，除非法律法规不允许公开披露这些事项，或在极其罕见的情形下，如果合理预期在审计报告中沟通某事项造成的负面后果超过产生的公众利益方面的益处，我们确定不应在审计报告中沟通该事项。

××会计师事务所　　　　中国注册会计师：×××（项目合伙人）
（盖章）　　　　（签字并盖章）
中国××市　　　　中国注册会计师：×××
（签字并盖章）

二〇×七年×月×日

（四）无法表示意见

1. 发表无法表示意见的条件

无法表示意见说明注册会计师的审计范围受到了限制，且其可能产生的影响是重大而广泛的，审计师不能获取充分的审计证据。

如果审计范围受到限制可能产生的影响非常重大和广泛，不能获取充分、适当的审计证据，以至于无法对会计报表是否公允反映形成审计意见，注册会计师应当出具无法表示意见的审计报告。

2. 所使用的专业术语

当出具无法表示意见的审计报告时，注册会计师应当，并在审计意见段中使用“由于审计范围受到限制可能产生的影响非常重大和广泛”“我们无法对上述财务报表发表意见”等术语。

无法表示意见的审计报告参考格式如下：

审计报告

A公司全体股东：

一、无法表示意见

我们审计了A股份有限公司（以下简称公司）财务报表，包括2017年12月31日的资产负债表，2017年度的利润表、现金流量表、股东权益变动表以及财务报表附注。

我们不对后附的财务报表发表审计意见。由于“形成无法表示意见的基础”部分所述事项的重要性，我们无法获取充分、适当的审计证据以作为对财务报表发表审计意见的基础。

二、形成无法表示意见的基础

（1）如财务报表附注所述，资产负债表日后A公司已收到法院送达的9个民间借贷纠纷案件、1个企业借贷纠纷案件、1个金融借贷合同纠纷案件的诉讼资料及1份民事裁定书。9个民间借贷纠纷案件中的5个案件A公司为共同借款人，借款本金13 750.00万元；4个案件A公司为单一借款人，借款本金4 450万元。上述9笔借款，借款主体均指定了收款人。经A公司内部自查，公司与各借款人之间不存在上述借款事项，公司内部未提交过这些借款协议的用印审批，也未查见用印记录；未发现公司收到上述借款并进行会计处理。

（2）如财务报表附注所述，从人民法院公告网网站上查询到的信息显示，资产负债八日后A公司涉及另一起案件纠纷，A公司表示未收到法院送达的相关诉讼资料。

截至审计报告签发日，上述A公司已收到诉讼资料的9个民间借贷纠纷案件、1个民事裁定书及通过网站查询了解到的另一起案件信息有限，无法得知其他案件的具体情况。我们无法获取充分、适当的审计证据以判断相关诉讼纠纷的真实性、准确性，A公司是否还存在其他潜在纠纷，以及前述事项对财务报表可能产生的影响。

三、管理层和治理层对财务报表的责任

A公司管理层（以下简称“管理层”）负责按照企业会计准则的规定编制财务报表，使其实现公允反映，并设计、执行和维护必要的内部控制，以使财务报表不存在由于舞弊或错误导致的重大错报。

在编制财务报表时，管理层负责评估A公司的持续经营能力，披露与持续经营相关的事项，并运用持续经营假设，除非管理层计划清算A公司、终止运营或别无其他实现的选择。

治理层负责监督A公司的财务报告过程。

四、注册会计师对财务报表审计的责任

我们的责任是按照中国注册会计师审计准则的规定，对A公司的财务报表只从审计工作，以出具审计报告。但由于“形成无法表示意见的基础”部分所述的事项，我们无法获取充分、适当的审计证据以作出发表审计意见的基础。

按照中国注册会计师职业道德守则，我们独立于A公司，并履行了职业道德方面的其他责任。

××会计师事务所　　　　　　　　　中国注册会计师：×××（项目合伙人）
（盖章）　　　　　　　　　　　　（签字并盖章）
中国××市　　　　　　　　　　　中国注册会计师：×××
　　　　　　　　　　　　　　　　（签字并盖章）

二〇×八年×月×日

第三节　编制审计报告的步骤和要求

编制审计报告是一项严格而细致的工作。审计人员应掌握编制审计报告的步骤和要求，认真做好审计报告的编制工作。

一、编制审计报告的一般步骤

编写审计报告一般要按下列步骤进行。

（一）整理审计工作底稿，分类归纳资料

审计人员在实施审计过程中，对审查出的问题都要随时逐个计入审计工作底稿。编写审计报告并不是把所有的问题都要重复一遍，而是针对审计的目标和范围，按照问题性质、重要程度和金额大小进行筛选，去粗取精，去伪存真，分类归纳整理，汇总金额，确定最本质的资料，以适应编写审计报告的需要。

（二）核实原始资料，分析问题性质

审计工作底稿经分类归纳整理之后，凡确定写入审计报告的资料，必须进一步查对核实。由于审计人员所收集的资料是在审计过程中随查随记的，所以，为了慎重起见，应从写入报告的资料是否齐全、完整，审核的问题是否彻底查清，数据是否经过反复核实，佐证是否充分可信等方面对引证的资料再次进行复查，对证核实，以保证资料的正确可靠性。

（三）拟定编写提纲，撰写报告初稿

对需要写入审计报告的问题，经过进一步分析定性之后，便可由主审人召集审计组会议，集体拟定审计报告编写提纲，或由主审拿出提纲初稿，提交会议讨论。提纲的内容一般根据整理出来的问题进行编写，即把所有问题按不同性质进行分类，归纳为几个主要问题，并冠以适当的标题，然后在标题下具体列示各项问题。如果问题比较少，也可以不列编写提纲。撰写审计报告时，只需在提纲基础上加上审计概况，附上各项问题的具体资料，并作出审计结论。审计报告初稿可由一人执笔，也可由几个人分工撰写，但必须由一人负责统稿。

（四）征求意见，修改定稿

审计报告初稿形成之后，可交由审计组成员传阅，再召开审计组会议，进行充分讨论，反复推敲，认真研究，集思广益，修改完善。然后，再征求被审计单位和有关方面的意见。被审计单位应当在收到审计报告后在规定限期内提出书面意见，若在规定限期内没有提出书面意见，视同无异议。被审计单位对审计报告有异议的，审计组应当进一步核实、研究。如

有必要，应当修改审计报告。审计人员如果认为意见不合理，可让其写出申述说明。审计报告实行主审负责制，经主审签章后，连同被审计单位的申述意见，一并送交审计单位审定。经审计单位签署意见作出审计结论和决定后，通知被审计单位执行，并由审计单位进行监督，同时通知有关部门协助执行。

二、编写审计报告的要求

审计报告能否充分发挥作用，关键在于审计报告的质量。因此，审计人员必须持客观、认真、慎重的态度，按照下列要求编写审计报告。

（一）格式规范、内容完整

审计报告的编制，应按照审计准则规定的格式编制，并且内容要完整，没有遗漏。编写报告时应注意按规定格式和内容要求进行。

（二）文理清晰，措辞得体

审计报告规定了格式和内容，在具体编制时，格式一般不会有多大变化，而在撰写内容时，有些是固定的措辞，有些是根据审查的具体情况来组织编写的，因此，在写这部分内容时，应该语句通顺，条理清晰，重点突出，措辞得体，使审计报告的读者能清楚地了解审计概况、审计结果、说明的事项等情况。在对内容选择时，不要事无巨细，面面俱到。应抓住关键，突出重点，并在语句上，恰当、准确，措辞得体。另外，在报告中对于一些尚未核实的问题，不能用“可能”“也许”“大概”等模棱两可的难以明确责任的词句。对于一些已经查实的问题，应用肯定的语气，以示负责。在审计报告中引证资料来源时，一般不能使用“据悉”“据称”等词语，而应具体指明被调查人的姓名。如果由于各种原因不便披露其姓名，也可使用上述词语，但须有充分的根据，以便查询。

（三）数字准确，证据确凿

查证有数字的问题，数字一定要准确，不能估计，推测。审计报告揭示的问题，必须要有充分的审计证据支持。

（四）责任明确，意见恰当

在审计报告中应说明被审计单位对财务报表承担的责任以及审计人员的责任，不能混淆两者的责任。审计人员固然要对财务报表承担审计责任，但审计责任不能代替或减轻被审计单位的会计责任；在审计报告中，审计人员必须根据实际情况，对被审计事项明确公允地表示自己的态度或意见，给出恰当的审计评语。

案例分析结果

尽管重庆会计师事务所出具了否定意见审计报告，并与渝钛白公司的管理部门发生了严重的意见分歧，但最后股东大会还是通过方案，同意重庆会计师事务所的意见，并按此意见调整 1997 年度会计决算报表。即：将报表中的原资本化计入钛白粉工程成本的借款及应付债券利息 8 064 万元调整进入当期财务费用和将欠付中国银行重庆分行的美元借款利息 89.8 万美元（折人民币 743 万元）调整计提入账，两项计亏损 8 807 万元。加上报表中原有亏损 3 136 万元，渝钛白公司经重庆会计师事务所确认的 1997 年度亏损额为 11 943 万元。至此，渝钛白事件以我国首份否定意见审计报告得到投资者的理解和支持而告结束。

知识评价

审计报告是审计人员向审计授权人或委托人提出的，反映审计结果，阐明审计意见和建议的书面文件。

撰写审计报告是审计人员的重要职责。审计报告可以按不同的标准进行分类，各类不同的审计报告都有其相同的基本格式和内容。编写审计报告应有一定的步骤，应遵循有关基本要求。应根据审计法及审计准则的规定审定审计报告、出具审计意见和做出审计决定。

审计报告的基本内容，就民间审计的标准审计报告而言，主要包括标题，收件人，引言段，管理层对财务报表的责任段，注册会计师的责任段，审计意见段；注册会计师的签名和盖章，会计师事务所的名称、地址及盖章，报告日期等内容。审计意见的类型按其表述方式的不同，可以分为无保留意见、保留意见、否定意见和无法表示意见四种类型。

思考题

1. 什么是审计报告？审计报告有何作用？
2. 注册会计师的审计意见有哪几种？
3. 社会审计报告基本格式应包括哪些内容？
4. 国家审计报告与民间审计报告有何区别？
5. 在什么条件下注册会计师发表无保留意见？
6. 在什么条件下注册会计师发表保留意见？
7. 什么是注册会计师的否定意见和无法表示意见？

第十五章

审计管理

学习目标

本章重点描述审计活动作为一种社会活动，会有多方面的利益参与，作为审计单位、部门应如何科学有效的管理审计工作。

能力目标

要求学生掌握审计的计划控制、审计质量控制和审计信息管理。

技能目标

能了解审计管理的含义、内容及其各方面因素对审计工作的影响，审计管理的种类、内容及控制措施等。

案例导入

2014 年 5 月，证监会下发了南某股份的《行政处罚决定书》，南某股份为了能满足继续上市的条件，公司自 2006 年起连续虚构利润，2006 ~ 2010 年分别虚构利润为 3 109 万元、4 223 万元、1.52 亿元、6 053 万元以及 5 864.12 万元。从 2006 ~ 2010 年这 5 年的财务数据里，南某股份一共合计虚构了 3.44 亿元利润。虚构利润占其披露利润的百分比从 130% ~ 5 500% 不等。

证监会对南某股份及相关责任人作出行政处罚决定：给予公司警告，并处以 50 万元罚款；给予公司前董事长警告，并处以 30 万元罚款；给予前副总经理兼财务总监、前副总经理警告，并分别处以 20 万元罚款。其他相关人员也给了相应的处罚。连续 5 年让业绩造假丑闻的南某股份享用着“标准无保留意见”的审计背书的南京立信某会计师事务所曾跻身于我国会计师事务所前百家，它在此次审计失败事件中有着难以推卸的责任。南某股份公司也对该所的“执业胜任能力，独立、公正的工作原则及勤勉、尽责的工作态度”曾赞誉有加。

（资料来源：本资料根据公开资料进行整理。）

【基于案例的问题】

人们不禁要问，该公司连续 5 年造假，会计师事务所难道毫无察觉？事务所对审计人员的管理难道没有吗？事务所的三级复核、质量控制也无法查出问题吗？

第一节　审计管理概述

所谓广义的审计管理，主要包括对审计主体和审计业务的管理。审计主体管理，主要是对审计机构和审计人员的管理，如机构设置，定岗定编，职责设计，人员选拔、培训及考核等；审计业务管理，主要是指审计主体运用现代管理手段，对审计业务活动及其所体现的审计关系所进行的计划、组织、指挥、协调和控制，如计划管理、质量管理、信息管理等。

从审计管理主体看，就要把审计机关同审计业务管理机构区分开来。审计机关是政府机构的组成部分，执行政府管理行政事务的行政职能，是一个行政管理机关。在我国，审计机关不同于其他行政机关，它不但管理审计行政事务，而且还要组织各项具体的审计业务。所以审计机关，实际上实行了审计行政事务和审计业务管理的双重职能。我们所说的审计管理主体，即审计业务管理机构在性质上是完全不同于经济管理机构和行政管理机构的。这是审计管理区别于经济管理和行政管理的特征之一。

从审计管理客体看，不同管理的根本区别就在于管理客体即对象的差别。经济管理的对象是经济活动及其所体现的经济关系，行政管理的对象是国家以及行政机关自身的事务性活动，而审计管理的对象则表述为，审计业务活动及其所体现的审计关系。

审计管理主体对管理客体所能发挥的功能及其作用方式，即管理职能及其实现职能的手段，按照法国管理学家法约尔的一般管理理论，就是职能论，管理活动一般具有计划、组织、指挥、协调和控制 5 种基本职能，不管是审计管理、经济管理，还是行政管理都应具有这 5 种职能。审计管理是对经济监督活动的管理，因为这种管理与经济活动没有直接联系，一般不能采用经济手段，也不能完全以行政命令的方式强制执行。因此，国家以宪法、法律、法规的手段来规定要实现审计监督制度。并且在很大程度上实施审计业务是每个审计人员的独立行为，审计任务完成的数量和质量，主要取决于每个审计人员的主观能动性和是否保持独立的态度。因此，对于强调审计人员素质，培养审计人员的审计责任感，较之经济刺激和行政命令的方式更为有效。而且在审计管理中，为了保证审计质量，完成审计任务，较多地采取直接控制的方式。

无论是狭义的审计管理，还是广义的审计管理，最终都能强化审计监督。这样有利于加速我国审计工作的规范化、制度化和法制化的进程，也有利于审计机关独立、权威和公正形象的确立。审计管理的意义在于：加强审计管理，有利于减少或避免审计风险，保证审计工作的质量，提高审计工作的效率，有效地使用审计资源等。

一、审计管理的内容

审计管理的内容很广泛，但主要是对审计人员和对业务的管理。一般以审计业务为中心进行的管理，其主要内容为：预测与计划、组织与人事、实施与控制、考核与评价等。

（一）预测与计划管理

审计预测是整个审计活动的开始，必须有正确的审计预测，才能为正确的审计决策和编制审计计划提供依据。而审计计划管理主要是指审计机关每年审计项目计划管理，包括制定计划确定任务，执行计划和考核计划的完成情况等。只有加强计划管理，才能保障科学、有序和高效运行，也为检查和评价提供依据，避免审计工作的盲目性、随意性和低效无序的审计工作。

（二）审计组织与人事管理

关于审计业务组织与人事管理，主要是指根据计划确定的审计项目组织实施方面的各方面管理。例如根据不同的审计项目及审计委托者不同的要求，组织审计组，选择合适的审计人员；按照审计项目的重要程度，难易程度等因素，决定审计的方式、方法、时间、进度等。此外，也包括与审计业务组织相关的人事选拔、使用、考核、培训等方面管理。

（三）审计执行过程与质量管理

审计业务执行与审计质量管理，是审计项目管理的关键。要想保证审计质量，就必须加强审计全过程的管理，尤其是对审计业务执行的管理。审计业务执行管理，主要是对审计的审查、评价、处理等方面的管理。只有加强了审计执行管理，才能有效地保证审计质量，减少审计风险。审计质量管理，包括质量标准制定、质量状况记录、质量考核与评价等项工作。通过质量目标管理和审计过程监控，以制约影响质量的种种因素，提高质量，避免或减少审计风险。

（四）审计信息管理

一般来说，审计信息管理是存在于所有机构和整个业务的管理之中。从专业意义上看，主要是指对审计信息的收集、整理、反馈、存贮及利用等。最重要的是审计机关的公文处理、统计管理和档案管理。审计信息管理的目的在于保证审计信息资源能得到有效的开发和使用，以利于沟通审计情况，更好地发挥审计在宏观管理方面的作用。

我国政府审计机关涉及审计管理的内容繁多，在一般性管理方面有审计人员职业道德管理，审计业务考核管理，审计复核管理，审计行政复议管理，审计执法检查管理，审计行政应诉、赔偿的管理，审计申诉管理，审计机关根据党委、政府授权或者有关部门委托办理有关事项的管理；在专门的审计管理方面有审计管辖范围划分的管理，审计人员专业技术资格的管理，审计机关派出机构管理，审计统计管理，审计文件档案管理，指导、监督内部审计和社会审计的管理等。

二、审计机构的内部控制管理

对于国家审计机关、民间审计组织、内部审计机构而言，控制审计质量的最为有利的方法就是进行内部控制管理，要在制度、目标、系统等多方面加强管理。

（一）制度管理

审计部门要做到高效、廉洁、低风险，就必须建立以岗位责任制为中心的各项内部控制制度，实行严格的制度管理，依法工作。要实行制度管理，首先是确定控制目标，建立和健全各项规章制度；其次是完整记录和客观地考核各项制度的执行情况；再次是衡量审计绩效，发现偏离目标的现象；最后是提出措施纠正偏差，使任何一项工作始终按计划目标进行，即使出现了偏差也应随时及时纠正。

（二）目标管理

所谓审计管理的目标管理，就是根据目标进行管理，即根据外部环境和内部条件的综合平衡，确定在一定时期内要预期达到的成果，制定出目标，并为实现该目标而进行组织、激励、控制和检查工作的相关管理方法。审计工作目标管理一般是按审计目标的制定和分解、实施与控制、考核和奖励这 3 个环节进行管理，从而建立起自上而下展开，自下而上保证的目标体系，使“责、权、利”三者结合，形成全过程管理、全方位负责、全面落实的管理体系。

（三）系统管理

系统管理方法是根据审计活动具有的系统性从审计活动整体系统出发，着眼于整体与部分、整体与层次、整体与结构、整体与环境的相互联系和相互作用，获得优化的整体目标效应的综合方法。这种方法在审计管理中应用，归纳起来有以下几点：审计管理是个系统工程；审计管理的整体性与协调性，对审计活动的管理要有全局系统观点；审计管理系统分析，根据数据和经验相结合进行分析。

第二节　审计计划管理

审计计划是预选拟定的、用一定的质量和数量指标反映的、用以指导和组织全部审计工作的内容和步骤，也是审计机构根据国家一定时期的经济监督工作的重点，对审计人力、物力、财力做出的统筹安排。而审计计划管理是审计组织制定审计计划、组织计划实施，并对计划执行情况进行检查、考核的一系列活动。

以审计机关年度审计项目计划为例，审计计划管理的内容包括：审计计划编制工作的管理、审计计划执行过程的控制和审计计划执行结果的检查和考核。

一、审计计划编制的管理

（一）审计项目计划

审计项目计划一般包含上级审计机关统一组织的项目、授权项目、领导交办项目和自行安排项目等。审计项目按实施的周期可分为：

（1）定期审计项目，指按照一个固定的时间间隔期重复给予审计的项目。定期审计项目有时也称经常性审计项目。

（2）不定期审计项目，指不按照固定的间隔期，根据需要可随时进行审计的项目。

审计项目计划管理实行统一领导，分级负责制。审计署负责管理审计署统一组织的审计项目计划和本级审计项目计划，指导全国审计项目计划管理工作。县级以上地方各级审计机关分别负责本地区审计项目计划管理工作。

（二）审计项目计划编制依据与程序

审计项目计划编制管理，就是编制科学、合理的审计项目计划，指导审计工作。现在，审计机关普遍采取“两下一上”的审计项目编制程序，即自上而下逐级下达审计工作设想，自下而上逐级编报审计项目计划草案，自上而下逐级核定下达审计工作计划。

为了更好地促进审计工作，在编制审计项目计划时，还应该召开研讨会，进行可行性研究；结合审计人员素质以及审计对象、审计类型等情况，这样，才能保证计划全面和完整。

1. 编制审计项目计划的依据

（1）国家社会经济发展的方针政策和审计工作发展纲要。编制审计项目计划要执行审计法和相关的法律法规，保证审计人员的工作的正确有效进行。

（2）政府工作重心。编制计划是要考虑围绕工作重心，明确审计的具体目标，考虑审计后对各方面的影响。

（3）审计资源。编制审计项目计划，要根据审计的资源，统筹安排，避免重复，减少交叉工作。

2. 国家审计机关审计项目计划编制程序

（1）自上而下地逐级下达年度审计工作设想。由终于国家审计机关根据国家制定的经济工作重心，工作方针、政策等提出审计工作设想，下达到下级审计机关。

（2）自下而上地逐级编报审计项目计划草案。由各地方审计机构根据地方实际情况，编制审计计划草案，上报上级审计机关。

（3）再自上而下地逐级核定下达审计项目计划，经上级审计机关批准后，自上而下地逐级下达执行。

二、审计项目计划执行的管理

审计项目计划执行的管理重要的是贯彻、落实审计项目计划。要在具体实施审计项目计划之前，就及时进行审前调查，撰写审前调查报告。此外，还应组织相关审计人员进行审前培训，结合审前调查情况，分析被审计单位基本信息，学习有关法律、法规和政策规定，研究审计工作方案，考虑审计中可能出现的问题，确定必要的审计技术和方法。以便在审计项目计划执行过程中，整合审计资源，根据审计项目计划，进行任务分解和分配，及时掌握实际进度，并及时调整人员分工和项目进度，必要时打破专业分工界限，统筹安排审计任务，合理调配审计力量，以突出审计重点，保证审计项目的质量。

审计项目计划执行的管理还应该是组织和控制计划的落实及对原计划的修改和补充。组织实施审计项目计划应采取相应的措施，例如建立计划实施责任制；明确审计机关内部各部门实施计划的责任，使各部门及至每个审计人员，既明确审计机关总审计计划，又明确本部门和本人的审计任务等。组织实施审计项目计划还应编制计划执行进度表，以便及时了解各项目具体的执行情况，针对计划执行过程中的偏差进行分析和处理。

三、审计项目计划检查和考核的管理

审计部门还要制定审计项目计划，这是为了审计项目的执行，执行的结果如何则需要给予检查和考核。

对审计项目计划的检查和考核应按责任制分层次分等级进行。首先，应由承担审计项目的审计小组自查；其次，是审计机构各部门的检查、考核，并做出总结；最后，由审计机关负责计划管理的部门加以总考核。

虽然各级别的检查和考核的细节有所不同，但检查和考核的主要工作仍然是：

（1）确定审计项目计划的执行结果，计划目标及有关指标的完成情况，以及计划完成的质量水平。

（2）对审计项目计划编制中存在的缺陷进行分析，并找出改进的措施。

（3）对完成或未完成审计项目计划的原因进行分析，总结经验和教训。

第三节　审计质量管理

审计质量是指审计工作过程及其结果的优劣程度。广义上的审计质量是指审计工作的总体质量，主要包括管理工作和业务工作；狭义的审计质量是指审计业务工作即审计项目质量，包括选项、立项、准备、实施、报告、归档等一系列环节的工作效果和实现审计目标的程度。而所谓审计质量管理是指审计机关和审计人员根据审计质量标准，使各项审计管理工作和业务工作按照预定目标和规定程序运作，以达到规定的质量水平，提高审计工作的效率。审计质量管理是实现审计目标的重要手段之一。

广义上的审计质量管理是指为保证每个审计项目按照审计准则的要求进行而制定的总的控制程序或政策，包括管理工作和业务工作，也就是我们通常所说的全面质量管理。全面质量管理主要包括四个方面内容：审计的独立客观公正原则、科学的审计项目计划、审计人员的专业胜任能力、完善的审计准则等法律规范。

狭义上的审计质量管理是指为使某一具体审计项目按已拟定的总体审计计划顺利进行而制定的控制程序或政策，包括选项、立项、准备、实施、报告、归档等一系列环节的工作效果和实现审计目标的程度，也就是项目审计质量管理。项目审计质量是审计质量的核心。项目审计质量管理主要包括审计方案的制订、审计证据、审计工作底稿的审查、项目复核、监督与考核等控制程序。

一、关于审计风险

在进行审计质量的管理时，不得不考虑审计风险对审计项目的影响。审计风险的构成两方面要素是：第一，已鉴定的财务报表，实际上未能按公认会计原则公允地反映被审计单位财务状况和经营成果的可能性；第二，在被审计单位或审计范围中存在重要的错误，未被审计人员觉察的可能性。《美国审计准则说明》第 47 号认为：“审计风险是审计人员无意地对含有重要错报的财务报表没有适当修正审计意见的风险。”国际审计准则第 25 号《重要性和审计风险》将审计风险定义为：“审计风险是指审计人员对实质上误报的财务资料可能提供不适当意见的风险。”

审计风险是指审计师对含有重要错误的财务报表表示不恰当审计意见的风险。我国注册会计师协会在 1996 年底的《独立审计具体准则第 9 号——内部控制和审计风险》中对审计风险定义为：所谓审计风险是指会计报表存在重大错误或漏报，而注册会计师审计后发表不恰当审计意见的可能性。并且认为对审计风险的阐述实际上包括两个方面的含义：一是注册会计师认为公允的会计报表，但事实上却是错误的，即已经证实的会计报表实际上并未按照会计准则的要求公允反映被审计单位的财务状况、经营成果和财务状况变动情况，或以被审计单位或审查范围中显示的特征表明其中存在着重要错误而未被注册会计师察觉的可能性；二是注册会计师认为的错误的会计报表，但实际上是公允的。由于审计所处的环境日益复杂，审计所面临的任务日趋艰巨，审计也需支持成本效益原则。这些原因的存在决定了审计过程中存在审计风险。这在客观上要求注册会计师注意风险存在的可能性，并采取相应措施尽量避免风险和控制风险。

在我国注册会计师协会在 2007 年最新公布的《中国注册会计师审计准则第 1101 号——财务报表审计的目标和一般原则》，第十七条中对“审计风险”的定义：审计风险是指财务报表存在重大错报而注册会计师发表不恰当审计意见的可能性。

二、审计风险的基本特征

审计风险的性质总表现为某些特质或特征。无论是国家审计、民间审计、内部审计，都有可能发表错误的审计结论，也因此承担审计责任。审计风险在不同性质的审计中表现虽有不同，但最主要的基本特征有以下几个方面。

（一）审计风险的客观性

现代审计的一个显著特征，就是采用抽样审计的方法，从总体中的一部分样本的特性来推断总体的特性，而样本的特性与总体的特性或多或少有一点误差，这种误差一般可以控制，但却难以消除。所以，不论是统计抽样还是判断抽样，若根据样本审查结果来推断总体，总会产生一定程度的误差，审计人员要承担一定程度的作出错误审计结论的风险。同样，即使是详细审计，由于经济业务的复杂性、管理人员道德品质等因素，仍存在审计结果与客观实际不一致的情况。因此，风险总是存在于审计活动过程中，只是这些风险有时并未产生严重后果，或对审计人员并未构成实质性的损失。所以，审计风险是客观存在的，审计人员只能认识和控制审计风险，在有限的空间和时间内改变风险存在和发生的条件，降低其发生的频率和减少损失的程度，却不可能完全消除风险。

（二）审计风险普遍性

整个审计活动自始至终都存在审计风险。虽然审计风险通过最后的审计结论与预期的偏差表现出来，但这种偏差是由多方面的因素引起的，审计活动的每一个环节都可能导致风险因素的产生。因此，有什么样的审计活动，就有与之相适应的审计风险，并会最终影响总的审计风险。

（三）审计风险的潜在性

前面说过，审计责任的存在是形成审计风险的一个基本因素，如果审计人员在执业上不受任何职业道德、法律法规约束，对自己的工作结果不承担任何责任，就不会形成审计风险，这就决定审计风险在一定时期里具有潜在性。如果审计人员虽然发生了偏离客观事实的行为，但却没有造成不良后果，也没有引起相应的审计责任，那么这种风险只停留在潜在阶段，而没有转化成为实在的风险。审计风险是在错误形成以后，经过验证才会体现出来，假如这种错误被信息资料的使用者无意中接受，那是不会再次进行验证的，则由此而应承担的责任或遭受的损失实际没有机会成为现实。所以，审计风险是有潜在风险可能的风险，它对审计人员构成某种损失有一个显化的过程，这一过程的长短因审计风险的内容、审计的法律环境、经济环境，以及客户、社会公众对审计风险的认识程度而异。

（四）偶然性

审计风险也可能是由于某些客观原因，或审计人员并未意识到的主观原因造成，即并非审计人员故意所为，审计人员在无意接受了审计风险，又在无意中承担了审计风险带来的严重后果。

（五）可控性

审计的取证模式表明，审计风险虽然存在，却是可控的。现代审计的指导思想从制度基础审计进一步发展到风险审计表明，审计职业界并未被越来越多的审计风险束缚而失去其动力，而是进一步向主动控制审计风险的方向发展。审计人员渐渐认识审计风险的可控性有着重要意义，一方面不必害怕审计风险，虽然审计人员的责任会导致审计风险的产生，一旦其发生，其可能对审计职业的影响也是重大的，但可以通过识别风险领域，采取相应的措施加以避免，实在没有必要因为风险的存在，而不敢承接客户。只要风险降低到可接受的水平，仍可以进行审计。另一方面，意识到了审计风险的可控性，说明审计风险是可以通过努力而降低其水平的，这样可以促使研究审计理论，提高审计质量，为审计的发展提供条件。

三、审计质量管理的类型

审计质量管理的类型包括全面管理、全过程管理、外部管理和内部管理、多层次管理。

（一）全面管理

审计质量管理的对象包括两个方面：一方面是审计行为；另一方面是审计人员。而全面管理的内容主要包括两个方面：一方面是一般管理；另一方面是业务管理。

（1）一般管理：是指不直接针对具体审计项目的管理，目的在于为保证审计质量提供先决条件。例如，对审计组织的管理、审计人员独立性的管理，对保证和提高审计人员技能的管理，对技术咨询、法律咨询及其专家利用的管理，对有效审计方法开发和利用的管理，对检查监督工作的管理等。

（2）业务管理：是指针对具体审计项目的管理，目的是在于保证和提高项目审计的质量。业务管理应当实行全过程管理。

（二）全过程管理

审计工作过程中每一阶段的工作质量都会对最终的审计结果产生影响，因此审计质量管理应贯穿审计工作全过程。而全过程管理包括：计划阶段管理，实施阶段管理，报告阶段管理和后续阶段的管理。

（三）外部管理和内部管理

外部管理主要是指上级审计机关对下级审计机关的管理。内部管理是指各种审计组织对自身进行的管理。例如，外部管理是上级审计机关对下级审计机关管理，国家审计机关对民间审计和内部审计工作的管理等。内部管理则是自身自检的过程。

（四）多层次管理

多层次管理是指多种管理主体对审计业务的综合管理。例如，审计人员在执行业务时的自我管理，审计组组长对审计过程的管理，审计业务部门对审计组工作的管理等。

四、审计质量控制的方式

（一）分层次分阶段质量控制法

分层次分阶段质量控制法是按照审计机构的内部层次和工作顺序进行审计质量控制的方法。分层次分阶段质量控制法常用于审计工作底稿的复核，例如审计人员编制的审计工作底稿通常要由审计组组长复核；项目审计完成后所整理出来的一切资料（包括审计工作底稿）通常要由审计业务部门负责人复核；专职复核机构还要对审计结果进行专门复核；审计机关负责人也要对整套项目审计资料进行审批。

（二）关键点质量控制法

所谓关键点是指对审计质量具有重大和直接影响的审计业务环节。而关键点控制法是对审计人员认定的关键点和环节采取必要措施，进行重点监督和控制。从而达到整个审计项目质量的保证。当然，不同的审计，不同的审计项目，其关键点不尽相同。在一次审计的各个审计阶段，其关键点也不相同。

（三）质量检查控制法

质量检查控制法就是专职或专门的检查小组（或人员）对正在进行的审计活动或已经

结束的审计活动中的重要问题进行有目的的或例行的检查和评价。审计署颁发的《审计机关审计项目质量检查暂行规定》要求审计机关对本级派出机构、下级审计机关完成审计项目质量情况进行检查和评价。

第四节 审计信息、统计及档案管理

一、审计信息的概述

审计信息管理是指通过对审计信息的管理向审计信息使用者及时、真实地提供审计信息。审计信息是作为人们沟通思想、传递信息、传授知识的手段。审计信息管理是指审计信息管理机构对审计信息工作所进行的计划、组织、协调和控制活动。

审计信息管理的内容主要有审计信息的收集、加工处理、贮存及传递等。

（一）审计信息的收集

（1）审计信息收集的原则是：全面、完整，原则，及时、经济、科学原则。

（2）审计信息收集的内容包括：收集审计部门外部的信息和收集审计部门内部的信息。

（3）审计信息的收集方法包括：审计资料积累法、审计调查研究法、建立审计网络开发审计信息资源法。

（二）审计信息的处理

收集到的审计信息，必须加以处理才能被审计机关或审计人员利用。审计信息处理就是指收集到的信息加以分类、整理、筛选、加工，使之形成标准化、数据化、条理化、规范化的信息。审计信息处理的方法通常有：（1）审计情报和简报；（2）文摘和剪辑；（3）电子计算机处理方法。除上面三种基本方法外，审计信息还可迅速建立信息卡片，图表、表格、台账、档案等方法加以处理，使审计信息处理方法多样化，系列化、简便化，便于信息的及时处理。

（三）审计信息的分析、整理、筛选、编辑

审计信息的分析，整理、筛选。指对收集到的信息进行检查、剔除。评定和补充，选择出及时、准确、完整、有效的审计信息。

审计信息的编辑。审计信息编辑就是将审计信息进行加工处理，按分类进行编审、编目、编码，使审计信息条理化、文件化，便于利用。

（四）审计信息的贮存

审计信息并不是每个都要贮存，而是符合一定要求的才得以贮存。信息必须符合有价值，满足检索要求，能在一定时期内起作用，而且便于利用现代化手段贮存的要求。

审计信息的贮存一般采用两种方法：一是手工贮存方法；二是电子计算机贮存方法。

（五）审计信息的传递

审计信息传递是审计信息管理的基本要求。审计信息传递的目的在于为审计组织的各项工作和管理服务。

审计信息传递总的要求是多、快、好、省。就是说，审计信息在传递中，信息的数量要尽可能大，传递速度快，讲究时效性，审计信息的质量要高，真实可靠，传递的费用要省，讲求经济效益。要达到这些要求，必须选择适当的传递方式。

二、审计统计的概述

审计统计是运用科学的方法收集、整理审计活动中的各种数据资料，以便真实反映审计工作成果和发展变化，探索审计工作规律的重要手段。审计统计是审计工作的重要组成部分，审计统计工作水平的高低，直接关系到审计成果的体现。审计统计管理，是指对审计统计业务工作的管理。其目的是为了协调审计统计的运作，保证审计统计工作做到准确、及时、全面而又系统地提供内外所需的各种资料。其主要方法是通过制定各种措施和方法，确保各项审计统计任务的完成。

审计统计管理，是指对审计统计业务工作的管理。其目的是为了协调审计统计的运作，保证审计统计工作做到准确、及时、全面而又系统地提供内外所需的各种资料。其主要方法是通过制定各种措施和方法，确保各项审计统计任务的完成。审计统计管理的方法有以下几种。

（一）审计统计工作应实行统一领导，分级负责，归口管理

审计署主管全面的审计统计工作；审计署派出机构负责组织审计统计工作；地方各级审计机关负责本地方的审计统计工作。各级审计机关、国务院各部门和地方人民政府各部门、国有金融机构和企业事业组织的内部审计机构、社会审计机构，必须依照国家有关法律规定，如实提供审计统计资料和相关情况。

（二）审计统计管理必须由指定部门具体分管，并且要配备专、兼职人员

审计署设立审计统计机构，省级审计机关应当配备专职审计统计人员；其他地方审计机关应根据需要配备专职或兼职审计统计人员；内部审计机构和社会审计机构也应当配备专职或兼职审计统计人员。审计统计人员应具备相应的审计、统计、计算机等方面的专业知识和业务能力；对审计统计人员要有计划地进行专业培训；审计统计人员要保持相对的稳定。各级审计机关和审计机构应当领导、监督审计统计机构和审计统计人员，认真贯彻统计法规和统计制度，履行职责，准确、及时地提供审计统计资料，完成各项审计统计工作任务，并保障其必要的工作条件。审计组织如发现统计数据计算或者来源有错误，应当责成统计机构、统计人员和有关人员核实、订正。审计统计员有权要求有关单位和审计人员提供审计统计资料和相关情况，检查审计统计资料的准确性，要求改正错误的统计资料，有关单位和审计人员不得拒绝或阻挠。审计统计人员不得虚报、瞒报、伪报、篡改或拒报审计统计资料；未经批准，不得自行编制、发布统计调查表；未经核实和批准，不得自行发布审计统计资料。

（三）审计统计管理应加强制度管理

审计署负责制定全国性审计统计调查计划，规定统一的审计统计制度，制定统一的统计指标、统计标准，统计方法和基本审计统计报表格式，并报国家统计局备案。各级审计机构应按审计署统一规定，组织实施审计统计工作。

（四）审计统计管理应规范统计调查工作

省级以上审计机关可以临时组织地区性或专业性审计统计调查，但应征得本级审计统计管理部门的同意，并按规定向本级主管部门备案，且不得与审计署下达的专业审计统计报表重复或抵触。违反规定自行编制、发布的审计统计调查表，有关单位有权拒绝填报。

（五）审计统计管理应健全统计基础工作

各级审计机构应建立、健全审计统计的各项基础工作制度，严格统计工作程序。审计统

计机构和人员应会同审计业务部门和审计人员，根据审计意见书、审计决定等审计公文中的数据资料，登记审计统计各账，并依据各账填统计报表，切实保证数出有据。

（六）审计统计管理应实行分析报告制度和保密制度

为了反映审计项目计划执行情况和审计工作成果，揭示审计工作管理和社会经济运行中带普遍性、倾向性的问题，发挥审计统计的信息监督和咨询服务作用，应当实行按季度上报审计统计分析报告的制度。审计统计资料还应按国家规定，实行保密制度，上报和通报统计资料时，应当经单位负责人审核、签署或盖章。

（七）审计统计管理应建立奖惩制度

审计机关可依据考核、检查的结果，对那些提供统计资料成绩优异的，开展统计分析成效显著的，改进和完善审计统计管理卓有成效的，以及其他方面有特殊贡献的机构和人员，应给予表彰；对那些违反统计法规和统计制度，情节严重，造成不良后果的机构和人员，应当严肃处理。

三、审计档案

审计档案是指审计机关在进行审计监督或审计调查活动中直接形成的，具有保存价值的各种文字、图表、声像等不同形式的历史记录。它是国家档案的重要组成部分。构成审计档案的审计文件材料，主要是指审计机关在审计过程中收集、制作与使用的各种文字、图表、声像、电子和实物等形态的记录材料。

审计档案管理是指审计部门建立审计档案并进行收集、整理、立卷、保管、利用、编研、统计、鉴定和移交的管理活动（见附录4）。

审计档案管理应遵循我国档案工作的基本原则，即集中统一管理原则、完整与安全的原则和方便利用的原则。同时还应建立实行谁审计谁立卷、审结卷成、定期归档的现任制度；采取按职能分类、按项目立卷、按单位排列的立卷方法。按照立卷归档现任制要求，审计文件材料的收集、整理、立卷由审计组负责；审计案卷的质量检查由相关审计业务部门负责；审计案卷的接收由机关档案管理部门负责。

（一）审计文件材料的立卷管理

1. 审计文件材料立卷的原则有3个

（1）归入审计案卷的文件材料必须是审计监督项目或审计调查项目实施过程中形成的专门性的业务文件材料；

（2）审计文件材料的组合要按照其形成规律和特点，保持内在的联系，还应区别不同价值，便于保管和利用；

（3）审计文件材料的排列要符合规范化要求，分为“结论性文件材料”“证明性文件材料”“立项性文件材料”三个部分。

2. 审计文件材料立卷的基本要求有2个

（1）为保证审计档案中文件材料的合法、有用、有效，在案卷内容上，就要做到“完整”与“精练”。“完整”是指每一个年度审结的审计项目和完成的调查项目案卷要收集齐全；每一项目所产生的审计文件材料要收集齐全；每一案卷内重要文件的各次稿本要收集齐全；而“精练”是指在立卷时要严格按照审计文件材料的保存价值决定取舍。审计文件材料与行政文件材料不得混合立卷或重复立卷。未经核实的或与审计事项无关的文件材料、不重要的文件修改稿不得归入审计案卷。

（2）为便于审计档案的安全保管和提供利用，应该做到案卷封面整洁、书写规范，文件整齐有序、组装严密。

3. 审计文件材料的收集范围

凡是记录和反映审计机关在履行审计监督或审计调查任务中直接形成的文件、笔录、证据、电报、信函的原件或复制件，照片、声像磁带、电子光盘等，以及与项目有关的其他文件材料，均属审计档案的收集范围。而不应归入审计档案的文件有：

（1）与具体审计项目无关的行政文书和审计综合管理性文件；

（2）并未作审计依据，或者未经核实的证明性文件材料；

（3）审计所依据的法规、法规文件中无关的条款及其他参考材料；

（4）未经领导审核签的文件草稿；

（5）其他不应归入审计档案的材料。

4. 审计文件材料的组卷方法

（1）审计文件材料的组合采用按照职能分类，按照项目立卷，按照单元排列的基本方法组卷。一般一个审计项目可立一个卷或几个卷，多卷项目在分卷时应防止割断卷内文件材料的联系性。也不得把几个审计项目的文件材料合并为一个卷。

（2）跨年度的审计项目，应在项目审计终结的年度立卷。

（3）行业审计项目的综合报告与子项目的审计结果报告合并立卷，各子项目的审计文件材料要另行立卷。

（4）定期审计项目的总体审计方案与综合审计报告单独立卷，对定期审计范围内各被审计单位进行审计形成的文件材料另行立卷。

（5）建设项目预算、概算执行情况，年度决算、项目竣工决算和开、复工前审计等均以项目作为单位立卷。

（6）经济责任年度审计、离任审计以项目为单位立卷。

（7）审计行政复议项目，由受理复议的审计机关按项目立卷。原审计机关收到的复议文件材料，可以在审计案卷中设“第四单元”存入。审计行政应诉项目，由应诉审计机关单独立卷。

（8）专项审计调查的项目，按项目立卷。

5. 审计案卷内的文件材料的排列规则

（1）项目审计产生的文件材料，一般应按三个单元排列：结论性文件材料、证明性文件材料和立项性文件材料。

（2）各单元内每份或每组文件材料之间的排列规则是：正件在前，附件在后；定稿在前，修改稿在后；批复在前，请示在后；批示在前，报告在后；重要文件在前，次要文件在后；汇总性文件在前，原始性文件在后。

6. 审计文件材料的立卷程序

（1）审计方案经批准后，审计组应确定本项目立卷现任人，并提出明确要求。立卷现任人应备置专门卷夹，做好立卷准备工作。

（2）项目审计实施开始后，立卷责任人要随着审计程序各个环节的完成，及时收集本审计项目的文件材料，并认真检查每一份文件材料的内容、格式是否完整、合规，手续是否完备，字迹是否清晰。

（3）项目审计终结以后，立卷责任人要对本审计项目的全部文件材料进行系统的整理，进一步做好文件材料的鉴别和筛选工作，并按照规定进行排列。

（4）整理审计案卷如遇有个别审计文件材料与行政文件或审计综合管理文件在内容上相互交叉，难以划分时，应在保证审计档案完整的前提下确定取舍。必要时，可在审计档案和行政文书档案中“同时立卷”。

（5）对立卷责任人整理出的项目审计文件材料，由审计组长或相关业务部门负责进行检查，发现不符合要求之处，应责成立卷责任人进行补救。

（6）检查合格后，编写页号、卷内文件目录、填制备考表、书写案卷封面等；此外，还要做好审计案卷装订工作和审计证物的处理工作。

（二）审计文件材料归档管理

审计文件材料归档管理工作，主要包括归档存放、保管和利用等项工作。主要内容是：

（1）审计文件材料的归档，必须坚持以项目审计案卷为单位进行交换，无特殊情况，不得向档案部门移交单份文件材料。

（2）对准备归档的审计案卷，由相关审计业务部门在事先逐卷检查合格的基础上，登记造册，填写“审计档案移交清册”（一式两份），由机关档案人员逐卷清点验收，移交人和接收人在清册上签字盖章。

（3）审计案卷的归档时间不得迟于该审计项目结束后次年6月底之前。

（4）对于不存入审计案卷但尚有参考价值的文件材料，可由业务部门自行保存和使用；确无价值的可经业务部门派专人审查后销毁。

（5）应当依据有关审计档案保管期限的规定进行审计档案的鉴定；应当按照审计案卷的保存价值确定审计档案的保管期限（永久、长期、短期）。

（6）在划完保管期限的基础上，按“年度—组织机构”或“年度—审计类别”的方法排列和编目。

（7）审计档案的密级和保密期限，按卷内文件的最高密级确定，并按有关规定做出标识。

（8）审计机关应按规定设置专用库房，建立健全保管制度，定期进行保管状况检查。

（9）积极开展审计档案的利用工作，借阅一般只限于审计机关内部。

（10）审计文件资料的销毁，对于失去使用价值的审计信息资料，应根据其重要性确定最短保管期限，到期销毁时应编造清册，报经审计组织主管负责人批准，同时销毁时应有专人监督，并将销毁情况报告负责人，并在档案中注销。

（三）审计档案的分类

（1）立项性文件材料有：审计通知书；审计工作方案；审计项目委托协议书（授权或委托审计通知书）；单位自查通知书；单位自查报告；被审单位基本情况；上级机关对本项目审计的指示和意见。

（2）证明文件性材料有：被审计单位情况表；审计承诺函；审计证据（审计取证，旁证材料）；审计工作底稿；依法做出审计结论的法规目录或摘录；上级机关对本项目问题处理的政策界限。

（3）结论性文件材料有：如审计报告，审计报告征求意见函，被审单位对审计报告的书面意见，有关审计项目的请示、报告、批复、批示等文件件材料，审定审计报告的会议纪要，审计意见书，审计决定，被审单位执行审计意见或审计决定情况报告等。

（4）其他备查文件材料有：审计回访，新闻报道，项目工作总结或经验介绍。再具体细分还有很多内容，如审计项目按其内容划分的有：财务收支审计业务档案，经济责任审计业务档案，建设工程审计业务档案，专项调查审计业务档案，授权及委托审计业务档案等；从审计档案保管的期限上划分：又分为永久（无期限）保存，长期（时间为16~50年）保存和短期（时间为15年以下）保存。

案例分析结果

审计风险是存在的，审计人员不可能查出被审计单位所有的造假、舞弊行为，但是如果实施了必要的审计程序，收集了可信赖的审计证据，再尽心严谨必要的审计后期复核和管控，运用专业的审计技术是可以将审计风险控制在可控范围内的。会计师事务所很明显对自己的注册会计师的审计管理出现了问题，对审计的业务控制也没有发挥作用。造成严重的后果，会计师事务所是有推卸不掉的责任的。

知识评价

要强化审计管理。这样有利于我国审计工作的规范化、制度化和法制化，也有利于审计机关独立、权威和公正形象的确立。还有利于减少或避免审计风险，保证审计工作的质量，提高审计工作的效率，从而有效地使用审计资源。

思考题

1. 什么是审计风险？
2. 什么是审计管理？
3. 审计风险的基本特征是什么？
4. 如何进行审计档案的归档？

附录1　中华人民共和国审计法

（1994年8月31日第八届全国人民代表大会常务委员会第九次会议通过　根据2006年2月28日第十届全国人民代表大会常务委员会第二十次会议《关于修改〈中华人民共和国审计法〉的决定》修正）

目　　录

第一章　总　　则

第一条　为了加强国家的审计监督，维护国家财政经济秩序，提高财政资金使用效益，促进廉政建设，保障国民经济和社会健康发展，根据宪法，制定本法。

第二条　国家实行审计监督制度。国务院和县级以上地方人民政府设立审计机关。

国务院各部门和地方各级人民政府及其各部门的财政收支，国有的金融机构和企业事业组织的财务收支，以及其他依照本法规定应当接受审计的财政收支、财务收支，依照本法规定接受审计监督。

审计机关对前款所列财政收支或者财务收支的真实、合法和效益，依法进行审计监督。

第三条　审计机关依照法律规定的职权和程序，进行审计监督。

审计机关依据有关财政收支、财务收支的法律、法规和国家其他有关规定进行审计评价，在法定职权范围内作出审计决定。

第四条　国务院和县级以上地方人民政府应当每年向本级人民代表大会常务委员会提出审计机关对预算执行和其他财政收支的审计工作报告。审计工作报告应当重点报告对预算执行的审计情况。必要时，人民代表大会常务委员会可以对审计工作报告作出决议。

国务院和县级以上地方人民政府应当将审计工作报告中指出的问题的纠正情况和处理结果向本级人民代表大会常务委员会报告。

第五条　审计机关依照法律规定独立行使审计监督权，不受其他行政机关、社会团体和个人的干涉。

第六条 审计机关和审计人员办理审计事项，应当客观公正，实事求是，廉洁奉公，保守秘密。

第二章 审计机关和审计人员

第七条 国务院设立审计署，在国务院总理领导下，主管全国的审计工作。审计长是审计署的行政首长。

第八条 省、自治区、直辖市、设区的市、自治州、县、自治县、不设区的市、市辖区的人民政府的审计机关，分别在省长、自治区主席、市长、州长、县长、区长和上一级审计机关的领导下，负责本行政区域内的审计工作。

第九条 地方各级审计机关对本级人民政府和上一级审计机关负责并报告工作，审计业务以上级审计机关领导为主。

第十条 审计机关根据工作需要，经本级人民政府批准，可以在其审计管辖范围内设立派出机构。

派出机构根据审计机关的授权，依法进行审计工作。

第十一条 审计机关履行职责所必需的经费，应当列入财政预算，由本级人民政府予以保证。

第十二条 审计人员应当具备与其从事的审计工作相适应的专业知识和业务能力。

第十三条 审计人员办理审计事项，与被审计单位或者审计事项有利害关系的，应当回避。

第十四条 审计人员对其在执行职务中知悉的国家秘密和被审计单位的商业秘密，负有保密的义务。

第十五条 审计人员依法执行职务，受法律保护。

任何组织和个人不得拒绝、阻碍审计人员依法执行职务，不得打击报复审计人员。

审计机关负责人依照法定程序任免。审计机关负责人没有违法失职或者其他不符合任职条件的情况的，不得随意撤换。

地方各级审计机关负责人的任免，应当事先征求上一级审计机关的意见。

第三章 审计机关职责

第十六条 审计机关对本级各部门（含直属单位）和下级政府预算的执行情况和决算以及其他财政收支情况，进行审计监督。

第十七条 审计署在国务院总理领导下，对中央预算执行情况和其他财政收支情况进行审计监督，向国务院总理提出审计结果报告。

地方各级审计机关分别在省长、自治区主席、市长、州长、县长、区长和上一级审计机关的领导下，对本级预算执行情况和其他财政收支情况进行审计监督，向本级人民政府和上一级审计机关提出审计结果报告。

第十八条 审计署对中央银行的财务收支，进行审计监督。

审计机关对国有金融机构的资产、负债、损益，进行审计监督。

第十九条 审计机关对国家的事业组织和使用财政资金的其他事业组织的财务收支，进行审计监督。

第二十条　审计机关对国有企业的资产、负债、损益，进行审计监督。

第二十一条　对国有资本占控股地位或者主导地位的企业、金融机构的审计监督，由国务院规定。

第二十二条　审计机关对政府投资和以政府投资为主的建设项目的预算执行情况和决算，进行审计监督。

第二十三条　审计机关对政府部门管理的和其他单位受政府委托管理的社会保障基金、社会捐赠资金以及其他有关基金、资金的财务收支，进行审计监督。

第二十四条　审计机关对国际组织和外国政府援助、贷款项目的财务收支，进行审计监督。

第二十五条　审计机关按照国家有关规定，对国家机关和依法属于审计机关审计监督对象的其他单位的主要负责人，在任职期间对本地区、本部门或者本单位的财政收支、财务收支以及有关经济活动应负经济责任的履行情况，进行审计监督。

第二十六条　除本法规定的审计事项外，审计机关对其他法律、行政法规规定应当由审计机关进行审计的事项，依照本法和有关法律、行政法规的规定进行审计监督。

第二十七条　审计机关有权对与国家财政收支有关的特定事项，向有关地方、部门、单位进行专项审计调查，并向本级人民政府和上一级审计机关报告审计调查结果。

第二十八条　审计机关根据被审计单位的财政、财务隶属关系或者国有资产监督管理关系，确定审计管辖范围。

审计机关之间对审计管辖范围有争议的，由其共同的上级审计机关确定。

上级审计机关可以将其审计管辖范围内的本法第十八条第二款至第二十五条规定的审计事项，授权下级审计机关进行审计；上级审计机关对下级审计机关审计管辖范围内的重大审计事项，可以直接进行审计，但是应当防止不必要的重复审计。

第二十九条　依法属于审计机关审计监督对象的单位，应当按照国家有关规定建立健全内部审计制度；其内部审计工作应当接受审计机关的业务指导和监督。

第三十条　社会审计机构审计的单位依法属于审计机关审计监督对象的，审计机关按照国务院的规定，有权对该社会审计机构出具的相关审计报告进行核查。

第四章　审计机关权限

第三十一条　审计机关有权要求被审计单位按照审计机关的规定提供预算或者财务收支计划、预算执行情况、决算、财务会计报告，运用电子计算机储存、处理的财政收支、财务收支电子数据和必要的电子计算机技术文档，在金融机构开立账户的情况，社会审计机构出具的审计报告，以及其他与财政收支或者财务收支有关的资料，被审计单位不得拒绝、拖延、谎报。

被审计单位负责人对本单位提供的财务会计资料的真实性和完整性负责。

第三十二条　审计机关进行审计时，有权检查被审计单位的会计凭证、会计账簿、财务会计报告和运用电子计算机管理财政收支、财务收支电子数据的系统，以及其他与财政收支、财务收支有关的资料和资产，被审计单位不得拒绝。

第三十三条　审计机关进行审计时，有权就审计事项的有关问题向有关单位和个人进行调查，并取得有关证明材料。有关单位和个人应当支持、协助审计机关工作，如实向审计机关反映情况，提供有关证明材料。

审计机关经县级以上人民政府审计机关负责人批准，有权查询被审计单位在金融机构的账户。

审计机关有证据证明被审计单位以个人名义存储公款的，经县级以上人民政府审计机关主要负责人批准，有权查询被审计单位以个人名义在金融机构的存款。

第三十四条 审计机关进行审计时，被审计单位不得转移、隐匿、篡改、毁弃会计凭证、会计账簿、财务会计报告以及其他与财政收支或者财务收支有关的资料，不得转移、隐匿所持有的违反国家规定取得的资产。

审计机关对被审计单位违反前款规定的行为，有权予以制止；必要时，经县级以上人民政府审计机关负责人批准，有权封存有关资料和违反国家规定取得的资产；对其中在金融机构的有关存款需要予以冻结的，应当向人民法院提出申请。

审计机关对被审计单位正在进行的违反国家规定的财政收支、财务收支行为，有权予以制止；制止无效的，经县级以上人民政府审计机关负责人批准，通知财政部门和有关主管部门暂停拨付与违反国家规定的财政收支、财务收支行为直接有关的款项，已经拨付的，暂停使用。

审计机关采取前两款规定的措施不得影响被审计单位合法的业务活动和生产经营活动。

第三十五条 审计机关认为被审计单位所执行的上级主管部门有关财政收支、财务收支的规定与法律、行政法规相抵触的，应当建议有关主管部门纠正；有关主管部门不予纠正的，审计机关应当提请有权处理的机关依法处理。

第三十六条 审计机关可以向政府有关部门通报或者向社会公布审计结果。

审计机关通报或者公布审计结果，应当依法保守国家秘密和被审计单位的商业秘密，遵守国务院的有关规定。

第三十七条 审计机关履行审计监督职责，可以提请公安、监察、财政、税务、海关、价格、工商行政管理等机关予以协助。

第五章 审计程序

第三十八条 审计机关根据审计项目计划确定的审计事项组成审计组，并应当在实施审计三日前，向被审计单位送达审计通知书；遇有特殊情况，经本级人民政府批准，审计机关可以直接持审计通知书实施审计。

被审计单位应当配合审计机关的工作，并提供必要的工作条件。

审计机关应当提高审计工作效率。

第三十九条 审计人员通过审查会计凭证、会计账簿、财务会计报告，查阅与审计事项有关的文件、资料，检查现金、实物、有价证券，向有关单位和个人调查等方式进行审计，并取得证明材料。

审计人员向有关单位和个人进行调查时，应当出示审计人员的工作证件和审计通知书副本。

第四十条 审计组对审计事项实施审计后，应当向审计机关提出审计组的审计报告。审计组的审计报告报送审计机关前，应当征求被审计对象的意见。被审计对象应当自接到审计组的审计报告之日起十日内，将其书面意见送交审计组。审计组应当将被审计对象的书面意见一并报送审计机关。

第四十一条 审计机关按照审计署规定的程序对审计组的审计报告进行审议，并对被审计对象对审计组的审计报告提出的意见一并研究后，提出审计机关的审计报告；对违反国家规定的财政收支、财务收支行为，依法应当给予处理、处罚的，在法定职权范围内作出审计决定或者向有关主管机关提出处理、处罚的意见。

审计机关应当将审计机关的审计报告和审计决定送达被审计单位和有关主管机关、单位。审计决定自送达之日起生效。

第四十二条 上级审计机关认为下级审计机关作出的审计决定违反国家有关规定的，可以责成下级审计机关予以变更或者撤销，必要时也可以直接作出变更或者撤销的决定。

第六章 法律责任

第四十三条 被审计单位违反本法规定，拒绝或者拖延提供与审计事项有关的资料的，或者提供的资料不真实、不完整的，或者拒绝、阻碍检查的，由审计机关责令改正，可以通报批评，给予警告；拒不改正的，依法追究责任。

第四十四条 被审计单位违反本法规定，转移、隐匿、篡改、毁弃会计凭证、会计账簿、财务会计报告以及其他与财政收支、财务收支有关的资料，或者转移、隐匿所持有的违反国家规定取得的资产，审计机关认为对直接负责的主管人员和其他直接责任人员依法应当给予处分的，应当提出给予处分的建议，被审计单位或者其上级机关、监察机关应当依法及时作出决定，并将结果书面通知审计机关；构成犯罪的，依法追究刑事责任。

第四十五条 对本级各部门（含直属单位）和下级政府违反预算的行为或者其他违反国家规定的财政收支行为，审计机关、人民政府或者有关主管部门在法定职权范围内，依照法律、行政法规的规定，区别情况采取下列处理措施：

（一）责令限期缴纳应当上缴的款项；

（二）责令限期退还被侵占的国有资产；

（三）责令限期退还违法所得；

（四）责令按照国家统一的会计制度的有关规定进行处理；

（五）其他处理措施。

第四十六条 对被审计单位违反国家规定的财务收支行为，审计机关、人民政府或者有关主管部门在法定职权范围内，依照法律、行政法规的规定，区别情况采取前条规定的处理措施，并可以依法给予处罚。

第四十七条 审计机关在法定职权范围内作出的审计决定，被审计单位应当执行。

审计机关依法责令被审计单位上缴应当上缴的款项，被审计单位拒不执行的，审计机关应当通报有关主管部门，有关主管部门应当依照有关法律、行政法规的规定予以扣缴或者采取其他处理措施，并将结果书面通知审计机关。

第四十八条 被审计单位对审计机关作出的有关财务收支的审计决定不服的，可以依法申请行政复议或者提起行政诉讼。

被审计单位对审计机关作出的有关财政收支的审计决定不服的，可以提请审计机关的本级人民政府裁决，本级人民政府的裁决为最终决定。

第四十九条 被审计单位的财政收支、财务收支违反国家规定，审计机关认为对直接负责的主管人员和其他直接责任人员依法应当给予处分的，应当提出给予处分的建议，被审计单位或者其上级机关、监察机关应当依法及时作出决定，并将结果书面通知审计机关。

第五十条 被审计单位的财政收支、财务收支违反法律、行政法规的规定，构成犯罪的，依法追究刑事责任。

第五十一条 报复陷害审计人员的，依法给予处分；构成犯罪的，依法追究刑事责任。

第五十二条 审计人员滥用职权、徇私舞弊、玩忽职守或者泄露所知悉的国家秘密、商业秘密的，依法给予处分；构成犯罪的，依法追究刑事责任。

第七章 附 则

第五十三条 中国人民解放军审计工作的规定，由中央军事委员会根据本法制定。

第五十四条 本法自1995年1月1日起施行。1988年11月30日国务院发布的《中华人民共和国审计条例》同时废止。（完）

附录2 中华人民共和国国家审计准则

第一章 总 则

第一条 为了规范和指导审计机关和审计人员执行审计业务的行为，保证审计质量，防范审计风险，发挥审计保障国家经济和社会健康运行的“免疫系统”功能，根据《中华人民共和国审计法》《中华人民共和国审计法实施条例》和其他有关法律法规，制定本准则。

第二条 本准则是审计机关和审计人员履行法定审计职责的行为规范，是执行审计业务的职业标准，是评价审计质量的基本尺度。

第三条 本准则中使用“应当”、“不得”词汇的条款为约束性条款，是审计机关和审计人员执行审计业务必须遵守的职业要求。

本准则中使用“可以”词汇的条款为指导性条款，是对良好审计实务的推介。

第四条 审计机关和审计人员执行审计业务，应当适用本准则。其他组织或者人员接受审计机关的委托、聘用，承办或者参加审计业务，也应当适用本准则。

第五条 审计机关和审计人员执行审计业务，应当区分被审计单位的责任和审计机关的责任。

在财政收支、财务收支以及有关经济活动中，履行法定职责、遵守相关法律法规、建立并实施内部控制、按照有关会计准则和会计制度编报财务会计报告、保持财务会计资料的真实性和完整性，是被审计单位的责任。

依据法律法规和本准则的规定，对被审计单位财政收支、财务收支以及有关经济活动独立实施审计并做出审计结论，是审计机关的责任。

第六条 审计机关的主要工作目标是通过监督被审计单位财政收支、财务收支以及有关经济活动的真实性、合法性、效益性，维护国家经济安全，推进民主法治，促进廉政建设，保障国家经济和社会健康发展。

真实性是指反映财政收支、财务收支以及有关经济活动的信息与实际情况相符合的程度。

合法性是指财政收支、财务收支以及有关经济活动遵守法律、法规或者规章的情况。

效益性是指财政收支、财务收支以及有关经济活动实现的经济效益、社会效益和环境效益。

第七条 审计机关对依法属于审计机关审计监督对象的单位、项目、资金进行审计。

审计机关按照国家有关规定，对依法属于审计机关审计监督对象的单位的主要负责人经济责任进行审计。

第八条 审计机关依法对预算管理或者国有资产管理使用等与国家财政收支有关的特定

事项向有关地方、部门、单位进行专项审计调查。

审计机关进行专项审计调查时，也应当适用本准则。

第九条 审计机关和审计人员执行审计业务，应当依据年度审计项目计划，编制审计实施方案，获取审计证据，作出审计结论。

审计机关应当委派具备相应资格和能力的审计人员承办审计业务，并建立和执行审计质量控制制度。

第十条 审计机关依据法律法规规定，公开履行职责的情况及其结果，接受社会公众的监督。

第十一条 审计机关和审计人员未遵守本准则约束性条款的，应当说明原因。

第二章 审计机关和审计人员

第十二条 审计机关和审计人员执行审计业务，应当具备本准则规定的资格条件和职业要求。

第十三条 审计机关执行审计业务，应当具备下列资格条件：

（1）符合法定的审计职责和权限；

（2）有职业胜任能力的审计人员；

（3）建立适当的审计质量控制制度；

（4）必需的经费和其他工作条件。

第十四条 审计人员执行审计业务，应当具备下列职业要求：

（1）遵守法律法规和本准则；

（2）恪守审计职业道德；

（3）保持应有的审计独立性；

（4）具备必需的职业胜任能力；

（5）其他职业要求。

第十五条 审计人员应当恪守严格依法、正直坦诚、客观公正、勤勉尽责、保守秘密的基本审计职业道德。

严格依法就是审计人员应当严格依照法定的审计职责、权限和程序进行审计监督，规范审计行为。

正直坦诚就是审计人员应当坚持原则，不屈从于外部压力；不歪曲事实，不隐瞒审计发现的问题；廉洁自律，不利用职权谋取私利；维护国家利益和公共利益。

客观公正就是审计人员应当保持客观公正的立场和态度，以适当、充分的审计证据支持审计结论，实事求是地作出审计评价和处理审计发现的问题。

勤勉尽责就是审计人员应当爱岗敬业，勤勉高效，严谨细致，认真履行审计职责，保证审计工作质量。

保守秘密就是审计人员应当保守其在执行审计业务中知悉的国家秘密、商业秘密；对于执行审计业务取得的资料、形成的审计记录和掌握的相关情况，未经批准不得对外提供和披露，不得用于与审计工作无关的目的。

第十六条 审计人员执行审计业务时，应当保持应有的审计独立性，遇有下列可能损害审计独立性情形的，应当向审计机关报告：

（1）与被审计单位负责人或者有关主管人员有夫妻关系、直系血亲关系、三代以内旁系血亲以及近姻亲关系；

（2）与被审计单位或者审计事项有直接经济利益关系；

（3）对曾经管理或者直接办理过的相关业务进行审计；

（4）可能损害审计独立性的其他情形。

第十七条 审计人员不得参加影响审计独立性的活动，不得参与被审计单位的管理活动。

第十八条 审计机关组成审计组时，应当了解审计组成员可能损害审计独立性的情形，并根据具体情况采取下列措施，避免损害审计独立性：

（1）依法要求相关审计人员回避；

（2）对相关审计人员执行具体审计业务的范围作出限制；

（3）对相关审计人员的工作追加必要的复核程序；

（4）其他措施。

第十九条 审计机关应当建立审计人员交流等制度，避免审计人员因执行审计业务长期与同一被审计单位接触可能对审计独立性造成的损害。

第二十条 审计机关可以聘请外部人员参加审计业务或者提供技术支持、专业咨询、专业鉴定。

审计机关聘请的外部人员应当具备本准则第十四条规定的职业要求。

第二十一条 有下列情形之一的外部人员，审计机关不得聘请：

（1）被刑事处罚的；

（2）被劳动教养的；

（3）被行政拘留的；

（4）审计独立性可能受到损害的；

（5）法律规定不得从事公务的其他情形。

第二十二条 审计人员应当具备与其从事审计业务相适应的专业知识、职业能力和工作经验。

审计机关应当建立和实施审计人员录用、继续教育、培训、业绩评价考核和奖惩激励制度，确保审计人员具有与其从事业务相适应的职业胜任能力。

第二十三条 审计机关应当合理配备审计人员，组成审计组，确保其在整体上具备与审计项目相适应的职业胜任能力。

被审计单位的信息技术对实现审计目标有重大影响的，审计组的整体胜任能力应当包括信息技术方面的胜任能力。

第二十四条 审计人员执行审计业务时，应当合理运用职业判断，保持职业谨慎，对被审计单位可能存在的重要问题保持警觉，并审慎评价所获取审计证据的适当性和充分性，得出恰当的审计结论。

第二十五条 审计人员执行审计业务时，应当从下列方面保持与被审计单位的工作关系：

（1）与被审计单位沟通并听取其意见；

（2）客观公正地作出审计结论，尊重并维护被审计单位的合法权益；

（3）严格执行审计纪律；

（4）坚持文明审计，保持良好的职业形象。

第三章 审计计划

第二十六条 审计机关应当根据法定的审计职责和审计管辖范围，编制年度审计项目计划。

编制年度审计项目计划应当服务大局，围绕政府工作中心，突出审计工作重点，合理安排审计资源，防止不必要的重复审计。

第二十七条 审计机关按照下列步骤编制年度审计项目计划：

（1）调查审计需求，初步选择审计项目；

（2）对初选审计项目进行可行性研究，确定备选审计项目及其优先顺序；

（3）评估审计机关可用审计资源，确定审计项目，编制年度审计项目计划。

第二十八条 审计机关从下列方面调查审计需求，初步选择审计项目：

（1）国家和地区财政收支、财务收支以及有关经济活动情况；

（2）政府工作中心；

（3）本级政府行政首长和相关领导机关对审计工作的要求；

（4）上级审计机关安排或者授权审计的事项；

（5）有关部门委托或者提请审计机关审计的事项；

（6）群众举报、公众关注的事项；

（7）经分析相关数据认为应当列入审计的事项；

（8）其他方面的需求。

第二十九条 审计机关对初选审计项目进行可行性研究，确定初选审计项目的审计目标、审计范围、审计重点和其他重要事项。

进行可行性研究重点调查研究下列内容：

（1）与确定和实施审计项目相关的法律法规和政策；

（2）管理体制、组织结构、主要业务及其开展情况；

（3）财政收支、财务收支状况及结果；

（4）相关的信息系统及其电子数据情况；

（5）管理和监督机构的监督检查情况及结果；

（6）以前年度审计情况；

（7）其他相关内容。

第三十条 审计机关在调查审计需求和可行性研究过程中，从下列方面对初选审计项目进行评估，以确定备选审计项目及其优先顺序：

（1）项目重要程度，评估在国家经济和社会发展中的重要性、政府行政首长和相关领导机关及公众关注程度、资金和资产规模等；

（2）项目风险水平，评估项目规模、管理和控制状况等；

（3）审计预期效果；

（4）审计频率和覆盖面；

（5）项目对审计资源的要求。

第三十一条 年度审计项目计划应当按照审计机关规定的程序审定。

审计机关在审定年度审计项目计划前，根据需要，可以组织专家进行论证。

第三十二条 下列审计项目应当作为必选审计项目：

（1）法律法规规定每年应当审计的项目；

（2）本级政府行政首长和相关领导机关要求审计的项目；

（3）上级审计机关安排或者授权的审计项目。

审计机关对必选审计项目，可以不进行可行性研究。

第三十三条 上级审计机关直接审计下级审计机关审计管辖范围内的重大审计事项，应当列入上级审计机关年度审计项目计划，并及时通知下级审计机关。

第三十四条 上级审计机关可以依法将其审计管辖范围内的审计事项，授权下级审计机关进行审计。对于上级审计机关审计管辖范围内的审计事项，下级审计机关也可以提出授权申请，报有管辖权的上级审计机关审批。

获得授权的审计机关应当将授权的审计事项列入年度审计项目计划。

第三十五条 根据中国政府及其机构与国际组织、外国政府及其机构签订的协议和上级审计机关的要求，审计机关确定对国际组织、外国政府及其机构援助、贷款项目进行审计的，应当纳入年度审计项目计划。

第三十六条 对于预算管理或者国有资产管理使用等与国家财政收支有关的特定事项，符合下列情形的，可以进行专项审计调查：

（1）涉及宏观性、普遍性、政策性或者体制、机制问题的；

（2）事项跨行业、跨地区、跨单位的；

（3）事项涉及大量非财务数据的；

（4）其他适宜进行专项审计调查的。

第三十七条 审计机关年度审计项目计划的内容主要包括：

（1）审计项目名称；

（2）审计目标，即实施审计项目预期要完成的任务和结果；

（3）审计范围，即审计项目涉及的具体单位、事项和所属期间；

（4）审计重点；

（5）审计项目组织和实施单位；

（6）审计资源。

采取跟踪审计方式实施的审计项目，年度审计项目计划应当列明跟踪的具体方式和要求。

专项审计调查项目的年度审计项目计划应当列明专项审计调查的要求。

第三十八条 审计机关编制年度审计项目计划可以采取文字、表格或者两者相结合的形式。

第三十九条 审计机关计划管理部门与业务部门或者派出机构，应当建立经常性的沟通和协调机制。

调查审计需求、进行可行性研究和确定备选审计项目，以业务部门或者派出机构为主实施；备选审计项目排序、配置审计资源和编制年度审计项目计划草案，以计划管理部门为主实施。

第四十条 审计机关根据项目评估结果，确定年度审计项目计划。

第四十一条 审计机关应当将年度审计项目计划报经本级政府行政首长批准并向上一级审计机关报告。

第四十二条 审计机关应当对确定的审计项目配置必要的审计人力资源、审计时间、审计技术装备、审计经费等审计资源。

第四十三条 审计机关同一年度内对同一被审计单位实施不同的审计项目，应当在人员和时间安排上进行协调，尽量避免给被审计单位工作带来不必要的影响。

第四十四条 审计机关应当将年度审计项目计划下达审计项目组织和实施单位执行。

年度审计项目计划一经下达，审计项目组织和实施单位应当确保完成，不得擅自变更。

第四十五条 年度审计项目计划执行过程中，遇有下列情形之一的，应当按照原审批程序调整：

（1）本级政府行政首长和相关领导机关临时交办审计项目的；

（2）上级审计机关临时安排或者授权审计项目的；

（3）突发重大公共事件需要进行审计的；

（4）原定审计项目的被审计单位发生重大变化，导致原计划无法实施的；

（5）需要更换审计项目实施单位的；

（6）审计目标、审计范围等发生重大变化需要调整的；

（7）需要调整的其他情形。

第四十六条 上级审计机关应当指导下级审计机关编制年度审计项目计划，提出下级审计机关重点审计领域或者审计项目安排的指导意见。

第四十七条 年度审计项目计划确定审计机关统一组织多个审计组共同实施一个审计项目或者分别实施同一类审计项目的，审计机关业务部门应当编制审计工作方案。

第四十八条 审计机关业务部门编制审计工作方案，应当根据年度审计项目计划形成过程中调查审计需求、进行可行性研究的情况，开展进一步调查，对审计目标、范围、重点和项目组织实施等进行确定。

第四十九条 审计工作方案的内容主要包括：

（1）审计目标；

（2）审计范围；

（3）审计内容和重点；

（4）审计工作组织安排；

（5）审计工作要求。

第五十条 审计机关业务部门编制的审计工作方案应当按照审计机关规定的程序审批。在年度审计项目计划确定的实施审计起始时间之前，下达到审计项目实施单位。

审计机关批准审计工作方案前，根据需要，可以组织专家进行论证。

第五十一条 审计机关业务部门根据审计实施过程中情况的变化，可以申请对审计工作方案的内容进行调整，并按审计机关规定的程序报批。

第五十二条 审计机关应当定期检查年度审计项目计划执行情况，评估执行效果。

审计项目实施单位应当向下达审计项目计划的审计机关报告计划执行情况。

第五十三条 审计机关应当按照国家有关规定，建立和实施审计项目计划执行情况及其结果的统计制度。

第四章 审计实施

第一节 审计实施方案

第五十四条 审计机关应当在实施项目审计前组成审计组。

审计组由审计组组长和其他成员组成。审计组实行审计组组长负责制。审计组组长由审计机关确定，审计组组长可以根据需要在审计组成员中确定主审，主审应当履行其规定职责和审计组组长委托履行的其他职责。

第五十五条 审计机关应当依照法律法规的规定，向被审计单位送达审计通知书。

第五十六条 审计通知书的内容主要包括被审计单位名称、审计依据、审计范围、审计起始时间、审计组组长及其他成员名单和被审计单位配合审计工作的要求。同时，还应当向被审计单位告知审计组的审计纪律要求。

采取跟踪审计方式实施审计的，审计通知书应当列明跟踪审计的具体方式和要求。

专项审计调查项目的审计通知书应当列明专项审计调查的要求。

第五十七条 审计组应当调查了解被审计单位及其相关情况，评估被审计单位存在重要问题的可能性，确定审计应对措施，编制审计实施方案。

对于审计机关已经下达审计工作方案的，审计组应当按照审计工作方案的要求编制审计实施方案。

第五十八条 审计实施方案的内容主要包括：

（1）审计目标；

（2）审计范围；

（3）审计内容、重点及审计措施，包括审计事项和根据本准则第七十三条确定的审计应对措施；

（4）审计工作要求，包括项目审计进度安排、审计组内部重要管理事项及职责分工等。

采取跟踪审计方式实施审计的，审计实施方案应当对整个跟踪审计工作作出统筹安排。

专项审计调查项目的审计实施方案应当列明专项审计调查的要求。

第五十九条 审计组调查了解被审计单位及其相关情况，为作出下列职业判断提供基础：

（1）确定职业判断适用的标准；

（2）判断可能存在的问题；

（3）判断问题的重要性；

（4）确定审计应对措施。

第六十条 审计人员可以从下列方面调查了解被审计单位及其相关情况：

（1）单位性质、组织结构；

（2）职责范围或者经营范围、业务活动及其目标；

（3）相关法律法规、政策及其执行情况；

（4）财政财务管理体制和业务管理体制；

（5）适用的业绩指标体系以及业绩评价情况；

（6）相关内部控制及其执行情况；

（7）相关信息系统及其电子数据情况；

（8）经济环境、行业状况及其他外部因素；

（9）以往接受审计和监管及其整改情况；

（10）需要了解的其他情况。

第六十一条　审计人员可以从下列方面调查了解被审计单位相关内部控制及其执行情况：

（1）控制环境，即管理模式、组织结构、责权配置、人力资源制度等；

（2）风险评估，即被审计单位确定、分析与实现内部控制目标相关的风险，以及采取的应对措施；

（3）控制活动，即根据风险评估结果采取的控制措施，包括不相容职务分离控制、授权审批控制、资产保护控制、预算控制、业绩分析和绩效考评控制等；

（4）信息与沟通，即收集、处理、传递与内部控制相关的信息，并能有效沟通的情况；

（5）对控制的监督，即对各项内部控制设计、职责及其履行情况的监督检查。

第六十二条　审计人员可以从下列方面调查了解被审计单位信息系统控制情况：

（1）一般控制，即保障信息系统正常运行的稳定性、有效性、安全性等方面的控制；

（2）应用控制，即保障信息系统产生的数据的真实性、完整性、可靠性等方面的控制。

第六十三条　审计人员可以采取下列方法调查了解被审计单位及其相关情况：

（1）书面或者口头询问被审计单位内部和外部相关人员；

（2）检查有关文件、报告、内部管理手册、信息系统的技术文档和操作手册；

（3）观察有关业务活动及其场所、设施和有关内部控制的执行情况；

（4）追踪有关业务的处理过程；

（5）分析相关数据。

第六十四条　审计人员根据审计目标和被审计单位的实际情况，运用职业判断确定调查了解的范围和程度。

对于定期审计项目，审计人员可以利用以往审计中获得的信息，重点调查了解已经发生变化的情况。

第六十五条　审计人员在调查了解被审计单位及其相关情况的过程中，可以选择下列标准作为职业判断的依据：

（1）法律、法规、规章和其他规范性文件；

（2）国家有关方针和政策；

（3）会计准则和会计制度；

（4）国家和行业的技术标准；

（5）预算、计划和合同；

（6）被审计单位的管理制度和绩效目标；

（7）被审计单位的历史数据和历史业绩；

（8）公认的业务惯例或者良好实务；

（9）专业机构或者专家的意见；

（10）其他标准。

审计人员在审计实施过程中需要持续关注标准的适用性。

第六十六条　职业判断所选择的标准应当具有客观性、适用性、相关性、公认性。标准不一致时，审计人员应当采用权威的和公认程度高的标准。

第六十七条　审计人员应当结合适用的标准，分析调查了解的被审计单位及其相关情况，判断被审计单位可能存在的问题。

第六十八条　审计人员应当运用职业判断，根据可能存在问题的性质、数额及其发生的具体环境，判断其重要性。

第六十九条　审计人员判断重要性时，可以关注下列因素：

（1）是否属于涉嫌犯罪的问题；

（2）是否属于法律法规和政策禁止的问题；

（3）是否属于故意行为所产生的问题；

（4）可能存在问题涉及的数量或者金额；

（5）是否涉及政策、体制或者机制的严重缺陷；

（6）是否属于信息系统设计缺陷；

（7）政府行政首长和相关领导机关及公众的关注程度；

（8）需要关注的其他因素。

第七十条　审计人员实施审计时，应当根据重要性判断的结果，重点关注被审计单位可能存在的重要问题。

第七十一条　需要对财务报表发表审计意见的，审计人员可以参照中国注册会计师执业准则的有关规定确定和运用重要性。

第七十二条　审计组应当评估被审计单位存在重要问题的可能性，以确定审计事项和审计应对措施。

第七十三条　审计组针对审计事项确定的审计应对措施包括：

（1）评估对内部控制的依赖程度，确定是否及如何测试相关内部控制的有效性；

（2）评估对信息系统的依赖程度，确定是否及如何检查相关信息系统的有效性、安全性；

（3）确定主要审计步骤和方法；

（4）确定审计时间；

（5）确定执行的审计人员；

（6）其他必要措施。

第七十四条　审计组在分配审计资源时，应当为重要审计事项分派有经验的审计人员和安排充足的审计时间，并评估特定审计事项是否需要利用外部专家的工作。

第七十五条　审计人员认为存在下列情形之一的，应当测试相关内部控制的有效性：

（1）某项内部控制设计合理且预期运行有效，能够防止重要问题的发生；

（2）仅实施实质性审查不足以为发现重要问题提供适当、充分的审计证据。

审计人员决定不依赖某项内部控制的，可以对审计事项直接进行实质性审查。

被审计单位规模较小、业务比较简单的，审计人员可以对审计事项直接进行实质性审查。

第七十六条　审计人员认为存在下列情形之一的，应当检查相关信息系统的有效性、安全性：

（1）仅审计电子数据不足以为发现重要问题提供适当、充分的审计证据；

（2）电子数据中频繁出现某类差异。

审计人员在检查被审计单位相关信息系统时，可以利用被审计单位信息系统的现有功能或者采用其他计算机技术和工具，检查中应当避免对被审计单位相关信息系统及其电子数据造成不良影响。

第七十七条 审计人员实施审计时，应当持续关注已作出的重要性判断和对存在重要问题可能性的评估是否恰当，及时作出修正，并调整审计应对措施。

第七十八条 遇有下列情形之一的，审计组应当及时调整审计实施方案：

（1）年度审计项目计划、审计工作方案发生变化的；

（2）审计目标发生重大变化的；

（3）重要审计事项发生变化的；

（4）被审计单位及其相关情况发生重大变化的；

（5）审计组人员及其分工发生重大变化的；

（6）需要调整的其他情形。

第七十九条 一般审计项目的审计实施方案应当经审计组组长审定，并及时报审计机关业务部门备案。

重要审计项目的审计实施方案应当报经审计机关负责人审定。

第八十条 审计组调整审计实施方案中的下列事项，应当报经审计机关主要负责人批准：

（1）审计目标；

（2）审计组组长；

（3）审计重点；

（4）现场审计结束时间。

第八十一条 编制和调整审计实施方案可以采取文字、表格或者两者相结合的形式。

第二节 审计证据

第八十二条 审计证据是指审计人员获取的能够为审计结论提供合理基础的全部事实，包括审计人员调查了解被审计单位及其相关情况和对确定的审计事项进行审查所获取的证据。

第八十三条 审计人员应当依照法定权限和程序获取审计证据。

第八十四条 审计人员获取的审计证据，应当具有适当性和充分性。

适当性是对审计证据质量的衡量，即审计证据在支持审计结论方面具有的相关性和可靠性。相关性是指审计证据与审计事项及其具体审计目标之间具有实质性联系。可靠性是指审计证据真实、可信。

充分性是对审计证据数量的衡量。审计人员在评估存在重要问题的可能性和审计证据质量的基础上，决定应当获取审计证据的数量。

第八十五条 审计人员对审计证据的相关性分析时，应当关注下列方面：

（1）一种取证方法获取的审计证据可能只与某些具体审计目标相关，而与其他具体审计目标无关；

（2）针对一项具体审计目标可以从不同来源获取审计证据或者获取不同形式的审计证据。

第八十六条　审计人员可以从下列方面分析审计证据的可靠性：

（1）从被审计单位外部获取的审计证据比从内部获取的审计证据更可靠；

（2）内部控制健全有效情况下形成的审计证据比内部控制缺失或者无效情况下形成的审计证据更可靠；

（3）直接获取的审计证据比间接获取的审计证据更可靠；

（4）从被审计单位财务会计资料中直接采集的审计证据比经被审计单位加工处理后提交的审计证据更可靠；

（5）原件形式的审计证据比复制件形式的审计证据更可靠。

不同来源和不同形式的审计证据存在不一致或者不能相互印证时，审计人员应当追加必要的审计措施，确定审计证据的可靠性。

第八十七条　审计人员获取的电子审计证据包括与信息系统控制相关的配置参数、反映交易记录的电子数据等。

采集被审计单位电子数据作为审计证据的，审计人员应当记录电子数据的采集和处理过程。

第八十八条　审计人员根据实际情况，可以在审计事项中选取全部项目或者部分特定项目进行审查，也可以进行审计抽样，以获取审计证据。

第八十九条　存在下列情形之一的，审计人员可以对审计事项中的全部项目进行审查：

（1）审计事项由少量大额项目构成的；

（2）审计事项可能存在重要问题，而选取其中部分项目进行审查无法提供适当、充分的审计证据的；

（3）对审计事项中的全部项目进行审查符合成本效益原则的。

第九十条　审计人员可以在审计事项中选取下列特定项目进行审查：

（1）大额或者重要项目；

（2）数量或者金额符合设定标准的项目；

（3）其他特定项目。

选取部分特定项目进行审查的结果，不能用于推断整个审计事项。

第九十一条　在审计事项包含的项目数量较多，需要对审计事项某一方面的总体特征作出结论时，审计人员可以进行审计抽样。

审计人员进行审计抽样时，可以参照中国注册会计师执业准则的有关规定。

第九十二条　审计人员可以采取下列方法向有关单位和个人获取审计证据：

（1）检查，是指对纸质、电子或者其他介质形式存在的文件、资料进行审查，或者对有形资产进行审查；

（2）观察，是指查看相关人员正在从事的活动或者执行的程序；

（3）询问，是指以书面或者口头方式向有关人员了解关于审计事项的信息；

（4）外部调查，是指向与审计事项有关的第三方进行调查；

（5）重新计算，是指以手工方式或者使用信息技术对有关数据计算的正确性进行核对；

（6）重新操作，是指对有关业务程序或者控制活动独立进行重新操作验证；

（7）分析，是指研究财务数据之间、财务数据与非财务数据之间可能存在的合理关系，对相关信息作出评价，并关注异常波动和差异。

审计人员进行专项审计调查，可以使用上述方法及其以外的其他方法。

第九十三条 审计人员应当依照法律法规规定，取得被审计单位负责人对本单位提供资料真实性和完整性的书面承诺。

第九十四条 审计人员取得证明被审计单位存在违反国家规定的财政收支、财务收支行为以及其他重要审计事项的审计证据材料，应当由提供证据的有关人员、单位签名或者盖章；不能取得签名或者盖章不影响事实存在的，该审计证据仍然有效，但审计人员应当注明原因。

审计事项比较复杂或者取得的审计证据数量较大的，可以对审计证据进行汇总分析，编制审计取证单，由证据提供者签名或者盖章。

第九十五条 被审计单位的相关资料、资产可能被转移、隐匿、篡改、毁弃并影响获取审计证据的，审计机关应当依照法律法规的规定采取相应的证据保全措施。

第九十六条 审计机关执行审计业务过程中，因行使职权受到限制而无法获取适当、充分的审计证据，或者无法制止违法行为对国家利益的侵害时，根据需要，可以按照有关规定提请有权处理的机关或者相关单位予以协助和配合。

第九十七条 审计人员需要利用所聘请外部人员的专业咨询和专业鉴定作为审计证据的，应当对下列方面作出判断：

（1）依据的样本是否符合审计项目的具体情况；

（2）使用的方法是否适当和合理；

（3）专业咨询、专业鉴定是否与其他审计证据相符。

第九十八条 审计人员需要使用有关监管机构、中介机构、内部审计机构等已经形成的工作结果作为审计证据的，应当对该工作结果的下列方面作出判断：

（1）是否与审计目标相关；

（2）是否可靠；

（3）是否与其他审计证据相符。

第九十九条 审计人员对于重要问题，可以围绕下列方面获取审计证据：

（1）标准，即判断被审计单位是否存在问题的依据；

（2）事实，即客观存在和发生的情况。事实与标准之间的差异构成审计发现的问题；

（3）影响，即问题产生的后果；

（4）原因，即问题产生的条件。

第一百条 审计人员在审计实施过程中，应当持续评价审计证据的适当性和充分性。

已采取的审计措施难以获取适当、充分审计证据的，审计人员应当采取替代审计措施；仍无法获取审计证据的，由审计组报请审计机关采取其他必要的措施或者不作出审计结论。

第三节 审计记录

第一百零一条 审计人员应当真实、完整地记录实施审计的过程、得出的结论和与审计项目有关的重要管理事项，以实现下列目标：

（1）支持审计人员编制审计实施方案和审计报告；

（2）证明审计人员遵循相关法律法规和本准则；

（3）便于对审计人员的工作实施指导、监督和检查。

第一百零二条 审计人员作出的记录，应当使未参与该项业务的有经验的其他审计人员能够理解其执行的审计措施、获取的审计证据、作出的职业判断和得出的审计结论。

第一百零三条 审计记录包括调查了解记录、审计工作底稿和重要管理事项记录。

第一百零四条 审计组在编制审计实施方案前，应当对调查了解被审计单位及其相关情况作出记录。调查了解记录的内容主要包括：

（1）对被审计单位及其相关情况的调查了解情况；

（2）对被审计单位存在重要问题可能性的评估情况；

（3）确定的审计事项及其审计应对措施。

第一百零五条 审计工作底稿主要记录审计人员依据审计实施方案执行审计措施的活动。

审计人员对审计实施方案确定的每一审计事项，均应当编制审计工作底稿。一个审计事项可以根据需要编制多份审计工作底稿。

第一百零六条 审计工作底稿的内容主要包括：

（1）审计项目名称；

（2）审计事项名称；

（3）审计过程和结论；

（4）审计人员姓名及审计工作底稿编制日期并签名；

（5）审核人员姓名、审核意见及审核日期并签名；

（6）索引号及页码；

（7）附件数量。

第一百零七条 审计工作底稿记录的审计过程和结论主要包括：

（1）实施审计的主要步骤和方法；

（2）取得的审计证据的名称和来源；

（3）审计认定的事实摘要；

（4）得出的审计结论及其相关标准。

第一百零八条 审计证据材料应当作为调查了解记录和审计工作底稿的附件。一份审计证据材料对应多个审计记录时，审计人员可以将审计证据材料附在与其关系最密切的审计记录后面，并在其他审计记录中予以注明。

第一百零九条 审计组起草审计报告前，审计组组长应当对审计工作底稿的下列事项进行审核：

（1）具体审计目标是否实现；

（2）审计措施是否有效执行；

（3）事实是否清楚；

（4）审计证据是否适当、充分；

（5）得出的审计结论及其相关标准是否适当；

（6）其他有关重要事项。

第一百一十条 审计组组长审核审计工作底稿，应当根据不同情况分别提出下列意见：

（1）予以认可；

（2）责成采取进一步审计措施，获取适当、充分的审计证据；

（3）纠正或者责成纠正不恰当的审计结论。

第一百一十一条 重要管理事项记录应当记载与审计项目相关并对审计结论有重要影响的下列管理事项：

（1）可能损害审计独立性的情形及采取的措施；

（2）所聘请外部人员的相关情况；

（3）被审计单位承诺情况；

（4）征求被审计对象或者相关单位及人员意见的情况、被审计对象或者相关单位及人员反馈的意见及审计组的采纳情况；

（5）审计组对审计发现的重大问题和审计报告讨论的过程及结论；

（6）审计机关业务部门对审计报告、审计决定书等审计项目材料的复核情况和意见；

（7）审理机构对审计项目的审理情况和意见；

（8）审计机关对审计报告的审定过程和结论；

（9）审计人员未能遵守本准则规定的约束性条款及其原因；

（10）因外部因素使审计任务无法完成的原因及影响；

（11）其他重要管理事项。

重要管理事项记录可以使用被审计单位承诺书、审计机关内部审批文稿、会议记录、会议纪要、审理意见书或者其他书面形式。

第四节 重大违法行为检查

第一百一十二条 审计人员执行审计业务时，应当保持职业谨慎，充分关注可能存在的重大违法行为。

第一百一十三条 本准则所称重大违法行为是指被审计单位和相关人员违反法律法规、涉及金额比较大、造成国家重大经济损失或者对社会造成重大不良影响的行为。

第一百一十四条 审计人员检查重大违法行为，应当评估被审计单位和相关人员实施重大违法行为的动机、性质、后果和违法构成。

第一百一十五条 审计人员调查了解被审计单位及其相关情况时，可以重点了解可能与重大违法行为有关的下列事项：

（1）被审计单位所在行业发生重大违法行为的状况；

（2）有关的法律法规及其执行情况；

（3）监管部门已经发现和了解的与被审计单位有关的重大违法行为的事实或者线索；

（4）可能形成重大违法行为的动机和原因；

（5）相关的内部控制及其执行情况；

（6）其他情况。

第一百一十六条 审计人员可以通过关注下列情况，判断可能存在的重大违法行为：

（1）具体经济活动中存在的异常事项；

（2）财务和非财务数据中反映出的异常变化；

（3）有关部门提供的线索和群众举报；

（4）公众、媒体的反映和报道；

（5）其他情况。

第一百一十七条　审计人员根据被审计单位实际情况、工作经验和审计发现的异常现象，判断可能存在重大违法行为的性质，并确定检查重点。

审计人员在检查重大违法行为时，应当关注重大违法行为的高发领域和环节。

第一百一十八条　发现重大违法行为的线索，审计组或者审计机关可以采取下列应对措施：

（1）增派具有相关经验和能力的人员；

（2）避免让有关单位和人员事先知晓检查的时间、事项、范围和方式；

（3）扩大检查范围，使其能够覆盖重大违法行为可能涉及的领域；

（4）获取必要的外部证据；

（5）依法采取保全措施；

（6）提请有关机关予以协助和配合；

（7）向政府和有关部门报告；

（8）其他必要的应对措施。

第五章　审 计 报 告

第一节　审计报告的形式和内容

第一百一十九条　审计报告包括审计机关进行审计后出具的审计报告以及专项审计调查后出具的专项审计调查报告。

第一百二十条　审计组实施审计或者专项审计调查后，应当向派出审计组的审计机关提交审计报告。审计机关审定审计组的审计报告后，应当出具审计机关的审计报告。遇有特殊情况，审计机关可以不向被调查单位出具专项审计调查报告。

第一百二十一条　审计报告应当内容完整、事实清楚、结论正确、用词恰当、格式规范。

第一百二十二条　审计机关的审计报告（审计组的审计报告）包括下列基本要素：

（1）标题；

（2）文号（审计组的审计报告不含此项）；

（3）被审计单位名称；

（4）审计项目名称；

（5）内容；

（6）审计机关名称（审计组名称及审计组组长签名）；

（7）签发日期（审计组向审计机关提交报告的日期）。

经济责任审计报告还包括被审计人员姓名及所担任职务。

第一百二十三条　审计报告的内容主要包括：

（1）审计依据，即实施审计所依据的法律法规规定；

（2）实施审计的基本情况，一般包括审计范围、内容、方式和实施的起止时间；

（3）被审计单位基本情况；

（4）审计评价意见，即根据不同的审计目标，以适当、充分的审计证据为基础发表的评价意见；

（5）以往审计决定执行情况和审计建议采纳情况；

（6）审计发现的被审计单位违反国家规定的财政收支、财务收支行为和其他重要问题的事实、定性、处理处罚意见以及依据的法律法规和标准；

（7）审计发现的移送处理事项的事实和移送处理意见，但是涉嫌犯罪等不宜让被审计单位知悉的事项除外；

（8）针对审计发现的问题，根据需要提出的改进建议。

审计期间被审计单位对审计发现的问题已经整改的，审计报告还应当包括有关整改情况。

经济责任审计报告还应当包括被审计人员履行经济责任的基本情况，以及被审计人员对审计发现问题承担的责任。

核查社会审计机构相关审计报告发现的问题，应当在审计报告中一并反映。

第一百二十四条 采取跟踪审计方式实施审计的，审计组在跟踪审计过程中发现的问题，应当以审计机关的名义及时向被审计单位通报，并要求其整改。

跟踪审计实施工作全部结束后，应当以审计机关的名义出具审计报告。审计报告应当反映审计发现但尚未整改的问题，以及已经整改的重要问题及其整改情况。

第一百二十五条 专项审计调查报告除符合审计报告的要素和内容要求外，还应当根据专项审计调查目标重点分析宏观性、普遍性、政策性或者体制、机制问题并提出改进建议。

第一百二十六条 对审计或者专项审计调查中发现被审计单位违反国家规定的财政收支、财务收支行为，依法应当由审计机关在法定职权范围内作出处理处罚决定的，审计机关应当出具审计决定书。

第一百二十七条 审计决定书的内容主要包括：

（1）审计的依据、内容和时间；

（2）违反国家规定的财政收支、财务收支行为的事实、定性、处理处罚决定以及法律法规依据；

（3）处理处罚决定执行的期限和被审计单位书面报告审计决定执行结果等要求；

（4）依法提请政府裁决或者申请行政复议、提起行政诉讼的途径和期限。

第一百二十八条 审计或者专项审计调查发现的依法需要移送其他有关主管机关或者单位纠正、处理处罚或者追究有关人员责任的事项，审计机关应当出具审计移送处理书。

第一百二十九条 审计移送处理书的内容主要包括：

（1）审计的时间和内容；

（2）依法需要移送有关主管机关或者单位纠正、处理处罚或者追究有关人员责任事项的事实、定性及其依据和审计机关的意见；

（3）移送的依据和移送处理说明，包括将处理结果书面告知审计机关的说明；

（4）所附的审计证据材料。

第一百三十条 出具对国际组织、外国政府及其机构援助、贷款项目的审计报告，按照审计机关的相关规定执行。

第二节　审计报告的编审

第一百三十一条 审计组在起草审计报告前，应当讨论确定下列事项：

（1）评价审计目标的实现情况；

（2）审计实施方案确定的审计事项完成情况；

（3）评价审计证据的适当性和充分性；

（4）提出审计评价意见；

（5）评估审计发现问题的重要性；

（6）提出对审计发现问题的处理处罚意见；

（7）其他有关事项。

审计组应当对讨论前款事项的情况及其结果作出记录。

第一百三十二条 审计组组长应当确认审计工作底稿和审计证据已经审核，并从总体上评价审计证据的适当性和充分性。

第一百三十三条 审计组根据不同的审计目标，以审计认定的事实为基础，在防范审计风险的情况下，按照重要性原则，从真实性、合法性、效益性方面提出审计评价意见。

审计组应当只对所审计的事项发表审计评价意见。对审计过程中未涉及、审计证据不适当或者不充分、评价依据或者标准不明确以及超越审计职责范围的事项，不得发表审计评价意见。

第一百三十四条 审计组应当根据审计发现问题的性质、数额及其发生的原因和审计报告的使用对象，评估审计发现问题的重要性，如实在审计报告中予以反映。

第一百三十五条 审计组对审计发现的问题提出处理处罚意见时，应当关注下列因素：

（1）法律法规的规定；

（2）审计职权范围：属于审计职权范围的，直接提出处理处罚意见，不属于审计职权范围的，提出移送处理意见；

（3）问题的性质、金额、情节、原因和后果；

（4）对同类问题处理处罚的一致性；

（5）需要关注的其他因素。

审计发现被审计单位信息系统存在重大漏洞或者不符合国家规定的，应当责成被审计单位在规定期限内整改。

第一百三十六条 审计组应当针对经济责任审计发现的问题，根据被审计人员履行职责情况，界定其应当承担的责任。

第一百三十七条 审计组实施审计或者专项审计调查后，应当提出审计报告，按照审计机关规定的程序审批后，以审计机关的名义征求被审计单位、被调查单位和拟处罚的有关责任人员的意见。

经济责任审计报告还应当征求被审计人员的意见；必要时，征求有关干部监督管理部门的意见。

审计报告中涉及的重大经济案件调查等特殊事项，经审计机关主要负责人批准，可以不征求被审计单位或者被审计人员的意见。

第一百三十八条 被审计单位、被调查单位、被审计人员或者有关责任人员对征求意见的审计报告有异议的，审计组应当进一步核实，并根据核实情况对审计报告作出必要的修改。

审计组应当对采纳被审计单位、被调查单位、被审计人员、有关责任人员意见的情况和原因，或者上述单位或人员未在法定时间内提出书面意见的情况作出书面说明。

第一百三十九条 对被审计单位或者被调查单位违反国家规定的财政收支、财务收支行为，依法应当由审计机关进行处理处罚的，审计组应当起草审计决定书。

对依法应当由其他有关部门纠正、处理处罚或者追究有关责任人员责任的事项，审计组应当起草审计移送处理书。

第一百四十条 审计组应当将下列材料报送审计机关业务部门复核：

（1）审计报告；

（2）审计决定书；

（3）被审计单位、被调查单位、被审计人员或者有关责任人员对审计报告的书面意见及审计组采纳情况的书面说明；

（4）审计实施方案；

（5）调查了解记录、审计工作底稿、重要管理事项记录、审计证据材料；

（6）其他有关材料。

第一百四十一条 审计机关业务部门应当对下列事项进行复核，并提出书面复核意见：

（1）审计目标是否实现；

（2）审计实施方案确定的审计事项是否完成；

（3）审计发现的重要问题是否在审计报告中反映；

（4）事实是否清楚、数据是否正确；

（5）审计证据是否适当、充分；

（6）审计评价、定性、处理处罚和移送处理意见是否恰当，适用法律法规和标准是否适当；

（7）被审计单位、被调查单位、被审计人员或者有关责任人员提出的合理意见是否采纳；

（8）需要复核的其他事项。

第一百四十二条 审计机关业务部门应当将复核修改后的审计报告、审计决定书等审计项目材料连同书面复核意见，报送审理机构审理。

第一百四十三条 审理机构以审计实施方案为基础，重点关注审计实施的过程及结果，主要审理下列内容：

（1）审计实施方案确定的审计事项是否完成；

（2）审计发现的重要问题是否在审计报告中反映；

（3）主要事实是否清楚、相关证据是否适当、充分；

（4）适用法律法规和标准是否适当；

（5）评价、定性、处理处罚意见是否恰当；

（6）审计程序是否符合规定。

第一百四十四条 审理机构审理时，应当就有关事项与审计组及相关业务部门进行沟通。

必要时，审理机构可以参加审计组与被审计单位交换意见的会议，或者向被审计单位和有关人员了解相关情况。

第一百四十五条 审理机构审理后，可以根据情况采取下列措施：

（1）要求审计组补充重要审计证据；

（2）对审计报告、审计决定书进行修改。

审理过程中遇有复杂问题的，经审计机关负责人同意后，审理机构可以组织专家进行论证。

审理机构审理后，应当出具审理意见书。

第一百四十六条　审理机构将审理后的审计报告、审计决定书连同审理意见书报送审计机关负责人。

第一百四十七条　审计报告、审计决定书原则上应当由审计机关审计业务会议审定；特殊情况下，经审计机关主要负责人授权，可以由审计机关其他负责人审定。

第一百四十八条　审计决定书经审定，处罚的事实、理由、依据、决定与审计组征求意见的审计报告不一致并且加重处罚的，审计机关应当依照有关法律法规的规定及时告知被审计单位、被调查单位和有关责任人员，并听取其陈述和申辩。

第一百四十九条　对于拟作出罚款的处罚决定，符合法律法规规定的听证条件的，审计机关应当依照有关法律法规的规定履行听证程序。

第一百五十条　审计报告、审计决定书经审计机关负责人签发后，按照下列要求办理：

（1）审计报告送达被审计单位、被调查单位；

（2）经济责任审计报告送达被审计单位和被审计人员；

（3）审计决定书送达被审计单位、被调查单位、被处罚的有关责任人员。

第三节　专题报告与综合报告

第一百五十一条　审计机关在审计中发现的下列事项，可以采用专题报告、审计信息等方式向本级政府、上一级审计机关报告：

（1）涉嫌重大违法犯罪的问题；

（2）与国家财政收支、财务收支有关政策及其执行中存在的重大问题；

（3）关系国家经济安全的重大问题；

（4）关系国家信息安全的重大问题；

（5）影响人民群众经济利益的重大问题；

（6）其他重大事项。

第一百五十二条　专题报告应当主题突出、事实清楚、定性准确、建议适当。

审计信息应当事实清楚、定性准确、内容精炼、格式规范、反映及时。

第一百五十三条　审计机关统一组织审计项目的，可以根据需要汇总审计情况和结果，编制审计综合报告。必要时，审计综合报告应当征求有关主管机关的意见。

审计综合报告按照审计机关规定的程序审定后，向本级政府和上一级审计机关报送，或者向有关部门通报。

第一百五十四条　审计机关实施经济责任审计项目后，应当按照相关规定，向本级政府行政首长和有关干部监督管理部门报告经济责任审计结果。

第一百五十五条　审计机关依照法律法规的规定，每年汇总对本级预算执行情况和其他财政收支情况的审计报告，形成审计结果报告，报送本级政府和上一级审计机关。

第一百五十六条　审计机关依照法律法规的规定，代本级政府起草本级预算执行情况和其他财政收支情况的审计工作报告（稿），经本级政府行政首长审定后，受本级政府委托向本级人民代表大会常务委员会报告。

第四节 审计结果公布

第一百五十七条 审计机关依法实行公告制度。审计机关的审计结果、审计调查结果依法向社会公布。

第一百五十八条 审计机关公布的审计和审计调查结果主要包括下列信息：

（1）被审计（调查）单位基本情况；

（2）审计（调查）评价意见；

（3）审计（调查）发现的主要问题；

（4）处理处罚决定及审计（调查）建议；

（5）被审计（调查）单位的整改情况。

第一百五十九条 在公布审计和审计调查结果时，审计机关不得公布下列信息：

（1）涉及国家秘密、商业秘密的信息；

（2）正在调查、处理过程中的事项；

（3）依照法律法规的规定不予公开的其他信息。

涉及商业秘密的信息，经权利人同意或者审计机关认为不公布可能对公共利益造成重大影响的，可以予以公布。

审计机关公布审计和审计调查结果应当客观公正。

第一百六十条 审计机关公布审计和审计调查结果，应当指定专门机构统一办理，履行规定的保密审查和审核手续，报经审计机关主要负责人批准。

审计机关内设机构、派出机构和个人，未经授权不得向社会公布审计和审计调查结果。

第一百六十一条 审计机关统一组织不同级次审计机关参加的审计项目，其审计和审计调查结果原则上由负责该项目组织工作的审计机关统一对外公布。

第一百六十二条 审计机关公布审计和审计调查结果按照国家有关规定需要报批的，未经批准不得公布。

第五节 审计整改检查

第一百六十三条 审计机关应当建立审计整改检查机制，督促被审计单位和其他有关单位根据审计结果进行整改。

第一百六十四条 审计机关主要检查或者了解下列事项：

（1）执行审计机关作出的处理处罚决定情况；

（2）对审计机关要求自行纠正事项采取措施的情况；

（3）根据审计机关的审计建议采取措施的情况；

（4）对审计机关移送处理事项采取措施的情况。

第一百六十五条 审计组在审计实施过程中，应当及时督促被审计单位整改审计发现的问题。

审计机关在出具审计报告、作出审计决定后，应当在规定的时间内检查或者了解被审计单位和其他有关单位的整改情况。

第一百六十六条 审计机关可以采取下列方式检查或者了解被审计单位和其他有关单位的整改情况：

（1）实地检查或者了解；

（2）取得并审阅相关书面材料；

（3）其他方式。

对于定期审计项目，审计机关可以结合下一次审计，检查或者了解被审计单位的整改情况。

检查或者了解被审计单位和其他有关单位的整改情况应当取得相关证明材料。

第一百六十七条 审计机关指定的部门负责检查或者了解被审计单位和其他有关单位整改情况，并向审计机关提出检查报告。

第一百六十八条 检查报告的内容主要包括：

（1）检查工作开展情况，主要包括检查时间、范围、对象和方式等；

（2）被审计单位和其他有关单位的整改情况；

（3）没有整改或者没有完全整改事项的原因和建议。

第一百六十九条 审计机关对被审计单位没有整改或者没有完全整改的事项，依法采取必要措施。

第一百七十条 审计机关对审计决定书中存在的重要错误事项，应当予以纠正。

第一百七十一条 审计机关汇总审计整改情况，向本级政府报送关于审计工作报告中指出问题的整改情况的报告。

第六章 审计质量控制和责任

第一百七十二条 审计机关应当建立审计质量控制制度，以保证实现下列目标：

（1）遵守法律法规和本准则；

（2）作出恰当的审计结论；

（3）依法进行处理处罚。

第一百七十三条 审计机关应当针对下列要素建立审计质量控制制度：

（1）审计质量责任；

（2）审计职业道德；

（3）审计人力资源；

（4）审计业务执行；

（5）审计质量监控。

对前款第二、三、四项应当按照本准则第二至五章的有关要求建立审计质量控制制度。

第一百七十四条 审计机关实行审计组成员、审计组主审、审计组组长、审计机关业务部门、审理机构、总审计师和审计机关负责人对审计业务的分级质量控制。

第一百七十五条 审计组成员的工作职责包括：

（1）遵守本准则，保持审计独立性；

（2）按照分工完成审计任务，获取审计证据；

（3）如实记录实施的审计工作并报告工作结果；

（4）完成分配的其他工作。

第一百七十六条 审计组成员应当对下列事项承担责任：

（1）未按审计实施方案实施审计导致重大问题未被发现的；

（2）未按照本准则的要求获取审计证据导致审计证据不适当、不充分的；

（3）审计记录不真实、不完整的；

（4）对发现的重要问题隐瞒不报或者不如实报告的。

第一百七十七条 审计组组长的工作职责包括：

（1）编制或者审定审计实施方案；

（2）组织实施审计工作；

（3）督导审计组成员的工作；

（4）审核审计工作底稿和审计证据；

（5）组织编制并审核审计组起草的审计报告、审计决定书、审计移送处理书、专题报告、审计信息；

（6）配置和管理审计组的资源；

（7）审计机关规定的其他职责。

第一百七十八条 审计组组长应当从下列方面督导审计组成员的工作：

（1）将具体审计事项和审计措施等信息告知审计组成员，并与其讨论；

（2）检查审计组成员的工作进展，评估审计组成员的工作质量，并解决工作中存在的问题；

（3）给予审计组成员必要的培训和指导。

第一百七十九条 审计组组长应当对审计项目的总体质量负责，并对下列事项承担责任：

（1）审计实施方案编制或者组织实施不当，造成审计目标未实现或者重要问题未被发现的；

（2）审核未发现或者未纠正审计证据不适当、不充分问题的；

（3）审核未发现或者未纠正审计工作底稿不真实、不完整问题的；

（4）得出的审计结论不正确的；

（5）审计组起草的审计文书和审计信息反映的问题严重失实的；

（6）提出的审计处理处罚意见或者移送处理意见不正确的；

（7）对审计组发现的重要问题隐瞒不报或者不如实报告的；

（8）违反法定审计程序的。

第一百八十条 根据工作需要，审计组可以设立主审。主审根据审计分工和审计组组长的委托，主要履行下列职责：

（1）起草审计实施方案、审计文书和审计信息；

（2）对主要审计事项进行审计查证；

（3）协助组织实施审计；

（4）督导审计组成员的工作；

（5）审核审计工作底稿和审计证据；

（6）组织审计项目归档工作；

（7）完成审计组组长委托的其他工作。

第一百八十一条　审计组组长将其工作职责委托给主审或者审计组其他成员的，仍应当对委托事项承担责任。受委托的成员在受托范围内承担相应责任。

第一百八十二条　审计机关业务部门的工作职责包括：

（1）提出审计组组长人选；

（2）确定聘请外部人员事宜；

（3）指导、监督审计组的审计工作；

（4）复核审计报告、审计决定书等审计项目材料；

（5）审计机关规定的其他职责。

业务部门统一组织审计项目的，应当承担编制审计工作方案，组织、协调审计实施和汇总审计结果的职责。

第一百八十三条　审计机关业务部门应当及时发现和纠正审计组工作中存在的重要问题，并对下列事项承担责任：

（1）对审计组请示的问题未及时采取适当措施导致严重后果的；

（2）复核未发现审计报告、审计决定书等审计项目材料中存在的重要问题的；

（3）复核意见不正确的；

（4）要求审计组不在审计文书和审计信息中反映重要问题的。

业务部门对统一组织审计项目的汇总审计结果出现重大错误、造成严重不良影响的事项承担责任。

第一百八十四条　审计机关审理机构的工作职责包括：

（1）审查修改审计报告、审计决定书；

（2）提出审理意见；

（3）审计机关规定的其他职责。

第一百八十五条　审计机关审理机构对下列事项承担责任：

（1）审理意见不正确的；

（2）对审计报告、审计决定书作出的修改不正确的；

（3）审理时应当发现而未发现重要问题的。

第一百八十六条　审计机关负责人的工作职责包括：

（1）审定审计项目目标、范围和审计资源的配置；

（2）指导和监督检查审计工作；

（3）审定审计文书和审计信息；

（4）审计管理中的其他重要事项。

审计机关负责人对审计项目实施结果承担最终责任。

第一百八十七条　审计机关对审计人员违反法律法规和本准则的行为，应当按照相关规定追究其责任。

第一百八十八条　审计机关应当按照国家有关规定，建立健全审计项目档案管理制度，明确审计项目归档要求、保存期限、保存措施、档案利用审批程序等。

第一百八十九条　审计项目归档工作实行审计组组长负责制，审计组组长应当确定立卷责任人。

立卷责任人应当收集审计项目的文件材料，并在审计项目终结后及时立卷归档，由审计组组长审查验收。

第一百九十条 审计机关实行审计业务质量检查制度，对其业务部门、派出机构和下级审计机关的审计业务质量进行检查。

第一百九十一条 审计机关可以通过查阅有关文件和审计档案、询问相关人员等方式、方法，检查下列事项：

（1）建立和执行审计质量控制制度的情况；

（2）审计工作中遵守法律法规和本准则的情况；

（3）与审计业务质量有关的其他事项。

审计业务质量检查应当重点关注审计结论的恰当性、审计处理处罚意见的合法性和适当性。

第一百九十二条 审计机关开展审计业务质量检查，应当向被检查单位通报检查结果。

第一百九十三条 审计机关在审计业务质量检查中，发现被检查的派出机构或者下级审计机关应当作出审计决定而未作出的，可以依法直接或者责成其在规定期限内作出审计决定；发现其作出的审计决定违反国家有关规定的，可以依法直接或者责成其在规定期限内变更、撤销审计决定。

第一百九十四条 审计机关应当对其业务部门、派出机构实行审计业务年度考核制度，考核审计质量控制目标的实现情况。

第一百九十五条 审计机关可以定期组织优秀审计项目评选，对被评为优秀审计项目的予以表彰。

第一百九十六条 审计机关应当对审计质量控制制度及其执行情况进行持续评估，及时发现审计质量控制制度及其执行中存在的问题，并采取措施加以纠正或者改进。

审计机关可以结合日常管理工作或者通过开展审计业务质量检查、考核和优秀审计项目评选等方式，对审计质量控制制度及其执行情况进行持续评估。

第七章　附　　则

第一百九十七条 审计机关和审计人员开展下列工作，不适用本准则的规定：

（1）配合有关部门查处案件；

（2）与有关部门共同办理检查事项；

（3）接受交办或者接受委托办理不属于法定审计职责范围的事项。

第一百九十八条 地方审计机关可以根据本地实际情况，在遵循本准则规定的基础上制定实施细则。

第一百九十九条 本准则由审计署负责解释。

第二百条 本准则自 2011 年 1 月 1 日起施行。附件所列的审计署以前发布的审计准则和规定同时废止。

附录3 中华人民共和国注册会计师法（2014年修正）

第一章 总 则

第一条 为了发挥注册会计师在社会经济活动中的鉴证和服务作用，加强对注册会计师的管理，维护社会公共利益和投资者的合法权益，促进社会主义市场经济的健康发展，制定本法。

第二条 注册会计师是依法取得注册会计师证书并接受委托从事审计和会计咨询、会计服务业务的执业人员。

第三条 会计师事务所是依法设立并承办注册会计师业务的机构。

注册会计师执行业务，应当加入会计师事务所。

第四条 注册会计师协会是由注册会计师组成的社会团体。中国注册会计师协会是注册会计师的全国组织，省、自治区、直辖市注册会计师协会是注册会计师的地方组织。

第五条 国务院财政部门和省、自治区、直辖市人民政府财政部门，依法对注册会计师、会计师事务所和注册会计师协会进行监督、指导。

第六条 注册会计师和会计师事务所执行业务，必须遵守法律、行政法规。

注册会计师和会计师事务所依法独立、公正执行业务，受法律保护。

第二章 考试和注册

第七条 国家实行注册会计师全国统一考试制度。注册会计师全国统一考试办法，由国务院财政部门制定，由中国注册会计师协会组织实施。

第八条 具有高等专科以上学校毕业的学历，或者具有会计或者相关专业中级以上技术职称的中国公民，可以申请参加注册会计师全国统一考试；具有会计或者相关专业高级技术职称的人员，可以免予部分科目的考试。

第九条 参加注册会计师全国统一考试成绩合格，并从事审计业务工作二年以上的，可以向省、自治区、直辖市注册会计师协会申请注册。

除有本法第十条所列情形外，受理申请的注册会计师协会应当准予注册。

第十条 有下列情形之一的，受理申请的注册会计师协会不予注册：

（一）不具有完全民事行为能力的；

（二）因受刑事处罚，自刑罚执行完毕之日起至申请注册之日止不满五年的；

（三）因在财务、会计、审计、企业管理或者其他经济管理工作中犯有严重错误受行政处罚、撤职以上处分，自处罚、处分决定之日起至申请注册之日止不满二年的；

（四）受吊销注册会计师证书的处罚，自处罚决定之日起至申请注册之日止不满五年的；

（五）国务院财政部门规定的其他不予注册的情形的。

第十一条 注册会计师协会应当将准予注册的人员名单报国务院财政部门备案。国务院财政部门发现注册会计师协会的注册不符合本法规定的，应当通知有关的注册会计师协会撤销注册。

注册会计师协会依照本法第十条的规定不予注册的，应当自决定之日起十五日内书面通知申请人。申请人有异议的，可以自收到通知之日起十五日内向国务院财政部门或者省、自治区、直辖市人民政府财政部门申请复议。

第十二条 准予注册的申请人，由注册会计师协会发给国务院财政部门统一制定的注册会计师证书。

第十三条 已取得注册会计师证书的人员，除本法第十一条第一款规定的情形外，注册后有下列情形之一的，由准予注册的注册会计师协会撤销注册，收回注册会计师证书：

（一）完全丧失民事行为能力的；

（二）受刑事处罚的；

（三）因在财务、会计、审计、企业管理或者其他经济管理工作中犯有严重错误受行政处罚、撤职以上处分的；

（四）自行停止执行注册会计师业务满一年的。

被撤销注册的当事人有异议的，可以自接到撤销注册、收回注册会计师证书的通知之日起十五日内向国务院财政部门或者省、自治区、直辖市人民政府财政部门申请复议。

依照第一款规定被撤销注册的人员可以重新申请注册，但必须符合本法第九条、第十条的规定。

第三章 业务范围和规则

第十四条 注册会计师承办下列审计业务：

（一）审查企业会计报表，出具审计报告；

（二）验证企业资本，出具验资报告；

（三）办理企业合并、分立、清算事宜中的审计业务，出具有关的报告；

（四）法律、行政法规规定的其他审计业务。

注册会计师依法执行审计业务出具的报告，具有证明效力。

第十五条 注册会计师可以承办会计咨询、会计服务业务。

第十六条 注册会计师承办业务，由其所在的会计师事务所统一受理并与委托人签订委托合同。

会计师事务所对本所注册会计师依照前款规定承办的业务，承担民事责任。

第十七条 注册会计师执行业务，可以根据需要查阅委托人的有关会计资料和文件，查看委托人的业务现场和设施，要求委托人提供其他必要的协助。

第十八条 注册会计师与委托人有利害关系的，应当回避；委托人有权要求其回避。

第十九条 注册会计师对在执行业务中知悉的商业秘密，负有保密义务。

第二十条 注册会计师执行审计业务，遇有下列情形之一的，应当拒绝出具有关报告：

（一）委托人示意其作不实或者不当证明的；

（二）委托人故意不提供有关会计资料和文件的；

（三）因委托人有其他不合理要求，致使注册会计师出具的报告不能对财务会计的重要事项作出正确表述的。

第二十一条 注册会计师执行审计业务，必须按照执业准则、规则确定的工作程序出具报告。

注册会计师执行审计业务出具报告时，不得有下列行为：

（一）明知委托人对重要事项的财务会计处理与国家有关规定相抵触，而不予指明；

（二）明知委托人的财务会计处理会直接损害报告使用人或者其他利害关系人的利益，而予以隐瞒或者作不实的报告；

（三）明知委托人的财务会计处理会导致报告使用人或者其他利害关系人产生重大误解，而不予指明；

（四）明知委托人的会计报表的重要事项有其他不实的内容，而不予指明。

对委托人有前款所列行为，注册会计师按照执业准则、规则应当知道的，适用前款规定。

第二十二条 注册会计师不得有下列行为：

（一）在执行审计业务期间，在法律、行政法规规定不得买卖被审计单位的股票、债券或者不得购买被审计单位或者个人的其他财产的期限内，买卖被审计单位的股票、债券或者购买被审计单位或者个人所拥有的其他财产；

（二）索取、收受委托合同约定以外的酬金或者其他财物，或者利用执行业务之便，谋取其他不正当的利益；

（三）接受委托催收债款；

（四）允许他人以本人名义执行业务；

（五）同时在两个或者两个以上的会计师事务所执行业务；

（六）对其能力进行广告宣传以招揽业务；

（七）违反法律、行政法规的其他行为。

第四章 会计师事务所

第二十三条 会计师事务所可以由注册会计师合伙设立。

合伙设立的会计师事务所的债务，由合伙人按照出资比例或者协议的约定，以各自的财产承担责任。合伙人对会计师事务所的债务承担连带责任。

第二十四条 会计师事务所符合下列条件的，可以是负有限责任的法人：

（一）不少于三十万元的注册资本；

（二）有一定数量的专职从业人员，其中至少有五名注册会计师；

（三）国务院财政部门规定的业务范围和其他条件。

负有限责任的会计师事务所以其全部资产对其债务承担责任。

第二十五条 设立会计师事务所，由省、自治区、直辖市人民政府财政部门批准。

申请设立会计师事务所，申请者应当向审批机关报送下列文件：

（一）申请书；

（二）会计师事务所的名称、组织机构和业务场所；

（三）会计师事务所章程，有合伙协议的并应报送合伙协议；

（四）注册会计师名单、简历及有关证明文件；

（五）会计师事务所主要负责人、合伙人的姓名、简历及有关证明文件；

（六）负有限责任的会计师事务所的出资证明；

（七）审批机关要求的其他文件。

第二十六条　审批机关应当自收到申请文件之日起三十日内决定批准或者不批准。

省、自治区、直辖市人民政府财政部门批准的会计师事务所，应当报国务院财政部门备案。国务院财政部门发现批准不当的，应当自收到备案报告之日起三十日内通知原审批机关重新审查。

第二十七条　会计师事务所设立分支机构，须经分支机构所在地的省、自治区、直辖市人民政府财政部门批准。

第二十八条　会计师事务所依法纳税。

会计师事务所按照国务院财政部门的规定建立职业风险基金，办理职业保险。

第二十九条　会计师事务所受理业务，不受行政区域、行业的限制；但是，法律、行政法规另有规定的除外。

第三十条　委托人委托会计师事务所办理业务，任何单位和个人不得干预。

第三十一条　本法第十八条至第二十一条的规定，适用于会计师事务所。

第三十二条　会计师事务所不得有本法第二十二条第（一）项至第（四）项、第（六）项、第（七）项所列的行为。

第五章　注册会计师协会

第三十三条　注册会计师应当加入注册会计师协会。

第三十四条　中国注册会计师协会的章程由全国会员代表大会制定，并报国务院财政部门备案；省、自治区、直辖市注册会计师协会的章程由省、自治区、直辖市会员代表大会制定，并报省、自治区、直辖市人民政府财政部门备案。

第三十五条　中国注册会计师协会依法拟订注册会计师执业准则、规则，报国务院财政部门批准后施行。

第三十六条　注册会计师协会应当支持注册会计师依法执行业务，维护其合法权益，向有关方面反映其意见和建议。

第三十七条　注册会计师协会应当对注册会计师的任职资格和执业情况进行年度检查。

第三十八条　注册会计师协会依法取得社会团体法人资格。

第六章　法 律 责 任

第三十九条　会计师事务所违反本法第二十条、第二十一条规定的，由省级以上人民政府财政部门给予警告，没收违法所得，可以并处违法所得一倍以上五倍以下的罚款；情节严重的，并可以由省级以上人民政府财政部门暂停其经营业务或者予以撤销。

注册会计师违反本法第二十条、第二十一条规定的，由省级以上人民政府财政部门给予警告；情节严重的，可以由省级以上人民政府财政部门暂停其执行业务或者吊销注册会计师证书。

会计师事务所、注册会计师违反本法第二十条、第二十一条的规定，故意出具虚假的审计报告、验资报告，构成犯罪的，依法追究刑事责任。

第四十条　对未经批准承办本法第十四条规定的注册会计师业务的单位，由省级以上人民政府财政部门责令其停止违法活动，没收违法所得，可以并处违法所得一倍以上五倍以下的罚款。

第四十一条　当事人对行政处罚决定不服的，可以在接到处罚通知之日起十五日内向作出处罚决定的机关的上一级机关申请复议；当事人也可以在接到处罚决定通知之日起十五日内直接向人民法院起诉。

复议机关应当在接到复议申请之日起六十日内作出复议决定。当事人对复议决定不服的，可以在接到复议决定之日起十五日内向人民法院起诉。复议机关逾期不作出复议决定的，当事人可以在复议期满之日起十五日内向人民法院起诉。

当事人逾期不申请复议，也不向人民法院起诉，又不履行处罚决定的，作出处罚决定的机关可以申请人民法院强制执行。

第四十二条　会计师事务所违反本法规定，给委托人、其他利害关系人造成损失的，应当依法承担赔偿责任。

第七章　附　　则

第四十三条　在审计事务所工作的注册审计师，经认定为具有注册会计师资格的，可以执行本法规定的业务，其资格认定和对其监督、指导、管理的办法由国务院另行规定。

第四十四条　外国人申请参加中国注册会计师全国统一考试和注册，按照互惠原则办理。

外国会计师事务所需要在中国境内临时办理有关业务的，须经有关的省、自治区、直辖市人民政府财政部门批准。

第四十五条　国务院可以根据本法制定实施条例。

第四十六条　本法自1994年1月1日起施行。1986年7月3日国务院发布的《中华人民共和国注册会计师条例》同时废止。

附录4　审计机关审计档案管理规定

第一条　为了规范审计档案管理，维护审计档案的完整与安全，保证审计档案的质量，发挥审计档案的作用，根据《中华人民共和国档案法》《中华人民共和国审计法》和其他有关法律法规，制定本规定。

第二条　本规定所称审计档案，是指审计机关进行审计（含专项审计调查）活动中直接形成的对国家和社会具有保存价值的各种文字、图表等不同形式的历史记录。

审计档案是国家档案的组成部分。

第三条　审计机关的审计档案管理工作接受同级档案行政管理部门的监督和指导；审计机关和档案行政管理部门在各自的职责范围内开展审计档案工作。

第四条　审计机关审计档案应当实行集中统一管理。

第五条　审计机关应当设立档案机构或者配备专职（兼职）档案人员，负责本单位的审计档案工作。

第六条　审计档案案卷质量的基本要求是：审计项目文件材料应当真实、完整、有效、规范，并做到遵循文件材料的形成规律和特点，保持文件材料之间的有机联系，区别不同价值，便于保管和利用。

第七条　审计文件材料应当按照结论类、证明类、立项类、备查类4个单元进行排列。

第八条　审计文件材料归档范围：

（一）结论类文件材料：上级机关（领导）对该审计项目形成的《审计要情》《重要信息要目》等审计信息批示的情况说明、审计报告、审计决定书、审计移送处理书等结论类报告，及相关的审理意见书、审计业务会议记录、纪要、被审计对象对审计报告的书面意见、审计组的书面说明等。

（二）证明类文件材料：被审计单位承诺书、审计工作底稿汇总表、审计工作底稿及相应的审计取证单、审计证据等。

（三）立项类文件材料：上级审计机关或者本级政府的指令性文件、与审计事项有关的举报材料及领导批示、调查了解记录、审计实施方案及相关材料、审计通知书和授权审计通知书等。

（四）备查类文件材料：被审计单位整改情况、该审计项目审计过程中产生的信息等不属于前三类的其他文件材料。

第九条　审计文件材料按审计项目立卷，不同审计项目不得合并立卷。

第十条　审计文件材料归档工作实行审计组组长负责制。

审计组组长确定的立卷人应当及时收集审计项目的文件材料，在审计项目终结后按立卷方法和规则进行归类整理，经业务部门负责人审核、档案人员检查后，按照有关规定进行编目和装订，由审计业务部门向本机关档案机构或者专职（兼职）档案人员办理移交手续。

第十一条　审计机关统一组织多个下级审计机关的审计组共同实施一个审计项目，由审计机关负责组织的业务部门确定文件材料归档工作。

第十二条　审计复议案件的文件材料由复议机构逐案单独立卷归档。

为了便于查找和利用，档案机构（人员）应当将审计复议案件归档情况在被复议的审计项目案卷备考表中加以说明。

第十三条　审计档案的保管期限应当根据审计项目涉及的金额、性质、社会影响等因素划定为永久、定期两种，定期分为 30 年、10 年。

（一）永久保管的档案，是指特别重大的审计事项、列入审计工作报告、审计结果报告或第一次涉及的审计领域等具有突出代表意义的审计事项档案。

（二）保管 30 年的档案，是指重要审计事项、查考价值较大的档案。

（三）保管 10 年的档案，是指一般性审计事项的档案。

审计机关业务部门应当负责划定审计档案的保管期限。

执行同一审计工作方案的审计项目档案，由审计机关负责组织的业务部门确定相同保管期限。

审计档案的保管期限自归档年度开始计算。

第十四条　审计文件材料的归档时间应当在该审计项目终结后的 5 个月内，不得迟于次年 4 月底。

跟踪审计项目，按年度分别立卷归档。

第十五条　审计机关应当根据审计工作保密事项范围和有关主管部门保密事项范围的规定确定密级和保密期限。凡未标明保密期限的，按照绝密级 30 年、机密级 20 年、秘密级 10 年认定。

审计档案的密级及其保密期限，按卷内文件的最高密级及其保密期限确定，由审计业务部门按有关规定作出标识。

审计档案保密期限届满，即自行解密。因工作需要提前或者推迟解密的，由审计业务部门向本机关保密工作部门按解密程序申请办理。

第十六条　审计档案应当采用“年度—组织机构—保管期限”的方法排列、编目和存放。审计案卷排列方法应当统一，前后保持一致，不可任意变动。

第十七条　审计机关应当按照国家有关规定配置具有防盗、防光、防高温、防火、防潮、防尘、防鼠、防虫功能的专用、坚固的审计档案库房，配备必要的设施和设备。

第十八条　审计机关应当加强审计档案信息化管理，采用计算机等现代化管理技术编制适用的检索工具和参考材料，积极开展审计档案的利用工作。

第十九条　审计机关应当建立健全审计档案利用制度。借阅审计档案，仅限定在审计机关内部。审计机关以外的单位有特殊情况需要查阅、复制审计档案或者要求出具审计档案证明的，须经审计档案所属审计机关分管领导审批，重大审计事项的档案须经审计机关主要领导审批。

第二十条　省级以上（含省级）审计机关应当将永久保管的、省级以下审计机关应当将永久和 30 年保管的审计档案在本机关保管 20 年后，定期向同级国家综合档案馆移交。

第二十一条　审计机关应当按照有关规定成立鉴定小组，在审计机关办公厅（室）主要负责人的主持下定期对已超过保管期限的审计档案进行鉴定，准确地判定档案的存毁。

第二十二条 审计机关应当对确无保存价值的审计档案进行登记造册，经分管负责人批准后销毁。销毁审计档案，应当指定两人负责监销。

第二十三条 对审计机关工作人员损毁、丢失、涂改、伪造、出卖、转卖、擅自提供审计档案的，由任免机关或者监察机关依法对直接责任人员和负有责任的领导人员给予行政处分；涉嫌犯罪的，移送司法机关依法追究刑事责任。档案行政管理部门可以对相关责任单位依法给予行政处罚。

第二十四条 电子审计档案的管理办法另行规定。

第二十五条 审计机关和档案行政管理部门可以根据本地实际情况，在遵循本规定的基础上联合制定实施办法。

第二十六条 本规定由审计署和国家档案局负责解释。

第二十七条 本规定自 2013 年 1 月 1 日起施行。此前审计署发布的《审计机关审计档案工作准则》（2001 年审计署第 3 号令）同时废止。

附录5　本批审计准则名称一览表

一、新制定的审计准则（1项）

1. 中国注册会计师审计准则第1504号——在审计报告中沟通关键审计事项。

二、实质性修订的审计准则（6项）

2. 中国注册会计师审计准则第1501号——对财务报表形成审计意见和出具审计报告；
3. 中国注册会计师审计准则第1502号——在审计报告中发表非无保留意见；
4. 中国注册会计师审计准则第1503号——在审计报告中增加强调事项段和其他事项段；
5. 中国注册会计师审计准则第1151号——与治理层的沟通；
6. 中国注册会计师审计准则第1324号——持续经营；
7. 中国注册会计师审计准则第1521号——注册会计师对其他信息的责任。

三、仅作出文字调整的审计准则（5项）

8. 中国注册会计师审计准则第1111号——就审计业务约定条款达成一致意见；
9. 中国注册会计师审计准则第1131号——审计工作底稿；
10. 中国注册会计师审计准则第1301号——审计证据；
11. 中国注册会计师审计准则第1332号——期后事项；
12. 中国注册会计师审计准则第1341号——书面声明。

参 考 文 献

[1] 中国注册会计师协会:《审计》, 中国财政经济出版社 2016 年版。

[2] 审计署、人力资源和社会保障部/审计专业技术资格考试办公室:《2016 年初中级审计师资格考试教材》(下), 中国时代经济出版社 2016 年版。

[3] 孟秀转:《审计理论与实务》, 清华大学出版社 2015 年版。

[4] 中国注册会计师协会:《2015 年度注册会计师全国统一考试辅导教材——审计》, 经济科学出版社 2015 年版。

[5] 秦荣生:《审计学》(第七版), 中国人民大学出版社 2014 年版。

[6] 刘明辉、史德刚:《审计》, 东北财经大学出版社 2014 年版。

[7] 李晓慧、韩晓梅:《审计学理论与案例》, 东北财经大学出版社 2013 年版。

[8] 李三喜:《基于风险管理的内部控制审计流程 · 审计实务 · 审计模板》, 中国市场出版社 2013 年版。

[9] 刘婧、史晓娟:《审计学原理与实务》, 清华大学出版社 2013 年版。

[10] 刘家义:《国家审计和国家治理》, 载《中国审计》2011 年第 16 期。

[11] 财政部会计司:《企业会计准则——应用指南 (2006)》, 中国财政经济出版社 2006 年版。